3판

# 음악치료학

## Music Therapy

최병철 · 문지영 · 문서란 · 양은아 · 여정윤 · 김성애 공저

학지사

**머 · 리 · 말**

　오늘날 우리는 인류 역사 이래 과학과 문명이 어우러져 최고의 꽃을 피우고 있는 시대에 살고 있다. 마땅히 더없이 행복하고 만족스러운 생활을 기대하게 되나 현실은 그렇지가 않다. 오히려 정신적으로나 육체적으로 가중된 스트레스에 노출되면서 알 수 없는 불안감으로 긴장된 삶을 살아간다. 이러한 상황에서 우리의 관심사는 어떠한 환경에서도 흔들림 없이 자신의 마음을 지키고 원하는 인생을 살아가는 것인데, 특별히 물질에 의한 일시적인 도움보다는 근본적인 마음의 변화를 갈망하게 된다.

　최근에는 건강에 대한 개념도 많이 달라졌다. 질병의 유무에 따른 이분법적인 판단, 즉 질병이 없으면 건강한 것이라는 측면이 아니라 더 높은 수준의 건강함을 추구하고 지향하는 건강 유지적인 측면으로 변화하고 있다. 건강의 대상 역시 신체에 국한된 것이 아니라 정신과 영혼, 사회와 문화, 환경까지 포괄하는 다면적이며 전체적인 측면의 건강에 대한 개념을 받아들이게 된 것이다. 지난 몇 년간 우리 사회의 열풍으로까지 묘사된 '웰빙' 트렌드는 이제 '웰다잉' 이란 신종어까지 만들어 내며 의식주 마케팅 전반에 영향을 미치고 있다. 이러한 경향은 앞으로도 지속적으로 확산되어 우리 삶의 전반에 크고 작은 영향을 미칠 것이다.

이러한 개인과 사회의 변화는 음악치료에 대한 큰 호응을 불러일으켰다. 음악은 사람들에게 친숙한 것으로, 사실 누구나 힘들고 어려울 때 음악으로 위로받던 순간들이 있어 '음악치료'라는 낯선 말에 공감할 수 있는 것이다. 그렇지만 사람들의 인식은 '이런 때에 어떤 음악을 들어라.'는 정도였지 전문 직업으로서의 음악치료에 대한 이해는 아니었다. 이에 필자는 음악치료에 대한 바른 이해를 고양하기 위해 숙명여자대학교에서 1996년 2학기에 음악치료 15주 특별과정이라는 입문 과정을 개설하였다. 그리고 그해 11월에 교육부의 인가를 받아 1997년 1학기부터 숙명여자대학교 음악치료대학원에서 석사학위 과정의 음악치료 교육을 시작할 수 있었다. 지금도 매 학기 음악치료 15주 특강을 개설하고 있는데, 지난 20년간 15주 특강을 수료한 1만 7천 명 이상의 학생이 있었다는 것은 우리나라 음악치료 발전의 탄탄한 기반을 이룬 것이 아닐 수 없다.

1994년에 처음 출간된 『음악치료학』은 음악치료의 불모지와도 같았던 우리나라에 음악치료를 정확하게 소개하고 전문 분야로 자리 잡게 하는 데 기여해 왔다고 나름대로 평가해 본다. 이번 개정 보완판은 각 임상 분야에서 오랜 경력을 쌓은 국내의 전문 음악치료사들이 참여하여 주요 임상 분야에서의 음악치료 경험을 반영하게 되었다. 이는 한국음악치료교육 20년의 역사를 맞는 우리에게 매우 뜻깊다. 그동안 우리나라의 임상 분야에서 음악치료가 인정받고 자리매김해 온 생생한 현장의 경험을 수록할 수 있게 된 것이다.

지난 20년간 우리나라에서 음악치료는 많은 발전을 해 올 수 있었다. 그러나 여전히 음악치료는 새로운 가능성을 가지고 있으며, 그 영역 또한 확장해 가고 있다. 최근에는 뇌신경과학에 대한 높은 관심과 연구들로 음악의 신비로운 영향력을 실시간 영상 자료로 소개받을 수 있게 되었다. 뇌신경과학에 기반을 둔 음악치료의 새로운 모델을 기대하고 있는 것이다. 이런 점을 염두에 두어, 이 책에서는 음악치료의 현재 모습만이 아니라 언젠가 우리 앞에 드러날 음악치료의 새로운 모습까지도 조망하려 노력하였다. 더불어 음악치료를 낯설어하는 일반인을 위해 기본적인 내용에 충실하면서 가능한 한 쉬운 말로 쓰려고 노력했다.

모쪼록 오늘 우리의 수고가 씨앗이 되어 국내에 음악치료를 꽃피우는 데 밑거름이 되기를 간절히 바라는 마음이다.

2015년 9월
저자 대표 최병철

시 · 작 · 하 · 는 · 글

음악은 우리의 일상생활과 밀접한 관계가 있다. 매일 라디오에서 흘러나오는 음악, 친구들과 어울려 부르는 노래, 모임을 위해 만든 노래나 야영장에서 캠프파이어를 하며 부르는 흥겨운 노래 등, 이러한 것들은 우리의 일상생활을 윤택하게 해 주며, 때와 장소에 따라 인간 생활에 도움을 준다. 우리는 음악이 없는 영화나 TV 프로그램을 생각할 수 없다. 밀물 썰물의 기분이나 긴장감 등은 주로 음악을 통해 일어난다. 음악은 우리의 사고방식을 형성하고 구체화하는 기능을 가지고 있다. 하지만 이러한 음악 생활이 인간 생활을 풍요롭게 하고 건강하게 할지라도 치료라고 부르기는 어렵다.

그렇다면 인간의 삶을 풍요롭게 하는 '음악 활동'과 '음악치료'의 근본적인 차이는 무엇인가? 무엇보다 치료는 즐거움만을 목적으로 하거나 건강에 도움을 주는 것과는 다른 개념이다. 이것은 햇빛과 맑은 공기가 인간의 건강에 필수적인 것이지만 햇볕을 쬐고 숨을 쉬는 자체를 치료라고 부르지 않는 것과 마찬가지다. 우리는 늘 숨을 쉬면서 산소를 들이마시지만 그것을 가지고 치료를 받는다고 하지는 않는다. 그러나 일산화탄소에 중독된 환자가 산소통에 들어가서 산소를 마시게 되는 경우는 치료라고 말한다. 결국, 치료란 특정한 필요를 파악하고 그것을 달성하기 위해 단계적인 과정을 적용하는 것을 의미한다.

치료가 아닌 일반적인 음악 활동은 특정한 클라이언트를 대상으로 하지 않기 때문에 클라이언트 중심의 활동이 아니다. 사람은 활동에 지정되고, 활동이 중심이 된다. 따라서 진단평가나 활동의 기준, 활동을 통해 측정할 수 있는 결과에 대한 어떤 진보나 상태의 기록을 가지지 않는다. 반면에 치료는 특정한 클라이언트를 대상으로 그들의 개별적인 필요와 문제를 해결하기 위한 일련의 과정을 가지기 때문에 진단평가에서 치료 진보와 상태에 대한 자세한 기록을 관찰할 수 있고, 측정할 수 있는 형태로 기록·유지하도록 한다.

치료 프로그램이 아닌 활동은 대개 많은 사람이 함께 참여하는 경우가 많다. 또한 이러한 활동은 연결되지 않고 특정 기간에 일회성으로 또는 단기간 이루어진다. 활동의 목적도 일반적이다. 그냥 즐겁다거나 바쁘게 활동을 하도록 되어 있다. 그렇기 때문에 이러한 활동에는 대개 높은 기능을 가진 사람이 참여하게 되며, 활동을 인도하는 사람 역시 특별한 지식과 훈련을 받지 않아도 성공적으로 인도할 수 있다. 반면에 치료는 소수의 제한된 인원을 대상으로 구체적인 목적을 가지고 이루어진다. 이 목적을 이루기 위해서는 어느 정도의 기간을 필요로 하며, 치료사는 장단기 치료의 목적을 클라이언트와 의논하면서 진행한다. 따라서 특정한 대상 집단의 목적을 달성하기 위해서는 대상에 대한 이해와 치료의 적용 원리를 가져야 한다. 이 때문에 소정의 훈련 과정을 거친 음악치료사만이 성공적인 치료를 보장할 수 있는 것이다.

이러한 기본적인 이해를 가지고 음악치료를 정의하고, 음악치료가 어떠한 원리로 어떻게 적용되는지, 그리고 각 대상 클라이언트를 위한 음악치료의 방법은 무엇인지를 살펴보기로 하자.

차 · 례

## 제1장 음악치료      15

## 제2장 음악치료의 역사적 배경      39

## 제3장  음악의 힘과 기능　　　　　　65

## 제4장  음악치료의 이론과 방법　　　117

## 제5장  음악치료 과정　　　　　　165

# 제1장 음악치료

# 제1장 | 음악치료

음악치료사로 활동하면서 사람들에게 가장 많이 받는 질문은 "음악치료란 무엇인가?" "음악치료사가 되기 위해서는 어떤 교육과 훈련을 받는가?" "음악치료는 음악 분야인가 의학 분야인가?" 하는 물음들이다. 이러한 질문에 가능한 한 자세하고 정확한 답변을 제공하기 위해 우선 음악치료의 개념부터 살펴보기로 하자. 사실, 우리나라에서 음악치료 교육이 시작된 지 20년이 되었지만 그 개념에는 큰 차이가 있는 것을 보게 된다. 이것은 국내의 음악치료가 시작부터 치료사에 의한 치료 활동과 상업적 목적에 편승한 처방식 요법으로 구분되었기 때문이다. 또한 어떤 이들은 여전히 음악의 기능이 연주와 오락에 있다고 생각하기에 음악으로 환자를 치료한다는 것 자체가 생소한 개념일 수도 있다.

## 1. 음악치료란 무엇인가

"음악치료란 무엇인가?"라고 묻는 사람들에게 음악치료를 한마디로 설명하는 것은 사실 간단한 문제가 아니다. 우선, 음악치료를 시행하는 대상자의 영역이 정신질환에서 발달장애, 노인질환 등으로 다양하며, 심지어 발달장애에서도 지적장애, 자폐범주성장애, 신체장애, 행동장애 등으로 세분되기 때문이다. 나아가 이들 대상자의 연령층도 어린아이부터 노인에 이르기까지 다양하여 음악치료를 정의하기에 앞서 우리는 질문하는 사람이 누구를 대상으로 시행하는 음악치료에 대해 알기를 원하는지 먼저 물어보아야 한다.

한편으로는 음악치료에서 사용하는 음악도 간단히 설명하기 어려울 정도로 복잡하다. 음악치료사는 음악의 요소를 사용하는데, 멜로디, 하모니, 리듬, 음색, 세기 그리고 형식에 주목하면서 대상자의 상황과 목적에 따라 특정한 요소를 강조하기도 한다. 또한 음악을 사용하는 방법 면으로 볼 때는 음악을 감상하거나, 특정한 곡을 연주하거나, 즉흥적인 연주를 하거나, 작곡하거나, 음악에 따라 움직이거나, 악보를 읽거나 노래를 부르면서 참여할 수 있다.

이렇게 음악의 요소가 복잡하며 음악에 참여하는 방식도 다양한데다 치료 대상자의 특성이나 연령까지 광범위하기 때문에 '음악치료는 이런 것'이라고 한마디로 '정의' 내리기가 쉽지 않은 것이다. 세계에서 제일 먼저 음악치료를 학문과 임상 분야로 뿌리 내리게 한 미국음악치료협회(American Music Therapy Association, n.d.)에서는 음악치료를 다음과 같이 설명하고 있다.

> 음악치료는 치료적인 목적, 즉 정신과 신체 건강을 복원(rehabilitation) · 유지(maintenance)하며 향상(habilitation)시키기 위해 음악을 사용하는 것이다. 이것은 음악치료사가 치료적인 환경 속에서 치료 대상자의 행동을 바람직한 방향으로 변화시키기 위한 목적으로 음악을 단계적으로 사용하는 것이다. 이러한 변화는 치료를 받는 개인이 자신과 주변의 세계를 깊이 있게 이해하게 되어 사회에 좀 더 잘 적응할 수 있도록 도와준다. 치료를 맡은 팀의 한 구성원으로서 전문 음악치료사는 자신의 치료 계획을 세우거나 특정한 음악적 활동을 시행하기 전에 치료팀이 환자의 문제를 분석하여 일반적인 치료의 목적을 설정하는 데 먼저 참여하게 된다. 또한 시행하는 치료 과정이 효율적인지를 알기 위해 정기적인 평가를 행하게 된다.

이 설명 또한 음악치료를 완전하게 설명한다고 볼 수는 없지만, 중요한 내용 한 가지를 소개하고 있다. 즉, 음악치료는 치료적인 목적을 가진다는 것으로 정신과 신체 건강을 복원 및 유지하며 향상시키기 위한 것이라고 한다. 복원 또는 재활의 뜻은 원래 가지고 있었던 기능이 질병이나 장애로 손상되었을 때 이것을 원래의 기능으로 회복시켜 주는 것이다. 예를 들어, 심한 우울증으로 대인 관계를 유지하거나 집중력이 현저히 떨어져 직장생활 및 여러 사회적 기능을 제대로 수행할 수 없는 사람에게는 음악치료를 통해 이전의 기능으로 회복시켜 주는 것이 치료적 목적이 될 수 있다. 신체 건강을 복원 또는 재활시키다는 치료 목적의 예로는 중풍으로 잘 걷지 못하는 사람의 보행 기능을 음악의 리듬으로 회복시키는 것을 들 수 있다. 그리고 유지는 특별히 노인질환자의 경우 삶의 질을 유지하도록 하는 치료적 목적을 가질 수 있겠는데, 이것은 정신적이고 신체적인 경우 모두를 포함한다. 또한 향상시키는 치료적 목적은 장애인의 경우를 생각해 볼 수 있다. 태어나면서부터 혹은 현재의 결핍된 기능을 가지고서도 생활에 필요한 새로운 기술을 습득하도록 하여, 기본적으로는 자신을 돌보며 기초생활을 위한 기술, 학습을 위한 기본 기술, 사회 기술, 신체 적응 기술을 향상시키도록 하는 것이다.

브루샤(Bruscia, 1998)는 음악치료를 정의 내리기가 쉽지 않은 것은 '음악'과 '치료'라는 두 단어가 전혀 다른 배경에서 나왔기 때문이라고 본다. 음악은 본질적으로 예술에 속한 분야이고, 치료는 과학이다. 예술의 속성은 주관성과 개인성, 창의성 그리고 미(美)가 고려된다. 반면에 과학은 객관성, 보편성, 재현성 그리고 지식이 강조된다. 이렇게 상반되는 요소로 이루어진 음악치료가 시행되면 클라이언트와 음악 그리고 치료사 간의 역동적인 교류가 활발히 일어난다. 음악치료에 내재된 이러한 복합성이야말로 음악치료의 매력이며 가능성이기도 하다. 브루샤는 『음악치료의 정의(*Defining Music Therapy*)』라는 책에서 음악치료를 다음과 같이 정의하고 있다.

음악치료는 치료사가 환자를 도와 건강을 회복시키기 위해서 음악적 경험과 관계를 통해 역동적인 변화를 이끌어 내는 체계적인 치료 과정이다 (Bruscia, 1998: 20).

여기서 브루샤는 음악치료가 '체계적인 과정'이라는 점을 강조하고 있다. 즉, 음악치료는 한두 번에 그치는 치료의 형태라기보다는 구체적인 목표를 세우고 단계적으로 치료를 시행해 가는 과정이라는 것이다. 음악치료가 체계적인 과정임을 뒷받침하는 내용은 모든 음악치료가 진단평가와 치료 계획 작성의 과정을 갖는 것으로 설명된다([그림 1-1] 참조). 또 브루샤는 부록편에 40여 명의 음악치료사와 각국 협회에서 내리는 음악치료의 정의를 싣고 있는데, 이를 통해 음악치료가 얼마나 광범위한 영역에 걸쳐 다양하게 적용되고 있는지를 살펴볼 수 있다. 이에 대한 내용은 앞으로 각 영역별 음악치료의 적용을 통해 자세히 소개할 것이다.

사람은 사회적인 동물이다. 사람은 사회에 소속되어 다른 사람과 원만한 관

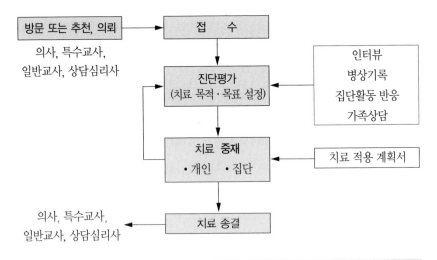

[그림 1-1] 체계적인 치료의 과정

계를 형성하며 살기를 원하지만 신체적·심리적·사회적 문제 때문에 어려움을 겪을 수 있다. 이들이 사회에 소속되어 자신이 원하는 사회생활을 원만히 해 나가기 위해서는 필요한 기능을 보완해 주어야 한다. 이들은 집단음악 활동을 통해 자신들의 문제행동을 자연스럽게 표출한다. 음악치료사는 음악치료집단에서 음악적 행위를 통해 표출되는 이러한 '음악 외적인 행동'을 치료의 대상으로 삼는다. 이때 음악치료사는 문제성 있는 행동을 바람직하게 변화시키기 위해 치료 목적을 설정하게 되는데, 대상자를 위한 목적 설정은 대상자의 치료를 맡은 치료팀의 공동 치료 목적과 대개 일치한다. 이제 음악치료사는 표출되는 문제행동을 변화시켜서 설정된 목표까지 도달하게 하기 위해 음악 활동을 이용하는 단계에 이른다. 음악치료집단의 상황은 그들 사회의 축소된 현장이라고도 볼 수 있다. 이들이 이웃과 주변에 어떻게 관여해 왔는가는 이들이 음악에 어떻게 관여하는가로 나타난다.

음악이 면역 호르몬을 강화한다는 등의 보고가 있기는 하지만, 음악치료는 위장병이나 암과 같은 질병을 직접적으로 낫게 하는 것이 아니다. 또한 음악에 대한 사람의 반응 역시 지극히 개인적이고 주관적이어서, 이른바 어떤 음악을 들으면 무슨 현상이 나타나고, 어떤 증세에는 누구의 음악을 들으라는 식의 접근은 잘못된 것일 뿐만 아니라 음악치료를 오해하고 있는 것이다.

음악치료가 병원에서 발달하였고 적용 양식을 의학의 모델에 두지만 임상현장에서 음악치료는 행동과학의 영역에 기초하고 있다. 즉, 음악치료를 통해 대상자의 행동을 변화시키는 데 초점을 맞추는 것이다. 여기서 말하는 행동의 변화는 인지, 정서, 행동이라는 세 가지 큰 영역에서 나타난다. 예를 들면, 자신감의 향상, 사회성의 발달, 대인 관계 능력 증진, 운동 능력 발달, 학습 능력 증진, 정서적 발달 등 생활과 관련된 다양한 행동이 포함된다.

그러므로 음악치료는 한 분야에 국한된 치료 방법이라기보다는 여러 가지 인접 학문의 광범위한 분야를 포함하는 영역이라고 할 수 있다. 음악치료와 관계되는 영역은 [그림 1-2]와 같다.

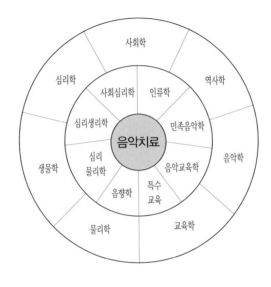

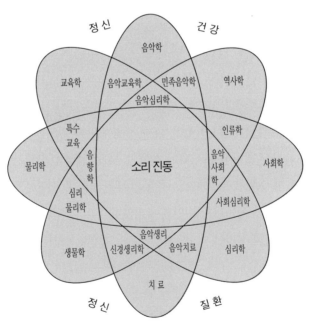

[그림 1-2] 음악치료와 관련된 분야

출처: Eagle(1978).

• 음악(music)과 관련된 분야

| | |
|---|---|
| 음악심리학 | 음악사회학 |
| 음악인류학 | 음악철학 |
| 음악생리학 | 음향학/음향심리학 |
| 음악교육학 | 음악 연주 및 작곡 |
| 음악 이론과 음악 역사 | 미술, 무용, 드라마, 시, 문학 |

• 치료(therapy)와 관련된 분야

| | |
|---|---|
| 심리학, 심리치료, 심리상담 | 사회복지 |
| 치료적 오락 | 의학, 뇌신경 과학 |
| 작업치료와 물리치료 | 언어/커뮤니케이션장애 |
| 교육/특수교육 | 창의적 예술치료 |

이렇게 음악치료는 광범위한 영역에 걸쳐 이론적 기반을 형성해 왔다. 그러나 대상자와 치료사의 개인적 치료 철학에 따라 달리 적용하기 때문에 정신과에서 일하는 음악치료사의 음악치료 정의가 발달장애인과 함께 일하는 음악치료사의 정의와 다를 수 있다. 이런 까닭에 음악치료를 특정한 영역에 국한하여 정의 내리기가 힘든 것이다.

그렇지만 음악치료의 고유한 정체성을 규명하지 못한다면 음악치료를 사람들에게 소개하는 데도, 또 치료사를 훈련시켜 배출하는 데도 어려움이 있게 된다. 일반적으로 음악치료는 분야(discipline)와 직업(profession) 영역의 정체성을 갖는다. 분야는 음악치료의 이론, 임상 그리고 연구를 기반으로 하는 지식체로 구성된다. 이 영역에서는 음악이 가지는 치료적 적용 범위와 그에 대해 우리가 가지는 지식에 따라 역할의 경계가 설정된다. 그리고 직업은 같은 지식을 사용하는 집단의 사람들로 구성된다. 직업으로 개념이 잡히면 음악치료의 정체성은 치료사의 직업 호칭과 책임, 역할의 경계, 자격과 월급 등으로 나타나는 것에 의해 정의된다.

　치료사의 입장에서는 분야의 정체성과 직업의 정체성이 일치되는 것이 이상적일 수 있다. 브루샤는 이러한 이슈를 '장의존' 이론으로 묘사하였다.

> 　우리의 정체성이 분야에서 정의될 때 우리는 장독립이다. 우리는 우리가 하는 것이 무엇인지 아는 것으로 우리의 정체성을 갖는다. 우리의 정체성을 직업으로 정의한다면 우리는 장의존이다. 즉, 우리는 우리가 무엇을 하는가로, 그리고 우리가 무엇을 하는 가는 다른 사람이 아는 무엇에 기초한다. 우리가 장독립일 때 주요 과제는 우리 스스로를 교육하는 것이다. 그러나 우리가 장의존일 때의 주요 과제는 다른 사람을 교육하는 것이다. 여기에는 발달적 갈등이 있다. 음악치료는 자신의 정체성에 대해 다른 사람의 인식이 여전히 중요할 때 정체성의 발달단계에서 갈등을 가지게 된다. 그러므로 우리는 완전히 장독립 또는 장의존이 될 수는 없다. 우리의 정체성은 상호 발전한다. 우리의 정체성은 다른 사람이 가지는 정체성에 영향을 받는다(Bruscia, 1998: 14-15).

　물리치료, 미술치료, 작업치료라 부르는 여러 형태의 치료가 있으나, 음악치료사는 음악을 치료적 중재로 사용한다는 점에서 다른 치료와 구별된다. 사실, 음악치료사에게 가장 중요한 도구는 음악이다. 실제로 음악치료사는 대상자와 오랜 대화를 하거나 심리치료를 시도하기보다는 음악적 경험을 통해 대상자와 치료적인 관계를 형성한다. 일단 치료적인 관계가 형성된 후에도 기능재활이나 행동 교정에 속하는 여러 치료적인 목적을 음악경험 과정에서 달성하게 된다.

　이러한 음악경험은 두 가지 치료적 측면에서 조망할 수 있다. 첫째, 치료로서의 음악(music as therapy)의 사용이다. 음악이 치료에서 직접적인 역할을 담당하는 것을 말한다. 예를 들어, 불면증의 사람이 음악을 들으며 숙면을 취할 수 있었다고 할 때 음악이 마치 수면제의 역할을 하였다고 할 수 있는 것이다. 화가 난 사람이 피아노를 치며 분노를 삭일 수 있었다고 할 때 피아노 연주 행위는 진정제의 역할을 한 것이다. 둘째, 치료에서의 음악(music in therapy)의 사용이다. 음악이 치료적인 역할을 하지만 반드시 음악만으로 치료적 목적이 달성된다고 말할 수 없는 경우다. 이런 과정에는 흔히 대화나 다른 형태의 치료 절차를 병행하여 시행하게 된다.

음악은 치료에서 어떤 대상자에게든 효과적으로 적용할 수 있는 훌륭한 도구다. 이러한 음악치료는 대개 즐거운 음악 활동 가운데 개인의 치료적인 목적을 달성하는데, 다른 사람과 함께하는 음악적 경험은 개개인의 사회적인 역할 참여 및 기능 향상과 직접적인 연관을 맺는다.

일단 '음악치료'로 간주되기 위해서는 다음의 다섯 가지 요소가 갖추어져야 한다.

- 치료 목적을 포함한 치료 계획이 설정되어야 한다.
- 치료를 받는 대상자가 있어야 한다.
- 훈련된 음악치료사에 의해 실시되어야 한다.
- 음악적 경험이 있어야 한다.
- 건강을 증진하는 목적을 달성하는 것이어야 한다.

이와 관련된 자세한 내용은 앞으로 계속 소개할 것이다.

## 2. 음악치료의 목적과 효과

치료란 막연히 클라이언트를 돕는다거나 클라이언트가 즐거운 시간을 가지도록 하는 등의 오락적 행위일 수는 없다. 브루샤(1998)에 따르면, 치료란 건강을 가져오려는 노력이며, 치료사는 건강을 가져오도록 다른 사람을 돕는 사람이다. 한편, 과거에는 건강을 질병에서 단순히 벗어난 상태로 보는, 즉 발병학적인 인식을 가졌지만 근래에 와서는 '건강함'을 지향하는 지속적인 단계로 보는 건강 유지적인 인식을 가지게 되었다. 따라서 자연히 건강은 신체에만 제한하지 않고 신체를 포함한 정신, 심리, 사회, 영적인 것에 둘러싸인 전체적인 개념으로 보게 된 것이다. 이렇게 전체를 구성하는 각 부분 상호 간의 역할 및 교류를 강조하는 시스템 이론(Bertalanffy, 1968)은 전인적인 치료에 대한 관심을 높여 왔다.

치료 도구로서의 음악은 사람의 신체와 심리에 영향력을 행사하고 사회적인 상황을 기반으로 이루어지므로 매우 훌륭한 치료의 도구로 사용될 수 있지만, 단순히 즐거움을 목적으로 한다거나 어떤 음악적인 감동을 주는 것을 치료라고 할 수는 없다. 이것은 건강을 증진하는 구체적인 연관성을 갖지 못하기 때문이다. 음악치료의 영향력이 클라이언트의 건강과 관련한 특정한 문제와 관련되어 시행될 때에만 건강을 증진시키는 목적으로 음악치료가 시행된다고 말할 수 있다.

음악치료가 건강을 증진시키는 목적을 가지며 치료가 신체, 정신, 심리, 사회, 영적인 것을 포함한 전인적인 대상이라면 치료의 효과 또한 객관적으로 확인할 수 있어야 할 것이다. 신체생리적인 변화라면 혈액검사, 뇌파 혹은 뇌영상 촬영 등의 신체 계측 장비를 사용할 수 있을 것이다. 하지만 이를 임상 현장에서 매번 적용하기는 무리가 있다. 음악치료의 결과가 마음이나 심리변화에 대한 효과라면 심리측정 표준화 검사지로 점수를 비교해 볼 수 있을 것이다. 하지만 이것 역시 실용성에 문제가 있다. 매번 같은 검사를 반복해 사용할 수 없을 뿐만 아니라 나이가 어리거나 지적기능이 낮은 대상자에게는 적용에 한계가 있을 수 있다. 사실 우리가 인지하는 대부분의 클라이언트의 문제는 클라이언트가 보여 주는 행동으로 알게 된 것이다. 그러므로 임상 현장에서 가장 널리 채택되는 음악치료의 효과는 관찰을 통한 행동의 변화로 판단할 수가 있다. 관용이나 자긍심 혹은 부정적·긍정적 성향같이 개인의 내면적 기질이나 상태까지도 개인이 보여 주는 행동, 즉 말이나 표현, 자세, 움직임 같은 행동을 관찰함으로써 평가할 수가 있다.

| 〈표 1-1〉 | 예술에 속한 '음악'과 과학에 속한 '치료'가 결합된 '음악치료'의 독특함 (Bruscia, 1988) |
|---|---|

- 음악치료는 예술적 과정(artistic process)이다.

  음악치료는 악기를 연주하거나 노래하고, 감상하는 등의 음악활동의 과정으로 나타난다. 즉, 음악을 도구로 사용하는 것인데, 클라이언트에게 이것은 즐거운 활동을 하는 과정에 자신의 필요를 채우는 독특한 과정이 되며, 치료사에게는 클라이언트의 장애나 필요에 따라 효율적으로 접근할 수 있는 도구가 된다. 또한 이러한 활동은 본질적으로 아름다움에 대한 반응을 유발하는 것이어서 다른 어떤 방법으로도 의미있는 관계를 보이지 않는 클라이언트가 뜻밖의 반응을 보이는 것으로 나타난다. 이러한 예술적 과정으로서 음악치료가 더욱 영향력을 가지기 위해서는 치료사가 언제나 자신의 음악적 활동이 임상환경에서 더욱 예술적인 깊이와 가치를 가질 수 있도록 해야 한다.

- 음악치료는 본질적으로 창조적 과정(creative process)이다.

  창조성은 판단에서 벗어나게 한다. 창조성은 활동에서 어떤 것이나 모두 독특한 것으로 받아들이도록 하는 것인데, 클라이언트에게 있어 창조성은 자신의 문제를 새로운 관점에서 해결하도록 하는 기회를 제공한다. 이러한 창조성은 내면에서 나오며, 문제에 대한 통찰력을 제공하고, 변화를 위한 에너지가 된다. 치료사에게 있어 창조적 과정은 클라이언트에게 접근할 수 있는 융통성과 다양함을 지원한다.

- 음악치료는 과학적 과정(scientific process)을 갖는다.

  이는 체계적인 과정을 가짐을 말한다. 클라이언트를 사정하고, 치료 계획을 세우고, 평가하는 일련의 과정을 가지며, 치료의 효과 또한 데이터를 통해 평가된다. 이것은 클라이언트에게 치료에 대한 신뢰감을 갖도록 하며, 치료사에게는 자신의 치료에 대한 타당성과 효율을 높이는 과정이다.

# 3. 음악치료사는 누구를 위해 일하는가

음악치료의 혜택을 입을 수 있는 대상은 매우 다양하다. 음악치료가 태동하였을 때만 해도 주로 정신질환자와 지적장애 아동을 대상으로 시행되었지만 음악치료의 이론이 자리 잡히고 임상 적용이 발달하면서 여러 분야에서 음악치료가 시행되고 있다. 이제 음악치료는 일반 병원의 수술 환자나 화상 환자, 종말기(terminally ill) 환자, 그 외 통증 환자를 위해 또는 스트레스 조절이 필요한 사람을 위해 시행되고 있다. 일반인을 위해서는 비행청소년 행동수정 프로그램 그리고 가족치료의 영역에서도 좋은 반응을 얻고 있다.

음악치료를 받기 위해 치료 대상자가 음악적인 배경을 갖추고 있거나 특정한 음악을 좋아해야 할 필요는 없다. 누구나 정도의 차이는 있지만 사람은 기본적으로 음악에 반응하며, 음악은 장소나 참여하는 사람의 수에 맞추어 사람들을 쉽게 적응시킬 수 있는 특성을 가지고 있기 때문이다. 특히 음악이 일반에 널리 보급되어 있기 때문에 누구라도 음악을 통해 쉽게 치료의 실마리를 풀 수 있게 해 준다.

2014년 미국음악치료협회의 통계에서 소개한 총 36개 세부 대상을 큰 범주로 구분해 보면, 발달장애 영역에서 활동하는 음악치료사가 전체의 29%로 1위를 차지하고 있다. 그다음으로는 정신과(26%), 노인 및 알츠하이머 치매(13%), 의료/수술(15%), 순으로 그리고 기타 모든 치료 영역(22%)을 합한 것으로 보고하고 있다. 좀 더 세분화하자면, 미국의 음악치료사는 정신질환, 행동장애, 약물남용, 노인 집단, 노인성 치매, 발달장애, 중복발달장애, 학생, 신체장애, 성적 학대, 신경 손상, 언어 손상, 시각장애, 학습장애, 자폐, 청각장애, 의학적 문제, 참살이 프로그램, 주간 보호소, 감호 환자 등을 대상으로 일하고 있다.

사단법인 한국음악치료학회(2014)에 소속된 학회원 30%가 개인 클리닉이나 발달센터에서 근무하며, 25%는 복지관과 지원센터에서, 21%는 학교·어린이집·교육청지원기관에서 근무한다고 보고했다. 그다음으로 14%가 병원이나 병원부설기관에서 근무하고 있으며, 7%가 보호시설·복지타운·교회에서, 나머지 2%는 학교 클리닉에서 근무하고 홈티라고 응답한 학회원이 1%였다. 한편, 음악치료 대상으로서는 장애 아동이 57%, 청소년 및 성인 22%, 일반아동 9%, 노인 8%, 영유아 4%였다.

## 4. 음악치료사는 어디서 일하는가

음악치료가 전문 영역으로 자리 잡기 시작한 1950년대 미국에서는 대부분의 치료사가 정신질환자 병동에서 일했다. 1970년대 국가의 장애인 정책과 더불어 장애인의 치료와 교육에서 음악치료의 가치를 인정받으면서 많은 치료사가 지적장애 아동을 위해 일하게 되었다. 1991년의 미의회청문회 '음악과 노화'를 계기로 노인질환자를 위한 음악치료 분야는 증가를 보이고 있다.

앞서 말한 대로, 미국에서 음악치료사의 주된 대상이 정신질환자이므로 많은 음악치료사가 정신병동에서 근무한다. 미국은 25명의 환자가 있는 주립병동의 경우 대개 2명의 의사, 1명의 심리학자, 2명의 사회사업가 그리고 2명의 음악(또는 다른 재활 분야)치료사가 환자의 신료를 맡고 있다. 그다음으로 음악치료사가 많이 일하는 곳은 발달장애인이 있는 재활원, 학교, 노인질환자를 포함한 양로원, 감호소 등이며, 개인적으로 치료실을 내어 임상을 하는 사람도 있다.

미국 음악치료사의 근무처를 살펴보면, 정신병원, 지역사회 정신건강센터, 마약·알코올 프로그램, 아동·청소년 치료센터, 양로원, 노인성 정신질환센터, 노인질환 치료소, 학교, 중간환자 보호센터, 지적장애 아동센터, 개인 클리닉, 주립 기관, 대학, 주간 보호·치료센터, 성인주간보호소, 신체재활센터,

입원환자 병동, 외래 임상센터, 호스피스, 집단홈, 보호감호소, 교정기관, 가정건강상담소, 중간 거주소 등이다.

# 5. 음악치료사의 자질과 의무

음악치료사가 되기를 결심한 사람은 자신의 역할이 도와주는 사람인 것을 잊어서는 안 된다. 자칫 클라이언트에게서 인정받고 자신의 기분을 만족시키려 하는 경우 오히려 도움을 필요로 하고 도움을 기대하는 사람이 되어 버릴 수 있다. 치료사도 사람이기에 종종 클라이언트와의 관계에서 자신의 지나간 인생에서 비롯되는 역전이 반응이 일어날 수 있다. 대개 이것은 클라이언트를 이해하고 긍정적인 결과를 이끄는 데 유용한 것이지만 어떤 경우에는 치료에 어려움을 초래하기도 한다. 따라서 치료사는 클라이언트와의 관계에서 자신이 어떤 역전이 반응을 보이는지를 항상 주의 깊게 관찰해야만 한다.

한 사람의 전문적인 음악치료사가 되기 위해서는 우선 음악, 음악치료와 관련된 심리학, 건강학에 이르는 일련의 전문적인 교육을 받아야 한다. 평소에 음악활동을 잘 인도하는 소양이 있다고 해서 그를 음악치료사라고 말할 수는 없다. 음악치료사는 임상치료사로서 필요한 지식과 소양을 갖추어야 하기 때문이다. 앞서 말했듯이, 음악치료를 통해 대상자와 잘 조화된 관계를 형성하고 좋은 치료 효과를 내기 위해서는 신체적 · 정신적 · 심리적 · 사회적 영역에 걸쳐 환자를 대할 수 있는 치료사 자신의 준비가 먼저 갖추어져야 한다.

음악치료사는 무엇보다 자신이 임상치료를 위한 전문인이라는 사실을 명심하고 전문인으로서 마땅히 필요한 의무와 자세를 갖추는 것을 잊지 말아야 한다. 전문인, 특히 다른 사람의 건강을 돕기 위해 종사하는 사람으로서 히포크라테스 헌장에 나타나 있는 '전문인으로서의 윤리'를 인식해야 한다. 이것은 환자를 대하는 태도에서 환자를 한 사람의 인간으로 존중하며, 환자의 권리나 개인적 비밀을 지켜 줄 수 있는 모든 일반적인 윤리 태도를 의미한다. 즉, 치료받는 사람의 개인적 권리는 어떠한 경우에도 보호되어야 하는 것이다. 한 예로, 환자의 병명이나 치료에 관한 내용은 타인에게 노출되지 않도록 해야 한다.

음악치료사의 의무는 다른 건강 업무에 종사하는 전문인의 경우와 다를 바 없다. 그러므로 인정된 자격을 소지하고 자신의 전문 영역을 가져야 한다. 또한 치료사는 클라이언트와의 계약 속에서 치료를 하게 된다. 이러한 계약은 클라이언트와 합의하에 상호적인 관계에서 이루어진다. 클라이언트의 장애 때문에 상호적 계약을 할 수 없을 경우에는 보호자나 후견인과의 상담을 통해 치료에 필요한 절차를 가져야 한다.

유능한 음악치료사가 되기 위해서는 어떤 자세를 가져야 하는가? 유능한 음악치료사로서 가져야 할 자세는 무엇보다도 자신의 일에 자발적으로 참여하는 것이다. 이런 사람은 자신의 분야에서 늘 배우는 자세로 임하게 되며, 자기 계발에 힘쓰는 것은 물론 책임감 있게 일하게 된다. 또한 열린 마음으로 다른 치료사나 다른 영역에서 일하는 사람을 대할 뿐만 아니라 타인의 장점을 받아들여 자신을 늘 발전시키고자 노력한다. 자기 자신의 지식에만 만족하여 거기서 주저앉아 버리고 타인의 분야를 인정하지 않으려는 자세는 전문인으로서 바람직하지 않다.

자신이 종사하고 있는 분야에서 성공적인 인생을 사는 사람의 경우처럼 음악치료사도 성공적인 치료를 위해서는 음악이 인간 생활에 직간접적으로 영향력을 행사하며 의사소통의 중요한 역할을 담당한다는 사실과 그 모든 것이 종합되어 치료의 도구로 사용된다는 것에 대한 확신이 분명해야 한다. 이러한 확신은 어떤 형태의 환자를 막론하고 그들에게 '필요'가 있으며, 당연히 그 필요를 채우기 위해 도움을 청할 권리가 있다는 것, 또한 음악은 각 개인의 욕구를 가장 안전하고 부담스럽지 않으면서도 효율적으로 채울 수 있다는 것에 대한 믿음을 말한다. 필자는 임상 경험을 통해 치료사가 환자를 대할 때 동등한 인격으로 대함은 물론 특별히 어려운 시간을 보내는 환자의 형편에 대해 공감하며 대할 때 치료 효과가 뛰어나게 향상되는 것을 알게 되었다. 다시 말해, 환자를 대하는 치료사의 마음가짐이 치료의 효과에 크게 영향을 미친다. 사실 음악치료사가 되기 위해서는 교실에서 배우는 이론적인 지식이나 개념 외에도 실습을 통한 경험적인 훈련이 반드시 필요하다. 이 두 가지가 일정한 수준 이상 충족되었을 때 한 사람의 전문 음악치료사가 될 수 있다. 다음에서는 음악치료사가 되기 위한 교육과정을 소개한다.

## 6. 음악치료사의 교육과정

한 사람의 전문 음악치료사로 활동하기 위해서는 이론과 기술을 갖는 것이 중요하다. 국내에서 처음 음악치료 교육을 시작한 숙명여자대학교 음악치료 대학원은 음악치료사 교육을 처음 시작한 미국음악치료협회의 교육과정을 반영하여 교육과정을 구성하였다. 물론, 국내외의 필요와 변화의 추세에 맞춰 학과목 운용을 융통성 있게 해오고 있다. 현재 음악치료대학원에서 개설하고 있는 주요 과정의 내용은 다음과 같다.

- 음악치료학 개론(principles of music therapy): 음악치료를 정의 내리고, 음악이 치료로 사용되어 온 발달 과정, 음악치료사의 교육과 훈련, 음악치료의 이론적 근거와 원리 그리고 여러 임상 현장에서 음악치료가 적용되는 이론과 실제를 소개하여 음악치료사로서 전문과정을 이수하기 위한 기초를 마련하도록 한다.
- 음악심리학 개론(principles of music psychology): '음악적 행동에는 무엇이 포함되며, 이는 심리적인 관점에서 어떻게 설명할 수 있는가?' '음악심리학을 공부하는 목적은 무엇이며, 어떤 내용을 다루고 있는가?'에 대한 개

론을 소개한다. 음악심리학자의 전통적인 여섯 가지 연구 영역인 음향심
리, 음악적 능력의 측정 및 예측, 기능 음악, 음악 양식의 문화적 조직, 음
악 학습, 음악에 대한 정서적 반응 내용을 숙지하도록 한다.

- 음악치료 기술(music therapy techniques): 음악치료 임상 회기를 진행하는 데
  필요한 음악기술 및 임상기술을 습득하도록 하며 학생은 이론과 실습 과
  정을 통해 해당 내용을 충분히 익혀 음악치료 실행의 이해를 높일 뿐만
  아니라 실제 임상 현장에서 이를 적절히 적용시킬 수 있도록 한다.

- 음악치료 연구(research in music therapy): 음악과 음악치료 영역 안에서 연구
  되는 내용을 이해하고 관련 통계 방법을 숙지함으로써 향후 학위 논문을
  작성하고 발표할 수 있도록 한다.

- 음악치료 철학(philosophy in music therapy): 음악치료에서의 이론적 쟁점 및
  각기 다른 음악치료 모델에서의 음악치료의 철학과 이론을 비교하며 각
  기 다른 음악치료 대상에서 갖는 강점과 약점에 대한 토론 및 비판을 통
  해 음악치료를 폭넓게 이해하고 미래적 방향을 모색하도록 한다.

- 음악과 인간행동(influence of music on human behavior): 음악치료 관련 전문 학
  술지에 발표된 연구 논문을 분석·평가하여 음악치료의 원리와 적용의
  폭을 넓힘으로써 전문인으로서 이론적 기반을 습득하도록 하고, 효율적
  인 치료 방법을 능동적으로 적용할 수 있는 능력을 기르도록 한다.

- 이상심리학(abnormal psychology): 사람의 발달을 다양한 측면에서 조명하여
  개인의 인격 및 도덕성의 형성 과정을 이해하고, 정신병리학에서의 정상
  과 비정상, 진단평가의 방법을 교육하며, 다양하게 실시되는 치료 방법
  에 대하여 폭넓은 이해를 하도록 한다.

- 특수아동심리학(psychology for exceptional children): 특수아동을 정의하고 아
  동의 발달단계 모델을 소개한다. 그리고 감각, 운동, 신체, 학습 및 인지,
  행동장애를 가진 특수아동의 증상과 진단평가, 발달단계, 치료에 이르는
  일련의 내용을 교육하여 이들을 대상으로 한 음악치료를 효율적으로 적

용할 수 있도록 한다.

- **즉흥연주 기법**(improvisational music therapy): 임상 즉흥연주는 실제 임상 음악경험을 토대로 수정·발달하면서 음악치료 모델로 구축되어 왔다. 지금 여기에서 이루어지는 상호작용을 중심으로 진행되는 임상 즉흥연주는 치료법으로서의 가능성을 높이 평가받고 있다. 클라이언트의 치료 목적에 적합한 음악을 제공하는 것은 음악치료사에게 중요한 부분을 차지하게 될 것이며, 수업을 통해 자신이 제공하는 치료적 음악에 대한 깊이 있는 고민과 발전이 이루어지게 될 것이다.

- **고급 음향심리학**(advanced psychoacoustics): 음향 발생의 원리, 소리의 전달·지각·인지되는 과정과 함께 이러한 음악적 학습 내용을 통해 개인의 행동이 어떻게 변화되는지를 이해하도록 한다. 최근에 새롭게 소개되는 뇌과학에 기반을 둔 음악연구를 포함한 음악적 능력의 측정과 평가, 정서적 행동, 음악 학습 이론, 동기유발에 대한 내용이 포함된다.

- **특수아동 음악치료**(music therapy in special education): 지적장애, 자폐범주성장애, 행동장애 아동을 대상으로 하는 음악치료의 원리와 적용을 교육하여 실제 임상에서 활용하게 한다. 학생은 각 대상 영역에서 음악치료가 어떻게 시행되고 적용되는지, 이론적 근거는 무엇인지 등을 문헌과 임상 사례를 통해 배우게 된다.

- **음악분석과 형식**(form and analysis in music): 음악형식의 의의와 목적, 악곡 구성의 요소, 형식 등을 이해하고 음악 감상과 분석을 통해 창작할 수 있는 원리를 파악하게 한다. 악곡을 구성하는 최소 단위부터 시작하여 악전, 멜로디 발전과 화성학을 익히고 음악이론을 이해하여 작곡하는 과정을 거친 다음, 감상과 분석 능력을 배양하여 음악치료 실행에 적용시키도록 한다.

- **음악치료 실습**(field experience in music therapy) I, II, III: 음악치료 기술 과목을 이수한 학생은 매 학기 각각 다른 치료 대상 영역에서 3학기에 걸쳐 주 1시간의 실습을 교내 클리닉 또는 외부 병원에서 하도록 한다.

- 음악치료 인턴(music therapy internship): 인턴은 음악치료대학원의 4학기 학습과정과 3학기 실습과정을 통해 배운 음악적·임상적 지식과 기술을 각 임상 영역에 적용하여 음악치료사로서 필요한 책임과 의무를 다할 수 있도록 훈련한다. 인턴 과정은 해당 기관이나 병원에서 16주 동안 하루 8시간(총 640시간) 주 5일 근무를 원칙으로 한다.

- 음악심리치료(music psychotherapy): 노래, 즉흥연주, 음악과 심상에서 음악심리치료의 기본 이론을 이해하고 음악심리치료 실행 시 발생하게 되는 전이와 역전이 문제에 관해 검토하며, 각각의 방법을 임상 상황에서 실행하기 위해 필요한 이론과 임상기술을 익히도록 한다.

- 신경재활 음악치료: 재활의학에서의 음악치료의 이론적 토대를 형성하는 신경학적 음악치료의 이론과 임상기법을 이해하고 감각운동, 인지, 언어 영역에서의 재활 기법을 익혀 실제 임상에서 이를 적용하고 활용할 수 있도록 한다.

- 노인음악치료(music therapy for elderly population): 노인의 신체, 심리, 정신, 사회적 특성 및 노인질환에 대한 임상적 지식을 습득하고, 실제적이며 전반적인 관점에서 노인음악치료 임상현장을 이해하고 음악치료 적용의 기술을 향상시키도록 한다.

- 음악과 심상(music and imagery): 음악과 심상의 특징과 치료적 기능을 익히고 다양한 임상현장에서 적용할 수 있는 능력을 습득하도록 한다. 또한 음악이 미치는 치료적 영향력에 대한 직접 경험을 통해 자신에 대한 이해도 높이도록 한다.

- 음악치료 논문(thesis in music therapy): 음악치료의 이론적 기반을 형성하는 기초 연구, 임상에 적용한 적용 연구 그리고 직업 연구를 양적·질적 연구의 형태로 기술하도록 한다.

# 7. 음악치료사 자격관리

음악치료에서 치료사의 역할은 대상자와 긍정적인 관계를 형성하고 지속적으로 연결되는 치료 과정을 통해 치료적인 목적을 달성하는 것이다. 이를 제대로 수행하기 위해 음악치료사는 적절한 교육과 훈련을 받게 된다. 미국에는 음악치료사가 되기 위한 일련의 훈련 과정이 마련되어 있으며, 이 소정의 과정을 이수하면 음악치료사로 등록되어 음악치료공인위원회(Certification Board for Music Therapist)에서 주관하는 공인(board certified) 음악치료사 시험을 치를 수 있다. 이것을 통과한 사람에게는 공인 음악치료사 자격이 주어진다. 위원회에서는 공인 음악치료사가 시험을 통과한 후에도 그 자격을 유효하게 하기 위해 매년 규정된 내용과 시간의 교육 프로그램에 참가하도록 요구하고 있다.

현재 국내에는 다양한 수준과 내용으로 음악치료사 자격인증을 제공하는 기관들이 있다. 다만 국가인증민간자격협회에 가입하여 공신력 있게 자격과정을 운영하고 있는 대표적인 기관으로 사단법인 한국음악치료학회(1999년 설립)와 사단법인 전국음악치료사협회(2007년 설립)의 음악치료사 자격인증의 절차 및 내용을 간략히 소개하면 다음과 같다.

(사)한국음악치료학회는 2010년부터 자격시험제도를 실시해 왔으며, '임상음악전문가'의 자격증을 받게 된다. (사)한국음악치료학회의 정회원으로 학회가 인증한 교육기관에서 소정의 교육과정을 이수한 사람에게 시험 응시 자격이 부여된다. 임상음악전문가 자격증은 1급, 2급, 준 2급으로 구분되어 있으며, 등급에 따라 자격요건과 이수해야 하는 학점 및 임상 수련 시간을 다르게 규정하고 있다. 자격시험은 6월과 12월 연 2회 실시되고, 기초교과목과 전공교과목의 지식을 검정할 수 있는 100문항의 필기시험과 실기시험을 보며, 자격증 시험의 합격 점수는 70점 이상이어야 한다. 취득된 임상음악전문가 자격

증은 매 5년마다 갱신해야 하는데, 갱신 요건은 학회 정회원 자격을 유지하고, 5년간 300점 이상의 보수교육을 받아야 한다. 만일 자격증 갱신을 하지 못한 경우, 자격시험을 통해 자격증을 재취득하도록 한다.

(사)전국음악치료사협회는 2010년부터 음악치료사 자격시험제도를 실시해 왔으며 '음악중재전문가'의 자격증을 받게 된다. (사)전국음악치료사협회의 정회원으로서 협회가 인증한 교육기관으로부터 음악치료 전공학위(학사, 석사)를 취득하고 학위 과정 중 1,000시간 이상의 임상 수련과정을 이수해야 시험을 볼 수 있는 자격이 부여된다. 자격증 시험은 연 2회 있으며, 약 500시간의 이론 강의와 1,000시간의 임상 실습을 자격시험의 전제조건으로 제시하고 있다. 시험 과목은 음악중재이론, 음악중재기술, 음악중재 윤리이며, 음악중재이론 및 음악중재기술 각각 50문항, 음악중재윤리 25문항을 출제한다. 취득한 음악중재전문가 자격증은 매 5년마다 갱신해야 하는데, 갱신 요건은 협회 정회원 자격을 유지하고, 5년간 80시간 이상의 보수교육 학점을 이수해야 한다.

### 🎵 요약

음악치료는 음악적 경험을 통해 대상자의 문제행동과 상태를 개선하며, 치료해 가는 음악의 전문 분야다. 음악치료는 정신질환에서 발달장애, 노인질환에 이르는 폭넓은 치료 영역을 가지고 있으며, 대상자의 연령층도 어린아이부터 노인에 이르기까지 다양하다. 따라서 음악치료의 정의는 어떤 환자군과 대상층을 상대로 시행되는가에 따라 다양하게 내려질 수 있다.

이러한 이유로 음악치료는 여러 인접 분야 학문의 지원을 받는다. 음악치료사의 훈련 역시 이를 위한 교과과정과 훈련 내용으로 짜여 있다. 음악치료사는 현재 정신병동에서 주로 활동하고 있으며, 그다음으로는 발달장애인을 위한 재활센터, 노인센터 등에서 일하고 있다. 병원에서 발달해 온 음악치료는 이제 지역사회에 깊숙이 보급되어 새로운 치료 영역으로 확장되고 있다.

## 참·고·문·헌

숙명여자대학교 특수대학원 편(2014). 2014-2015 요람. 서울: 숙명여자대학교 출판부.

American Music Therapy Association. (2014). *AMTA member sourcebook*. Washington, DC: Author.

American Music Therapy Association. n.d. Music Therapy as a career, brochure. Washington, DC: Author.

Bertalanffy, L. V. (1968). *General system theory: Foundations, development applications*. New York: George Braziller.

Bruscia, K. E. (1998). *Defining Music Therapy* (2nd ed.). Spring City, PA: Spring House Books.

Eagle, C. T. (1978). *Music Psychology Index*. Denton, TX: Institute for Therapeutic Research.

National Association for Music Therapy. (1994). Standards and procedures for academic program approval. *Music Therapy Perspectives, 12.*

# 제2장 음악치료의 역사적 배경

# 제2장 | 음악치료의 역사적 배경

음악치료가 치료의 전문 분야로 자리 잡아 온 지 겨우 반세기의 역사를 넘고 있지만 음악이 치료의 도구로 사용된 역사는 원시시대로 거슬러 올라간다. 음악치료가 오늘날에 와서야 비로소 전문 치료 분야로 병원 내에 자리 잡게 된 것은 무엇보다도 치료적 과정 자체가 과학적인 접근 방식에 기반을 두게 되었기 때문이다. 시거리스트(Sigerist)의 보고에 따르면, 의학의 발달 역사도 치료와 질병에 대한 마술적 · 종교적 · 철학적 해석을 거쳐 오다 질병에 대한 과학적인 내용을 가지고 자리를 잡게 된 것은 상대적으로 근래에 이루어진 일이다(Sigerist, 1948).

이 장에서는 음악이 인류 역사를 통해 질병의 치료와 어떻게 관련되어 왔으며, 음악치료가 음악 속에, 또 의학 속의 전문 분야로 뿌리 내리게 된 배경, 최초의 미국 음악치료협회의 발족과 당시 상황, 학교의 전공과목으로 채택되는 과정의 역사를 살펴보고자 한다. 아울러 국내 음악치료 교육기관의 현황과 함께 음악치료의 현주소를 세계적인 시각에서 확인하고자 한다.

# 1. 고대부터 19세기 말까지의 음악치료

치료나 회복의 도구로 음악이 사용되어 온 것은 사실 인류 문명이 시작되면
서부터였다. 음악이 어느 정도의 영역까지 치료와 깊이 관여되었는가는 시대
마다 형성된 사회문화적 환경과 질병에 대한 이해에 따라 달랐다. 지금까지
사람들은 질병의 원인을 사람 자신과 환경에서 찾았다. 또한 사람은 육체적으
로나 사회적으로 환경과 밀접히 관련되어 있기 때문에 문명을 통해 환경을 개
선하려 노력해 왔다. 사실 생물학적 측면에서 질병을 이해하게 된 것은 그리
오래 전의 일이 아니다(Sigerist, 1948).

음악의 사회적 기능을 인식하게 되면 사회 예술로서 음악을 이해할 수 있게
된다. 음악은 늘 사회의 가치와 갈등 그리고 필요를 반영해 왔다(Lang, 1949).
예술로서 음악을 잘 이해하고 감상하기 위해서는 인류 문명이 발달해 온 사회
속에서 음악의 기능적 역할을 이해할 필요가 있다. 그래서 음악과 의학은 문
화 속의 사회적인 현상 중 한 부분으로 해석할 수 있다.

고대에 음악인의 역할은 다양했다. 종족에 따라 음악인의 역할에 차이는 있
었지만 공통적인 성격은 음악인의 개성이 종족이 나타내는 이미지와 연결된
다는 점이다(Boxberger, 1962). 고대의 음악인은 종족생활에서 아주 중요한 존
재였으며, 영향력을 행사하였다. 어떤 치료 의식이나 예전(禮典)은 종족마다
나름대로 발달시켜 온 질병에 대한 철학과 관련되었다. 중요한 일은 특정한
의식과 예전에 어울리는 음악을 제공하는 것이었다. 이것은 토템문화의 부족
에게는 특히 중요하게 취급된 것으로 집단의 정신(spirit)이 질병치료에 큰 영
향력을 미쳤던 것이다. 이렇게 원시부족 문화의 한 부분으로서 음악은 질병치
료에 중요한 역할을 담당하였는데, 이 역할은 대개 종족마다 갖고 있는 질병
에 대한 신비적이며 종교적인 철학과 밀접하게 관련되어 있었다(Boxberger,
1962).

바벨론과 이집트 문명이 발달하면서 질병치료는 마법적인 것에서 종교적인 것으로 모양이 바뀌었다. 제사장 겸 치료사는 모든 질병은 신에게서 왔다고 믿었기 때문에 신의 의도를 발견하고 해석하는 임무를 가지고 중재의 역할을 맡게 되었다(Sigerist, 1948). 그리스의 황금기에 이르러서는 건강과 질병의 근본을 해석하려는 시도가 의학에 대한 이성적인 시스템에서 비롯되었다.

인간의 질병에 대한 고대 그리스의 이론은 두 가지 대조적인 이론, 즉 이성과 신비(주로 종교적)의 양면으로 병행되어서 실제로는 개개인의 질병에 대한 철학과 질병의 상태에 따라 서로 혼합되어 받아들였다. 질병치료에 대해 이성적인 방법을 채택하는 의사는 음악을 부속물로 이용하였다. 반면, 음악이 질병이나 장애를 치료하는 목적에 적극적으로 적용되는 경우에는 대개 종교 예배나 신과 인간 사이의 중재 역할을 하는 의식에서 그것을 확실하게 확인하는 도구의 역할을 담당하였다(Meinecke, 1948).

그리스 철학자들은 질병을 질서의 상실에서 기인한 것으로 보고 육체와 영혼 사이의 질서를 복원하는 데 중점을 두었는데, 이러한 그리스인의 질병관은 그들의 생활에서 큰 비중을 차지하던 음악과 불가분의 관계를 맺었다. 철학자들은 음악이 사람의 인격과 품성에 영향을 미친다고 믿었는데, 심지어 플라톤은 음악의 사용이 국가에 의해 통제되어야 한다고 생각하기도 했다(Grout, 1980).

또한 그리스인들은 정적 감동의 카타르시스적 배설작용을 심적 건강을 위한 중요한 일로 여겼으며, 이는 보통 연극이나 음악 연주를 통해 이루어졌다. 유명한 의사인 아에스클레피우스(Aesclepius)는 정서장애를 가진 사람에게 음악과 하모니를 처방하였다고 한다. 시거리스트는 그의 『문명과 질병(*Civilization and Disease*)』에서 다음과 같이 말하고 있다.

질병이 진전되었을 경우 그리스의 의사들은 상실된 균형을 의학에 의해 육체적으로, 또 음악에 의해 심리적으로 회복시키려고 시도하고 있었다. 의학과 음악은 이와 같이 그리스인들에게 연구의 대상이 되었다(Coleman,

1956: 22-23).

기원전 5세기 그리스의 철학자이자 수학자인 피타고라스는 음악과 수학은 불가분의 관계가 있다고 생각하여 숫자를 이해하는 것이 모든 정신적 · 육체적 세계를 이해하는 열쇠가 된다고 하였다. 그리고 음악과 리듬의 체계는 숫자에 의해 정리되어 우주의 조화를 예증하고 그에 상응하는 것이라 생각하였다. 또한 건강은 육체와 마음이 조화된 하모니에 의존한다고 믿어 특별히 카타르시스를 가져다주는 음악의 기능을 강조하였다(Grout, 1980).

아리스토텔레스는 그의 『정치학(*Politika*)』에서 음악은 영혼의 감정이나 상태, 즉 평온함, 분노, 용기 또는 이런 것과 반대되는 것이나 다른 여러 가지 성격을 직접적으로 표현한다고 믿었다. 그래서 어떤 감정을 모방하는 음악을 들을 때 그 사람은 똑같은 감정을 느끼게 된다고 믿었다. 또한 오랜 시간 미천한 감정을 불러일으키는 종류의 음악을 습관적으로 들으면 그 사람의 모든 성격은 미천한 형태로 그 모습을 바꾸게 될 것이라 하였다. 다시 말해, 아리스토텔레스는 인간의 도덕성에 영향을 미치는 음악의 힘에 대해 기술하였다(Grout, 1980).

중세는 문화의 혁명기에 해당하며, 고대와 현대 사이를 연결하는 역할을 하였다. 로마제국이 멸망하고 새로운 종교, 즉 동방에서 온 기독교가 다음 10세기 동안 서양문화를 지배하였다. 기독교는 질병에 대한 사회의 태도에 혁명적이며 획기적인 변화를 가져와서 질병에 걸린 사람을 그 가족이나 사회가 돌보는 것을 당연하게 만들었다. 그러나 여전히 질병은 죄에 대한 형벌로 받아들였다. 특별히 정신질환은 귀신과 관련된 질병으로 받아들였으므로 이를 쫓아내기 위해 갖가지 방법을 사용하였는데, 대개는 잔혹한 방법이 동원되었다(Sigerist, 1948).

음악을 치료와 결부시킨 이론들은 고대에서 중세까지 유사하게 형성되어 왔다. 중세에는 종교가 모든 생활에 막강한 영향력을 행사하였다. 특히 음악은 인간을 질병으로부터 건지는 데 공헌한다고 믿었던 성자를 찬양하는 데도 사용되었다. 어떤 높은 직위에 있는 사람이 병에 걸렸을 경우 질병의 고통에서 기분을 전환할 수 있도록 궁중음악가들이 음악을 작곡하여 그를 위해 연주하였다. 또한 일반적으로 사람은 광적인 음악과 춤을 통해서만 질병에서 벗어나는 것이 가능하다고 믿었다(Pratt, 1989).

　의학이 과학적인 접근 방식으로 방향을 잡게 된 시기는 해부학이 발달한 르네상스 시대였다. 생리학에서 병리학적인 방법이 발달한 것은 18세기 무렵이었으며, 임상의학의 경우 19세기 초반 무렵이었다. 전체적으로 19세기 초반의 질병치료는 히포크라테스와 갈렌의 시대와 비교해 볼 때 크게 달라진 것 없이 유지되었다(Sigerist, 1948).

　르네상스 시대의 의사에게는 음악의 효과가 그들의 직업에 고유하게 사용되었다. 즉, 음악이 질병을 예방하기 위한 부수적인 방법으로 채택되었다. 전염병이 돌 때는 질병에 저항하기 위해 정서적인 측면을 고양시키는 음악을 사용하기도 하였다. 일반적으로 분노나 슬픔 또는 근심을 피하고 긍정적이고 희망적인 자세를 격려하는 음악 활동과 음악 감상을 추구하였다(Carapetyan, 1948). 16세기의 보이티우스(Boethius)는 음악이 도덕적 발달에 영향을 준다고 믿었으며, 아이들이 자장가와 공포감을 조성하는 음악에 각각 다른 생리적 반응을 나타내는 것을 보고 음악이 생리적인 반응에 영향을 준다고 생각하기도 하였다(Burney, 1957).

　르네상스를 지나 바로크 시대로 넘어 온 음악은 18세기 중엽 정서론(the doctrine of affections)으로 이어졌는데, 정서는 음악의 구성과 관련되어 구분되었다. 기질과 정서에 관한 학설을 세우는 데 공헌한 커처(Kircher)에 따르면(Lang, 1941), 우울한 사람은 근엄하고 딱딱하며 화성적으로는 슬픈 감정을 주는 음악을 좋아한다. 또 다혈질의 사람은 무도 음악을 좋아하는데, 이것은 피를 동요시키기 때문이다. 담즙질의 사람은 격정적인 화성을 좋아하는데, 이것은 그들의 부푼 담즙을 요동시켜 주기 때문이다. 그리고 점액질, 즉 냉담한 성격의 사람은 여성의 음성에 기울어지는데, 이것은 여성의 높은 음역의 소리가 점액질액에 부드럽게 영향을 미치기 때문이다.

아그리파(Agrippa)는 4성부를 우주적인 요소와 결부시켜 베이스는 땅에, 테너는 물에, 알토는 공기에, 소프라노는 불에 비유하여 설명하였다. 또한 도리안 모드를 물과 점액질에, 프리지안을 불과 황담즙에, 리디안은 공기와 피에, 그리고 믹소리디안은 땅과 담즙에 연관시켜 설명하였다(Boxberger, 1962). 의학적 이론으로는 이러한 인체의 네 가지 체액, 즉 피, 점액, 황색 담즙, 검은 담즙이 사람의 네 가지 기질, 즉 다혈질, 점액질, 담즙질, 우울질로 나타난다는 것이다. 그리스인들에 의해 내려온 이와 같은 네 가지 체액 이론은 음악을 치료적인 목적으로 사용하는 현상에 자연스럽게 기여하게 되었는데, 이것은 실제로 당시 음악과 의학을 연결하는 공통된 영역을 제공하였던 것이다(Boxberger, 1962).

19세기 중엽부터 현대 신경학이 발달하면서 학자들은 인지과정의 중심이 두뇌의 기능에 있다고 보게 되었다. 몇 명의 독일 신경학자는 환자가 음악적으로 혼란을 보일 때 두뇌 속의 어떤 부분이 이러한 현상과 연관되는지를 조사한 바 있다. 그중 크노브라크(Knoblauch)는 '실(失)음악증(amusia)'이라는 용어를 소개하였는데, 이 말은 '음치'로도 번역할 수 있으나 당시에는 음악적 활동에 장애를 보이는 것을 가리키는 용어로 사용되었다. 감각적 실음악증은 청각장애 및 악보를 읽거나 이해하는 데 어려움이 있는 것을, 운동 실음악증은 노래 부르거나 작곡 또는 기악 연주에 어려움을 보이는 것을 지칭하였다(Pratt, 1989). 이 외에도 19세기의 많은 의사는 음악이 신체작용과 연관되어 건강과 생활에 영향을 준다고 믿었던 것으로 보인다.

# 2. 20세기 초반부터 음악치료의 태동기까지

오늘날에 와서 치료의 전문 분야로 자리 잡은 음악치료는 1940년대 미국 대학에서 개설되기 시작한 음악치료 강의 및 전공학과와 1950년에 설립된 전국음악치료협회의 활발한 활동을 통해 보급된 것으로 이해되고 있다. 하지만 실제로 음악치료가 학문 영역과 임상 영역에서 전문 분야로 자리 잡기까지는 그리 간단하지 않은 과정을 거쳤다. 이러한 과정을 좀 더 자세히 살펴보는 것이 음악치료가 국내에 뿌리를 내리는 데 도움이 될 것 같아 소개하고자 한다.

질병에 대한 치료는 실험적인 데이터에 의해 뒷받침된다. 이러한 데이터를 얻기 위해서는 공개적이고 지속적인 치료 시행이 뒤따라야 하며, 당시 건강과 치료의 개념 속에서 이것이 효과적임이 입증되어야만 한다. 사실 19세기까지 음악은 치료의 개념 속에서 채택되어 왔고, 때로는 각 문명과 문화 속에서 진지하게 받아들여지기도 하였다. 그러나 이것을 오늘날 우리가 말하는 치료의 개념 속에 포함하지는 않는다. 그 이유는 당시의 음악치료가 지속적이지 못하였으며, 치료의 과정과 결과를 나타낼 수 있는 데이터를 포함하지 못하였기 때문이다. 또한 음악이 치료에 관련되어 사용된 사례도 음악치료가 관련되는 전체적인 분야의 결과라기보다는 개인적인 사례에 불과한 것들이었기 때문이다.

1950년대 레코드 산업의 부흥과 함께 병원에서는 음악을 사용하는 데 큰 관심을 보였다. 병원에서 음악은 오락을 위해 사용되었으며, 밤에는 환자의 수면을 돕는 도구로 사용되었다. 수술실에서는 수술에 대한 공포를 감소시키기 위해 사용된 경우도 보고되었는데, 음악이 부분 마취를 통해 수술하는 데 큰 효과를 보였다고 한다(Burdick, 1916; Kane, 1914).

당시에는 일반 병원보다 정신병원에서 음악을 더욱 많이 사용한 것으로 보고되었는데, 특정한 치료의 목적으로 사용한 것인지에 관해서는 분명히 기록되어 있지 않아 음악의 임상적인 역할에 대해서는 알 수가 없다.

## 1) 뉴욕 시의 전국치료협회

20세기 초반에 음악치료의 선구적인 역할을 했던 사람으로 에바 베셀리우스(Eva Vescelius)를 들 수 있다. 베셀리우스는 음악가로서 음악치료에 대한 여러 논문을 게재하고 『건강 속의 음악(*Music and health*)』이라는 책도 발간하였다. 음악치료에 대한 그녀의 관심은 음의 진동에 있었다. 심지어 그녀는 "우리는 정돈된 진동들이다."라고 할 만큼 진동을 강조하였다(Vescelius, 1918). 그녀에 따르면, 모든 치료의 목표는 불일치된 진동을 조화된 진동으로 바꾸는 것이다. 그녀는 해열, 불면 증세 그리고 다른 여러 증상에 대한 특별한 음악 처방을 내렸다. 즉, 음악을 안정된 것과 흥분시키는 것, 침체시키는 것, 최면시키는 것 등으로 나누고 종류별로 음악을 분류하였다(Vescelius, 1918).

베셀리우스는 자신의 이론이 당시 호응을 얻자 1903년 뉴욕 시 전국치료협회(The National Therapeutic Society of New York City)를 창설하고, 1917년 세상을 뜨기까지 회장으로 있었다. 그녀의 이론은 과학적인 기반을 갖지는 못하였으나 당시 음악을 치료 도구로 사용하는 데 대한 일반의 관심을 불러일으켜 근대적 개념의 음악치료의 태동에 영향을 미친 것으로 평가되고 있다.

## 2) 컬럼비아 대학교의 '음악적 치료' 코스

1919년 봄 학기에 컬럼비아 대학교는 마거릿 앤더튼(Margaret Anderton)이 가르치는 '음악적 치료' 클래스를 개설하였다. 그녀는 제1차 세계대전 당시 음악으로 전쟁 부상병을 도운 경험을 토대로 나름대로의 음악치료 이론을 정립하였다. 이 클래스에서는 주로 신경정신질환자의 필요를 채워 주고 신체적

재활을 돕는 보조 수단으로 음악을 사용하는 데 초점을 두었다(Taylor, 1981).

## 3) 병원음악전국협회

이사 마우드 일센(Isa Maud Ilsen)은 병원에서 간호사로 26년 동안 일하였으며, 병원장과 음악 감독으로서 병원음악전국협회(The National Foundation for Music in Hospitals)를 조직하였다. 이 협회의 목적은 병원의 체제에 맞추어 음악을 효율적으로 보급하는 것이었다. 그녀는 음악이 병원에서 사용될 때 병원의 일과와 충돌하지 않도록, 또 치료팀과 마찰이 일어나지 않도록 하기 위해 노력했다. 그 결과 병원 내에 음악 프로그램을 갖추려 신청하는 병원이 많이 생겼으며, 음악을 사용한 결과에 대해서도 호의적인 반응을 얻었다고 보고하였다(Ilsen, 1926).

## 4) 음악치료전국재단

베셀리우스가 활약할 당시 음악을 치료적인 목적으로 사용한 또 다른 사람은 헤리엇 에어 시모어(Harriet Ayer Seymour)였다. 그녀 역시 제1차 세계대전 기간에 통합병원에서 일했다. 1920년에 시모어는 『당신을 위해 음악은 무엇을 할 수 있나(*What music can do for you*)』라는 책을 발간하였는데, 이 책은 주로 음악을 치료적인 목적으로 사용하는 데 대한 안내를 하였다. 피아니스트이며 교사였던 시모어도 베셀리우스처럼 음악의 힘에 기반을 둔 치료를 시행하면서 음악을 안정된 것과 흥분시키는 것, 침체시키는 것, 최면시키는 것 등으로 나누고 종류별로 음악을 분류하였다(Seymour, 1920).

시모어는 연방 음악 과제에도 관여하면서 3년 동안 7개 도시의 병원과 두 곳의 형무소에서 행한 활동에 대해 보고했다. 또한 1938년에는 그녀가 병원의 음악 모임 회장으로 보고한 내용이 『뉴욕타임스(*New York Times*)』에 실리기도 하였다. 1941년 시모어는 음악치료전국재단(The National Foundation for Music Therapy)을 설립하고 회장으로 취임하였다.

시모어의 음악치료 역시 질병과 증상에 따른 처방과 같은 것으로 제1차 · 제2차 세계대전을 거치면서 전쟁 부상병의 치료 회복에 있어서 설득력이 있는 것으로 관심을 끌었다. 그러나 그녀 자신이 인정한 대로 그녀의 이론은 의학 및 심리학 검증을 거치지 못해 의사를 포함한 다른 영역의 전문인에게 인정을 받지 못하였으며, 그 결과 전체 병원으로 확산되는 프로그램은 되지 못하였다 (Boxberger, 1962).

## 3. 음악치료 운동의 태동

제2차 세계대전 기간 중에, 그리고 이후 널리 발표된 음악치료에 대한 보고는 '새로운 과학'으로 간주되었다(Boxberger, 1962). 전문치료로서 태동하기 시작한 음악치료는 전통적인 의학적 치료 개념의 변화에 수반되었다. 즉, 질병치료에 대한 원인을 밝히려는 데서(병인학) 각종 신경증 질환의 요소에 대한 개념이 형성된 것이었다. 예를 들면, 마음이 산란할 때 위장장애를 수반한다거나, 특별히 정신질환자가 자주 호소하는 신경증에서 비롯되는 정신신체적 통증(psychosomatic pain)의 사례를 통해 건강한 생활에서 마음과 신체를 분리할 수 없다는 전체적인 치료(holistic approach)에 대한 개념이 형성되었다.

이러한 전체적인 치료의 방법으로 음악이 치료적인 목적을 달성할 수 있다는 점에는 누구나 쉽게 동의할 수 있었지만, 어려운 문제는 어떻게 음악을 사용해야 하는가였다. 음악치료는 여전히 과학적인 적용 방법이라기보다는 신비한 경험적 적용에 더 의거하고 있어 많은 갈등을 빚었다.

## ♪ 반 데 왈에 의한 기관에서의 음악 발달

근대 음악치료의 태동기인 제1차 · 제2차 세계대전을 거치면서 기관 속에서 음악 프로그램을 개발한 반 데 왈(William Van de Wall)의 공헌을 주목할 수 있다. 그는 널리 알려져 있지는 않았지만 오늘날 음악치료 분야가 태동하는 데 크게 기여한 개척자로 인정받고 있다.

반 데 왈은 전문 하프 연주가로서 제1차 세계대전 동안 메트로폴리탄 오페라하우스 교향악단의 구성원으로 해군 군악대에서 근무한 후 1919년부터 음악을 통한 치료와 정신질환 예방에 나서게 되었다. 처음으로 그가 일한 곳은 뉴욕의 센트럴 아이슬립 주립병원(Central Islip State Hospital)이었다. 그는 러셀 세이지재단(Russell Sage Foundation)의 후원 아래 음악을 사회적 기능으로 이용하는 일을 위한 연구에 몰두할 수 있었다.

이후 펜실베이니아 주 정신건강 사무국의 회원이 되어 음악과 관련된 활동을 관장하게 되면서 주 전역에 걸쳐 특별히 정신병원에 더 나은 치료 환경을 마련하기 위해 힘썼다. 그가 특별히 병원 내의 음악 프로그램을 개발하여 처음으로 적용한 병원은 질병치료를 위한 알렌타운 주립병원(Allentown State Hospital)이었다. 또한 그는 1925년부터 1932년까지 뉴욕의 컬럼비아 대학교 사범대학에서 '건강 속의 음악과 사회사업'에 대한 강의를 맡기도 하였다. 1944년에는 전국음악심의회에 의해 병원에서 음악 사용을 위한 분과 회장으로 임명되었다. 반 데 왈의 활동은 병원 내에서 음악이 치료적인 도구로 사용되는 데 크게 기여하였다(Boxberger, 1962).

## 4. 미국의 전국음악치료협회의 결성기

미국의 전국음악치료협회(National Association for Music Therapy: NAMT)가 결성되기까지 음악치료는 당시 활발히 활동하였던 여러 음악 단체에 의해 관심이 고조되었고, 여러 가지 명칭의 연구 분과 형식의 음악치료연구회가 결성되었다. 이러한 과정에 많은 음악교육자가 관여하였다. 음악치료사를 위한 최초의 교육은 1944년 미시간 이스트 랜싱의 미시간 주립대학교에서 시작되었다. 음악치료 학위 프로그램은 1946년 캔자스 대학교에서 처음으로 개설되었으며, 이후 다른 대학의 학부와 대학원 과정에 전공 프로그램으로 보급되었다 (Gaston, 1968).

1940년대 후반에 와서는 음악치료가 임상현장에서 전문 분야로 성장할 수 있도록 보호하고 지원하는 전문적인 협회의 결성이 자연스럽게 요청되었다. 이러한 협회는 음악치료 교육과정을 통해 배출되는 음악치료사의 자격과 교육 내용을 관할하는 일차적인 작업을 담당하였다. 그러나 협회가 설립되기 위한 일련의 과정도 그리 단순하지는 않았다. NAMT는 당시의 여러 음악협회에 관련된 사람들의 공통된 관심을 통해 결성되었다. 주축이 된 사람들로는 음악교사전국협회(MTNA)의 로이 언더우드(Roy Underwood), 음악교육자전국회의의 기능음악기구의 개스턴(E. T. Gaston), 병원에서의 음악 사용 전국위원회의 대표 레이 그린(Ray Green), 메이랜드 소재 세펄트 엔록 프랫 병원 작업치료과의 프라이스(M. L. Price) 등이 있었다. 수차례의 회의를 거친 끝에 1950년 6월 2일 뉴욕 소재 미국문화센터에서 각 학교를 대표하는 20명의 대표가 참석한 가운데 레이 그린을 회장으로 하여 첫 발기 모임이 있었다. 당시 음악치료협회의 이름을 공식화하는 데에도 여러 의견이 있었으나 최종적으로 전국음악치료협회로 합의되었다(National Association for Music Therapy, 1950). 동시에 협회 조약과 목적 그리고 산하 기관이 결성되면서 마침내 1950년 12월 27~28

일에 첫 연례학술대회를 개최하였다.

첫 회의에서 회원으로 가입한 사람은 모두 85명이었는데, 협회에서는 회원의 등급을 활동, 보조, 학생, 기여, 지속, 영구, 후원 그리고 평생 명예회원의 여덟 가지로 구분하였다(National Association for Music Therapy, 1950). 협회에 관련된 출판물로는 협회 결성 이전부터 음악치료에 관한 내용을 다루어 왔던 전국음악협의회(NMC)의 뉴스레터를 협회의 공식 출판물로 인정하였다. 이후 전문 출판물의 중요성이 인식되었으나 재정상의 이유로 1951년 9월이 되어서야 이 뉴스레터를 협회에서 인수하기에 이르렀다.

NAMT 두 번째 학술대회는 1951년 11월 9~11일에 250명이 등록한 가운데 시카고에서 열렸다. 정기 간행물로는 뉴스레터 외에 1952년 1월에 발간된 *Bulletin of NAMT* 등이 출판되었다.

전국음악치료협회의 초창기 10년을 살펴볼 때 여러 교훈을 얻을 수 있다. 우선, 음악치료사 자격에 관한 내용을 살펴볼 수 있다. 기본적으로 협회에서는 음악치료사의 자격을 1952년에 규정하였고, 1957년에는 미국음악학교협호(National Association of Schools Music: NASM)에서 인가한 필수 과목을 이수한 대학 졸업자로서 소정의 임상 훈련 기간을 거친 사람으로 확정하였다. 하지만 현실적인 상황을 고려하여 1957년의 제8차 학술대회 등록협의회에서는 1960년 12월 31일까지 일정 정도의 임상 경험과 훈련 여부를 협회 산하 등록 심의회에서 심사한 후 학위에 관계없이 음악치료사의 자격을 인정하기로 동의하였다. 그리고 이후에는 NASM에서 인가한 학교에서 학위 프로그램을 거친 음악치료사만을 인정하기로 결정하였다. 이것이 채택된 1957년부터 1960년까지는 음악치료사로 등록받는 요건으로서 '현재 활동하고 있거나 과거 음악치료 분야에 종사한 모든 사람' 그리고 '교육적이든 행정적이든 임상적이든 음악치료와 직접 연관을 가진 교육자'를 자격 대상으로 규정하였다(NAMT, 1959: 3-9). 음악치료사 자격 등록을 받은 지 약 1년이 지나면서 협회 산하 자격심사위원회에서는 이 기간에 등록한 180명의 음악치료사 명부를 1959년

*Bulletin of NAMT* 5월호에 발표하였다. 1960년 *Bulletin of NAMT* 2월호에
는 지난 3년간의 등록 상황을 보고하면서 훈련기관의 상황도 보고하였는데,
당시에 음악치료사를 교육하고 훈련하기 위해 NASM과 NAMT에서 인가된 공
인교육기관과 12개의 대학교와 14개의 병원이 있었다(NAMT, 1957).

이 기간에 음악치료가 전문 분야로 자리 잡는 데 가장 큰 공헌을 한 사람은
아마도 개스턴(E. T. Gaston)이라고 할 수 있다. 캔자스 대학교의 음악교육, 치
료학과 학과장이었던 그는 메닝거 클리닉과 협조하여 미국에서 최초로 인턴
과정 프로그램을 만들었다. 그의 연구와 학적인 공헌, 탁월한 리더십을 들어
사람들은 그를 음악치료의 아버지라고 부르고 있다.

NAMT의 초창기 10년을 살펴볼 때 크게 다음의 두 가지 측면에서 큰 성장
을 보인 것이 주목된다.

- 협회 내적으로 조직적인 운영을 해 왔다. 중앙 조직과 지방 조직을 잘 구
  분하였고, 아울러 자체 정기 출판물 간행을 초창기부터 확립하였으며, 다
  른 기관과의 협조 체제를 원활히 하여 좋은 관계를 지속해 온 것에 주목
  해 볼 수 있다.
- 임상적인 면에서 일치된 한 방향으로 음악치료를 시행하기 위해 1952년
  부터 시작한 교육과정의 규정, 훈련 내용의 제정 등을 통해 음악치료사의
  자질을 높이고 자격 기준을 확립하였다. 1956년에 자격심사위원회에서
  마련한 음악치료사 자격 심사 및 등록 방안은 그동안 음악치료 분야에 여
  러 형태로 관여한 사람들의 호응을 얻어 1960년 말에는 임상 분야에서
  일하는 음악가 400여 명 이상을 등록시키기도 하였다(NAMT, 1960). 이를
  통해 NAMT는 자체적으로 엄격한 교육과정과 훈련 내용을 정비함으로써
  음악치료사 자격에 대한 시비 문제를 협회를 통해 10년 만에 종결짓게 되
  었다.

# 5. 미국 음악치료의 발전기

원시시대 이래로 질병치료를 위한 신비로운 경험으로 사용된 음악에 대해, 그리고 과학적인 접근 방식에 이르게 된 일련의 과정과 음악치료협회가 결성된 내용에 대해 간단히 살펴보았다. 앞서 밝힌 바와 같이, 근세에 와서 음악치료가 치료의 전문 분야로 자리 잡게 된 계기를 제1차, 제2차 세계대전이라 할 수 있다. 특히 제2차 세계대전의 부상병 위문을 통한 음악 활동이 치료에 향상을 가져온 것이 주목받으면서 미 육군통합병원이 병원에서 활동할 수 있는 음악인의 파견을 각 음악대학에 요청하게 되었다(Ainlay, 1948). 또한 초창기에 비록 과학적인 접근 방법에 의한 연구는 없었지만 개인적인 경험과 확신에 의해 음악치료를 시도한 여러 사람이 음악치료 발전에 기여하였으며, 자세한 언급은 하지 않았지만 19세기 말부터 20세기 초반까지 정신병원을 중심으로 활동해 온 활동치료사도 음악치료에 기여한 바가 적지 않다.

개스턴에 따르면, 일반적으로 초기의 음악치료는 다음의 세 단계를 거치면서 발달하였다(Gaston, 1968).

- 1단계: 음악 자체의 영향력에 크게 집착하여 치료사의 역할을 중요하게 인식하지 못했던 시기였다.
- 2단계: 치료사가 환자와의 일대일 관계 형성에 치중하다 보니 음악을 무시하는 경향이 있었다.
- 3단계: 이와 같은 양극단의 간격이 좁아지면서 치료사는 환자와의 관계 형성에 초점을 두면서도 이를 위해 음악과 음악 활동을 적절히 사용하게 되었다.

1950년에 미국에서 전국음악치료협회(NAMT)가 설립되고, 1971년에 미국의 두 번째 음악치료협회로 미국음악치료협회(AAMT)가 뉴욕 대학교를 중심으로 설립된 이후 음악치료는 꾸준히 그 활동 영역을 넓혀 왔다. 이후 1998년 1월, 미국의 음악치료는 새로운 전기를 맞이하게 되었다. 즉, 음악치료의 두 협회가 미국음악치료협회(American Music Therapy Association: AMTA)라는 새로운 이름으로 통합된 것이다. NAMT나 AAMT에 소속된 음악치료사를 호칭하였던 RMT나 CMT를 MT(music therapist)로 통일하고, 대신 자격검증(credential)을 음악치료보드협회의 공인시험(board exam)으로 통일하게 되었다. 그래서 음악치료 과정을 이수하고 공인받은 음악치료사가 MT-BC(board certified music therapist)라는 공식 명칭을 가질 수 있도록 한 것이다. 현재 미국에는 약 5,000여 명의 음악치료사가 주립병원, 재활센터, 양로원, 학교 등 여러 분야에서 근무하고 있다.

• 미국음악치료협회(AMTA)

American Music Therapy Association

8455 Colesville Road, Suite 930 Silver Spring, MD 20910 USA

Tel. (301) 589-3300  Fax. (301) 589-5175

email: info@musictherapy.org

Web site: http://www.musictherapy.org/

• 음악치료 공인위원회(CBMT)

The Certification Board for Music Therapists

Suite 326, Box 345

6336 North Oracle Road Tucson, AZ 85704 USA

Tel. (800) 765-2268

**〈표 2-1〉** 음악치료 전공 미국의 대학교

| | |
|---|---|
| Alabama | ○ University of Alabama, Tuscaloosa, AL 35487-0366 |
| Arizona | ● Arizona State University, Tempe, AZ 85281 |
| California | ○ California State University, Northridge, CA 91330 |
| | ○ Champman University, Orange, CA 92666 |
| | ● University of the Pacific, Stockton, CA 95211 |
| Colorado | ● Colorado State University, Fort Collins, CO 80523 |
| | District of Columbia |
| | ● Naropa University, Boulder, CO 80302 |
| Columbia | ○ Howard University, Washington, DC 20059 |
| Florida | ● Florida State University, Tallahassee, FL 32306 |
| | ● University of Miami, Coral Gables, FL 33124 |
| Georgia | ○ Georgia College, Milledgeville, GA 31061 |
| | ● University of Georgia, Arthens, GA 30602 |
| Iowa | ○ University of Iowa, Iowa City, IA 50677 |
| | ○ Wartburg College, Waverly, IA 50677 |
| Illinois | ● Illinois State University, Normal, IL 61790-5660 |
| | ○ Western Illinois University, Macomb, IL 61455 |
| Indiana | ○ Indiana-Purdue University, Ft. Wayne, IN 46805-1499 |
| | ● Indiana-Purdue University, Ft. Indianapolis, IN 46202 |
| | ○ University of Evansville, Evansville, IN 47702 |
| | ● St. Mary-of-the-Woods College, St. Mary-of-the-Woods, IN 47876 |
| Kansas | ● University of Kansas, Lawrence, KS 66045-2344 |
| Kentucky | ○ University of Louisville, Louisville, KY 40292 |
| Louisiana | ● Loyola University, New Orleans, LA 70118 |
| Massachusetts | ○ Anna Maria College, Paxton, MA 01612 |
| | ○ Berklee College of Music, Boston, MA 02215 |
| | ● Lesley University, Cambridge, MA 02138 |
| Michigan | ○ Eastern Michigan University, Ypsilanli, MI 48197 |
| | ● Michigan State University, East Lansing, MI 48824 |
| | ● Western Michigan University, Kalarnazoo, MI 49008 |
| Minnesota | ○ Augsburg College, Minneapolis, MN 55454 |

〈계속〉

---

|                |                                                                              |
| -------------- | ---------------------------------------------------------------------------- |
|                | ● University of Minnesota, Minneapolis, MN 55455                             |
| Missouri       | ○ Drury University, Springfield, MO 65802                                    |
|                | ○ Maryville University, St. Louis, MO 63141                                  |
|                | ● University of Missouri, Kansas City, MO 64110                              |
| Mississippi    | ○ William Carey College, Hattiesburg, MS 39401                              |
|                | ○ Mississippi University for Women, Columbus, MS39701                        |
| North Carolina | ● East Carolina University, Greenville, NC 27834                            |
|                | ○ Queens College, Charlotte, NC 28274                                        |
| New Jersey     | ● Montclair State College, Upper Montclair, NJ 07043                        |
| New Mexico     | ○ Eastern New Mexico University, Portales, NM 88130                          |
| New York       | ○ Molloy College, Rockville Centre, NY 11571                                 |
|                | ○ Nazareth College of Rochezter, Rochootor, NY 14618                        |
|                | ○ State University College of New York, Fredonia, NY 14063                  |
|                | ○ State University College of New York, New Paltz, NY 12561                 |
|                | ● New York University, New York, NY 1003                                    |
| Ohio           | ○ Baldwin-Wallace College, Berea, OH 44017                                   |
|                | ○ College of Wooster, Wooster, OH 44691                                      |
|                | ● Ohio University, Arthens, OH 45701                                        |
|                | ○ University of Dayton, Dayton, OH 45469                                     |
| Oklahoma       | ○ Southwestern Oklahoma State University, Weatherford, OK 73096             |
| Oregon         | ○ Marylhurst University, Marylhurst, OR 97036                                |
| Pennsylvania   | ○ Duquesne University, Pirtsburgh, PA 15282                                  |
|                | ○ Elizabethtown College, Elizabethtown, PA 17022                            |
|                | ○ Immaculata University, Immaculata, PA 19345                               |
|                | ○ Mansfield University, Mansfield, PA 16933                                  |
|                | ○ Marywood College, Scranton, PA 18509                                       |
|                | ○ Slippery Rock University, Slippery Rock, PA 16057                          |
|                | ● Temple University, Philadelphia, PA 19122                                  |
| South Carolina | ○ Charleston Southern University, Charleston, SC 29423                      |
| Texas          | ○ Sam Houston State University, Huntsville, TX 77341                         |
|                | ○ Southern Methodist University, Dallas, TX 75275                            |
|                | ● Texas Woman's University, Denton, TX 76204                                |
|                | ○ West Texas State A&M University, Canyon, TX 79016                          |

---

〈계속〉

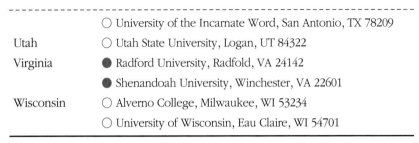

| | |
|---|---|
| | ○ University of the Incarnate Word, San Antonio, TX 78209 |
| Utah | ○ Utah State University, Logan, UT 84322 |
| Virginia | ● Radford University, Radfold, VA 24142 |
| | ● Shenandoah University, Winchester, VA 22601 |
| Wisconsin | ○ Alverno College, Milwaukee, WI 53234 |
| | ○ University of Wisconsin, Eau Claire, WI 54701 |

주: ○ 표는 학부과정, ● 표는 대학원과정이 있음을 말함.

# 6. 한국의 음악치료

　우리나라에서의 음악치료사 교육의 시작을 보는 관점이 다를 수 있지만 최병철 박사가 1996년 2학기 숙명여자대학교에 개설한 음악치료학, 음악심리학 15주 특강을 주목할 수 있다. 미국에서 음악치료를 전공하고 공인자격을 갖춘 사람이 국내에 개설한 첫 음악치료 교육과정이었기 때문이다. 그해 11월 교육부의 인가를 받아 1997년 1학기 국내 최초로 숙명여자대학교 음악치료대학원이 설립되었다. 이후 다른 학교에도 전공학과 혹은 교육과정이 개설되어 2015년 현재 음악치료전공 박사과정이 5개 대학원, 석사과정이 20개 대학원, 학사과정이 4개 대학에 개설되어 있다. 학위과정 외에도 학교에서 운영하는 평생교육과 전문가 과정, 또는 개인이나 단체가 제공하는 다양한 기간의 교육내용이 있기도 하다.

　국내 음악치료는 미국의 영향을 받아 교과목 구성부터 실습 그리고 인턴 과정까지 미국과 유사한 학과정을 운영하고 있다. 다만 학부에 자격 과정을 가진 미국과 달리 국내 음악치료는 석사학위 과정에 자리 잡았고, 현재도 석사학위를 소지한 음악치료사들이 주류를 이루고 있다. 한편, 미국음악치료를 모델로 시작하였으나 국내의 모든 학교가 동일한 교과목과 훈련 과정을 운영하고 있지는 않다. 전공의 소속이 특수대학원, 교육대학원 혹은 일반대학원으로 다양하며, 학생 규모나 전임 교원의 수도 다양하여 교과목 운영에도 영향을 받고 있다. 기본적으로 석사학위 과정에서는 학기별 실습과 4~6개월의 현장 훈련의 인턴십을 포함하여 임상기술, 음악치료 이론과 연구 관련 학과목을 개설하고 있다. 임상 기술에서는 음악치료 임상 현장에서 만날 수 있는 대상자들의 특징을 포함하여 치료 적용 방법과 음악기술까지를 포함한다. 음악치료 이론에서는 음악을 치료적 도구로 사용하는 근거와 이론적 배경을 문헌을 통해 학습하게 한다, 그런 이론적 기반을 통해 음악의 영향력과 실제 적용의 사례를 평가하고 소개하는 연구적 지식을 교육과정에서 함께 다루고 있다.

한국음악치료 발전의 분수령은 2011년 7월 5~9일의 제13차 세계음악치료 학술대회였다. 세계음악치료연맹(World Federation of Music Therapy)이 매 3년마다 대륙을 순환하며 주최하는 이 대회가 아시아에서는 처음으로 서울(숙명여자대학교 백주년기념관)에서 개최되었다. 세계 45개국에서 참석한 485명의 외국인 음악치료사들 그리고 국내음악치료사들까지 총 1,275명이 어우러져 세계 음악치료의 현재와 미래비전을 함께 나눌 수 있었다. 또 2012년 10월 26~27일에는 세계 12개국의 음악치료단체장들이 서울을 방문해 각국의 음악치료사 교육과 자격 현황을 발표하는 등 우리나라가 세계 음악치료의 중심에 자리 잡으며 그 역할을 확장해 가고 있다.

**〈표 2-2〉 음악치료전공 개설 학교(소재지별)**

| 학교 | 소재지 | 학/석/박사 | 특징 |
|---|---|---|---|
| 가천대학교 | 경기 성남 | 석사 | 특수치료대학원 내의 타 과목(심리, 언어, 미술, 무용 등)을 수강할 수 있다. |
| 계명대학교 | 대구 | 석사 | 다양한 예술치료 기법을 함께 배울 수 있다. |
| 고신대학교 | 부산 | 석사 | 기독교인만 입학이 가능하며, 요리를 이용한 '뮤직 쿡' 과정이 개설되어 있다. |
| 대구예술대학교 | 대구 | 학사 | 미술, 음악, 문학, 심리 등 예술치료를 통합한 예술치료사 양성을 목표로 한다. |

| 대구한의대학교 | 대구 | 석사 | 중등 특수교육학과의 학부과정과 연계된 음악치료 내용이 포함되어 있으며, 학교 내 한방병원과 연계되어 있다. |
|---|---|---|---|
| 대전대학교 | 대전 | 석사 | 예술치료학과에 소속되어 미술·무용 치료와 유기적인 학습체제를 중요시한다. |
| 동의대학교 | 부산 | 석사 | 4학기제다. |
| 명지대학교 | 서울 | 석사 | 기독교 이념을 통한 음악치료사의 양성을 목표로 한다. |
| 부산예술대학교 | 부산 | 전문 학사 | 전문학사학위를 취득한다. |
| 성신여자대학교 | 서울 | 석사 | 주간이며 선수과목으로 음악치료 관련 분야 과목을 함께 수강할 수 있다. |
| 수원대학교 | 경기 수원 | 석사 | 피아노 교수학과에 속해 있으며 야간수업으로 진행된다. |
| 숙명여자대학교 | 서울 | 석사 박사 | 국내 최초 석·박사 과정이 개설되었으며, 석사과정은 특수대학원(원격대학원 포함) 소속이고 박사 과정은 일반대학원 소속이다. |
| 순천향대학교 | 충남 아산 | 석사 | 서울에도 센터가 있어 강의를 들을 수 있으며, 음악치료전공 임상실습 및 인턴과정을 순천향병원에서 실시한다. |
| 예원예술대학교 | 전북 임실 | 석사 | 한국음악치료임상응용학회와 연계되어 있어 음악 치료의 다양한 교육, 임상, 연구의 기회를 가질 수 있고, 학회에서 규정하는 인턴십 1,040시간을 채 워야 한다. |
| 원광대학교 | 전북 익산 | 석사 | 예술치료학과 안에 미술치료학, 무용연극치료학과로 있다. |
| 웨스트민스터 신학대학원 대학교 | 경기 용인 | 석사 박사 | 다양한 예술치료 기법을 함께 배울 수 있다. |
| 이화여자대학교 | 서울 | 석사 박사 | 일반대학원에 석·박사 통합과정이 개설되어 있으며, 전공이 세분화되어 있다. |
| 전주대학교 | 전북 전주 | 학사 석사 | 학·석사 연계과정은 5학기, 7학기에 개설되는 석사과목을 이수를 하게 되면서, 이후의 석사과정은 1년 안에 마치게 된다. 즉, 학·석사 연계과정의 경우 5년 안에 학사학위, 석사학위를 취득할 수 있다. |
| 중앙대학교 | 경기 안성 | 석사 | 방학 중에 운영되며 국악 중심 음악치료 수업을 진행한다. |
| 침례신학대학교 | 대전 | 학사 | 기독교적 세계관 속에서 음악치료를 배운다. |
| 한세대학교 | 경기 군포 | 석사 박사 | 일반대학원에는 석·박사 과정이 있으며 특수대학원의 치료상담대학원에는 석사과정이 있다. 치료 상담대학원에서는 상담 관련 과목을 들을 수 있다. |

**요 약**

이 장에서는 음악이 인류 역사를 통해 질병의 치료와 어떻게 관련되어 왔으며, 음악치료가 치료를 위한 전문 분야로 자리 잡게 된 배경을 시대별로 살펴보았다. 또한 음악치료의 태동기를 전후한 상황과 음악치료협회가 발족되는 과정도 검토해 보았다. 아울러 세계의 음악치료 현황을 간략히 소개하였으며, 대표적인 협회의 연락처를 제시하였다.

### 미국음악치료협회에 등록한 국가별 음악치료사의 현황(2014년)

| Country | #Members | Country | #Members |
|---|---|---|---|
| Argentina | 1 | New Zealand | 2 |
| Australia | 4 | Norway | 1 |
| Austria | 1 | Portugal | 1 |
| Bahrain | 1 | Puerto Rico | 1 |
| Canada | 23 | Qatar | 1 |
| China | 2 | Singapore | 2 |
| Estonia | 2 | South Korea | 6 |
| Germany | 1 | Spain | 3 |
| Greece | 4 | Sweden | 1 |
| Hong Kong | 4 | Switzerland | 2 |
| Ireland | 2 | Taiwan | 7 |
| Israel | 5 | Thailand | 1 |
| Italy | 1 | Turkey | 1 |
| Japan | 74 | United Kingdom | 2 |
| Malaysia | 1 | United States | 3678 |
| Mexico | 3 | United States Virgin Islands | 1 |

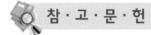 참·고·문·헌

Ainlay, G. W. (1948). The place of music in military hospitals, In D. Schullian & M. Schoen. (Eds.), *Music and medicine*, 322–351.

Boxberger, R. (1962) A historical study of the national association for music therapy. *Music Therapy, 12,* 135.

Burdick, W. P. (1916). The use of music during anesthesia and analgesia. *The American Yearbook of Anesthesia and Analgesia.* New York: Surgery Publishing.

Burney, C. (1957). *A general history of music from the earliest ages to the present period* (reprinted ed). New York: Dover Publications.

Carapetyan, A. (1948). Music and medicine in the renaissance and in the 17th and 18th Centuries. In D. M. Schullian & M. Schoen (Eds.). *Music in Medicine* (pp. 117–140). New York: Henry Schuman.

Coleman, J. C. (1956). *Abnormal psychology and modern life.* New York: Scott, Foresman and Company.

Columbia University to heal wounded by music. (1919. 3. 1.). *Literary Digest, 60,* 59–62.

Gaston, E. T. (Ed.). (1968). *Music in therapy.* New York: The MacMillan Company.

Grout, D. J. (1980). *A history of western music* (3rd ed.). New York: W. W. Norton.

Ilsen, I. M. (1926). *How music is used in hospitals. Musician, 21*(15).

Kane, E. O. (1914). The phonograph in the operating room. *Journal of the American Medical Association, 12,* 1829.

Lang, P. H. (1941). *Music in western civilization.* New York: Norton.

Lang, P. H. (1949). The role music plays among the arts. *Musical Quarterly, 35,* 603.

Meinecke, B. (1948). Music and medicine in classical antiquity. In D. M. Schullian & M. Schoen (Eds.), *Music and Medicine.* New York: Henry

Schuman.

National Association for Music Therapy. (1957). *Registration of music therapists. music therapy*, 241–243.

National Association for Music Therapy. (1959). Registered music therapists. *Bulletin of NAMT, 3*, 3–9.

National Association for Music Therapy. (1960). Educational and clinical institutions. *Bulletin of NAMT, 4*, 6.

National Association for Music Therapy Minutes. (1950).

Pratt, R. R. (1989). A brief history of music and medicine. In M. Lee (Ed.), *Rehabilitation, Music and Human Well-Being*. Louis, MO: MMB Music.

Seymour, H. A. (1920). *What music can do for you*. New York: Harper & Brothers.

Sigerist, H. (1944). *Civilization and disease*. Ithaca, NY: Cornell University Press.

Sigerist, H. (1948). The story of tarantism. In D. M. Schullian & M. Schoen (Eds.), *Music and medicine*. New York: Henry Schuman.

Taylor, D. B. (1981). Music in general hospital treatment from 1900 to 1950. *Journal of Music Therapy, 18*, 62–73.

Vescelius, E. G. (1918). Music and health. *Music Quarterly, 4*, 376–400.

# 제3장 음악의 힘과 기능

# 제3장 | 음악의 힘과 기능

음악이 치료의 목적을 달성하기 위해 어떻게 사용되는기를 알기 위해 우리는 다음과 같은 질문을 할 수 있다.

- 음악이 어떻게 치료에 유용한 도구가 될 수 있는가?
- 음악은 우리에게 음악이 아닌 다른 소리, 구체적으로는 구어를 포함한 다른 언어와 어떻게 다르게 받아들여지는가?
- 어떤 음악을 어떻게 사용해야 한다는 일반적인 법칙이 있는가?

우리는 이러한 질문에 대답하기 위해서 생리적인 면, 심리적인 면 그리고 사회적인 면에서 음악이 인간에게 어떤 영향을 끼치는지, 나아가 음악이란 무엇인지 그 본질에 대해 생각해 보게 된다.

## 1. 음악에 대한 생리적 반응

음악치료는 음악을 치료의 도구로 사용하는 것이니만큼 음악의 영향력에 크게 의존하는 특성이 있다. 영향력은 결과적으로 두 가지 효과로 나타난다.

먼저, 일시적인 효과다. 지금 이 시간의 음악이 개인에게 특정한 변화를 불러일으키는 것이다. 예를 들어, 음악을 감상할 때 스트레스 호르몬인 코르티솔이 감소된다거나(Khalfa et al., 2003; Koelsch et al., 2011), 통증이 경감된다거나(Bernatzky et al., 2011; Cepeda et al., 2006), 음악을 감상할 때 중뇌변연계의 도파민 방출로 인한 쾌락적 즐거움이 동반되는(Salimpoor et al., 2013) 등의 현상을 말한다. 또 어떤 음악은 교감이나 부교감 신경체제를 유도하는 자율신경 반응을 가져오기도 한다(Ellis & Thayer, 2010).

다음으로, 영속적 효과다. 이러한 효과는 몇 주에서 몇 달, 혹은 몇 년, 어쩌면 평생 지속될 수 있는데, 지속되는 음악 경험은 우리 대뇌에 구조적 변화를 가져오게 한다는 것이다. 뇌신경 가소성으로 설명되는 이러한 구조적 변화는 일반적으로 음악인의 뇌가 일반인의 뇌와 다르다는 것으로 설명된다. 굳이 오랜 기간의 음악적 훈련이 아니더라도 사카모 등(Sarkamo et al., 2014)은 급성허혈성 중풍환자에게 매일 1~2시간씩 1개월간 음악을 감상하게 한 결과 (회백질 양의 증가로) 전두변연계 네트워크에서의 미립자의 구조적재구성으로 이어졌다고 하며, 이러한 전두변연계 영역의 성형 변화는 음악에 의한 인지적 · 감정적 회복에 직접 연관되는 것이었다. 음악의 영향력이 일시적이든 영속적이든 간에 음악과 치료의 인과관계 메커니즘을 설명한다는 점에서 음악치료사는 이를 잘 이해해야 할 것이다. 실제 임상치료에서 음악을 어떻게 효과적으로 적용할 것인가에 대한 통찰력을 제공하기 때문이다.

음악이 미치는 생리적인 영향력의 메커니즘을 이해하기 위해서는, 첫째, 음악이 뇌 중추신경 기능에 어떻게 연결되어 감정을 불러일으키고 긴장과 이완의 반응을 가져오는지를 이해할 필요가 있다. 둘째, 운동력에 대한 반응으로서 음악이 어떻게 운동력에 영향을 미치며, 신체적 재활에 어떤 역할을 하는지도 함께 이해해야 한다. 셋째, 자율신경의 반응과 신경전달에 관련된 뇌파 파장의 변화를 가져오는 음악과의 상관 관계도 알아야 한다.

## 1) 음악 자극

우리는 음악 경험이 혈압, 맥박 속도, 호흡, 피부 반응, 뇌파, 근육 반응 등에 변화를 가져온다고 믿고 있다. 이러한 자율신경의 변화는 결국 심리적인 현상으로 재반영되는데, 이러한 신체의 변화와 변화를 가져오는 요소에 대한 연구가 지난 수십 여 년 동안 진행되어 왔다. 예를 들어, 미셀(Michel, 1952), 쉬리프(Shrift, 1955), 헨킨(Henkin, 1957), 바이덴펠러와 짐니(Weidenfeller & Zimny, 1962), 테일러(Taylor, 1973)는 전류 피부 반응에 의한 음악의 영향을 연구하였다. 또한 엘리스와 브릭하우스(Ellis & Brighouse, 1952)는 음악과 호흡작용의 상호 관계에 대해, 시어즈(Scars, 1958)는 음악이 운동활동에 미치는 영향력에 대해 연구하였다.

이러한 연구 결과를 종합해 보면, 음악이 사람의 생리적인 반응에 영향을 미치는 것은 인정하나 음악에 대해 일정한 형태의 반응이 나타나지 않아 그 반응을 예측할 수 없는 어려움이 있었다. 예를 들면, 똑같은 음악이라도 어떤 상황이나 사람에 따라서는 자극적인 반응으로 나타나 심장박동 및 근육 반응을 활발하게 하는 반면, 다른 상황이나 사람에게는 침체시키는 반응으로 나타나는 정반대의 현상을 보였던 것이다.

이렇게 음악에 대한 사람의 반응이 서로 다르게 발표되는 데 대하여, 우선 호지(Hodges, 1980)라는 연구자는 지난 1920년에서 1970년대까지 발표된 연구를 종합한 후 다음과 같이 결론을 내리게 되었다.

- 들려주는 음악의 성격을 구분할 때 일반적으로 '자극적'이라는 용어가 너무 광범위하여 모호하였다.
- 발표된 연구의 측정 방법이나 연구 설계가 일치하지 않았다.
- 실험하는 과정 자체에 변수적 요인이 있음을 발견하였다.

한편, 하러와 하러(Harrer & Harrer, 1977)는 음악과 감정 그리고 자율신경 간의 관계를 조사한 연구에서 같은 음악에 대해서도 예측할 수 없는 반응이 나타난 이유를 다음과 같이 설명했다. 즉, 음악에 대한 자율신경반응은 획일적인 것이 아니어서 개인마다 연령, 성별, 신체적 상태, 심리적 상태 등에 따라 달리 나타나게 되며, 특별히 음악에 대한 개인별 선호도나 취향에 많은 영향을 받게 된다는 것이다. 그러나 이와 같은 다양성에 대한 견해에도 불구하고 일반적으로 나타나는 결과를 통해 우리는 자극적인 음악의 성격을 다음과 같이 일반화할 수 있다.

- 스타카토, 싱커페이션, 악센트가 많음
- 조성의 변화가 급격함
- 음역의 폭이 넓음
- 예측할 수 없는 음악의 흐름을 지님

반대로 사람을 안정시키고 활동을 침체시키는 음악의 성격은 다음과 같다.

- 레가토적인 멜로디 중심의 음악
- 조성의 변화가 거의 없거나 관계조의 자연스러운 변화가 나타남
- 음역의 폭이 좁고 급격한 멜로디의 변화를 가져오지 않음
- 대개 반복을 동반하는 음악으로서 진행을 예측할 수 있는 것

물론 우리는 모든 음악을 극단적으로 구분하여 침체시키는 음악과 자극하는 음악이라고 단정지을 수는 없다. 대부분의 음악은 이러한 두 측면의 요소를 함께 사용함으로써 사람에게 감동을 가져다주기 때문이다. 다만, 한 가지 부언할 것은 전체적인 음악 스타일 면에서 볼 때 활동을 자극하는 음악은 사람의 교감신경을 자극하여 근육운동 체계를 활성화하는 반면, 침체시키는 음

악은 사람의 부교감신경을 자극하여 편안하고 안정된 상태로 유도한다는 것이다.

다음에서는 음악이 우리에게 지각되고 인지되는 과정에 대해 알아보자.

## 2) 음악 지각

음악은 다른 모든 소리와 마찬가지로 공기 진동의 형태로 이도(耳道)를 통해 우리의 고막에 와 닿는다. 이 공기의 진동은 고막이라는 얇은 막을 진동시켜 물리적인 진동으로 바꾸고 고막과 연결된 3개의 고실뼈(hammer, anvil, stirrup)를 거치며 증폭되는데, 이 진동은 마침내 달팽이관이라 부르는 와우각(蝸牛殼)에 와서 액체운동으로 바뀌게 된다. 이 와우각 속에는 기저막이 있어 와우각을 두 부분으로 나눈다. 기저막에는 약 3만 개 정도의 털세포로 된 말초신경이 연결되어 있으며, 진동을 감지하여 대뇌로 전달한다.

기저막의 털세포를 자극한 액체 진동에 실린 소리는 청각신경을 타고 대뇌로 들어간다. 와우각의 구조와 수질(medulla)에 연결된 청각신경은 VIII번 뇌신경 또는 전정신경인데, 이것은 등쪽수질(dorsal medulla)의 와우각 핵에서 끝난다. 수질은 뇌줄기(brain stem)의 가장 낮은 구조이며, 심장박동과 호흡 속도 등의 여러 자율 기능을 관할한다. 청각신경을 포함한 모든 감각 체계는 상승하는 그물 모양의 세망조직으로 들어간다. 이것은 궁극적으로 높은 뇌중심(higher brain center)의 전기적 활동을 적절히 유지하게 한다. 뇌줄기에서 올라오는 세망조직은 시상과 시상하부 측면의 간뇌(間腦)를 연결한다. 시상하부에서 격막(隔膜, septum)과 해마상(狀)융기(hippocampus)의 대뇌변연계(limbic system)에 직접 정보를 보내는 동안 시상은 대뇌의 신피질(新皮質, neocortex) 전역에 정보를 파급시킨다.

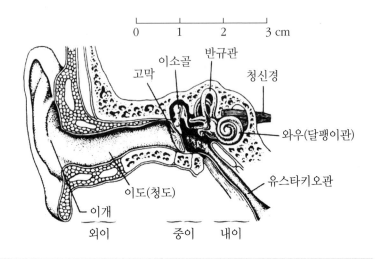

[그림 3-1]  귀의 구조

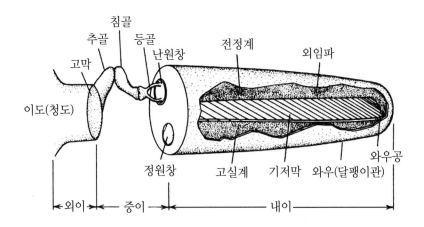

[그림 3-2]  달팽이관을 펼쳐 놓은 그림

## 3) 두뇌와 음악

왜 우리의 뇌는 음악에 강하게 반응하는가? 저슬린과 패스트프앨(Juslin & Västfjäll, 2008)에 따르면, 음악은 우리 뇌에서 감정과 연관된 최소한 6개의 각기 다른 경로를 작동시킨다.

첫째, 뇌줄기 반응으로서 음악에서 특별하거나 시급한 사건으로 인식되는 신호에 반응하는 것이다. 매우 빠르며 자동적으로 반응하는데, 예를 들어 음고나 빠르기의 급격한 변화, 급작스러운 화성 변화 혹은 소리 강세가 느낌 반응을 불러오게 한다. 둘째, 특정한 음악과 함께한 반복적인 음악 경험이 연관된 감정을 동반하게 한다. 셋째, 특정한 감정을 표현하는 음익의 요소적 특성으로 인해 음악과 동일한 유형의 감정을 감상자가 공유하게 된다는 것이다. 넷째, 음악이 시각적 이미지를 동반함으로써 감정이 유도되는 것이다. 다섯째, 음악이 과거의 기억을 동반할 때에 그것과 연상된 감정을 유발하는 것이다. 마지막으로 여섯째, 음악의 구조나 화성, 시간적 흐름에서 감상자의 기대를 음악이 충족시키는 과정에서 감정이 발생한다는 것이다.

이렇게 다양한 경로를 작동시키는 음악 지각이 강한 정서적 경험으로 이어지는 데에는 무엇보다 대뇌변연계의 역할이 중요하다. 변연계는 대뇌피질과 시상하부 사이의 경계에 위치한 부위로, 겉에서 보았을 때 귀 바로 위쪽(또는 측두엽의 안쪽)에 존재한다. 해마(hippocampus), 편도체(amygdala), 시상앞핵(anterior thalamic nuclei), 변연엽(limbic lobe), 후각신경구(olfactory bulbs) 등을 포함한다. 메논과 레비틴(Menon & Levitin, 2005)은 음악 감상에서 얻는 즐거움은 대뇌 보상 과정에 있는 중격핵(nucleus accumbens: NAc)과 복측피개부(ventral tegmental area: VTA), 그리고 대뇌보상과 감정적 자극에 자율적으로 생리적 반응을 가져오는 시상하부와 섬(insula)을 포함한 중간변연계 구조의 네트워크를 강하게 자극한 것임을 보여 주었다. 복측피개부(VTA)가 중간변연계 도파민 신경세포의 장소여서 중격핵(NAc) 투사와 도파민의 방출은 음악의 보상과 정서적 양상을 뇌와 중재함을 뜻한다(p. 84 참조).

## 4) 일반적인 소리와 음악의 다른 점

앞서 음악적인 활동에 관련되는 과정을 살펴보았으며, 여기서는 음악이 다른 소리와 어떻게 다르게 우리의 대뇌에서 처리되는지에 대해서 살펴본다.

음악적 행동의 발달을 연구한 사람들(Dowling, 1984; Fridman, 1973; Michel, 1973; Moog, 1976)은 음악적인 소리와 다른 소리는 유아 시절부터 분명히 구분된다고 한다. 우리는 어떤 음악을 음악으로 감상할 것인가에 대해서 각자 나름의 기준을 가지고 있으며, 설사 문화가 다른 민족의 고유한 음악이라도 음악인지 아닌지를 구별하기가 어렵지 않다. 모든 문화권에서 표현되는 음악은 시간에 의해 음정, 세기, 음색 등이 선율과 리듬의 구조 속에 조화되어 나타나는 소리의 모임이다. 사실, 엄격히 말하자면 언어를 포함한 다른 여러 소리도 이와 공통된 부분을 전혀 가지고 있지 않다고 말할 수는 없다. 그러면 무엇이 음악을 구성하며, 음악의 어떤 성격이 사람의 행동에 영향을 미치는가?

음악적 자극을 처리하는 부속피질을 조사한 스카텔리(Scartelli, 1989)는 모든 비음악적 소리는 사실 대부분의 음악적 요소, 즉 음정, 음색, 화음(불협화음과 협화음을 포함), 강도 등을 포함한다고 하였다. 하지만 비음악적인 소리에 결여된 한 가지 요소가 있는데, 그것이 바로 조직된 리듬이다. 개스턴(Gaston, 1968)도 조직자(organizer)와 활력체(energizer)로서 리듬의 역할을 강조하였다. 또한 가브리엘슨(Gabrielsson, 1982)은 소리의 연결은 음향적 · 물리적 현상인 반면, 리듬 반응은 심리학적 · 생리적 현상이라고 말하였다. 리듬 반응에는 다음의 세 가지 부분이 있다.

- 경험적 · 지각적 · 인식적 · 감정적 반응, 즉 느리거나 빠르거나, 복잡하거나, 저돌적이거나, 춤추는 등

- 발로 박자를 따라가거나 몸을 움직이는 행동적 반응
- 호흡, 맥박수, 근육 긴장 등을 가져오는 생리적 반응

이와 같은 모든 활동은 다각도에서 동시에 일어난다. 클린스와 워커(Clynes & Walker, 1982)는 "여러 가지 리듬의 형태는 대상자의 상태에 각각 다르게 영향을 미친다."고 하였다. 다양한 리듬 형태는 여러 가지 다른 반응을 야기하는데, 예를 들어 평화롭게 만들거나 에너지를 주기도 하고, 즐거움을 주거나 성적인 충동을 불러일으키며, 열광적이거나 평온한 상태 혹은 복합된 감정의 상태를 야기한다. 특별히 여러 다른 리듬의 형태는 반복되며 진행되는 과정에서 이러한 특성을 구체화한다.

스카텔리(1989)는 제일 처음 청각신경의 입력을 받는 뇌줄기의 한 부분인 수질에 대해 언급하였는데, 이는 심장박동 속도나 호흡을 포함한 자율신경을 조절하는 곳이다. 그는 리듬적인 구조를 가지고 있는 청각 정보는 비리듬적인 자극과는 다른 방법으로 더 높은 청각 통로로, 아마 더 큰 강도로 신호를 보내게 한다고 가정한다.

연구자들(Thaut, Schleiffers, & Davis, 1991)은 음악의 리듬이 운동신경의 전달을 강화하고 동조시키는 데 매우 영향력이 있음을 발견하였다. 이는 대뇌손상을 포함한 신체 재활에 리듬을 유용하게 활용할 수 있음을 시사한 것이다. 한편, 클린스와 워커(1982)는 계속 반복되는 리듬의 형태가 우리를 지배하여 최면 효과를 가져올 수 있음을 지적하였다. 다음에서는 이에 대해 좀 더 구체적으로 살펴본다.

## 5) 신경시스템

사람의 대뇌나 신경회로에 음악적 처리를 전담하는 영역은 없다. 마치 장기나 바둑을 둘 때에 '바둑에 대한 특정한 지식'은 필요하지만 바둑에 국한된

대뇌 영역이 있을 수는 없는 것과 같다. 바둑을 둘 때에는 연결(sequencing),
계획(planning), 전략(stratege), 시각 이미지(visual image) 등이 직관으로 작동
하게 되는 것이다. 음악 감상이나 연주에서도 마찬가지다. 음악 처리에 관련
된 우리 대뇌 영역들이 음악만을 작동시키는 역할에만 국한되지 않는다는 사
실이다. 이것을 작업공유라 하는데, 음악적 과제와 음악 외적인 과제를 같은
대뇌영역에서 함께 처리하며 음악적 과제가 때로 이런 영역의 확장을 가져오
게도 한다. 따라서 음악치료사는 이러한 작업공유를 통해 대뇌 기능을 최적화
하도록 하면서 음악 외적인 기능적 재활을 도울 수가 있다.

**〈표 3-1〉 음악적 과제 수행 시 함께 작동하는 주요 기관**

| | |
|---|---|
| • 리듬감상<br>　– Bilateral planum temporale<br>　– Midline Supplementary Motor Area<br>　– Bilateral Mid-Premotor Cortex<br>　– Bilateral Cerebellum | • '슬픈' 음악으로 인식될 때<br>　– Hippocampus<br>　– Amygdala<br>　– Auditory association areas |
| • 리듬지각<br>　– Basal ganglia<br>　– Premotor Cortex<br>　– Supplementary Motor Area<br>　– Cerebellum | • '행복한' 음악으로 인식될 때<br>　– Bilateral ventral and left dorsal striatum<br>　– Left anterior cingulate<br>　– Left parahippocampus gyrus |
| • 박지각<br>　– Supplementary Motor Area<br>　– Bilateral Primary Motor Cortex<br>　– Superior Temporal Gyrus<br>　– Insula<br>　– Putamen<br>　– Cerebellum<br>　– Supramarginal gyrus<br>　– Inferior frontal gyrus | • 음악이 감정적 반응을 불러일으킬 때<br>　– Insula<br>　– Auditory association areas<br><br>• 음악이 오싹한 반응을 불러일으킬 때<br>　– Left ventral striatum<br>　– Dorsomedial midbrain<br>　– Amygdala (deactivated) |
| • 음조 관련<br>　– Right temporal region | • 악보를 보며 멜로디를 연주할 때<br>　– Medial occipital lobe<br>　– Superior temporal love<br>　– Rostral cingulate cortex |

- Left dorsolateral prefrontal cortex
- Right inferior frontal cortex
- Heschl's gyrus

• 음고 처리
  - 고정음고: Heschl's gyrus
  - 음고구별: Right temporal area
  - 음간격: Right/Left superior temporal gyrus

• 음고와 진행 형태
  - 음고진행방향: Right superior temporal gyrus
  - 음간격, 음고방향, 멜로디: Superior temporal gyrus and planum polare

• 멜로디
  - 멜로디: Right/Left superior temporal areas
  - 친숙한 멜로디: Less activation of right temporal area
  - 협화음: Brain stem
  - 예측하지 못한 화성: Right/left frontal operculum

• 조성(장조 단조)
  - Bilateral inferior gyri
  - Medial thalamus
  - Dorsal cingulate cortex

• 단조음악
  - Amygdala
  - Brain stem
  - Cerebellum
  - Left parahippocampal gyrus
  - Bilateral cingulate
  - Left prefrontal cortex

- Putamen
- Cerebellum

• 악보를 보며 리듬을 연주할 때
  - Lateral occipital
  - Inferior temporal cortex
  - Left supramarginal gyrus
  - Caudate nucleus
  - Cerebellum
  - Left inferior frontal gyrus

• 움직이며 연주할 때
  - Primary motor cortex
  - Somatosensory areas
  - Inferior parietal cortex
  - Supplementary motor areas
  - Bilateral temporal areas
  - Right thalamas
  - Basal ganglia
  - Posterior cerebellum
  - Premotor cortex
  - Right insula

• 음악의 구조
  - Right-hemisphere specialization
  - Frontal lateral cortex
  - Inferior frontal cortex
  - Posterior/anterior superior and middle temporal gyri

 도로망처럼 우리 몸 구석구석에 퍼져 있는 신경은 신경전달이라는 과정을 통해 우리 몸의 활동을 통합한다. 신경시스템은 크게 두 가지로 나뉘는데, 하나는 대뇌와 척추를 통한 중추신경 시스템이며, 다른 하나는 뇌신경과 척추신경을 포함한 말초신경 시스템이다. 이 중추신경과 말초신경 시스템은 우선 자율신경 시스템을 관할한다. 자율신경시스템은 교감신경 시스템(SNS)과 부교감신경 시스템(PNS)으로 분할되는데, 이들이 우리 몸의 불수의(不隨意) 반응을 가져오며, 피부와 내부 기관의 활동을 조정한다. 이 자율신경 시스템의 중요한 기능은 우리 몸의 상태를 일정하게 유지하는 것으로, 외부의 자극에 대해 적절히 몸을 보호하기 위해서 교감신경과 부교감신경 시스템이 교대로 일하게 된다.

 다음으로 대뇌의 세망조직에 대해 살펴보면 다음과 같다. 뇌줄기에 있는 이 세망조직은 피질의 전기 리듬을 조절한다고 알려져 있다. 또한 이 조직과 청각통로는 서로 풍성하게 연결되어 있다. 세망조직은 청각신경을 통해 들어오는 리듬적 부분이 대뇌피질 전체와 부속피질을 포함하는 지역에 광대한 연결을 하게끔 만든다. 여기에 가득 채워진 정보는 상승하는 세망조직에 의해 변연계

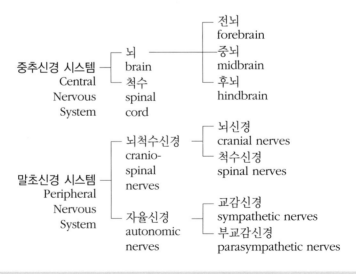

[그림 3-3] 신경 시스템의 큰 구분

와 피질을 활성화하여 시상에 있는 내면만곡부위(medial geniculate body)에 도착하게 된다.

뢰더러(Roederer, 1975)는 생리적인 측면에서 음악은 시상을 중개자로 하여 피질과 변연계 내부의 작용으로 사람에게 정서적인 반응을 불러일으킨다고 강조하였다. 변연계는 피질과는 달리 정보를 처리하거나 기호화하지 않으며, 특별히 피질활동에 대응하면서 지속적인 커뮤니케이션을 갖는다. 뇌줄기는 이미 형성되어 있거나 프로그램화되어 있어 새로 입력되는 자극에 영향을 받지 않기 때문에 음악의 리듬적인 자극은 피질의 구성과 입력에 상관없이 그 영향력을 발휘한다. 이것이 정도의 차이는 있지만 문화나 배경에 상관없이 음악이 어떤 형태로든 인간에게 영향력을 발휘하는 이유일 것이다. 음악이 관여하는 시상하부의 역할에 대해서는 라이더(Rider, 1985)가 잘 설명하고 있다. 그는 음악과 상상에 관한 내용은 특별히 변연계와 관련되어 연결되어 있다고 말한다. 전두변연계는 감정을 조절하고 상상 내용을 저장하며, 운동 조절이나 기억 저장에 관여한다. 음악, 상상 그리고 음악 이완 훈련 사이의 연결은 (신경적) 시상하부-전두변연계(신경내분비 호르몬)와 시상하부-면역생물의 고리를 만든다.

한편, 리듬 외에도 폭넓은 음역, 세기, 음색, 멜로디를 통해 화성적인 구조로 표현되는 음악은 구어를 포함한 다른 소리와 구별된다. 이러한 음악적인 요소는 인간이 지각할 수 있는 범위 안에서 가장 폭넓은 지각 경험을 하도록 해 준다. 이것은 언어로 표현할 수 없는 정서적 경험을 하도록 해 주며, 특별히 미적인 경험을 수반하는 음악적 경험은 인간의 생각을 환기시키고 정서적 경험의 질을 결정지어 쾌락적 가치를 가져다준다. 그래서 이러한 음악적 자극이 인간의 행동에 동기를 유발한다고 보는 것이다.

사실 문화적인 배경의 차이에서 음악이 지각되는 개인적 경험은 다를 수 있다. 어떤 음악을 음악으로 받아들이느냐 그렇지 않느냐는 결국 감상자 개인의 판단에 달려 있지만, 음악이 음악적 형태로서 우리에게 전해질 때 각 개인의 문화적인 배경에서 일반 언어와는 다르게 받아들이게 된다. 예를 들어, 간단한 아침 인사에 멜로디를 붙여 노래하는 것과 단순히 말로 하는 것은 같은 단어를 사용했다 하더라도 전달자와 수신자 각자에게 다른 커뮤니케이션의 경험을 가져다준다. 말로는 표현하기 힘든 사랑의 고백을 음악이라는 전달체에 실어 전하는 것이 바로 그 한 예가 될 수 있다. 이러한 내용은 앞으로 언급할 음악의 기능과 밀접하게 연결되는 것으로서 언어가 할 수 없는 음악의 영역을 다루는 내용이다.

## 6) 우뇌와 좌뇌

수많은 부속피질 활동은 마침내 피질이나 대뇌의 사고를 담당하는 지역으로 정보를 보낸다. 대뇌는 오른쪽과 왼쪽의 반구로 나뉘어 있으며, 그 사이는 뇌량(corpus callosum)이라 부르는 2억 개의 신경섬유로 연결되어 있다. 이어져 있지 않은 부분은 깊은 틈새를 사이에 두고 떨어져 있는데, 이 틈새를 '대뇌세로틈새(longitudinal fissure)' 라고 한다. 이 틈새 속에 뇌막의 연속인 대뇌낫(falx cerebri)이 위치함으로써 좌우 반구를 분리한다. 양쪽 대뇌반구는 운동, 감각의 중추를 고루 갖추고 있다. 우반구는 몸의 왼쪽 반을, 좌반구는 몸의 오른쪽 반을 지배하고 있으나 2개의 반구 사이에는 구조나 기능에서 상호 긴밀한 연락이 있다.

쾰시 등(Koelsch et al., 2005)은 음악이 우뇌와 좌뇌의 많은 영역에 걸쳐 처리된다고 하였다. 일반적으로 왼쪽 부분의 뇌는 언어 개념을 형성하는 기능을 가지고 있고, 읽고 쓰고 숫자를 세며, 음악적으로는 리듬 능력, 독보, 음이나 음정, 화성을 알아맞히고, 새로운 음악 학습과 가사를 기억하는 일을 한다고 한다. 반면에 오른쪽 부분의 뇌는 인간의 창조적인 활동을 담당하는 부분으로 사물을 종합하는 능력과 직관적인 사고를 담당하는데, 음악적으로는 음고와 음색 구별, 멜로디의 실수를 알아차리는 것, 음악 연주, 음악에 대한 감정적 반응과 음악 기억을 담당한다고 한다.

음악 정보의 처리과정에 대해 게이츠와 브래드쇼(Gates & Bradshaw, 1977)는 좌뇌는 음악의 연결과 분석적인 면에 관여하고, 우뇌는 소리를 종합하거나 정서적인 내용에 더 관여한다고 말한다. 예를 들어, 노래를 할 경우에 화성의 패턴, 음색, 소리의 강도, 화성 구조, 허밍이나 다른 비언어적인 소리는 우뇌의 영역에 집중된 것이다. 이러한 내용은 음악치료사에게 두 가지 측면에서 치료적인 가능성을 제공한다.

- 음악적 자극은 지각장애를 지닌 사람에게 학습이나 치료의 과정에서 음악 이상의 요소를 통한 정보를 제공하여 대체적이거나 지원적인 역할을 한다.
- 음악적 자극은 두 반구 사이에 기술을 교환하도록 한다. 예를 들면, 좌뇌에 이상이 있는 실어증 환자에게 멜로디의 고저를 통한 치료법을 사용하거나 우뇌가 손상된 사람에게 리듬을 기본으로 한 구어를 사용하게 하는 것 등을 말한다.

이렇게 우뇌는 감각기관의 입력에서 주로 정서적 요소에 관한 내용을 처리한다. 라멘델라(Lamendella, 1977)는 우뇌가 변연계에서 발생한 즉각적이고 풍성한 입력을 처리한다고 말한다. 청각 면에서 우리가 가정할 수 있는 것은 음악적 자극의 여러 요소가 우뇌와 감각변연계를 연결하여 대단히 강력한 정서적인 반응을 일으킨다는 것이다. 이렇게 대뇌피질과 변연계 사이의 기능적인 연결을 활성화함으로써 정서장애 환자에게 음악적 자극을 사용할 때 정서적인 기능을 효율적으로 향상시키게 된다. 여기서 음악치료사는 치료적 목적을 이루기 위해 어떤 종류의 정서적인 지원을 해야 할 것인가 하는 과제에 봉착한다. 다시 말해, 어떤 음악 활동이 환자에게 적절할 것인가, 어디에 초점을 맞출 것인가, 어떻게 동기를 유발할 것인가, 어떻게 해야 환자에게 풍부한 경

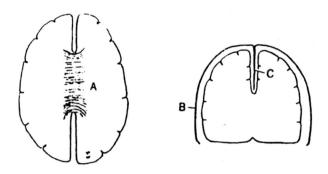

[그림 3-4] 대뇌반구의 구조

양측 대뇌반구는 신경섬유의 뭉치인 뇌량(A)에 의해 연결되어 있고, 반구 전체를 밖으로 싸고 있는 경질막 (B)의 일부는 대뇌낫(C)이 되어 두 반구 사이를 가로막는다(왼편 그림은 가로면, 오른편 그림은 관상단면 이다).

험을 맛보게 할 수 있는가, 이 모든 과정을 통해 환자가 어떤 보상을 얻을 것 인가 하는 면에 주목하게 된다.

한편, 이렇게 지난 30년간 인정을 받아 온 두 반구의 이론에 대해 새로운 주 장이 제기되기도 한다. 레비(Levy, 1985)는 창의력이 오른쪽 대뇌반구만의 전 문 영역은 아니며, 참된 창의력은 언제나 두 반구의 상호 협력과 교류에 의존 하는 것이라고 하였다. 음악적인 면에 대해 생각해 보면, 실제로 전문적인 음 악가가 화성을 식별하는 데 두 반구 어느 쪽으로나 동등한 결과를 가져오며, 나아가 음악에 높은 재능을 보이는 사람도 두 반구에서 똑같은 정도의 기능을 나타내는 것이 발견되었다. 또한 음악적 처리 과정에서도 두 반구의 기능이 더욱 균형을 이루었으며, 감상자의 사고 과정은 두 반구의 성격이 종합되어 나타난다는 것이다.

비록 정도와 깊이는 다르지만 양쪽 대뇌반구가 모두 음악적 자극에 의해 활 동이 활발해진다고 한다. 자우소백(Jausovec, 1985)은 창의성이 뛰어난 아동은 창의성이 떨어지는 아동보다 예술적 작업이든 비예술적 작업이든 두 반구가 더욱 빈번하게 교류하는 것을 뇌파도(Electroencephalogram) 활동을 통해 측정하였다. 음악은 좌뇌에 관련된 속성과 우뇌에 관련된 속성 모두를 복합적으로 지니고 있기 때문에 음악이 어느 한 반구에만 관련된다고 말할 수는 없다. 이런 이유에서 캠벨(Campbell, 1992)은 음악 활동이 두 반구 사이의 교류를 더욱 활발히 돕는다고 말한다.

## 7) 음악적 자극

시상하부와 시상은 외부의 감각기관을 통해서 메시지를 받아들이는데, 이들은 피질의 다양한 하층 구조를 통해서 정보를 입수한다. 음악적 자극에 의해 피질의 더 많은 영역이 활성화되면, 시상의 구조에 더 많은 양의 정보를 보내는 상호작용이 일어나게 되어 시상하부와 시상의 활동이 증폭되는 것이다. 이러한 구조는 자율신경과 신체 반응으로 작용하여, 결국 우리에게 신체적 · 정서적 작용이 일어나는 것이다.

또한 부속피질의 활발한 활동을 통해, 특히 정서적인 면, 상황 환기, 충동적 동기 및 여타 비언어적 행동의 학습이 시행된다. 어떤 사람이 정서적인 활동 중에 있거나 학습 상태에 있을 때 피질의 활동이 활발해지는 것, 즉 사고력의 증가가 일어나는 것은 널리 알려진 사실이다. 이처럼 피질의 활동은 아주 중요한 역할을 한다. 스카텔리(1989)는 적절한 음악자극은 피질의 활동을 활발하게 하여 사고를 증가시키고 신체적 기능 조절을 강화한다고 하였다. 랜드레스와 랜드레스(Landreth & Landreth, 1974)는 음악이 심장박동 속도를 증가시키거나 감소시키는 변화를 일으키는 것을 보여 주었다. 이들은 또한 음악적 지식이나 경험이 풍부할수록 이러한 반응이 더 현저했다고 보고하였는데, 이는 아마도 피질의 더 많은 부분이 관여하였기 때문일 것이다.

## 8) 음악과 뇌의 화학적 작용

신경학적으로 보면 즐거움(쾌락)은 중간변연계 도파민 활동과 크게 연관되어 있다(Juslin, et al., 2008; Menon, Levitin; 2005; Trost, 2011). 메논과 레비틴(2005)은 음악 감상이 피질하부구조(NAc, VTA, 시상하부)의 네트워크의 유의한 활성화를 가져오는 것을 발견했다. 중격핵(NAc)과 복측피개구역(VTA)에서의 기능적인 연결성을 분석한 결과 시상하부와 이들 간에 유의한 연관성이 있음을 확인하였다. 이 세 영역의 활성화는 음악의 보상과 정서적 양상을 뇌와 중재함을 뜻한다. 이 연구는 VTA가 중간변연계 도파민 신경세포의 장소여서 NAc 투사와 도파민의 방출은 보상처리시스템을 위한 활성화인 점을 확인한 것이다.

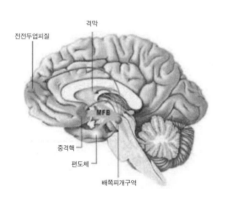

다음 그림은 대뇌 기저핵의 일부인 선조체(striatum)의 반응을 살핀 것으로, 아래의 왼쪽은 코카인을 흡입했을 때에 쾌락을 동반하는 선조체 반응을 촬영한 영상이다(Cox et al., 2009). 다음은 각성제의 일종인 암페타민으로 유발된 선조체의 영상이다(Leyton et al.,

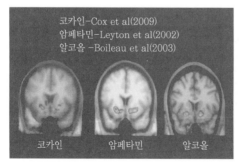

코카인-Cox et al(2009)
암페타민-Leyton et al(2002)
알코올 -Boileau et al(2003)

코카인 　　 암페타민 　　 알코올

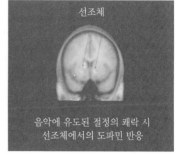

선조체

음악에 유도된 절정의 쾌락 시 선조체에서의 도파민 반응

2002). 그리고 오른쪽은 알코올 섭취로 유발된 선조체 반응 영상이다(Boileau et al., 2003). 모두 같은 대뇌 선조체 반응을 통한 쾌락 반응인데, 음악 감상을 통해 절정의 경험을 한 사람의 뇌를 영상 촬영해 보니 같은 선조체에서의 반응이 관찰된 것이다(Salimpoor et al., 2011).

또 블러드와 자오르(Blood & Zatorre, 2001)는 음악 감상에서 오싹한 경험을 가질 때 대뇌반구의 혈액순환의 정도를 통제군과 비교한 결과 음악이 단순한 기분 반응만이 아닌 생물학적인 반응과 연관되었음을 확인하였다. 연구자들은 바버(Barber)의 〈현악4중주, op. 11〉, 라흐마니노프(Rachmaninoff)의 〈피아노 협주곡 제3번〉 그리고 피아졸라(Piazzola)의 〈Verano Porteno〉 중에서 일부를 발췌하여 들려주었다.

쾰시 등(Koelsch et al., 2011)의 연구자들은 척추 마취 수술 동안 음악 감상이 코르티솔 수준을 낮추고 프로포폴 소모량을 줄일 수 있었다며, 이는 음악이 중간변연계 도파민 활성 시스템의 활성화를 가져온 때문이라고 하였다. 또한 고통에 대해 주의집중하게 하는 통증 신경행렬의 부분인 편도중심핵(nucleus of amygdala)의 하향 조절이 있었으며, 더불어 인지적으로도 주의집중을 분산한 결과라고 설명하였다.


## 2. 음악에 대한 심리적 반응


음악이 사람의 정서에 미치는 영향과 자율신경 간의 관계에 대해서 살펴보았다. 음악이 심리적인 면에서 어떻게 사람의 정서적인 행동에 영향을 미치게 되는지는 음악 미학적인 관점에서 살펴볼 수 있다. 개스턴은 『음악치료(*Music in therapy*)』에서 "사람은 미적인 구조를 만드는 데서 벗어날 수 없는 존재다." 그리고 "미적인 경험은 인류가 환경에 적응하고 자신을 조절하도록 하는 최고의 장치"라고 하였다. 이렇게 개스턴은 미적인 경험을 궁극적으로 창의적 활동을 위한 사람의 신체생리적인 필요이며, 주변 환경을 풍부하게 하기 위한 기능으로 보았던 것이다. 한편, 뢰더러(1975)는 음악적 경험을 림빅 시스템에 의한 상(reward)과 벌(punishment)의 분배와 연관시켰다. 미(美)에 대한 추구와 인간의 심미감은 사람의 풍요로운 삶을 위한 기본적인 필요라는 사실을 추측해 볼 수 있다.

타우트(Thaut, 1991)는 음악이 의미 있는 정서적 반응을 불러일으키는 것은 임상적 상황에서 정서수정과 직접적인 연관을 갖게 된다고 주장하였다. 그에 따르면, 이 정서수정(affect modification)이야말로 행동 학습과 변화의 필수적 요소인 것이다.

## ♪ 음악의 정서와 환기 이론

### (1) 마이어의 음악에서 감정과 의미 이론

마이어(Meyer, 1956)는 음악 지각에서 의미와 감정이 자극 자체에 있는 패턴의 지각을 통해 일어난다고 하였다. 감상자가 음악적 패턴을 따를 때 기대 조직이 발달한다는 가정하에 음악의 지연과 해결 과정의 조심스럽고도 정교한 기대의 방해는 감상자에게 정서적 경험을 불러일으킨다는 것이다. 이런 관점에서 자극물에 대한 의식적 집중과 음악적 스타일에 대한 익숙함이 마이어 이론의 전제가 된다. 마이어는 음악에서 감정적 경험이 일상의 삶에서 감정적 경험과 다음의 두 가지를 제외하고는 다름이 없다고 하였다.

- 음악적 긴장과 해결 패턴에 인도되는 감정 반응은 대개 만족스럽고 기분 좋게 한다.
- 음악적 긴장과 해결 패턴은 같은 자극적 모델 내에서 제시된다. 이것은 임상 적용에서 클라이언트에게 익숙한 음악을 사용하는 것과 클라이언트가 음악에 집중할 수 있는 환경을 마련해 주는 것이 중요함을 설명하고

있는 것이다.

### (2) 맨들러의 감정 인지 이론

맨들러(Mandler, 1984)는 감정적 반응이 자율신경시스템의 생물학적 환기에 의해 나온다는 입장에서 생물학적 적용 가치를 고려한 종합적인 견해를 발달시켰다. 그에 따르면, 환기는 기대의 지연 또는 지각적-운동 스키마에 근거한 기대패턴에 의해 일어난다. 이러한 셰마는 다가올 반응을 예측하기 위한 인간 인지의 자동 연상 방법을 통해 만들어지는 것이며, 이 인간 인지는 예견과 감각의 확인 간의 지속적인 내면 활동인 것이다. 그의 이론은 음악에 대한 감정적 반응이 자율신경시스템에 가까이 연결되는 것을 적용한 것이다.

### (3) 벌린의 감정, 환기, 보상 이론

음악 미학적인 측면에서 볼 때 환기(arousal), 정서(affect) 및 보상(reward)과 연결시킨 벌린(Berlyne, 1971)의 이론은 큰 의미를 갖는다. 그는 건강한 중추신경시스템의 기능은 감각적 입력(input)을 찾는 데 있다고 하면서 그 대상이 제공하는 미적 자극에 대한 가치 평가가 대상 자체에 의해서가 아니라 인간에게 얼마나 쾌락적 가치(hedonic value)를 제공하느냐에 의해서 평가된다고 말한다.

그럼 쾌락적인 가치란 무엇을 의미하는가? 이것은 음악적인 자극을 받을 때 내면에 형성되는 보상과 그에 의해 평가되는 가치 그리고 그 과정을 통해 유발되는 동기를 가리킨다. 이러한 긍정적인 피드백은 개개인에게 고유한 쾌락적인 가치를 제공한다. 인간에게 주어진 보상의 가치는 정서를 불러일으키는 과정에 내재된 자극 요소의 최종 단계라고 할 수 있다. 결국, 이것은 정서적 경험의 질을 결정지을 뿐만 아니라 행동 처리 과정에도 영향을 미친다. 이렇게 인간 유기체는 강한 보상 경험에 의해 행동의 영향을 받는다.

벌린은 보상의 경험을 대뇌 보상 시스템의 기능과 연결한다. 왜냐하면 쾌락적인 과정을 조절하는 대뇌의 중심부와 환기의 흐름을 주장하는 뇌의 중심은 림빅 시스템에 산재되어 있기 때문이다. 이렇게 쾌락적인 가치 경험에 관계되는 영역과 음악적 자극에 의해 환기되는 정서가 동일한 영역에서 일어나게 되는 것을 보아, 음악적 자극이 인간의 행동에 동기를 유발하고 정서적 변화를 가져옴으로써 무드를 형성한다고 추측할 수 있다.

우리가 음악 활동이나 음악 감상을 할 때 그 음악이 주는 자극이 현재 자신의 감정적·신체적·심리적 필요와 맞아떨어진다면, 그 음악적 자극은 정서수정의 단계를 거쳐 각 사람에게 행동 변화의 경험을 가져오고 유지하게 한다. 음악이 주는 자극이란 바로 자극 요소다. 이는 마이어의 이론이 지지하는 음향심리적 요소(크기, 빠르기, 음색 등), 맨들러의 이론이 지지하는 음악의 변화 속에서 예견과 감각의 확인을 통하는 비교 대조적 요소(음악적 패턴의 구조와 형식) 그리고 벌린의 이론이 지지하는 음악 이외의 학습된 연상으로 야기되는 의미 있는 보상인 것이다. 따라서 정서수정의 과정을 가지기 위해서는 환자의 현재 필요와 상태에 음악을 맞추는 것에서 시작해야 한다.

이렇게 음악치료에서는 감정 경험(emotional experience)과 감정 교류(emotional communication)라는 과정을 거치고 치료적 목적을 위해 정서수정이라는 단계를 거친다. 또한 각 개인의 고유한 치료적 경험을 통해 치료 목적을 달성하게 된다. 타우트(1990)는 이런 치료 모델에서 음악치료 활동은 다음과 같은 것이 되어야 한다고 하였다.

- 감정의 경험을 촉발함
- 감정의 확인을 촉발함
- 감정의 표현을 촉발함
- 다른 이에 대한 감정적 교류의 이해를 촉발함
- 그 자신의 감각적 행동을 종합하고 조절하고 변형함을 촉발함

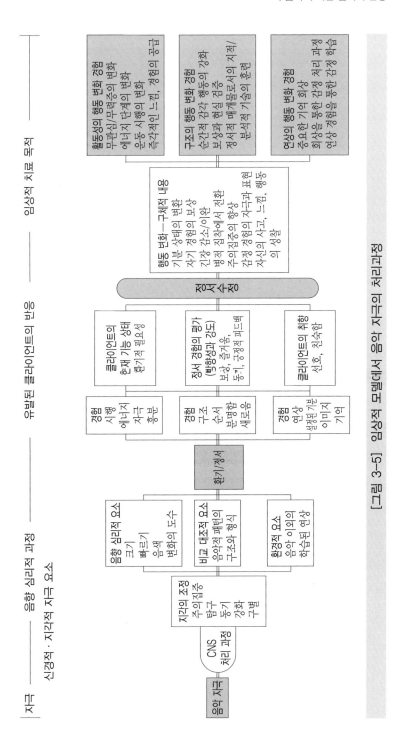

[그림 3-5] 임상적 모델에서 음악 자극의 처리과정

# 3. 음악에 대한 사회적 반응

사람은 태어나면서부터 자장가를 들으며 자라고, 죽음의 자리에 들어가면서도 장례 노래로 삶을 마감하게 된다. 어쩌면 사람의 한평생이 음악으로 시작하여 음악으로 마감한다고 할 수도 있을 것이다. 사실, 우리는 음악을 통해 사회적인 현상을 노래하고 자신을 표현하며, 다른 사람과 의사소통을 한다.

음악 미학적인 견지에서 음악은 사회에서 표현하기 꺼리는 주제와 숨은 내용을 아무런 판단의 제재 없이 공개적으로 나타내도록 해 준다. 예를 들어, 언어로 표현하기 힘든 상황에서도 우리는 음악을 통해 자신의 감정을 쉽게 표현하고, 또 상대방이 그것을 자연스럽게 받아들이도록 할 수 있다.

음악의 기능은 크게 다음과 같은 두 가지로 구분된다.

- 음악을 위한 음악, 즉 미적인 기능으로서 음악
- 사회의 기능적인 역할로서 음악, 즉 음악이 다른 목적을 위한 기능적 역할을 하게 되는 것

이러한 음악의 사회적 기능에 대해 살펴보는 것은 음악을 이해하는 데 도움을 준다. 음악의 사회적인 기능을 잘 분류한 대표적인 학자를 소개하면 다음과 같다.

## 1) 메리암의 음악 기능

메리암(Merriam, 1964)은 음악의 '사용(uses)'과 '기능(functions)'을 구별하였다. '사용'은 사람이 음악을 채택하는 방법이나 상황과 연관되는 반면, '기

능'은 음악이 사용되는 넓은 목적상의 이유와 연관된다. 그래서 음악을 빈번히 사용한다는 것만 가지고 음악을 더 기능적으로 사용한다고 말할 수는 없다. 다음에 소개하는 메리암의 '음악의 10가지 기능'을 통해 사람이 음악을 사용하는 이유와 음악의 사회문화적인 기능을 좀 더 잘 이해할 수 있다.

- 음악은 말로 표현하지 못하는 감정을 쉽게 표현하도록 해 준다.
- 음악은 미적인 즐거움을 더해 준다.
- 음악은 오락의 방법으로 제공된다.
- 음악은 커뮤니케이션의 방법으로 이용된다.
- 음악은 상징적 표현으로 제공된다.
- 음악은 신체적 반응을 유발한다.
- 음악은 사회규범과 관련된다.
- 음악은 사회 기관과 종교의식을 확인한다.
- 음악은 사회와 문화의 연속성에 기여한다.
- 음악은 사회의 통합에 기여한다.

감정 표현으로서의 음악은 평소 잘 처리하지 못하는 생각이나 감정을 전달하는 도구의 역할을 한다. 그 예로, 일제강점기에 우리 민족이 암울했던 시대적 배경을 노래를 통해 표현할 수 있었던 것, 또는 말로는 쉽게 표현하기 어려운 사랑의 감정을 노래를 통해 자연스럽게 표현하는 경우를 생각해 볼 수 있다.

미적인 즐거움으로서의 음악은, 앞에서도 언급하였지만, 미를 추구하는 인간의 본능과 관련되어 있다. 미를 추구하는 인간의 미적 본능과 이를 창조하는 사람의 활동은 풍요로운 삶을 위한 본질적인 필요가 되어 왔다. 음악을 감상하고 연주회에 가는 동기도 바로 여기에 있다고 볼 수 있다.

오락 방법으로서의 음악은 모든 사회에 예외 없이 사용되고 있는 음악의 기능이다. 그러나 여기서 오락의 내용이 음악 감상 등을 통한 미적인 즐거움에서 오는 것을 가리킬 수도 있고, 음악이 순수한 감상 이상의 오락적 내용을 가져오는 도구의 역할을 하는 것을 가리킬 수도 있다. 사실 이 두 기능은 깊이 연관되어 있기 때문에, 가령 대중가요를 듣거나 부르는 것이 충분한 오락 방법으로서의 음악이 될 때 이것을 미적인 즐거움으로써 음악적 기능과 분리할 수는 없다. 마찬가지로 클래식 음악 감상을 통한 미적인 즐거움은 반드시 오락적 내용과 상관이 없다고 말할 수는 없다.

또한 메리암은 커뮤니케이션의 기능으로서의 음악을 언급하였다. 사람은 커뮤니케이션을 위해 음악을 사용하며, 반대로 음악을 위해 커뮤니케이션을 하기도 한다. 그는 특별히 음악의 보편성을 인정하면서도 "음악이 보편적 언어는 아니다(Music is NOT a universal language)."라고 하였다. 음악은 시대와 문화, 교육적 · 사회적 배경에 따라 전달되는 의미가 달라질 수 있기 때문이다. 그러므로 음악적 커뮤니케이션은 그 음악이 속한 배경을 통해 이루어진다.

음악은 상징적 표현으로 제공된다. 예를 들어, 생일 축하 노래는 듣는 사람의 즉각적인 주의를 끌게 되며, 애국가를 들으면서 사람은 나라 사랑의 마음을 갖게 된다. 음악에서 상징성이 단순히 부호나 신호를 가리키는 것이 아니라 의미를 불러일으킨다는 점에서 메리암은 음악의 상징성을 다음과 같이 4단계로 구분하였다.

- 노래 가사 속의 상징적 사건
- 정서적 또는 문화적 의미의 상징적인 반향
- 다른 문화적 행동과 가치에 대한 반향
- 보편적 원칙으로서 깊은 상징성

신체적 반응을 유발하는 음악의 기능은 음악이 뼈근육의 운동을 자극하며 에너지와 리듬을 제공한다는 기본적인 원칙에서 모든 사회와 문화에 걸쳐 특별히 춤이나 행진, 체조 등에 사용되고 있다. 한편, 각각의 경우에 사용되는 음악의 종류나 성격은 문화나 개인의 배경에 따라 다를 수 있다.

사회규범과 관련되는 음악은 사람 행동에 영향을 미치며, 그들이 소속된 집단에서 기대하는 행동을 하도록 유도한다. 〈새마을 노래〉나 〈일하는 노래〉 등은 국민에게 사회에 참여할 것을 요청하는 노래로 사람의 행동에 영향을 미친다. 군대의 취침 또는 기상나팔 소리, 국기에 대한 묵념 등에 사용되는 음악도 사회규범과 관련되어 사람의 행동에 영향을 미치는 예가 된다.

음악이 사회 기관과 종교의식을 확인시키는 예로는, 연주회장에서 국가를 연주할 때 사람들이 일어서는 경우, 기독교인이 〈할렐루야〉 합창을 부를 때 일어서는 경우, 찬송가를 부르면서 자신의 신앙을 확인하는 경우 등을 생각해 볼 수 있다.

메리암은 음악이 가치를 나타내거나 그 시대 또는 세대가 지닌 심리적인 현상을 표현하는 방법이 될 수 있다고 하였다. 이것은 음악이 사회와 문화의 연속성에 기여하는 역할을 담당하게 한다. 우리는 어떤 형태의 노래나 음악을 1950년대의 노래, 1980년대의 노래 또는 20대의 음악, 40대의 음악 등으로 쉽게 구분할 수 있다.

아마도 음악의 가장 큰 기능 중의 하나는 사회의 통합에 기여하는 것이라 할 수 있을 것이다. 음악은 사람을 모이게 하고, 참여시키고, 하나로 결속시킨다. 이러한 예는 우리 주변에서 쉽게 찾을 수 있는데, 〈새마을 노래〉 〈건설의 노래〉, 시위나 집회에서 부르는 노래 등이 해당된다.

이상과 같은 음악의 기능은 개별적으로 분리되는 것이라기보다는 상황에 따라 각기 다른 측면이 강조되어 서로 연결되면서 사회 현상으로서 음악의 기능적 역할을 하게 된다. 또한 이러한 음악적 기능은 반드시 적절한 상황에서 사용될 때 그 기능이 극대화된다는 사실을 기억해야 한다.

## 2) 캐플란의 음악 기능

사회학자 캐플란(Kaplan, 1990)은 음악을 포함한 예술이 사회에서 주변적인 것이 아니라 필수적인 것임을 강조하면서 음악의 기능을 다음의 여덟 가지로 구분하였다.

- 지식의 형태로서의 음악
- 소장품으로서의 음악
- 개인의 경험으로서의 음악
- 치료로서의 음악
- 도덕과 상징성으로서의 음악
- 상품으로서의 음악
- 사회의 변화를 제시하고 방향을 설정하는 음악
- 과거와 현재 그리고 미래의 시나리오를 연결하는 음악

캐플란은 우선 예술 자체의 경험적 측면과 지식의 원천에 주목하였다. 시대의 소산으로서 창작물은 그 시대를 대변하는 가치를 지니는데, 화성의 구성이나 가사의 내용 등 객관적 형태로 평가되는 분석적 지식을 말한다. 이러한 내용은 예술을 위한 예술, 즉 미적인 절대 가치로서의 음악을 포함한다. 이러한 기능은 사회가 목적한 바를 위한 적절한 음악을 만들거나 사용하는 데 대한 기준을 설정하게 한다.

소장품으로서의 음악은 어느 사회 집단에 소속된 것으로 그 집단의 성격을 말해 준다. 찬송가, 교가, 국가 등이 예가 될 수 있는데, 이러한 예술의 기능은 그 집단의 성격을 분명히 드러내며 선전의 역할을 담당하기도 한다.

개인의 경험으로서의 음악은 개인을 집단에서 분리하여 개인적인 감정과 경험을 표현할 수 있도록 한다. 자신이 즐겨 듣는 노래에 얽힌 경험과 기억을

통해 즐거움을 얻거나 마음을 안정시키는 등의 목적으로 사용된다.

캐플란은 진단과 치료의 역할이 함께 포함된 치료로서의 음악의 기능을 지적하였다. 그는 병원에서 적용하는 치료음악 활동과 함께 배경음악을 통한 신체생리적 반응, 긴장 이완을 위한 음악의 사용, 수면을 돕고 마음을 부드럽게 달래 주는 음악의 예를 들고 있다.

미적인 경험으로서의 음악은 동시에 음악 외적인 개념을 제공하거나 중요한 사건이나 의미를 불러일으킨다. 이는 신, 자유, 사랑, 젊음, 기쁨, 슬픔 등을 상징하거나 어떤 특정한 사건을 상징하는 기능을 말한다. 가령, 베토벤의 〈교향곡 제9번 '합창'〉을 들으며 자유와 환희를 경험하거나, 3·1절 노래 또는 한국전쟁과 관련된 노래를 부르면서 당시의 사건을 상기하는 것을 예로 들 수 있다.

음악은 미적인 목적 이외에 상품을 선전하거나 판매 촉진 등 이윤을 목적으로 사용되기도 한다. 라디오나 텔레비전의 상품광고 시 사용되는 친숙한 멜로디는 소비자에게 새로운 상품의 이미지를 친숙하게 받아들일 수 있게 하며 신뢰감을 심어 준다.

음악을 통해서 사회가 나아가야 할 방향을 가리키거나 사람을 그러한 방향으로 유도할 수도 있다. 이 같은 예술의 기능은 사회를 조명하고 역사적 배경을 가지며, 당시의 상황을 상징화하는 역할을 한다. 우리가 음악을 시대적으로 구분하여 바로크 음악, 고전음악, 낭만음악, 인상주의 음악 등으로 말하는 것도 음악이 문화와 사회의 배경을 통해 표출되는 기능적인 측면을 이해하도록 한다.

과거와 현재 그리고 미래의 시나리오를 연결하는 음악의 기능은 특별히 현대에 와서 더욱 두드러지게 나타나는데, 이를 통해 첨단기술의 발달이 음악의 기능에 가져오는 변화를 볼 수 있다. 컴퓨터 음악을 통한 악보 출판이나 녹음, 전자음악을 통한 새로운 연주 등을 예로 들 수 있다.

## 3) 개스턴이 분류한 음악과 사람의 관계

개스턴(Gaston, 1968)이 분류한 음악과 사람과의 기본적인 관계는 앞서 살펴본 사회학자의 관점과 유사한 면이 있지만, 몇몇 가지는 새로운 측면에서 조명되어 음악이 사회적인 기능으로 사용되는 내용을 이해하는 데 도움을 준다.

- 사람은 미적인 표현과 경험을 필요로 한다.
- 사람은 자신의 문화 기반에 의거하여 음악에 반응한다.
- 음악은 종교와 밀접하게 연결되어 있다.
- 사람은 음악으로 커뮤니케이션을 할 수 있다.
- 음악은 구조적으로 잘 짜인 현실이다.
- 음악은 사람의 섬세한 감정에서 우러나온다.
- 음악은 사람에게 만족을 준다.
- 음악의 힘은 집단에서 극대화된다.

개스턴은 미적인 표현과 경험에 대한 필요를 인간성 발달의 가장 필수적인 필요로 보았다. 사실, 미에 대한 관심과 미를 추구하는 창조적 작업은 인류 역사를 통해 늘 으뜸의 관심이 되어 왔다. 이러한 관점에서 음악은 인간성 발달에서 중요한 기능을 하는 것이다.

사람이 자란 문화와 사회의 배경에 근거하여 음악에 반응한다는 사실은 음악의 기능을 이해하는 데 가장 기초가 된다. 사실 문화나 사회의 다양성에도 불구하고 음악의 일반적인 기능은 대개 유사하게 나타나고 있다. 그러나 음악적 기능에서 볼 때 개인의 반응은 그들 고유의 문화적 맥락 안에서 나타난다는 것을 주목할 필요가 있다.

음악이 종교와 밀접하게 연결되어 있음은 거의 모든 나라의 문화를 통해 알 수 있다. 개스턴은 이에 대한 일차적인 이유로 모든 종교적인 의식과 사용되는 음악의 목적이 대개 유사하기 때문이라는 사실을 들었다. 그는 종교적인 목적으로 사용하는 음악은 대개 초자연적인 상태에 도달하도록 돕거나 의식에 참여한 사람의 정서를 하나로 묶어 나아갈 방향을 제시하는 목적으로 사용한다고 하였다.

개스턴은 음악의 커뮤니케이션 기능, 특별히 비언어적인 기능을 강조하고 있다. 그는 사람이 언어를 통해 충분한 커뮤니케이션을 할 수 있었다면 굳이 음악이 생겨날 필요가 없었을 것이라고 언급하였다. 실제로 사람은 음악으로 일어난 어떤 감정의 상태를 언어로 표현하는 데 한계를 느끼곤 한다. 이러한 사실을 통해 비언어적인 커뮤니케이션으로서의 음악이 가진 잠재력과 가치를 알 수 있다.

음악이 구조적으로 잘 짜인 현실이란 말은 음악의 성격을 나타낸다. 음악은 다른 예술과 달리 시간 속에 존재하는 예술이다. 그러므로 음악이 시간 속에서 진행될 때 환자의 현실적인 참여와 역동력을 불러일으켜 치료에 큰 효과를 가져오는 것을 종종 볼 수 있다.

사람의 섬세한 감정에서 우러나오는 음악은 대중가요나 종교적인 음악, 애국적인 노래를 통해 쉽게 경험할 수 있다. 이러한 노래는 다른 사람을 염려하거나 격려하고 사랑하는 마음을 표현한다. 또한 음악은 소속감을 느끼고 다른 사람과 더 친밀감을 갖도록 유도하기도 한다.

음악을 통해 만족을 얻는 경우는 특히 아동 · 청소년에게서 두드러지게 나타난다. 만족감은 경쟁에서 온다기보다는 성취감에서 비롯한다. 성공적인 음악적 경험에 의한 성취감은 자긍심 향상과 관련된 치료적인 목적을 달성하는 데 유용하게 사용된다.

음악의 힘이 집단에서 극대화됨은 음악치료과정에서 자명하게 나타난다. 음악은 사람을 참여하게 하고 동기를 유발하며, 유대감을 갖도록 한다. 이렇게 다른 사람과 공유하는 음악적 경험은 역동력을 가지고 바람직한 행동의 변화를 가져오도록 유도한다.

이와 같이 음악의 기능을 사회적인 측면에서 살펴보았다. 여기서 주목할 점은 이러한 다양한 기능이 기능별로 구별되고 제한되기보다는 개인의 배경과 상황에 따라 융통성 있게 적용된다는 것이다. 가장 중요한 사실은 어느 사회나 문화를 막론하고 음악은 곧 인간 행동이라는 것이다. 이것이 사회 각 영역에 걸쳐 음악의 기능을 극대화하는 이유다.

## 4. 반응을 일으키는 음악 내적 요소

지금까지 음악이 사람에게 신체적 · 심리적 · 사회적으로 어떤 영향을 미치며 사용되고 있는지를 살펴보았다. 이 절에서는 초점을 좁혀 자극을 주는 요인인 음악 자체에 대해 살펴본 후 음악의 반응 대상인 클라이언트에 대해 생각해 보려고 한다. 이렇게 사람의 행동에 여러 면으로 영향을 미치는 음악을 이해하고, 그 사용 방법을 살펴보는 것은 우리의 음악 생활 전반에 걸쳐 도움이 될 것이다.

### 1) 음악

"음악이란 무엇인가?"라는 질문은 답하기가 쉽지 않다. 왜냐하면 과학과 문명이 발달하면서 음악의 새로운 면이 재발견되고 새로운 음악의 사조와 형태가 끊임없이 나타나고 있기 때문이다. 사실 음악이 애당초 어떻게 생겨났는가 하는 데는 이론이 분분하다. 가장 설득력 있는 것은 네틀(Nettl, 1975)의 이론으로, 그는 음악이 원시사회에서 커뮤니케이션을 위해 생겼다고 주장하였다. 그에 따르면 처음에는 음악과 언어의 구별이 없었으며, 소리를 통해 커뮤니케이션을 해 오다가 차츰 언어와 음악으로 구별되게 되었다.

무엇보다도 음악의 가장 큰 특징은 그것이 세계에 편재해 있다는 사실이다. 어느 민족, 어느 문화권, 어느 장소에 가도 음악은 있다. 음악은 어린아이부터 노인에 이르기까지 누구나 가까이 할 수 있는 특징을 가지고 있다. 또한 융통성이 있어서 다양한 개체나 환경, 어떠한 사회적 계층이나 상황에든 적절히 사용할 수 있으며, 사람 수에 구애받지 않고 언제나 대상자에 맞춰 사용할 수 있는 장점이 있다.

음악의 또 다른 특징으로는 구조적이며 시간에 의한 예술이라는 점이다. 그렇기 때문에 음악은 예측할 수 있는 형태로 우리에게 주어지며, 이러한 특성 때문에 가끔 우리의 긴장을 조성하거나 이완시키기도 하고 협동심을 북돋거나 어떤 목적성을 암시하기도 한다.

다음에서는 본질적인 물음에 들어가서 음악이란 무엇인지, 무엇을 음악이라 부르며, 음악을 이루는 요소에는 어떠한 것이 있는지 음악의 본질에 대해 살펴본다.

## 2) 음악의 요소

음악은 '사람에 의해 조직되는 시간의 진행에 따른 소리와 침묵의 정연한 형태'로 정의된다. 이 정의에서 세 가지 중요한 단어(사람, 시간, 소리)에 주목해 볼 필요가 있다. 우선, 음악이 되기 위해서는 사람이라는 창작과 연주, 감상의 주체가 있어야 한다. 그리고 음악은 현재 시간에 의존하는 예술이라는 것이다. 지금 이 시간에, 이 장소에서 일어나는, 추상적이 아닌 구체적이며 현실적인 현상이다. 특별히 시간에 의존하는 실제 행동은 순간순간 개인의 참여를 요구한다. 이런 관점에서 음악은 현실적인 접촉을 가장 필요로 하는 사람을 치료 현장에 효과적으로 흡수시킬 수 있는 도구로 사용할 수 있다. 왜냐하면 시간적 예술로서 음악은 모든 사람에게 공통된 시간을 통해 음악 활동을 하도록 해 주기 때문이다.

음악은 질서정연한 파장의 모임이며 그렇지 않은 것은 무질서한 파장으로 형성된 소리로서 잡음으로 간주한다. 그러나 모든 '음악적 소리'만이 음(tone)은 아니다. 잡음도 음악의 한 부분을 차지한다. 궁극적으로 무엇이 음악이고, 무엇이 음악이 아니냐 하는 것은 감상자에 의해 결정된다고 할 수밖에 없다.

음악의 요소에는 음(음질, 음색), 리듬(속도, 박, 박자, 소절, 악센트, 패턴), 멜로디(장단, 고저, 상향/하향, 음정 간격, 음역), 화성(장단조, 조성, 협/불협화성), 세기(역동성, 무드), 형식(동기, 악절, 주제, 변화와 통일), 그리고 가사를 추가하기도 한다.

음고는 진동 수에 의해 생기는 것으로 물리적인 작용이다. 대체로 급격한 진동은 자극적이며 느린 진동은 이완적인 효과를 가진다. 이는 신경의 긴장과 이완을 유도한다. 따라서 신경질적이고 긴장된 사람은 높은 진동이 계속 진행될 경우 좋지 않은 반응을 나타내게 되며, 반대로 에너지의 충전이 필요한 사람이 느린 진동 수의 낮은 음정을 계속 듣게 될 경우 역효과가 나타나게 된다. 음악에서 이러한 진동 수의 변화는 긴장이나 이완을 야기하는 역할을 한다.

음악이 인간행동이란 점에서 음고의 역할 또한 중요한데 음향적으로 큰 소리는 저음, 작은 소리는 높은 음과 연관된다. 모턴(Morton, 1977)은 조류 28종, 포유류 28종의 발성을 조사한 결과, 낮은 음고는 위협과 공격성을, 높은 음고는 순종적이며 친밀감을 나타낸다고 하였다. 사람 간의 대화나 음악도 같은 효과다. 음악이 낮은 음고로 전조되면 덜 공손하며, 덜 순종적이고, 더 위협적이다. 오페라에서 영웅은 주로 테너와 소프라노가, 악당은 베이스와 콘트라알토가 그 역할을 맡는 것은 우연은 아니다.

강도는 진동의 폭에 의존하는데, 진폭이 크면 음량이 불어나고 소리의 전달력이 확대된다. 소리의 강도는 음악의 효과를 내는 데 큰 역할을 하며, 거의 그것만으로도 만족감을 주는 경우가 있다. 소박한 음악 감상자가 실내악보다 교향곡을 좋아한다면 그 곡에 대한 흥미나 음악적 가치와는 상관없이 단지 음량이 크기 때문에 좋아할 수도 있는 것이다. 부드러운 음향은 친밀감을 가져다주며, 허약하고 소극적인 사람에게 안전한 분위기를 조성하여 위압이나 강요에서 벗어난 환경을 느끼게 한다. 반면, 강한 감각을 구하는 청중에게는 이러한 평온과 안정이 초조감을 줄 수도 있다. 이러한 소리의 세기는 리듬이 함께 작용할 때 음악이 목표로 하는 효과를 쉽게 달성할 수 있다. 음향은 또한 어떤 정감을 불러일으키는 환경을 만드는 데 중요한 요인이 되기 때문에 음악치료사는 대상자의 상태나 환경에 적합한 음향을 유지하도록 신경을 써야 한다.

음색은 소리의 질을 나타내는 것으로, 우선 각 악기의 특성을 구별시켜 주는 음악의 요소다. 이러한 음색의 신비로움 때문에 동일한 작품이 같은 수준의 두 연주가에 의해 연주되거나 노래로 불린다 할지라도 연주가의 성악적 혹은 기악적 음색의 차이로 청중에게 현저히 다른 효과를 줄 수 있는 것이다. 이 개인적인 음색의 차이는 음악에서 중요한 의미를 지닌다. 이것은 연주자와 청중 사이에 고유한 커뮤니케이션의 채널을 형성하기 때문이다. 다른 음악 요소와 음색이 다른 점은 측정할 단위가 없다는 것이다. 음색은 소리의 강도나 음정처럼 문자적으로 표시하는 단위가 없으며, 이에 대한 묘사는 사람의 주관적인 설명에 의존한다.

화음은 주파수가 다른 2개의 음이 동시에 날 때 맺어지는 관계다. 화성의 진행을 통해 사람은 유쾌하거나 불쾌하게 이를 받아들인다. 서양 음악의 화성 법칙 내에서 어떤 화음은 그것이 소속된 음 조직에 의해 서로 끌어당기거나 반발하거나 무관심한 채로 존재한다. 그러므로 이러한 결합은 시간 속에서 움직임과 갈등, 해결의 역동적 드라마를 형성한다. 해결과 완성의 최종 단계에 도달하기 이전의 음악 구조는 인간의 삶과 마찬가지로 자극이나 초조·불안을 유발하는 불협화음을 내포한다. 대개 이것은 최후에는 해결되도록 되어 있다. 이러한 화성의 변화는 음악이 추구하는 의미를 전달하며, 시작부터 종결에 이르는 시간적인 진행을 담당한다. 음악적 진행은 아무리 불협화음일지라도 화성적 질서를 따라 끝나게 되는데, 이때 청중이나 연주가에게 모두 정서적 감동의 만족감을 가져다준다.

리듬은 어느 문화, 어떤 음악에나 공통적으로 존재하는 기본 요소다. 리듬의 역할은 조직력과 에너지에 있다. 단적으로 말해, 리듬 없이는 음악의 존재를 이야기할 수 없다. 사람은 생체화학적으로 호흡과 맥박이라는 일정한 리듬의 바탕 위에 생체리듬을 형성한다. 한 예로, 교육과 문화의 영향 없이도 어머니는 아기를 재우는 데 리듬을 사용하는 것을 볼 수 있다. 리듬은 어떤 면에서 인간 생존의 기본이라고 할 수 있다.

이러한 리듬의 역할은 함께 일하도록 돕는 데 있다. 리듬은 여러 가지 다른 상황에 놓인 사람을 하나로 연합하여 공동의 목적을 이루게 하는 역할을 한다. 예를 들어, 처음 만난 사람이 같이 춤을 추기란 쉽지 않으나, 음악이 연주되면 사람들은 리듬의 흐름을 따라 초면의 사람끼리도 쉽게 팔장을 끼고 춤을 추는 것을 볼 수 있다. 또한 치료적으로 사용될 때 개인의 리듬적 기능을 향상시키는 데 사용되는데, 운동의 영역과 걸음걸이 훈련 그리고 긴장 이완의 방법 등이 해당된다.

최근의 연구는 아동에 있어 리듬과 읽기 능력 간에 연관성을 주목한다. 트라이노와 콜리갈(Trainor & Corrigall, 2010)은 8세 아동의 리듬 구별 능력과 읽기 능력 간에 유의한 상관 관계가 있다고 하였다. 따라서 아동의 리듬 과제 수행 능력의 정도를 알면 독서력을 예측할 수 있다는 것인데 이것과 음고 지각 능력과는 관련이 없다고 한다. 아브람스 등(Abrams et al., 2009)의 연구에서도 파형엔빌로프(wave envelope)의 신경적 측정으로 아동의 읽기 능력을 예견할 수가 있다고 하였다. 이것은 개인의 리듬 능력, 즉 사건의 기본적인 시간 길이와 정도를 인식하거나 소절을 인식, 상대적인 시간 길이의 패턴에 대한 감각 같은 음운적 인식이 독서력과 연관된다는 것을 말한다.

## 3) 반응하는 사람

치료의 대상인 인간은 가장 완벽한 악기라 할 수 있다. 실험적인 여러 연구에서는 주파수의 각기 다른 음이 우리 몸의 각기 다른 부분을 공명시킨다고 보고하고 있다. 예를 들어, 낮은 음은 몸의 낮은 부분을, 중간 음은 가슴을 그리고 높은 음은 머리를 진동시킨다는 것이다. 악기가 고장 나거나 조율이 되지 않았을 때 제대로 소리를 낼 수 없듯이 인간도 심신에 문제가 있을 때는 제대로 기능을 할 수 없게 된다. 이러한 문제는 외관상으로도 드러나지만 음악 활동을 통해 더욱 분명하게 드러난다. 악기가 제 구실을 다하기 위해 조율의 마지막 과정을 거치듯, 사람도 여러 가지 장애 요인과 문제점을 개선하여 몸과 마음의 조화와 일치를 가져와야 하는 것이다.

윌슨(Wilson)은 재미있는 사건을 보고하고 있다. 바티칸 회의 후에 프랑스의 베데딕트 수도원에 젊은 대수도원장이 새롭게 임명되었다. 이 원장은 바티칸 II 회의에서 수도사들의 생활방식을 현대화하기로 한 것을 실천하기 위해 자신의 수도원에서 개선할 점을 찾은 결과 수도사들이 하루에 6~8시간씩 찬팅(chanting)을 하는 것에 생각이 미치게 되었다. 그는 이것이 시간을 낭비하는 오랜 관습이라고 믿고 개선하였다. 그러나 이렇게 수도사들의 찬팅을 금하자 모든 수도사는 몸살을 앓기 시작하면서 점점 심하게 아프게 되었다. 수도원장은 각종 의술을 통해 이들을 치료해 보려 하였으나 효과를 보지 못하다가, 결국 찬팅을 금하고부터 병이 난 것을 깨달아 다시 찬팅을 하도록 하였다. 그 결과 곧 수도사들은 건강을 회복하게 되었다. 이는 마음과 몸이 조화 있게 유지되는 것이 바로 건강한 상태이며, 우리 마음과 몸의 질서가 얼마나 중요한 것인가를 단적으로 보여 주는 예다.

음악치료에서 개인의 음악적 경험은 전혀 문제가 되지 않는다. 오히려 음악적인 경험이 없는 사람에게서 치료의 효과가 더 빨리 나타나는 것을 보게 된다. 때로는 과거의 음악적인 경험이 자신을 솔직히 공개하고 드러내는 데 비

효과적인 경우도 있다. 무엇보다도 사람은 개인적인 취향이나 경험 면에서 천차만별이다. 그래서 사람은 서로 공통적인 요소를 찾아 동호회나 서클 같은 것을 만들기도 하지만, 한 가지를 맞추면 다른 열 가지가 다를 수도 있다. 그렇기 때문에 음악을 사용할 때 획일적인 결과를 기대하거나 모든 사람을 일률적으로 취급해서는 안 된다.

우리는 음악치료 대상자를 환자 혹은 클라이언트라고 부른다. 이것은 음악치료가 시행되는 배경이나 치료의 철학과도 연관이 있다. 예를 들면, 병원이나 의료시설에서 음악치료를 받는 사람은 '환자'로, 비의료 분야에서는 '클라이언트'로, 교육기관 내의 치료 대상자는 '학생' 등으로 부른다. 어떻게 부르든지 이들은 도움이 필요한 상태에 있으며, 그 필요를 채우기 위해 음악치료사를 찾아오는 것이다.

## 4) 음악의 의미

음악에 의미가 있다는 것에 학자들은 모두 동의하지만, 음악의 의미를 가져다주는 것이 무엇인지에 대해서는 이견이 있다. 음악치료에서 '클라이언트가 가지는 의미 있는 음악 경험'이라는 말을 자주 사용하는 것도 이처럼 음악의 의미가 치료 과정과 효과에 필수적이라는 것을 대변해 준다 하겠다. 음악치료사로서 고려해야 할 음악의 의미에 관한 세 가지 주요 견해를 소개하면 다음과 같다.

- 절대주의자 혹은 형식주의자의 견해: 이들의 견해에 따르면, 음악에서 발견되는 모든 의미는 음악 그 자체에 고유하며, 다른 예술이나 예술 외부 세계에서 찾게 되는 의미와는 전적으로 다르다. 이런 입장을 음악치료에서 전적으로 수용할 수 없는 이유는 두 가지다. 우선, 이런 입장은 음악과 세계, 인간 상태나 개인적 아이디어와 느낌 간에 있을 수 있는 관계의 중요

성을 부인한다. 이것은 음악이 치료적 맥락에서 의미심장하거나 아름다울 수 있다는 가능성 자체를 제거한다. 또한 절대적 형식주의자는 근본적으로 엘리트층이다. 이들은 필수적인 음악적 훈련과 재능이 없으면 진정한 음악의 미적 체험을 얻을 수 없다고 믿는 사람이다.

- 관련주의자의 견해: 관련주의자에게 음악은 (비음악적) 인간 경험 세계를 나타내고 상징화하고 표현하거나 연관시키는 의미를 가진다. 관련적 음악치료사는 음악이 자신의 고유한 생각과 느낌 그리고 정체성을 표현할 뿐만 아니라 인간 여건을 표현하기 위해 사용할 수 있는 공용어라고 믿는다. 이들은 음악의 가치 또한 예술과 미학의 전 영역과 그것을 넘어서는 데까지 확장된다고 믿는다. 이들에게 음악 경험은 모든 종류의 음악 외적인 경험을 유도하고 촉진하는 것이다.

- 절대적 형식주의와 관련주의를 결합한 절대적 표현주의의 견해: 이 입장은 음악치료의 기본 가설, 특히 치료로서의(music as therapy) 음악의 사용을 강조하는 학파와 일맥상통한다. 라이머(Reimer, 1989)는 예술의 경험이 사람의 가장 심오한 단계의 삶의 경험과 관련된다고 하면서, 개인은 예술을 벗어나 예술 외적 관련 대상으로 가는 것이 아니라 예술 작품이 가지는 미적 가치 속으로 깊이 들어가는 것에 의해 예술의 통찰력을 공유할 수 있다고 주장한다.

## 5) 상황과 내용

음악은 사람의 행동에 영향을 미친다. 미국의 『*Psychology today*』(1985: 12)에 재미있는 글이 실린 적이 있다. 영화의 긴장이 감도는 장면이나 운동경기 또는 행사의 장면이나 스토리보다는 배경음악이 가져다주는 효과가 사람에게 훨씬 더 영향력을 미친다는 데 조사자의 96% 이상이 동의하였다는 것이다.

음악이 사람에게 미치는 영향을 고려한다면 가게에서는 빠른 음악을 틀지 않는 것이 좋다. 조용하고 느리며 부드러운 멜로디의 배경음악은 구매자의 마음을 편안하게 하여 자기가 사기로 했던 모든 물건을 빠뜨리지 않고 차분히 사도록 만든다. 또한 몹시 붐비는 백화점에서 부드럽고 리듬 있는 음악을 틀때 사람은 복잡한 가운데서도 리듬을 따라 잘 다닐 수 있게 된다.

반면, 손님이 붐비는 식당에서는 약간 경쾌한 음악이 좋다. 이것은 소화를 도울 뿐만 아니라 음식을 빨리 먹고 자리를 비우게 하므로 더 많은 손님을 받을 수 있게 해 준다. 그러나 너무 자극적인 음악은 교감신경을 자극하여 뼈근육 운동을 활발하게 한다. 이것은 오히려 소화액의 감소를 가져오므로 상황에 맞추어 사용해야 한다.

산업현장에서 배경음악의 사용을 통한 작업 능률 향상은 제2차 세계대전을 전후로 음악이 산업 분야에 응용된 예를 보여 주고 있다. 여기서 음악은 집중력을 향상시켜 주는 역할과 고용주 및 함께 일하는 동료와의 관계를 긍정적으로 향상시켜 주는 역할을 한다.

병원에서도 음악을 활용할 수 있는데, 이에 대한 내용은 일반 병원의 음악치료에 포함된다. 예를 들어, 치과에서 치아를 뽑거나 작업을 할 때 기계의 소음에 환자는 더욱 긴장되고 불유쾌한 기분을 가지게 되는데, 이때 헤드폰을 사용하여 자신이 좋아하는 음악을 들으면 긴장감에서 주의를 돌릴 수 있을 뿐만 아니라 몸과 마음이 편안하게 되어 환자나 의사에게 도움을 준다. 수술 환자의 경우에도 음악을 들음으로써 수술에 대한 긴장이나 불안에서 자신을 안정시킬 수 있어 많은 유익을 가져 올 수 있다.

또한 음악은 구매 의욕을 증가시키기도 한다. TV에서 자신이 좋아하는 음악을 배경음악으로 한 상품의 광고가 나올 때 구매자는 상품을 신뢰하게 되며, 그 음악에 대한 친근감이 상품을 연상시켜 쉽게 기억나게 한다.

# 5. 커뮤니케이션 기능으로서의 음악

　　음악적 소리 자체에는 어떤 특정한 의미나 이를 전달하는 기능이 없지만 음악은 여러 면에서 커뮤니케이션의 도구로 사용된다. 음악이 커뮤니케이션 기능을 한다고 할 때는 단순히 자극하는 기능이나 언어, 즉 가사를 통한 메시지 전달의 기능만이 아니라 어떤 상징성을 가지고 의미를 전달하는 기능을 말한다.

　　그러면 음악이 상징성을 가지고 어떻게 의미를 전달하게 되는가에 대한 의문이 생기게 된다. 물론 같은 의미로 커뮤니케이션이 될 수 있기 위해서는 음악이 전달자나 수신자에게 유사한 의미로 인정되어야만 한다. 이런 이유로 자연히 문화권의 영향력을 받지 않을 수 없는 것이며, 음악이 인간에게 보편적인 현상의 하나라고 말할 수 있지만 음악 자체가 보편적인 언어라고 단정할 수는 없는 것이다.

　　음악 스타일에 따른 지각 경험에 관한 연구는 많이 진행되었다. 이러한 연구는 대개 다음과 같은 세 가지 기본적인 내용을 보고하고 있다.

- 음악은 감정적인 메시지를 전달하는 효과적인 시그널이다.
- 음악적 구조나 요소를 분석한 결과 음악적인 경험이 없는 사람도 주관적인 정서적 경험을 불러일으키는 데 상관 관계가 있다.
- 음악에서 감정적 의미를 교류하는 것은 어떤 특정한 한 가지 요소에 의해서라기보다 복합적인 요소, 예를 들어 연령, 성별, 분위기, 음악적 양식 등에 의해 이루어진다.

　　이렇게 독특한 커뮤니케이션의 한 형태로서 음악은 여타 예술이나 다른 방법으로는 불가능한 강한 설득력을 지니고 있다. 이러한 커뮤니케이션은 가사

를 통하든 전혀 비언어적이든 간에 음악의 복합적인 여러 요소에 의해 이루어
진다. 이러한 까닭에 음악은 커뮤니케이션의 기능 수준이 높은 사람에게든 낮
은 사람에게든 적절히 적용할 수 있다. 또한 음악을 통해서 개인은 자신이 집
단에 속해 있다는 것을 인식하고 그 속에서 다른 사람과의 교류를 위한 방법
으로 음악을 사용하게 된다. 예를 들어, 몇 년 동안 고립되어 말을 하지 않던
사람이나 언어로는 전혀 커뮤니케이션이 되지 않는 외국 사람이 낯선 음악 집
단에서 머리카락을 흔들어 댈 때는 그것이 어떤 형태로든 다른 사람과 교류를
유발하면서 커뮤니케이션을 가능하게 한다. 이렇게 소리를 사용한 단순한 커
뮤니케이션의 방법은 자신과 타인의 관계 형성을 쉽게 해 주어 다른 커뮤니케
이션의 방법을 발달시켜 주는 동시에 자신이 집단에 소속되어 있다는 데 대한
만족감을 제공한다.

성공적인 커뮤니케이션의 경험은 음악 외적인 행동 영역 전반에 걸쳐 긍정
적인 변화를 가져다준다. 이렇게 음악은 직접적으로나 간접적으로 커뮤니케
이션의 역할을 한다. 이러한 커뮤니케이션은 종종 자기 감정을 표현하거나 구
체화하도록 도와주며, 음악의 연상작용을 통해 지난 경험에 대해 조명할 수
있도록 해 준다.

## 1) 자아 감정 표현을 통한 커뮤니케이션

음악은 감정과 자아 성숙의 강화를 위한 기회로 제공된다. 음악은 언어적이
든 비언어적이든 간에 커뮤니케이션의 방법으로 사용될 때 일반적으로 태도
나 느낌 또는 분위기를 전달하는 도구로 사용할 수 있다. 특히, 음악의 비언어
적인 커뮤니케이션 기능은 언어 기능이 상실되었거나 언어장애가 있는 사람
에게 유용하게 사용할 수 있다. 음악은 분노에서 당황스러운 기분이나 동정과
부드러움에 이르기까지 폭넓게 사람의 감정을 표현할 수 있다. 이러한 감정
표현은 굳이 가사를 쓰지 않더라도 음성을 통해서 혹은 기악 연주나 음악 활

동 가운데 자연스럽게 표현되는 신체의 움직임을 통해 표현할 수 있다.

## 2) 연상적인 커뮤니케이션

음악의 독특한 양상 중 하나는 각 사람은 나름대로 어떤 특정한 음악에 대해 특정한 연상을 가진다는 것이다. 어떤 음악은 특정한 시대를 생각나게 하거나 특정한 장소 또는 사람을 기억나게 한다. 이러한 연상은 직접적일 수도 있고 간접적일 수도 있다. 비록, 음악을 한 번 들었거나 어떤 특정한 한 가지 내용에 연결되었을 경우에도 음악은 언제나 그 특정한 시간이나 장소를 기억나게 한다. 또 어떤 곡은 특정한 스타일을 가지고 있어 어떤 시대나 장소에 대한 일반적인 연상을 일으킨다. 이러한 연상은 가끔 대단히 행복한 것이 될 수도 있고, 슬프거나 후회스러운 것이 될 수도 있다. 연상의 경험은 매우 개인적이기 때문에 예측이 불가능하다. 따라서 같은 노래가 어떤 사람에게는 웃음을 가져다주는 반면에 다른 사람에게는 눈물을 흘리게 하거나 고통을 줄 수 있다.

이와 같은 음악의 강한 연상작용 때문에 음악은 인생을 회고하는 자극으로 사용할 수 있다. 필자는 커뮤니케이션 기능을 상실하고 전혀 외부와 관계를 맺지 못하는 환자일지라도 어떤 특정한 노래를 들을 때 이전까지 관찰하지 못했던 새로운 행동을 보이는 것을 종종 봐 왔다. 이러한 음악의 연상작용은 치매성 환자를 포함한 노인을 위한 음악치료에 큰 효과를 보이고 있다.

🎵 **요약**

음악치료를 시행하는 데 음악은 기본적인 도구로 사용된다. 음악이 사람에게 적용될 때 어떤 영향을 끼치는지 음악에 대한 생리적 · 심리적 · 사회적 반응에 대해 살펴보았다. 특별히 음악이 언어와 어떻게 다르며, 어떤 다른 반응을 가져오게 하는지에 대한 내용을 살펴보았는데, 이는 음악의 특성과도 연결된다.

반응시키는 주체로서의 음악과 반응하는 개체로서의 사람 그리고 일반적인 상황과 내용을 살펴보는 것은 인간 행동에 미치는 음악의 영향력을 이해하는 데 도움이 된다. 분명한 것은 이러한 음악의 기능을 커뮤니케이션 기능으로 인정할 수 있다는 것이다. 음악을 통해 우리는 자아 감정을 표현하거나 다른 사람의 감정을 받아들이게 된다. 또한 음악은 연상을 시킴으로써 시간적인 커뮤니케이션의 역할도 한다.

🔍 **참 · 고 · 문 · 헌**

백성호(1983). 기초 인체해부학. 서울: 대한간호협회출판부.

Abrams, S., Cruse, P., & Kunze, J. (2009). Preservation is not a place. *International Journal of Digital Curation, 4*(1), 8-21.

Bear, D. M. (1983). Hemispheric specialization and the neurology of emotion. *Archives of Neurology, 40.*

Berlyne, D. E. (1971). *Aesthetics and psychobiology.* New York: Appleton-Century-Crofts.

Bernatzky, G., Presch, M., Anderson, M., & Panksepp, J. (2011). Emotional foundations of music as a non-pharmacological pain management tool in modern medicine. *Neuroscience and Biobehavioral Review, 35,*

1989-1999.

Blood, A. J., & Zatorre, R. J. (2001) Intensely pleasurable responses to music correlate with activity in brain regions implicated with reward and emotion. *Proceedings of the National Academy of Sciences, 98,* 11818-11823.

Boileau, I., Assaad, J., Pihl, R., Benkelfat, C., Leyton, M., Diksic, M., Tremblay, R., & Dagher, A. (2003). Alcohol promotes dopamine release in the human nucleus accumbens. *Synapse, 49*(4), 226-231.

Bonny, H., & Savary, L. M. (1983). *Music and your mind: Listening with a new consciousness.* New York: Collins Associate Publishing.

Campbell, D. G. (1992). *Introduction to the musical brain.* St. Louis, MO: MMB Music.

Cepeda, M, S., Carr, D. B., Lau, J., & Alvarez, H. (2006). Music for pain relief. *Cochrane Database of Systematic Reviews,* (2), CD004843.

Clynes, M. (1978). *Sentics: The touch of emotions.* New York: Anchor Books.

Clynes, M., & Walker, J. (1982) Neurobiologic functions of rhythm, time, and pulse in music. In M. Clynes (Ed.), *Music, mind, and brain* (pp. 171-216). New York: Plenum Press.

Cox, S., Benkelfat, C., Dagher, A., Delaney, J., Durand, F., McKenzie, S., Kolivakis, T., Casey, K., & Leyton, M. (2009). Striatal dopamine responses to intranasal cocaine self-administration in humans. *Biological Psychiatry, 65,* 846-850.

Critchley, M., & Henson, R. A. (1977). *Music and the brain.* Springfield, IL: Charles C. Thomas.

Davis, W., Gfeller, K. E., & Thaut, M. H. (Eds.). (1992). *An introduction to music therapy: Theory and practice.* Dubuque, IA: Wm. C. Brown.

Dowling, W. J. (1984). Development of musical schemata in children's spontaneous singing. In W. R. Crozier & A. J. Chapman (Eds.), *Cognitive processes in the perception of art* (pp. 145-163). Amsterdam: North-Holland.

Ellis, D. S., & Brighouse, G. (1952). Effects of music on respiration and heartrate. *American Journal of Psychology, 65,* 39-47.

Ellis, R. J., & Thayer, J. F. (2010). Music and autonomic nervous system (dys)function. *Music Perception, 27*(4), 317-326.

Fridman, R. (1973). The first cry of the newborn: Basis for the child's future musical development. *Journal of Research in Music Education, 21,* 264-269.

Gabrielsson, A. (1982). Perception and performance of musical rhythm. In M. Clynes (Ed.), *Music, mind, and brain* (pp. 159-169). New York: Plenum Press.

Gaston, E. T. (Ed.). (1968). *Music in therapy.* New York: The MacMillan Company.

Gates, A., & Bradshaw, J. (1977). The role of the cerebral hemispheres in music. *Brain and Language, 4,* 403-431.

Goldstein, A. (1980). Thrills in response to music and other stimuli. *Physiological Psychology, 8,* 126-129.

Harrer, G., & Harrer, H. (1977). Music, emotion, and autonomic function. In C. MacDonald, & R. A. Henson (Eds.), *Music and the brain* (pp. 202-206). London: William Heinemann Medical Books.

Henkin, P. (1957). The prediction of behavior response patterns to music. *Journal of Psychology, 44,* 111-127.

Hodges, D. A. (Ed.). (1980). *Handbook of music psychology.* Lawrence, KS: The National Association for Music Therapy.

Jausovec, N. (1985). Hemispheric asymmetries during nine-year-olds' performance of divergent production tasks: A comparison of EEG and YSOLAT measures. *The Creative Child and Adult Quarterly, 10,* 232-238.

Juslin, P. N., Liljeström, S., Västfjäll, D., Barradas, G., & Silva A. (2008). An experience sampling study of emotional reactions to music. Listener, music, and situation. *Emotion, 8*(5), 668-683.

Juslin, P. N., & Västfjäll, D. (2008). Emotional responses to music. *Behavioral and Brain Sciences, 31*(5), 559-575.

Kaplan, M. (1990). *The arts a social perspective.* Salem, MA: Associated University Press.

Keys, L. E. (1973). *Toning: The creative power of the voice.* St. Louis, MO: MMB Music.

Khalfa, S., Ellam S. D., Roy, R., Peretz, I., & Lupien, S. (2003). Effects of relaxing music on Salivary Cortisol level after physhological stress. *Annuals of the New York Academy of Sciences, 999,* 374-376.

Koelsch, S. (2011). Toward a neural basis of music perception—a review and updated model. *Frontier Psychology, 2*(110). doi:10.3389/fpsyg.2011.00110

Koelsch, S., Fritz, T., Schuluze, K., Alsod, D., & Schlaug, G. (2005). Adults and children processing music: An fMRI study. *Neuroimage, 25,* 1068-1076.

Lamendella, J. T. (1977). The limbic system in human communication. In H. Whitaker & H. A. Whitaker (Eds.), *Studies in Neurolinguistics* (Vol. 3, pp. 157-222). New York: Academic Press.

Landreth, J., & Landreth H. (1974). Effects of music on physiological response. *Journal of Research in Music Education, 22,* 4-12.

Lee, M. (Ed.). (1989). *Rehabilitation, music and human well-being.* St. Louis, MO: MMB Music.

Levy, J. (1985). Right brain, left brain: Fact and fiction. *Psychology Today, 19,* 38-44.

Leyton, M., Boileau, I. Benkelfat, C., Diksic, M., Baker, G., & Dagher, A. (2002). Amphetamine induced increases in extracellular dopamine drug wanting, and novelty seeking: A PET/11C]raclopride study in healthy men. *Neuropsychopharmacology, 27,* 1027-1035.

Mandler, G. (1984). *Mind and body.* New York: Norton.

Menon, V., & Levitin, D. J. (2005). The rewards of music listening: Response and physiological connectivity of the mesolimbic system. *NeuroImage, 28,* 175-184.

Merriam, A. P. (1964). *The anthropology of music.* Chicago, IL: Northwest University Press.

Meyer, L. B. (1956). *Emotion and meaning in music.* Chicago, IL: The University of Chicago Press.

Michel, D. E. (1952). Effects of stimulative and sedative music on respiration and psychogalvanic reflex as observed in seventh grade students. Unpublished paper, University of Kansas.

Michel, P. (1973). Optimal development of musical abilities in the first years of life. *Psychology of Music, 1*, 14–20.

Moog, H. (1976). The development of musical experience in children of preschool age. *Psychology of Music, 4*, 38–45.

Morton, E. S. (1977). On the occurrence and significance of motivation-structural rules in some bird and mammal sounds. *The American Naturalist, 111*, 855–869.

Nettl, B. (1975). *Music in primitive cultures.* Cambridge, MA: Harvard University Press.

Radocy, R. E., & Boyle, J. D. (1988). *Psychological foundations of musical behavior* (2nd ed.). Springfield, IL: Charles C. Thomas.

Reimer, B. (1989). *A philosophy of music education* (2nd ed.). Englewood Cliffs, NJ: Prentice-Hall.

Rider, M. (1985). Entrainment mechanisms involved in pain reduction, muscle relaxation, and music mediated imagery. *Journal of Music Therapy, 22*, 183–192.

Rider, M., Floyd, J., & Kirkpatrick, J. (1985). The effect of music, imagery, and relaxation on adrenal corticosteroids and the re-entertainment of circadian rhythms. *Journal of Music Therapy, 22*, 37–46.

Roederer, J. (1974). The psychophysics of musical perception. *Music Educators Journal, 60*, 20–30.

Roederer, J. (1975). *Introduction to the physics and psychophysics of music.* New York: Springer.

Salimpoor, V. N. Benovoy, M., Larcher, K., Dagher, A., & Zatorre, R. (2011). Anatomically distinct dopamine release during anticipation and experience of peak emotion to music. *Nature Neuroscience, 14*, 257–262.

Salimpoor, V. N., van den Bosch, I., Kovacevic, N., McIntosh, A. R., Dagher, A., Zatorre, R. J. (2013). Interactions between the nucleus accumbens and auditory cortices predict music reward value. *Science, 340*, 216–219.

Särkämö, T., Ripollés P., Vepsäläinen, H., Autti, T., Silvennoinen, H., Salli, E., Laitinen, S., Forsblom, A., Soinila, S., & Rodri´guez-Fornells, A. (2014). Structural changes induced by daily music listening in the recovering brain after middle cerebral artery stroke: A voxel-based morphometry study. *Frontiers Human Neuroscience, 8*(245), 1-16.

Scartelli, J. P. (1989). *Music and self-management methods: A physiological model.* St. Louis, MO: MMB Music.

Sears, W. W. (1958). The effect of music on muscle tonus. In E. G. Gaston (Ed.), *Music therapy* (pp. 199-205). Lawrence, KS: Allen Press.

Shrift, D. C. (1955). Galvanic skin response to two types of music. *Bulletin of National Association for Music Therapy, 10,* 5-6.

Spintge, R., & Droh, R. (Eds.). (1992). *Music medicine.* St. Louis, MO: MMB Music.

Taylor, D. B. (1973). Subject responses to precategorized stimulative and sedative music. *Journal of Music Therapy, 10,* 86-94.

Thaut, M. H. (1990). Neuropsychological processes in music perception and their relevance in music therapy. In R. F. Unkefer (Ed.). *Music therapy in the treatment of adults with mental disorders* (pp. 3-32). New York: Schrimer Books.

Thaut, M. H., Schleiffers, S., & Davis, W. (1991). Analysis of EMG activity in biceps and triceps muscle in an upper extremity gross motor task under the influence of auditory rhythm. *Journal of Music Therapy, 28,* 64-88.

Trainor, L., & Corrigall, K. A. (2010). Music acquisition and effects of musical experience. In *Music Perception.* New York: Springer, 89-127.

Trost, W., Ethofer, T., Zentner, M., & Vuilleumier, P. (2011). Mapping aesthetic musical emotions in the brain. *Cerebral Cortex, 22,* 2769-2783.

Unkefer, R. F. (Ed.). (1990). *Music therapy in the treatment of adults with mental disorders.* New York: Schrimer Books.

Weidenfeller, E. W., & Zimny, G. H. (1962). Effects of music upon GSR of depressives and schizophrenics. *Journal of Abnormal Social Psychology, 64,* 307-312.

# 제4장 음악치료의 이론과 방법

# 제4장 | 음악치료의 이론과 방법

　우리나라에서의 음악치료는 시작부터 치료사에 의한 치료 활동과 상업적 목적에 편승한 처방식 요법으로 구분되었다. 이들은 서로 이질적이지만 상호 지원적으로 음악치료에 대한 일반인의 호기심과 관심을 이끌어 왔다. 또한 전문치료사 교육과정도 지원하는 사람의 다양성 때문에 대학원 과정, 평생교육원 과정, 사설기관의 단기 과정 등으로 나뉘어 있었다. 이것은 국내 음악치료가 지난 세월 동안 괄목할 만한 수준으로 성장하였다는 일부의 평가를 인정한다 하더라도 여전히 음악치료에 대한 이해나 치료사의 실행 수준에서 차이가 있을 수 있음을 의미한다.

　사실 전통적인 음악치료도 다양한 대상 집단을 통해 발달해 왔기 때문에 주어진 치료 세팅에 따라 교육적 · 정신치료적 · 의료적 정체성을 가지며, 그 위에 이론적 기반을 세울 수밖에 없었다. 그래서 정신과의 치료사와 발달장애인과 일하는 치료사가 가지는 치료의 이론 · 철학 · 접근 방식이 다를 수 있다. 더욱이 음악치료를 이루는 이론적 기반도 기존의 심리학적 이론에 뿌리를 둔 것에서 음악치료의 임상을 통해 만들어진 이론에 이르기까지 그 성격이 워낙 상이한 탓에 어떤 음악치료사라도 정체성과 관련한 이슈에서 자유로울 수는 없다. 이러한 시점에서 음악치료가 발달해 오는 동안 어떤 이론이 어떻게 관여해 왔는지를 살펴보는 것은 유용할 것이다.

# 1. 미국 음악치료의 발달

초창기 음악치료는 음악을 감상하는 것이 환기나 오락적인 목적 이상일 것이라는 생각에서 출발하였다. 이러한 생각을 전문음악치료사의 배출로 치료 영역에 자리 잡게 한 사람이 개스턴(E. T. Gaston)이다. 초기 미국 음악치료 교육에서 그가 차지한 영향력은 매우 크다. '음악과 인간 행동(Music and Human Behavior)' 이라는 제목에서 보듯이 그의 이론은 인간의 행동에 영향을 미치는 음악의 힘을 기반으로 하고 있다(Gaston, 1968). 그는 이를 생물적·심리적·사회적 면에서 강조하고, 음악을 치료의 도구로 사용하는 정당성을 세우려 하였다.

이렇게 행동에 영향을 미치는 전반적인 음악의 힘에 대한 관심은 음악을 치료 도구로 사용하는 일반의 관심을 이끄는 데 도움이 되었다. 하지만 초창기 연구에서도 나타났듯이 이들은 주로 자극적인 음악과 진정시키는 음악에 대한 관심에 머물렀으며, 구체적인 음악의 영향력을 과학적으로 규명하지 못한 한계를 보였다(Hodges, 1980).

이러한 과정에서 치료사들은 자신의 임상 기반을 자연스럽게 심리치료의 이론에 접목시켰다. 사실 음악치료에는 심리학, 심리치료 그리고 음악 영역의 광범위한 지식이 요청되었고, 이것은 당시 많은 음악치료사가 정신과에서 활동하고 있었기에 자연스러운 현상이었다. 윌러(Wheeler, 1981)의 지적처럼, 치료에서 무슨 일이 일어났는가를 설명하기 위해서는 이론이 필요하다. 이러한 이론적 기반은 음악치료사로서 전문적 진보와 신뢰성을 높이는 데 도움을 주기 때문이다. 이는 정신과 기관에서는 더욱 그러하다.

이렇게 기존의 심리학적 치료 이론을 음악치료의 이론적 기반으로 설명하는 것은 유익하지만 음악치료에서 음악이 가지는 독특한 역할을 설명하지 못하는 아쉬움이 있었다. 그러므로 일부 치료사(Aigen, 1991; Amir, 1996; Kenny,

1989; Ruud, 1978)는 임상에서 이루어지는 독특한 음악 경험을 설명할 수 있는 음악치료 이론의 필요성에 주목하였다. 이러한 경험 중에서도 특히 미적인 경험에 주목한 치료사는 아름다움이야말로 음악의 필수적인 요소로서 인간의 모든 감정의 표현을 담아내고 창조성을 이끌어 내는 동력이라 보았다(Kenny, 1985; Salas, 1990).

　　미국의 음악치료는 1990년대에 들어와 괄목할 만한 성장을 보였다. 특히 1999년에 워싱턴에서 개최된 제9차 음악치료세계대회에서 음악치료 모델의 주역을 한자리에 모아 '음악치료 모델'이라는 주제로 학술대회를 개최한 것은 주목할 만한 일이었다. 여기서는 프리스틀리(M. Priestley)의 분석적 음악치료, 노도프와 로빈스(Nordoff & Robbins)의 창조적 음악치료, 보니(H. Bonny)의 GIM, 메드슨(C. Madsen)의 행동적 음악치료 그리고 베네존(R. Benenzon)의 베네존 음악치료가 소개되었다. 이후 해마다 미국의 학술대회에서는 이러한 모델의 이론적 접근, 음악의 역할, 임상 적용 사례에 대한 내용이 활발히 발표되고 있다.

## 2. 음악치료 이론의 발달

　　심리치료와 관련한 이론적 접근을 생각해 볼 때 몇 가지로 제한할 수 없을 정도로 많은 심리치료 이론이 있다(Corsini & Wedding, 2005). 음악치료 출판물에서도 저자에 따라, 대상 집단군에 따라 관련된 심리치료 구성 영역을 달리 소개하고 있기도 하다(Bruscia, 1998; Darrow, 2004; Maranto, 1984; Scovel, 1990; Wigram, Pedersen, & Bonde, 2002). 대체로 임상에서는 그 대상이 아동이거나 교육적 상황일 때는 올프(Orff)나 코다이(Kodaly), 달크로즈(Dalcroze) 등의 음악 교육적 접근을, 심리치료적 환경에서는 행동적 · 심리분석적 · 인본적 · 인지적 접근을 거론한다. 그리고 의료적 환경에서는 예견되는 음악의 힘에 대한 과학적 자료를 기반으로 개발된 구체적인 음악치료 모델이 거론된다. 다음에 소개하는 이론은 모든 음악치료의 실행을 포함하기에 충분한 것은 아니어도 현재까지 가장 널리 알려진 이론을 정리한 것이다.

초기 미국의 음악치료는 행동과학의 틀 속에서 이루어졌다(Madsen, Cotter, & Madsen, 1968; Michel, 1985). 개스턴(1968: 121)은 "음악과 그것의 영향력은 행동과학의 방법을 사용해 연구할 수 있다."고 하여 인간 행동에 영향을 미치는 음악과 음악적 환경에 대한 반응에 주목하였다.

행동과학의 기반 위에 시작된 초창기 음악치료 이론으로는 먼저 개스턴 (1968)의 '관련적 음악치료(Referential Music Therapy)', 즉 임상현장에서 음악치료가 시행될 때 음악치료 집단에서 경험하는 과정을 음악 외적인 것과 연관시켜 치료의 목적을 달성하는 음악치료를 들 수 있다. 그리고 시어즈(Sears, 1968)의 '경험적 음악치료(Experimental Music Therapy)', 즉 치료 활동 중에 가지는 경험에 치료 목표가 직접 연결되는 음악치료를 들 수 있다. 물론 관련적 음악치료와 경험적 음악치료가 상반된 개념이거나 치료 형태의 극단적인 입장임을 이야기하려는 것은 아니다. 다음에서는 개스턴의 관련적 음악치료와 시어즈의 경험적 음악치료를 신체생리적 · 심리적 · 사회적 관점에서 조명해 보고, 행동적 음악치료, 심리분석적 음악치료, 그리고 그 외 관련 이론 등을 살펴본다.

## 1) 개스턴의 관련적 음악치료

관련적 음악치료 이론을 소개한 사람은 개스턴이다. 사회적인 관점에서 그는 음악을 통한 치료사-클라이언트 그리고 클라이언트-클라이언트 간의 교류를 통해 관계를 확립하거나 재확립할 것을 강조하였다. 사람 간의 관계는 참으로 중요하다. 굳이 인간은 사회적인 동물이라는 정의를 내리지 않더라도 인간은 태어나면서부터 인간관계를 맺으며 인생을 시작한다. 어머니와 자식의 관계에서 점차 가족, 친구, 나아가 사회적 관계를 맺으며 살아간다. 특히, 가장 기본이 되는 개인 간의 관계는 인격 형성이나 행동 발달에 큰 영향을 미친다. 인류 역사를 통해 인간의 발달과 문명의 근원은 가까운 인간관계를 형성하고자 하는 자연적인 인간 본능에서 시작되었음을 알 수 있다.

음악치료는 특별히 집단치료의 형태로 주로 시행되고 있다. 이것은 바로 음악치료가 집단활동을 통해 자연스럽게 치료사와 다른 동료 클라이언트와 관계를 형성하면서, 집단의 한 구성원으로서 자신의 존재와 음악 활동을 통해 이루어지는 다른 사람 간의 관계 형성에 대한 구체적인 교훈을 얻게 되기 때문이다. 특별히 음악의 힘은 개인보다는 집단에서 극대화된다. 이는 집단 속에서 개인의 역할과 상호 역동력이 필수적으로 강화되기 때문이다.

개인을 집단 속에서 다른 사람과 바람직한 관계가 형성되도록 하기 위해서 기본적으로 음악치료집단은 어떠한 상태의 클라이언트라도 참여할 수 있는 안전한 환경이 되어야 한다. 특별히 음악은 안전한 환경을 제공할 수 있다는 특성을 지니는데, 이는 음악이 언어를 사용하지 않는 '비언어적 교류(non-verbal communication)' 수단이기 때문이다. 이러한 비언어적 교류의 특성 중 의미의 모호함(ambiguity)은 음악을 통해 감정을 표출하는 클라이언트의 자유로움을 허용한다. 다시 말해, 음악을 통한 표현은 그 내용에 대해 다른 사람에게서 직접적인 판단을 받지 않으면서도 자신의 감정이 솔직하게 표출되는 안전한 환경인 것이다. 이 특성 때문에 음악은 언어를 이해하지 못하는 지적장애를 가진 아동이나 언어를 갖지 않은 자폐아, 언어를 거부하거나 다른 언어를 갖는 클라이언트 등 여러 증세에 효과적이다. 또한 정신병동에서는 클라이언트의 마음속 깊은 감정을 자신의 언어로 쉽게 표현할 수 있도록 하기도 한다. 이것은 클라이언트의 감정 표현을 도와 내부의 막힌 에너지를 외부 세계로 분출하게 하기 때문이다. 더불어 치료사에게는 이러한 감정 표현 이면에 수반되는 표현방법과 정도 그리고 내용에 따라 클라이언트가 나타내는 여러 형태의 필요를 치료의 범위에 포함시킬 수 있도록 돕는다. 이것은 약물중독자

재활원이나 비행청소년 교화소 등에서도 공통적으로 적용하고 있는 원리다. 음악치료가 안전한 환경이라는 말은 물리적인 관점만이 아니라 심리적인 관점에서도 클라이언트에게 안전한 환경이 보장되어야 함을 의미한다.

클라이언트는 사회적으로 충분히 용납되는 환경 속에서 자신을 받아들이기를 바란다. 음악 활동에 참여를 권할 때 어떤 사람은 음악 활동에 익숙하여 선뜻 참여하지만, 어떤 사람은 음악 활동을 해 본 일이 없다며 집단에 참여하는 것을 꺼리기도 한다. 이럴 때 음악치료사는 음악집단에 참여하는 데는 특별한 음악적 훈련이 요구되지 않는다는 것을 설득하며, 집단활동의 내용을 설명해 주어야 한다. 따라서 집단활동에 사용되는 악기도 누구나 쉽게 연주할 수 있는 리듬악기를 주로 사용하며, 활동 내용도 누구나 거부 반응 없이 참여할 수 있도록 구성된다.

사회적 환경과 정신질환의 관계를 살펴보면 사회적 단절과 문제행동은 밀접한 관계가 있음을 알 수 있다. 사람과의 관계는 우리가 이루고 있는 환경의 바탕이며, 이 관계를 통해서만 서로의 경험과 기대 그리고 감정을 교류할 수 있다. 다른 사람과 교류하는 사회적 환경에서 음악은 종종 사회적인 상황을 묘사하거나 미래의 방향을 예견하는 도구의 역할을 한다. 이러한 음악의 사회적인 기능은 사회적 이상이나 공동의 목적을 인식하게 하며, 이를 위해 다른 사람과 관계를 맺거나 공유하는 감정을 소유하도록 장려한다. 상징성을 가진 음악은 과거의 인물이나 역사적인 사실과 새로운 관계를 형성하거나 재확립하게 하는 역할도 한다. 임상에서 이러한 예는 노래 가사나 주제를 가지고 함께 토의하며 바람직한 관계를 형성해 가는 것으로 사용하고 있다.

심리적인 영역에서 음악의 역할에 대해 개스턴은 자아 성찰을 통한 자아존중감(self-esteem) 증진을 강조하였다. 또한 개개인 간의 관계 형성에서 중요한 것으로 자아존중감을 강조한다. 자아존중감은 자신이 사회에 잘 적응하고 있는지를 가름할 수 있는 자신만의 척도다. 이는 자신에 대한 솔직한 모습이다. 음악치료집단 활동에 참여한 구성원은 자신의 음악적 배경이나 사회적 배경에 관계없이 동등한 활동에 참여하게 되는데, 집단활동에서 인식되는 자기 성찰의 과정과 경험을 통해 자아존중감을 높이게 된다. 달리 말해서, 이것은 자신에 대한 신뢰나 만족감의 깊이를 나타내는 것이라 할 수 있다.

　자아존중감이 결여되었다는 것은 자신의 중요성을 인식하지 못하거나 자기 성찰을 통한 수용, 자기 확신, 성취감, 자기 충족, 자기만족, 자기애 등이 결여된 것을 말한다. 실제로 이 자아존중감이 결여되었을 때는 사회적 기능으로서 인간관계가 매우 불합리하게 이루어지며, 여러 가지 행동 결핍을 가져온다. 개스턴은 음악을 즐거움과 자기만족의 원천으로 보았다. 이것은 자신의 내면적 경험을 통해 행동 변화를 가져오는 데 필수적인 정서수정 단계에 직접적으로 관여하는 것이다. 어떤 심각한 주제를 해결해야 될 때나 문제해결이 다급한 때라도 일단 음악 활동 자체는 즐거운 시간이 되지 않으면 안 된다. 이 말은 음악치료집단에서는 언제나 밝고 경쾌감을 주는 장조(major)적이고 리듬적인 음악만을 사용하라는 의미는 아니다. 음악치료집단을 진행할 때는 클라이언트가 눈물을 흘리며 우는 경우도 보게 된다. 비록 외적으로는 눈물을 흘리는 것으로 나타나지만 성공적인 음악치료에서는 이 또한 즐거움의 한 부분으로 인정할 수 있다. 이렇게 음악에 대한 인간의 심미적인 본능과 음악 활동 과정에서 일어나는 즐거움의 경험은 음악치료집단이 지니는 큰 장점이다.

　음악은 비경쟁적 성취를 허용한다. 이것은 다양한 음악적 양식(예: 돌림노래나 합창 등)을 통해 함께 음악을 만들어 가는 음악의 특성인 것이다. 음악치료사는 비록 필요한 경우라도 동기유발을 위해 다른 사람과의 비교나 경쟁 심리를 이용하는 것을 피해야 한다. 이는 자아존중감의 결여는 다른 사람과의 비교나 경쟁심에서 비롯되는 경우가 많기 때문이다. 오직 자기 성찰을 통한 자신에 대한 도전만이 진정한 동기 유발이며, 바람직한 자아상을 형성시켜 줄 수 있다. 정신과 의사나 임상심리학자 그리고 정신건강 분야에서 종사하는 전문인 모두가 음악 활동이 자신감을 길러 주는 적절한 도구로 사용될 수 있음을 한결같이 인정하고 있다.

신체생리적인 영역에서 개스턴은 음악이 에너지와 질서를 가져오는 리듬의 특유한 능력이 결합된 것이라는 사실을 강조하였다. 그는 음악 자체가 구조적이고 시간적이어서 클라이언트에게 현실성을 부여하며, 특히 리듬은 사람이 함께 모이도록 해 주는 동시에 에너지의 원천이라고 하였다. 음악 활동에는 집중력과 지속력이 요구된다. 이때 리듬과 음악의 조직은 집중력과 지속력을 증진하도록 도와준다.

## 2) 시어즈의 경험적 음악치료

음악치료의 치료적 목적은 클라이언트가 음악 활동의 경험을 가지면서 이루어지는 경우가 많다. 시어즈는 경험의 과정으로서 음악치료를 이야기하였는데, 이는 사람의 신체생리와 관련된 음악이라는 구조 속의 경험을 말한다. 무엇보다 시어즈는 음악이 시간에 입각한 행동을 요구한다고 하였다. 사실 우리의 인지나 느낌도 시간의 흐름에 존재하고 있는 것이다. 이러한 시간에 입각한 음악의 특성은 클라이언트의 현실감각을 깨우며, '지금-여기(here and now)'에 적합한 행동을 요구한다.

음악은 능력에 따른 행동을 허용한다. 음악 활동에 참여하는 사람은 자신의 능력만큼 음악 활동을 해 나갈 수 있다. 중증의 장애인이라도 자신의 능력만큼 음악의 한 부분을 맡아 참여할 수 있는 것이다. 치료사나 다른 사람이 함께 참여하는 음악적 부분이 함께 어루러져 훌륭한 음악적 작품이 만들어질 수 있으며, 이런 경우 대개 자신의 역할의 중요성과는 상관없이 '자신의 음악'으로 받아들여 만족을 느끼게 된다.

음악은 또한 정서적인 행동을 불러일으킨다. 정서적인 경험에서 음악의 영향력은 자극물로서 음악 요소에 의한 신체적인 반응, 예를 들어 맥박이나 호흡 수를 빠르게 한다거나 하는 자극적 또는 침체적인 음악 요소의 특성과 관련이 있다. 또한 특정한 음악에 특정한 연상을 불러오도록 하는 학습된 기능으로서 음악의 역할이 있다. 음악이 림빅시스템 내의 대뇌보상작용으로 동기를 유발하고 사람의 정서적인 행동에 관여하고 있음은 앞서 소개하였다.

음악은 감각과 관련된 행동을 이끌어 낸다. 음악은 청각 자극에 국한되지 않고 다른 감각과 통합되어 사용되는데, 예를 들어 악보를 읽는 시각, 진동을 경험하는 촉각, 음악에 따라 움직이는 신경근육 운동까지 통합된 경험을 갖도록 한다. 이러한 경험은 음악이라는 자극물에 의한 음악의 구조 속의 경험인 것이다.

심리적인 면에서 시어즈는 자신을 조직하는 경험을 강조하였다. 음악은 자기를 표현하도록 한다. 슬픈 감정이나 기쁜 감정, 심지어 언어로 표현할 수 없는 미묘한 감정까지도 음악을 통해 표현하면서 자신의 감정을 확인하는 것이다. 사람은 의미 있는 표현을 추구하는데, 이는 때로 집단의 표현까지 포함한다. 앞서 소개한 정서수정은 자신의 감정을 확인하고 갈망하는 행동의 변화를 위해 필요한 감정의 변화를 불러일으키는 내용이 된다.

음악은 장애인을 위한 보상적 행동을 제공한다. 음악을 통한 보상적 행동은 중증 장애인이나 신체장애인에게 특별한 경험이 되기도 한다. 신체나 정신장애의 경우 조그마한 노력이나 부분적인 참여만으로도 좋은 음악적 결과를 가질 수 있도록 하는 것은 이들의 행동에 대한 강화를 의미하는 것이다. 이것은 특별히 신체장애인의 운동기능 향상을 위해 다양한 방법으로 적용하고 있기도 하다.

음악은 사회적으로 허용되는 상과 그렇지 않은 행동을 위한 기회를 제공한다. 음악 활동의 현장은 마치 사회의 한 단면과도 같다. 다른 사람과 함께하는 활동은 자신의 어떤 행동이 집단의 다른 사람이 받아들이고 강화를 받고 있는지를 배우도록 한다. 특히, 음악은 활동에 대한 수정을 대개 요구하므로 비평이 있더라도 음악에 대한 비평이며, 음악 활동의 수정을 가져오도록 하는 것이지 사람을 비평하거나 근본적인 인격을 지적하지 않기 때문에 클라이언트를 보호한다.

음악은 자신의 자랑을 증대시켜 자기 가치를 높인다. 음악 활동을 통한 보상적인 결과는 멋진 연주, 작품 등으로 나타난다. 이 연주나 활동, 작품 속에 함께한 자신의 역할은 자신의 가치를 높이는 자긍심의 향상으로 이어진다. 그래서 성공적인 활동의 경험은 음악치료 과정에서 중요한 내용이다.

사회적인 영역에서 시어즈가 말하는 경험적 음악치료는 집단의 일원인 개체로서 다른 사람과 관련된 경험인 것이다. 음악은 사회적으로 허용하는 자기표현의 방법을 제공한다. 음악은 넓은 영역의 감정을 표출하게 하며, 이러한 감정은 시간을 가지면서 구체화된다. 자신의 감정을 다른 사람이 어떻게 받아들이고 또 다른 사람의 감정 표출을 어떻게 받아들이는가의 경험은 우리의 사회생활에서 중요한 내용이다.

음악은 집단에서 개인적 반응의 선택 기회를 제공한다. 사람마다 자신이 좋아하는 노래나 음악 활동이 있는데, 이것은 각 사람에게 중요한 의미를 갖는다. 음악치료활동에서는 클라이언트에게 가능한 많은 선택의 기회를 제공하도록 격려한다. 이는 늘 환경에 의존하며, 지배받게 되는 중증 신체장애인에게는 조그마한 노력으로 환경을 조절하는 기회를 제공하는 것까지 포함한다.

음악은 자신과 다른 사람에 대한 책임감을 받아들이는 기회를 제공한다. 핸드벨이나 즉흥연주 활동에서는 자신의 역할이 전체 활동에 대단히 중요하게 관여됨을 느끼게 된다. 자신의 연주 순서나 주어진 상황에서 주어진 역할을 감당하지 못하는 것은 연주가 중단되는 등의 즉각적인 경험으로 나타나게 되어 자신의 책임감을 받아들여 긍정적인 활동의 경험으로 참여하는 것을 나타낸다.

음악은 언어적 · 비언어적 사회 교류와 커뮤니케이션을 강화한다. 거의 모든 행사나 드라마에는 음악이 있다. 클라이언트는 음악이 있을 때 더 자유롭게 이야기하며 치료사와의 치료적인 관계 형성에 긍정적인 도움을 받기도 한다. 이것은 단순한 배경음악에서 적극적인 감정 표출을 허용하는 음악 교류 등 다양한 상황에 나타난다.

음악은 사회적으로 허용되는 형태 속에서 협동과 경쟁의 경험을 제공하기도 한다. 일반적으로 경쟁은 자신의 승리를 위해 다른 사람을 희생시키는 것으로 인식되고 있지만, 음악에서 경쟁은 다양한 방향의 활동을 통해 전체적인 음악을 완성하는 형태로 나타난다. 즉, 돌림노래나 캐논 같은 음악의 양식은 모두 협동하는 경쟁의 경험을 가져온다. 이것은 음악을 통해 집단 응집력을 높이고, 협동하는 기술을 가르치는 원리다.

음악은 치료적 환경에 필요한 일반적인 즐거움과 오락을 제공한다. 음악의 강점은 무엇보다 즐거움을 가져다주는 데 있다. 즐거움은 자신은 물론 타인과의 관계 형성에서 긍정적인 결과를 위한 근본이 된다.

음악은 기관과 지역사회에서 허용하는 현실적인 사회적 기술과 개인적 행동패턴을 학습하도록 한다. 음악은 사회의 방향과 이념을 가르치는 도구로 사용되며, 사람을 하나로 뭉치게 만든다. 다른 사람과 함께 일하는 과정에서 노래가 발생하였다고 음악의 기원을 주장하는 입장은 집단을 결성하고 타인과의 관계를 확고히 하는 음악의 기능적 역할을 이해하게 한다.

시어즈의 경험적 음악치료를 간단하게 정리하면, 음악치료의 과정 자체가 치료의 목적과 직접 관련되거나 치료의 과정이 다른 것과 연관이 되어 치료의 목적을 달성하게 된다는 것이다. 대개 이 두 가지는 다양한 음악치료 방법에서 한쪽의 입장이 강조되거나 때로는 동시에 적용되면서 설정된 치료의 목적을 달성한다.

## 3) 행동적 음악치료

행동적 치료(behavioral therapy)라고도 부르는 초창기 음악치료인 행동치료는 행동과학의 개념에서 치료적 절차를 수행한다. 이는 일반적으로 행동을 생성·수정·유지하는 조건에 관심을 가진다. 이러한 조건을 통제하는 구체적인 방법 중 하나로 행동수정 방법이 있다. 이것은 학습 이론을 기반으로 치료를 위한 환경을 조절한다. 따라서 치료란 부적응적인 행동을 적응적 행동으로 재학습시키려는 목적이었다(Wheeler, 1981).

행동적 음악치료의 주요 목적은 사회적으로 중요하거나 의미 있는 행동을 뜻하며, 이러한 목적의 성취는 클라이언트에게 학교나 기관에서 보다 많은 유익을 가져올 것임을 확신하는 것이다. 이 목적 달성을 위한 구체적인 목표는 객관적이며, 측정할 수 있는 용어로 기록되는 것을 강조한다. 행동치료를 하는 치료사는 자신의 치료 효과를 직접적으로 입증해 보일 수 있는 데이터를 중요하게 생각한다. 여기서 데이터는 측정할 수 있고, 관찰할 수 있는 양적인 형태의 데이터를 의미한다.

또한 목적의 성취는 클라이언트에게 현실적으로 가능하다는 확신이 있어야 한다. 따라서 목적을 달성하기 위한 '수준'이 중요하다. 전혀 말을 할 줄 모르는 아동과 약간의 언어 능력을 가진 아동의 '언어 능력 향상' 수준은 다르다. 이러한 목적 성취를 이루어 가는 과정은 클라이언트가 부적절한 행동을 억누르는 것이 아니라 적절한 행동을 발달시키도록 돕는 데 있다.

치료적 중재는 실제적인 클라이언트의 반응(치료 목표)에 맞춘다. 즉, 종말기 클라이언트가 '노래 만들기(song writing, 함께 노래를 만들어 가는 활동)'를 사용하여 가족과 대화하는 상황은 단순히 어떻게 하는 것이 좋은 의사 교류인지를 아는 것이나 치료사가 그러한 내용을 제안하는 것과는 다르다. 치료에서는 대화를 사용하지만 이것은 행동의 상황에 대한 것에 초점을 맞춘다.

또한 치료적 중재는 체계적이어야 하며 단계적으로 시행되어야 한다. 몇 가지 예를 들면, 악기를 사용하거나 즉흥연주에서 구어 사용을 증가시키거나 자기표현을 증가시킬 때 장기·단기 과정을 통해 이끌어 나가도록 한다. 종말기 클라이언트의 고통 경감을 위해 음악 감상, 노래 부르기, 작곡, 연주 등의 방법을 체계적으로 사용한다. 아동의 자기 조절 능력을 향상시키려 할 때는 자기 조절에 따른 지연된 만족을 제공한다. 화상을 입은 클라이언트의 불안과 고통을 경감시키려 할 때는 음악과 함께하는 긴장 이완 훈련을 가진다.

행동적 음악치료는 효과와 효율을 높이기 위해 사용하는데, 이를 위해서는 다음의 사항을 살펴야 한다.

- 치료와 행동반응 간의 기능적 관련성을 확인한다.
- 지속적이면서도 정확한 관찰을 통해 클라이언트의 행동을 관찰한다.
- 관련성이나 과정을 최대한 단순화한다. 만일 세션에서 클라이언트의 행동에 갈망하는 변화가 없을 경우 치료사는 치료를 바꾸어야 한다.

행동적 음악치료사는 우선 행동을 '관찰'하고, 이 관찰을 기록하여 다른 치료 전문인과 교류한다. 초기 관찰에서는 특별히 각각의 행동에 주목(pinpoint)하고, 다음 단계에서는 클라이언트에게 가장 시급하거나 중요한 행동을 우선 서열화한다. 그다음은 장기 · 단기 목표로 표적 행동을 결정한다. 그리고 치료적 중재에 대한 클라이언트의 반응을 평가하여 다음 치료의 적용을 결정한다.

행동적 음악치료에서는 전형적으로 모든 세션을 사전에 계획(이를 '치료적용계획서'라 부른다)하고 치료사는 치료에 동참하며, 클라이언트와 교류한다. 활동은 다양하게 적용하는데, 성공적인 활동을 가져오도록 구성하는 것을 강조한다. 클라이언트가 의미 있는 음악 경험을 가지기 위해서는 음악적이어야 하고, 흥미가 있어야 하며, 의미를 확인할 수 있어야 한다. 이때 치료사는 개인의 강점이 음악을 통해 드러나고 필요와 의견, 선호를 표현할 수 있는 기회를 제공한다.

행동치료는 지금까지 여러 형태로 발전해 왔다. 스탠들리, 존슨, 롭, 브로넬과 킴(Standley, Johnson, Robb, Brownell, & Kim, 2004)은 현대 행동치료의 접근을 다음의 세 가지로 요약하였다.

- 응용행동분석(applied behavior analysis)으로 행동은 그것의 결과에 따른

기능이다. 그래서 치료적 중재는 드러난 행동과 그 결과의 관계를 변화시키는 것을 강조한다.

- 반응을 가져오도록 하는 자극으로서의 중재다. 치료적 목적을 위해 들려주거나 연주하는 음악 요소나 연상을 통해 행동 변화를 가져오고 유지할 수 있도록 정서수정의 단계를 거치는 것이다.
- 사회학습 발달이론에서 온 것으로, 환경과 상호 교류에 개입하면서 스스로 선택하는 행동 변화의 방향을 이끌어 내도록 한다.

사실, 오늘날 모든 주요 심리치료가 인지 · 감정 · 행동의 영역을 포함하는 까닭에 오늘날 행동적 치료 역시 행동은 물론 인지와 정서에 주목하면서 다양한 기법으로 확장되었다. 음악치료 문헌에 소개된 관련 치료 이론에 엘리스 (Albert Ellis)의 합리적 · 정서적 치료(Rational Emotive Therapy)가 있다. 음악과 연관된 개인의 관계는 이것이 합리적이든 비합리적이든 개인의 가치나 태도, 신념을 보여 준다. 따라서 치료사는 클라이언트의 왜곡되고 비합리적인 신념을 검토 · 분류 · 고찰 · 숙고 · 논박하는 데 클라이언트를 지원하는 것으로 음악을 사용할 수 있다(Bryant, 1987).

긍정적 강화를 제공하는 방법으로 우선 켈리(Kelly, 1973)는 하이더(Heider)의 귀인이론(Attribution Theory)에서 행동에 영향을 미치는 네 가지 원인적 요소를 능력, 노력, 과제의 난이도, 행운으로 구분하였다. 그리고 클라이언트의 능력이나 노력 같은 내적 통제 영역에 기여하는 말에는 치료사가 긍정적 강화를 제공하고, 과제의 난이도나 행운 같은 외적 통제 영역에 기여하는 말에는 강화를 하지 않음으로써 개인이 환경을 이해하도록 도와주는 것이다. 한편, 오늘날 음악치료에서 행동치료는 일반적으로 인지행동치료의 형태로 클라이언트의 잘못된 지각을 수정하고 중요한 삶의 사건을 해석하는 것으로 행한다 (Corsini & Wedding, 2005).

## 4) 정신역동적 음악치료

정신역동적 혹은 심리분석적 접근은 초기 유럽의 음악치료사에게 익숙한 것으로서 미국 동부를 중심으로 발달하였다. 전통적인 정신역동적 치료의 목적은 클라이언트가 스스로를 '발견'하도록 하는 것이다(Wigram et al., 2002). 여기서 치료란 일반적으로 무의식적 요소를 의식으로 불러오는 것으로 구성된다. 무의식적 요소를 의식으로 불러오는 방법으로는 음악적 경험을 통해 클라이언트와 치료사의 관계를 형성하는 것이다. 이러한 관계에서 형성된 전이를 처리하는 것이 정신역동적 치료의 중요한 과정이다.

분석적 음악치료를 이끈 프리스틀리(Priestley, 1975: 32)는 "분석적 음악치료는 소리 표현이란 방법을 통해 분석적 음악치료사와 함께 무의식 세계를 탐구하는 방법"이라고 정의하였다. 쉐비(Scheiby, 2005: 4)는 분석적 음악치료를 "치료상의 변화를 용이하게 하기 위한 중재 수단으로서 즉흥적 음악이나 기존의 음악을 사용한다. 클라이언트와 음악치료사 간의 음악적 경험과 관계는 치료 과정에서 매우 중요한 요인이다. 신체적 · 정신적 · 영적 문제는 음악 창작이나 음악 청취를 통하여 접근 가능할 뿐만 아니라 이 문제가 해결될 수도 있다. 이 과정에서 얻은 통찰력을 인도 · 해석 · 강화 · 확인 · 통합하기 위하여 언어적 대화가 음악적 경험에 수반될 수도 있다."고 하였다.

정신역동적 음악치료에서 음악의 역할은 자유연상기법처럼 음악에서 무조형태의 자유즉흥을 사용한다. 이것은 소리 자체가 많은 의미를 가지고 나타남을 전제로 하기 때문에 음악은 다리의 역할로써 두 사람이 만나는 장소가 되며, 클라이언트는 경험과 감정을 표현하고 치료사와 감정을 공유하게 된다.

특별히 음악은 클라이언트에게 많은 이야기를 해 주고, 그것을 전달하게 한다. 음악은 말로 설명할 수 없는 복잡하고 깊은 내용을 이야기로 나타내어 주며, 사람 간의 감정적이고 관계적인 상황을 말해 준다. 클라이언트가 다른 사람과 잘 나누지 않는 내면의 이야기나 과거와 현재의 경험을 치료사에게 나타내 준다.

## 5) 그 외의 관련 이론

실존적·인본적(existential/humanistic) 접근에서 사람의 경험은 개인마다 독특하며 모든 사람은 성장을 향해 이끄는 힘이 내면에 있다는 믿음을 가진다. 치료사는 느낌이나 지각을 공유하며 클라이언트의 지각적 세계에 들어가는 것으로 이러한 성장을 야기한다. 치료 과정에서 클라이언트에게 더 큰 영향력과 결정권을 허용하면서 치료사는 클라이언트가 탐구하기를 바라는 것이 무엇이든 클라이언트를 존중하고 허용한다. 이러한 접근과 관련된 주요 이론가로는 빈스웬저(Ludwig Binswanger), 로저스(Carl Rogers), 매슬로(Abraham Maslow) 그리고 액슬린(Virginia Axline)이 있다(Bruscia, 1987).

브루샤(Bruscia, 1987)는 즉흥적 음악치료에서 가장 널리 지지받는 이론으로 정신역동적, 실존적·인본적 이론과 함께 게슈탈트 이론을 들고 있다. 펄스(Fritz Perls)와 진커(Joseph Zinker)가 주요 이론가인 게슈탈트 심리치료는 지금-여기에서의 감정 체험과 지각 그리고 현재-경험-자각-현실을 강조한다. 치료과정에서 클라이언트는 자신의 내면에 존재하는 대립의 요소를 관찰하고 이해하며, 이것을 조화시킴으로써 문제의 해결방안을 찾는다.

오랜 세월에 걸쳐 '음악과 의학'이란 주제는 사람들의 관심 영역이었다. 특히 최근 과학기술의 발달과 의료에서 적극적인 건강의 개념은 이에 대한 연구를 더욱 활성화하였다. 신경학적 음악치료(neurologic music therapy)는 과학적 모델에서 발달하였다. 이 접근은 사람의 신경시스템의 질병 때문에 인지·감각·운동 장애에 치료적 음악을 사용하는 것이다. 치료 기법은 비음악적 대뇌와 행동기능에 영향을 주는 음악 지각 및 생성에서 과학적 지식에 기초하고 있다. 따라서 여기서 치료 기법은 치료적 음악 경험으로 클라이언트의 필요, 음악적 창의성 그리고 기능적인 적용을 표준화한 점이 독특하다 할 수 있다

(Thaut, 1999).

또 다른 이론적 토대를 마련한 것은 생체의학적 음악치료(biomedical music therapy)다. 이 이론은 많은 부분에서 음악적 행동의 생물학적 모델에 기초한 대뇌 기능에 주목하고 있다(Taylor, 2004). 특별히 적극적인 건강 개념에서 삶의 질을 높이고 지속적으로 건강을 유지하려는 다양한 음악치료 적용을 '웰니스 음악치료(wellness music therapy)' 라고 부른다(Ghetti, Hama, & Woolrich, 2004).

이러한 전통적인 심리치료 이론 외에도 음악치료와 관련한 접근으로는 감각통합치료(James, 1984), 음악적 사이코드라마(Moreno, 1980) 그리고 비록 널리 알려지지는 않았지만 물리학의 양자 이론(Quantum Theory)을 치료에 적용시킨 이글(Eagle, 1991)의 양자치료 이론이 있다. 양자치료 이론에서 이글은 클라이언트를 균형 있고 조화로운 의미의 인식 상태로 인도하는 것과 생산품이나 과정이 되기 위한 가능성과 잠재성의 상태로 임상적 전체를 볼 것을 강조하였다. 이렇게 전체를 구성하는 각 부분 상호 간의 역할과 교류를 강조하는 이론은 버탈란피(Bertalanffy, 1968)의 시스템 이론과 함께 전체론적 치료(Holistic Therapy)의 개념을 발달시켜 왔다(Amir, 1996; Kenny 1985). 이 외에도 일부 음악치료사는 글래서(William Glasser)의 현실치료(Reality Therapy), 번(Eric Berne)의 교류분석(Transactional Analysis) 등의 원리를 음악치료에 접목시켰다.

이러한 다양한 이론적 접근은 여러 음악치료 모델과 기법을 발달시켰다. 매란토(Maranto, 1984)는 미국 내에서만도 무려 100개 이상의 음악치료 모델이 있다고 보고하였다. 사실 많은 문헌에서는 이론적 접근과 모델을 혼용하여 사용하고 있다. 이러한 이유 중의 하나를 브루샤(1998)는 음악치료의 모델이 각 분야 간에 명백한 경계를 가지지 못하기 때문이라고 하였다. 예를 들어, 음악치료사는 GIM을 심리분석적으로 시행할 수도 있고, 인지행동적으로나 원래의 인본주의적인 입장에서 시행할 수도 있기 때문이다. 이것은 노도프-로빈스(Nordoff-Robbins) 치료의 경우도 마찬가지다.

브루샤(1998)는 이론을 단일 발견이나 구성이 아니라 서로 논리적으로 연관된 한 세트의 원리라 하였다. 즉, 이론을 전반적이고 이해되는 방법으로 특정 분야를 설명하고 체계화하기 위해, 해당 분야 내에서 관련된 사실이나 경험적인 자료 그리고 현상을 설명하고 이해하기 위해, 미래의 이론이나 연구와 임상 실행에서 결정을 내리기 위한 개념적 틀을 제공하기 위해 이론가가 내부적으로 창안한 원리 혹은 구성의 한 세트라고 정의하였다. 이에 비해 치료 모델은 특정한 집단 사람들의 필요를 충족시키기 위해 설계된 구체적인 임상 세팅을 말한다(Bruscia, 1987).

대부분의 음악치료사(Bruscia, 1987; Scovel, 1990; Wheeler, 1981)는 클라이언트의 필요에 따라 선택적으로 적용하는 종합적 모델을 따르는 것을 받아들이지만, 어떤 음악치료사(Maultsby, 1968; Wigram et al., 2002)는 종합적 모델의 치료사가 되는 것은 불가능한 일이라고 하였다. 왜냐하면 개인의 성향과 치료철학에 따라 치료적 방법을 발달시키는 것은 쉽지 않기 때문에 하루는 행동적 치료사가 되고 다음 날은 심리분석적 치료사가 될 수 없다는 것이다.

---

다양한 음악치료 이론적 오리엔테이션을 가진 치료사들에 대한 반응을 조사하였다. 미국보드전문음악치료사 3,238명을 대상으로 500명을 무선표집하여 설문지를 발송한 후 그중 회신한 289명의 자료를 분석한 결과, 미국의 음악치료사가 교육받은 학교의 이론적인 배경은 대부분이 인지행동적 접근(59%)이었고 인본주의적(15%), 정신역동적(6%), 의료적(5%), 다른 접근(4%), 그리고 특정한 접근양식을 가지지 않은 사람(11%)이었다. 한편, 주로 접근하는 양식에 대한 개인적인 반응은 인지행동적(46%), 인본주의적(21%), 의료적(16%), 분석적(7%), 다른 접근(6%)으로 나타났다. 임상 영역을 질문한 반응에서 교육적 치료를 한다는 음악치료사가 전체의 49%, 다음으로는 심리치료적(22%), 오락적(12%), 의료적(8%), 치유적(4%), 교육적(3%), 생태적(2%)으로 조사되었다.

다양한 이론적 오리엔테이션 간에 그들이 지각한 가치나 중요성, 음악을 사용하는 비중이나 근무의 만족도, 이론적 접근을 더 확장시키려는 여부에서는 유의한 차이가 없었다.

---

출처: 최병철(2008).

# 3. 치료적 음악 경험

앞서 음악치료는 치료적 중재로 음악을 사용하는 것이라 정의하였다. 여기서 음악은 음악 경험을 뜻하는데, 구체적으로는 '음악치료에서 클라이언트가 가지는 의미 있는 음악적 경험' 을 의미한다. 음악에는 다음과 같은 네 가지 뚜렷한 경험의 종류가 있다. 즉, 즉흥, 재창조(또는 연주), 작곡 그리고 감상이다. 이 음악 경험의 종류는 각기 고유한 특성이 있고, 각각은 고유한 참여과정으로 정의되고, 서로 다른 지각적·인지적 기술을 요구하고, 서로 다른 감정을 유발하며, 서로 다른 대인 과정에 관여한다. 이 때문에 각 음악 경험의 유형은 고유한 치료적 잠재성과 적용을 갖는다.

음악 경험의 종류를 살펴보기 전에 메소드, 절차, 테크닉, 모델 같은 용어를 명확히 이해하는 것이 도움이 될 것이다(Bruscia,1998).

- 메소드(method): 사정, 치료와 평가에 사용되는 특정한 종류의 음악 경험을 말한다. 여기에서의 음악 경험은 바로 즉흥, 재창조, 작곡 그리고 감상의 네 종류를 말한다.
- 절차(procedure): 치료사가 전체적 음악과정을 통해 클라이언트를 끌어들이는 데 사용하는 일련의 활동과 교류가 조직된 것이다.
- 테크닉(techniques): 치료사가 클라이언트의 즉각적 반응을 이끌어 내거나 클라이언트의 지속적이며 즉각적인 경험을 형성하는 데 사용하는 단일 시행이나 교류가 된다.
- 모델(model): 이론적인 원리, 임상적 지시와 대응 지시, 목적, 방법적 지침과 사양, 특정한 절차 순서와 테크닉의 특징적 사용을 포함하는 사정, 치료, 평가를 위한 종합적인 접근을 말한다.

모델은 메소드보다 훨씬 더 포괄적인 점에 주목할 수 있다. 대개는 특정한 클라이언트 집단에 메소드를 어떻게 사용하는지에 대한 구체적 사양(specification)이다. 다음에서는 음악치료사가 클라이언트의 필요를 충족시키기 위해 형성해 가는 각각의 경험을 설명하고, 아울러 이러한 음악 경험의 종류 속에 소개된 음악치료의 주요 모델을 함께 살펴본다.

## 1) 재창조 연주 경험

이것은 가장 일반적으로 행하는 음악 활동을 말하며, 피아노나 기타 등의 악기를 배우고 가르치는 활동과 핸드벨이나 그 외 집단의 악기연주 활동을 포함한다. 또한 함께 노래 부르는 시간이나 합창 또는 합주 시간도 포함한다. 앞서 언급한 바와 같이, 음악치료사가 악기를 가르치거나 합주집단을 인도하지만, 그것이 일반 음악 활동과 다른 점은 음악 활동이라는 도구를 통해 치료사가 목표로 하는 것이 음악 외적인 행동의 변화라는 점이다.

재창조 경험의 주요 대상은 특정 기술과 역할 행동을 개발하기 위해 구조가 필요한 클라이언트다. 또한 자신의 정체성을 이해하는 한편 타인의 생각과 감정을 이해하고 적응하려는 클라이언트뿐만 아니라 공동 목표를 위해 협력하는 자세가 필요한 클라이언트도 해당된다. 재창조의 다양한 형태를 살펴보면 다음과 같다.

- 기악 재창조: 클라이언트는 지정된 방식으로 악기 사용, 악보를 보면서 연주, 미리 작곡된 악곡 연주, 기악 앙상블, 개인 레슨, 모방하여 악기 연주, 연주의 녹음 등의 경험을 한다. 여기서 본질적인 임무는 악기를 사용하여 조직적으로 또는 미리 작곡된 음악의 내용을 재현하는 경험을 하는 것이다.
- 발성적 재창조: 클라이언트는 지정한 방식으로 발성 연습, 시창, 노래 부르

기, 성가, 합창, 발성 레슨, 멜로디 발성 모방, 녹음 노래 립싱크 등의 경험을 한다. 여기서 핵심은 구조적인 음악적 소재나 미리 작곡된 노래를 목소리로 재현하는 것이다.

- **음악적 재생**: 클라이언트는 경연대회, 뮤지컬, 연극이나 드라마, 리사이클 또는 기타 청중이 있는 음악 연주에 참여한다. 여기서 주 관건은 청중 앞에서 연주하는 것이며, 관련된 모든 준비를 포함한다.
- **음악 게임과 활동**: 클라이언트는 뮤지컬 게임(예: 곡조 말하기, 뮤지컬 몸짓놀이, 음악 의자 등) 또는 음악으로 구성된 활동에 참여한다.
- **지휘**: 클라이언트는 악보나 기타 기본법이 지시하는 대로 연주자에게 몸 동작을 사용한 큐를 제시함으로써 생음악 공연을 지휘한다.

재창조 연주 경험 방법의 기본적 치료 목적은 다음과 같다.

- 감각운동 기술의 발달
- 적응적이고 시간에 정연된 행동의 촉진
- 주의력과 현실감각의 개선
- 기억 기술의 발달
- 타인과의 일체감과 감정 이입 촉진
- 아이디어와 감정을 해석하고 전달하는 기술의 발달
- 각종 대인 교류 상황에서 구체적인 역할 행동의 학습
- 상호 교류적인 집단 기술의 개선

## 2) 즉흥적 경험

실제 음악 활동에서 가장 널리 사용되고 또한 다양한 형태로 응용되는 방법 중 하나로 즉흥연주 방법이 있다. 즉흥연주의 효과는 클라이언트 개개인의 감

정적 경험을 즉각적으로 표현하도록 도우며, 이러한 감정 표현 과정을 통해 클라이언트가 감각의 세련화, 현실에의 적응, 창조력, 질서와 협동심 등을 받아들이게 한다. 또한 자기표현을 통해 자신과 환경에 대한 평가를 하게 하며, 비언어적 교류를 통해 타인과 커뮤니케이션을 하게 한다. 이러한 음악 행위에 수반되는 책임과 질서의 요청은 상호 교류나 대인 관계를 원활하게 해 주고, 사회 복귀를 위한 유용한 행동학습으로 이어진다.

즉흥연주라는 말은 상당히 넓은 의미로 사용되는데, 대개 즉흥적인 연주 또는 소리나 음악의 형태를 창출하는 음악적인 활동이 진단평가, 치료평가의 방법으로 사용되는 경우를 의미한다. 대개의 연주는 음악가가 자신의 음악적 기술을 사용하여 다른 사람의 작품에 맞춰 자신을 표현하는 경우가 많지만 클라이언트는 자신의 기술을 다른 사람의 작품에 넣어 표현하지 못한다. 음악치료를 받기 위해 클라이언트의 사전 음악 경험을 요구하지 않는다는 측면에서 즉흥연주는 필요하다. 이것은 모든 클라이언트를 대상으로 한다.

- 즉흥연주를 하는 이유: 사람에게는 자신의 상황 속에서 일어나는 모든 것이 의미 있는 작업이다. 즉흥연주의 상황은 음악적 환경으로 주어진다. 이 상황에서 내가 무엇을 어떻게 한다는 자체가 곧 내가 어떤 삶을 창조해 가는가를 의미한다. 건강한 삶이란 내게 주어진 삶을 완전히 받아들이고 창조해 가는 과정이라 할 수 있다. 즉흥연주의 이면에 숨어 있는 중요성은 주어진 상황 속에서 가장 완전한 경험을 하는 것이다.

만일 연주하는 어떤 악기의 일차적인 강점이 멜로디라면 치료사는 클라이언트에게 멜로디를 통해 리더십이 나오도록 한다. 하지만 이 리더십의 개념은 무엇이 '맞거나 틀린' 개념은 아니다. 주어진 악기와 관계 속에서 상호 완전한 경험을 맛볼 수 있도록 하는 것이다. 치료사는 클라이언트에게 상황을 만들어 주므로 다른 각도에서 클라이언트가 자신의 역할을 발견하고, 주어진 상황에서 완전한 경험을 할 수 있도록 한다. 그러면서 두 사람 모두 성장할 수 있다.

• 즉흥연주의 의미: 우리는 즉흥연주를 할 때 자기 마음대로 소리를 낼 수 있다. 그러나 주어진 환경이 있다. 주어진 환경은 바로 악기인데 악기의 크기, 높이, 모양, 소리 등이며, 이렇게 제한된 조건 속에서 내가 낼 수 있는 모든 가능성을 시도해 보는 것이다.

클라이언트는 주어진 제한 속에서 연주를 해야 하며, 주어진 조건 안에서 많은 가능성을 발견하고 창조하게 된다. 어떤 경우에는 구조를 가질 수 있지만 그 속에 자유가 함께 존재한다. 즉흥연주의 과정이란 그 제한 속에서 모든 가능성을 발견하는, 아주 힘든 과정이라 할 수 있다.

즉흥연주에서는 자신에게 주어진 과제를 그 시간에 해결해야만 하는 특성이 있다. 즉, 즉흥연주는 그 순간에 그 문제를 해결해야만 하는 것이다. 유일한 법칙은 그 순간에 적용되는 법칙이다. 즉흥연주를 마쳤다는 것은 지났다는 것이고, 다시 돌릴 수 없고 고칠 수도 없다. 어쨌든 자신의 일이었고, 그에 대해 유감이 있다 한들 어쩔 수 없는 것이 우리의 인생과 비슷하다.

즉흥연주는 다양한 형태로 임상 현장에서 시행되고 있으나 대개 창조적, 분석적 및 실험적 음악치료와 임상적 오르프-슐베르크 즉흥연주 모델 등 네 가지 종류의 모델로 구분해 볼 수 있다.

## (1) 창조적 음악치료

창조적 음악치료(creative music therapy: Nordoff-Robbins model)는 여러 명의 치료사가 한 팀이 되어 진행한다. 한 사람은 피아노에서 클라이언트와 치료적 음악 경험을 하고, 다른 치료사는 클라이언트를 도와 즉흥연주와 피아노에서 유도하는 치료사에 반응하도록 도와준다. 치료사가 연주하는 피아노 외에 클라이언트는 전형적으로 북과 심벌을 사용한다. 그 이유는 리듬은 음악을 계속 진행하도록 해 주는데, 심벌은 마치 말이나 글에서 느낌표나 마침표를 사용하듯이 사용하기 때문이다.

　주요 과정으로는 클라이언트가 음악적으로 반영하도록 하고, 성악과 기악 반응을 불러일으키고, 음악적 기술과 자유로움을 표현하도록 하고, 커뮤니케이션과 내부적 반응을 발달시키는 것이다. 즉흥연주 과정에 보이는 클라이언트의 음악성과 창의성은 치료 과정에서 중요하게 취급된다. 이에 대해 창조적 음악치료의 세 가지 주요 단계를 요약하면 다음과 같다.

- 음악적으로 아동과 만남: 클라이언트가 한 것을 수용하고 반영한다.
- 음악적 기술을 발달시킴: 특별히 표현을 발달시키는 것을 돕는다. 특정한 음악 기술을 발달시키는 것, 일정한 박자를 유지하는 것, 내 리듬과 일치하는 것, 소리의 세기를 맞추는 것 등은 일반인에게는 평범한 것 같이 보이지만 혼란된 아동에게는 결코 쉬운 일이 아니다.
- 교류를 확립: 의사교류를 형성하고 내부적 반응을 발달시킨다.

　창조적 음악치료에서는 모든 아동이 음악에 반응하는 자아가 있다는 것을 믿는다. 이것을 '음악아(music child)'라 부른다. 장애는 아동을 가두는 감옥이 되는데, 이때 그 사람의 한 부분인 음악아가 자유롭게 드러나도록 하는 것이다. 장애를 둘러서 아동이 가진 풍요에 도달하도록 돕는 것으로 바로 음악을 사용한다. 따라서 치료의 목적은 아이가 맹인이라 할 때 음악으로 눈을 뜨게 하는 것이라 믿지 않는다. 치료에서 해 줄 수 있는 것은 맹인에 대해 어떤 관련을 갖게 하는 것이다. 아동이 맹인일지라도 자신의 감정을 표현하고 드러내고 명랑하다고 할 때 그것은 아동을 자유롭게 하는 것이다.

## (2) 분석적 음악치료

　분석적 음악치료(analytical music therapy-priestley model)는 프리스틀리(Priestley, 1975: 32)가 그의 첫 저서에서 정의한 대로 "소리 표현이란 방법을 통

해 분석적 음악치료사와 함께 무의식 세계를 탐구하는 방법"이다. 프리스틀
리는 종종 악기의 무의식적인 사용과 그것을 클라이언트가 어떻게 연주하는
가는 그의 무의식적 요구, 소망, 동기를 반영한다고 믿었다. 이러한 무의식을
반영하고 의식을 일깨우는 음악의 능력, 특히 즉흥연주의 능력을 그녀는 치료
에서 활용하고 있다.

프리스틀리가 특히 '음악'이란 용어 대신 '소리 표현(sound expression)'이
란 용어를 사용한 데는 나름대로의 이유가 있다. 그녀는 음악 활용에서 소리
가 어떻게 영향력을 발휘할 수 있는지를 폭넓게 설명하고 있다. 예를 들어, 깊
은 한숨, 휘파람, 하품, 비명, 손뼉 소리, 울음소리 등도 음악적으로 의미 있는
상황에서는 음악으로 간주할 수 있다.

프리스틀리는 1980년대에 이 접근에 대해 "클라이언트의 내면세계 이해와
성숙을 위해 클라이언트와 음악치료사가 함께하는 즉흥연주의 상징적 사용
이다. 그러므로 분석적 음악치료는 단지 좋은 경험을 갖기 위한 목표가 아니
라 클라이언트 성숙의 방해물을 제거하고 그에게 가장 적합한 방식으로 그의
내면세계가 보다 효율적이 되도록 돕는 것이다."라고 정의하였다.

정리하자면, 분석적 음악치료는 클라이언트가 내면세계를 표현하는 방법
으로 단어나 상징적인 즉흥연주 음악을 사용하는 기회를 제공한다. 이는 프로
이트와 융의 이론에 입각하여 다음의 네 가지 진행 과정을 가진다.

- 감정적인 조사가 필요한 문제를 확인하고 즉흥연주를 위한 제목을 만
  든다.
- 즉흥적 역할을 치료사와 클라이언트가 정한다.
- 타이틀에 맞추어 즉흥연주를 한다.
- 연주 후 토의한다.

예를 들어, 한 여성 클라이언트가 화가 나서 치료사에게 왔는데, 아파트 주

인과 심하게 싸웠다는 것이다. 치료사는 "집주인이 큰 소리를 쳤을 때 어떻게 했나요? 같이 싸웠나요?"라고 물었다. 클라이언트는 "나는 집주인과 싸울 수 없어 그냥 물러섰어요. 사실 모든 일에 나는 물러서고 말지요."라고 말했다. 이 경우 치료사는 즉흥연주를 하되 클라이언트에게 문에 있는 발 닦는 매트 역할을 해 보라고 한다. 집주인이 그녀에게 어떻게 했는가를 연주로 표현하게 한다. 그러고 나서 다음과 같이 질문한다. "집주인이 되어 보니 기분이 어떠하였나요? 발 닦는 매트가 되어 보니 어떠하였나요? 집주인에게 다른 방법으로 맞설 수 있었는가요?" 이에 클라이언트가 "내가 좀 더 강하게 대응할 수 있었더라면……." 하고 말한다면, 치료사는 "자, 그러면 이제 즉흥연주를 하겠는데, 나는 좀 더 강하다를 반영하여 연주를 해 보세요."라고 말한다. 그 후 치료사가 집주인의 역할을 하고, 클라이언트는 좀 더 강한 역할로 즉흥연주를 한다. 그러고는 클라이언트가 집주인처럼 연주한 대로 치료사가 집주인의 역할로 클라이언트와 함께 연주한다. 이 모든 과정을 녹음한 후에는 "그럼 당신이 처음에 매트가 되었던 기분을 들어 봅시다."와 같은 방식으로 계속 진행해 나간다.

### (3) 실험적 즉흥연주

실험적 즉흥연주(experimental improvisation-Riordan-Bruscia model)는 기악, 소리, 몸동작 등 개인의 음악적 경험과 표현을 집단의 사람들과 함께 나누고, 이러한 경험을 통해 새로운 경험을 시도하는 집단즉흥연주 모델이다. 치료사는 집단의 일원 혹은 집단 밖에서 돕는 사람의 역할을 하는데, 자유로운 연주의 과정을 가지기도 하며, 치료사가 어떤 제시를 하면 집단이 그 주제적 생각이 형성될 때까지 즉흥연주를 하기도 한다. 이때 연주되는 악기 소리(intramusical)는 클라이언트의 내적 정체성(intrapersonal)을 의미하며, 함께 참여하는 클라이언트와의 음악적 교류(intermusical)는 바로 사람들 간의 관계(interpersonal)를 의미한다. 몇 가지 주제가 분명하게 되고 서로 연결될 때까지 집단은 매번 경험을 이야기하고 또 반응한다.

[그림 4-1]  실험적 즉흥연주를 하는 모습

브루샤(1987)는 대개의 실험적 즉흥연주 세션은 다음과 같은 세 가지 과제를 가지며 치료사가 진행한다고 하였다.

① 환기(evoke, 감정을 불러일으킴)

• 클라이언트가 소리 또는 음악을 자아내도록 하는 것이 첫 번째 과제다. 다시 말해, 즉흥연주의 과정 중에 클라이언트가 자신의 신체적 · 정신적 · 감정적 · 사회적 상태를 '소리'로 표현하도록 하는 과정이다. 이를 위해 치료사는, 첫째, 환경을 계획한다. 둘째, 클라이언트를 준비시킨다. 셋째, 즉흥연주 과정으로 자극한다.

• 즉흥연주 과정에 참여시키는 방법으로는 첫째, 표현의 방법을 제시한다(예: 음성, 악기, 몸동작). 그리고 이런 것을 사용하여 표현할 수 있는 가능성에 대해 탐구해 보도록 도와준다. 둘째, 특정한 소리의 내용을 제시하면서 탐색해 보도록 한다(예: 모음, 자음, 음계, 음질). 셋째, 즉흥연주를 위한 음악적 주제를 제공한다(예: 리듬, 멜로디, 화성 진행). 넷째, 즉흥연주의

형식을 전체 또는 부분에서 구분한다(예: ABA, 크레셴도-디미누엔도, 아첼레란도-리타르단도). 다섯째, 교류하는 음악적 또는 다른 사람과의 관련성에 대해 규명한다. 여섯째, 음악적으로 그려 내기 위해 음악 외적인 이미지, 느낌, 환상, 이야기 등을 제시한다. 일곱째, 반응을 야기하는 '음악'을 향상시킨다.

• 즉흥연주를 하도록 음악적으로 자극하는 기술로는 반영(reflecting), 모방(imitating), 시범(modeling), 반복(repeating), 일치(synchronizing), 간격 두기(making spaces), 끼워 넣기(interjecting), 통합시키기(incorporating) 등이 있다.

② 사정(assess)

• 즉흥연주가 시작되면 치료사는 조심스럽게 관찰해야 한다. 관찰은 클라이언트가 소리를 내는 양상을 아는 것만이 아니라 즉흥연주에 대한 반응과 계속 즉흥연주를 불러일으키기 위해 필요한 내용을 아는 것까지를 포함한다. 즉흥연주를 평가할 때는 클라이언트를 보고 듣고 느낌을 통하면서 클라이언트에 대해, 음악에 대해, 음악을 만드는 과정에 대해 가능한 많은 내용을 받아들이도록 한다.

• 충분한 과정을 마치고 나서는 치료사가 즉흥연주의 경험을 클라이언트와 연관시켜서 의미가 있는 내용은 언어로 다시 묘사해 준다. 이때 경험할 중요한 내용은 다음과 같다.

 − 클라이언트의 신체가 악기, 음악, 다른 즉흥연주자와 어떻게 연관되는가?

 − 사용된 소리의 '질(quality)', 표현된 무엇에 관련된 '정체성(dentity)' 또는 '성격(character)', 크기(이것은 정체성 혹은 성격이 얼마나 영향력 있게 나타났는지와 연관됨)

 − 소리가 얼마나 간격(space)를 가지고 있는가? 소리의 길이, 개인의 호흡

과 몸동작에 관련된 프레이징(phrasing), 다른 소리와 관련되어 나타나
는 소리의 밀집도(texture)

- 소리가 얼마나 함께 나는가? 리듬이 얼마나 기본박과 박자에 잘 어울리
는가(이것은 조직과 신체 에너지의 조절과 연관됨)? 멜로디가 있는 경우 화
성과 조성의 중심에 얼마나 잘 어울리는가(이것은 느낌 간의 관련성과 연
관됨)?

- 음악에서 어떤 것이 변화되거나 그대로 유지되는가(이것은 자신을 그대
로 지키려는 것인지, 다음 단계로 발달시켜 가려는 것인지와 연관됨)?

- 클라이언트의 음악을 통해 표현된 특정한 느낌


③ 반응(respond)

치료사와 함께 클라이언트가 음악 활동을 전개하면 치료사는 음악적으로
나 말로 적절히 반응한다. 치료사는 클라이언트와 감정이입을 하기 위한 방법
을 찾거나, 즉흥연주를 구조화 혹은 재조정하거나, 특정한 반응을 야기하거나
수동적 역할을 맡을 수 있다. 이러한 반응은 클라이언트의 신체, 음악, 느낌에
대해 다양한 즉흥연주의 기술을 사용하여 적용할 수 있다.


## (4) 임상적 오르프-슐베르크 즉흥연주 모델

임상적 오르프-슐베르크 즉흥연주 모델(clinical Orff-Schulwerk impro-
visation-Orff, Bitcon, Lehrer-Carle model)은 시, 운율, 게임, 짧은 노래 그리고 동
작을 자료와 도구로 사용한다. 이러한 자료는 전통적인 것일 수도 있고, 금방
만들어 낸 독창적인 것일 수도 있다. 또한 말로 나타낼 수도 있고, 노래로 부를
수도 있고, 손뼉치기·발구르기·북·막대기·종 등으로 반주하기도 한다.

창의성과 창조적 표현 능력의 발달은 오르프-슐베르크 접근법의 가장 중요
한 목표로 즉흥연주 및 표현활동을 통해서 효율적으로 개발된다. 따라서 모든
음악 활동에 즉흥연주 및 표현을 장려한다. 오르프-슐베르크 접근에서 악기

는 특히 창의성 계발을 위한 즉흥연주를 위해 쓰이며, 집중적으로 사용된다. 즉흥연주에서 많이 사용하는 형식은 론도인데, 이는 음악 형식 이해의 도구가 되기도 한다.

기본적 형식(일반적으로 치료사가 요구하기보다는 집단에서 나타나는) 위에 치료사에 의해 제시되는(대개 모델링을 통해) 어떤 조그만 아이디어로 시작되는 즉흥연주 과정을 거치며 발전하고, 대개 결과는 대단한 진전으로 나타나게 된다. 어떠한 경우라도 성공적인 음악적 경험과 개인의 긍정적인 경험이 중요하며, 클라이언트가 언제, 어떻게, 반응하는가를 조절하면서 즉흥연주를 형성한다. 다음은 전형적인 오르프–슐베르크 모델의 과정을 묘사한 것이다.

① 공간의 탐색

가벼움, 무거움, 내리기, 올리기, 안으로, 바깥으로, 부드럽게, 거칠게, 들쑥날쑥 등 율동의 요소를 탐색한다. 교사의 정의나 어떤 이론적인 토론 없이 신체의 다양한 자세와 율동을 탐색하고 경험하게 된다. 일반적으로 이러한 탐색은 다음과 같은 순환으로 이루어진다.

- 외적 동기에 의한 움직임: 자연스럽게 이루어지는 동작, 즉 걷기, 달리기, 뛰어놀기, 깡총뛰기, 기어다니기
- 내적 동기에 의한 움직임: 숨 쉬며 움직이기, 심장박동을 느끼기
- 다시 약간 높은 차원의 외적 동기에 의한 움직임: 숨 쉬기, 박동 느끼기 등을 특정한 형식의 유형이 있는 걷기, 달리기, 뛰어놀기, 깡총뛰기, 기어다니기 등과 연계하기

따라서 내적인 동기는 점차 외적인 표현의 일부가 된다. 이러한 움직임은 모든 오르프 접근법의 기초가 된다.

- 대상: 성인 직장인
- 목적: 창의성 증진
- 목표: 주어진 리듬악기와 노래, 치료사의
  지침에 클라이언트는 무인도에 있을
  때 느끼는 자신의 감정을 악기로 표
  현하고 말하는 것을 1번 시도(10초
  이내)한다.

[그림 4-2] 오르프-슐베르크 즉흥연주 장면

②소리의 탐색

소리의 탐색은 주위의 소리와 개의 짖음, 문 닫는 소리, 비행기 지나는 소리, 물체 떨어지는 소리 등 비인공적인 소리의 탐색에서 시작한다. 다음에는 북소리, 채 두드리는 소리 등 점차 정리된 소리의 탐색으로 옮겨 간다. 악기를 두드려 보고 딱딱한 소리, 부드러운 소리, 나무 소리, 금속 소리, 방울 소리, 견고한 소리 등 소리의 질을 터득한다. 여기서 처음으로 접하는 악기는 반드시 표준화된 기존 악기일 필요는 없다. 점토로 만든 도자기, 속이 빈 나무토막, 호리병을 이용한 딸랑이 등 쉽게 구할 수 있고 자연적인 악기도 좋다. 이러한 악기에서 만들어진 소리는 일정한 빠르기의 시작과 마침이 있는 단순한 형식을 갖추도록 유도된다. 소리의 자원은 같은 질의 소리로 조합되고, 전체적으로 하나의 작품으로 귀결된다. 이러한 작품은 그 자체가 목적이 아니라 다음 탐색 단계를 위한 준비 과정이며, 발전을 위한 기초가 된다.

목소리 역시 하나의 소리 자원으로 활용된다. 아동은 입을 통하여 다양한 소리를 만들 수 있음을 깨닫게 되고, 이러한 소리가 나중에 말과 노래를 할 수 있는 자료가 된다는 것을 실감하게 된다.

비논리적이고 비언어적인 소리는 아동이나 성인 모두에게 경이감과 즐거움을 준다. 이러한 소리의 사용은 전체 음악적인 경험을 진일보하게 하는 계기가 된다.

③형식의 탐색

형식의 탐색은 공간 및 소리의 탐색과 동시에 이루어진다. 움직임은 패턴으로 정리되고, 정리된 패턴은 무용으로 연결되며, 소리는 유사한 악구(phrase)와 비유사한 악구로, 서주와 종결귀로 구분된다. 움직임의 모습과 소리의 형태가 도식화되고, 이 과정에서 특정한 상징 기호가 만들어진다. 이러한 과정은 아주 초보적이지만 악보에 대한 개념이 생성되는 중요한 과정이다. 마치 석기시대의 벽화와 같이 매우 단편적이지만 오르프-슐베르크 접근법에서 나타나는 요소의 중요성을 드러낸다.

### ④ 모방에서 창조로

오르프-슐베르크 접근에서 모방은 창조를 위한 확실한 역할 모형으로 사용된다. 모방은 가장 오래된 학습방법으로 중세의 기능공은 장인이 되기 위해 견습생의 과정을 거쳤다. 우리나라는 물론 아프리카 고수의 경우 이러한 견습생 제도를 아직까지 사용하고 있다. 오르프-슐베르크 접근에서 치료사는 바로 이 장인의 역할이나 주된 모형을 담당한다. 따라서 클라이언트가 점점 음악적으로 독립하게 되며, 문제해결을 해 나감에 따라 교사는 그 역할을 점차 줄여 나간다. 즉, '관찰-모방-탐색-창조'의 패턴은 새로운 개념을 대할 때마다 반복하게 된다.

### ⑤ 개별적인 것에서 집단 앙상블로

공간의 특성, 소리의 특성, 형식의 특성을 스스로 발견하고 탐색하는 것도 중요하지만, 자신이 속한 모임의 일원으로서 전체를 이루는 데 기여하는 것도 중요하다. 이러한 전체가 모이면 단체에 의한 앙상블이 이루어지게 된다. 오르프-슐베르크 접근의 궁극적인 목적 가운데 하나가 바로 이 집단적인 앙상블을 이루는 것이다. 앙상블에 참여하는 각 구성원은 아주 중요한 역할을 하게 된다. 아주 기초부터 나의 역할이 집단에 끼치는 영향에 대해 인식하고 집단 없이는 음악이 만들어질 수 없다는 것을 주지하는 것은 오르프-슐베르크 접근법의 기본 철학이다.

이러한 즉흥적 경험의 기본적인 치료 목적은 다음과 같다.

- 비언어적 커뮤니케이션의 채널 형성과 언어적 커뮤니케이션의 가교 형성
- 자기표현과 정체성 형성을 위한 방법 제공
- 타인과 관련한 자아의 다양한 측면 탐색

- 대인 친밀감의 역량 발달
- 집단과 함께하는 기술의 발달
- 다양한 구조적 수위에 따른 창의성, 표현의 자유, 즉각성 및 유쾌성의 발달
- 감각의 자극 및 발달
- 지각적 인지 기술의 발달

## 3) 창작적 경험

전형적인 음악치료활동에서는 치료사가 4마디 또는 8마디의 간단한 노래를 만들어 노래를 통해 질문하고, 클라이언트의 답을 듣는 방법을 사용한다. 이는 언어로 커뮤니케이션하는 것보다 훨씬 효율적으로 클라이언트와 유대 관계를 형성하면서 자연스럽게 치료 세션을 진행하도록 해 준다. 또는 간단한 노래에 자신의 느낌을 넣어 곡을 끝맺는 방법을 사용하기도 한다. 이런 노래는 치료사에 의해 즉석에서 만들 수도 있지만 클라이언트에게 익숙한 곡으로 해당 세션 활동의 주제에 맞는 곡을 선택하여 사용할 수도 있다.

이렇게 노래에 자신의 말을 넣어 곡을 만드는 노래 만들기(song writing) 방법 외에도 어떤 노래를 함께 부르고 그 노래 가사가 의미하는 바에 대해 함께 생각을 나누는 방법도 흔히 사용된다. 우울증 클라이언트가 인생의 무의미를 느끼고 있을 때 도움을 줄 수 있다고 판단되는 가사의 곡을 선택하여 클라이언트와 함께 부르면서 자연스럽게 토의하는 경우가 한 예가 될 수 있다.

또한 세션 활동을 통해 느낀 감정과 새로운 마음의 상태를 노래 가사로 적은 후 음악치료사가 곡을 만들어 함께 노래하면서 클라이언트가 만든 글을 다시 음미하게 하기도 한다. 이 경우 대개 음악치료를 통해 나타난 긍정적인 상태를 노래로 부르게 된다. 이러한 노래를 클라이언트가 오랫동안 기억하면서 비슷한 어려움을 당할 때마다 그 노래를 기억하면서 어려움을 극복하는 경우도 종종 있다.

- **대상:** 직장인
- **목적:** 자긍심 향상
- **목표:** 자신의 다짐과 관련된 가사의 노래에 클라이언트는 자신의 버리고 싶은 마음과 가지고 싶은 마음을 노래 가사에 넣어 부르기를 4번 시도에 4번을 완료한다.

### 나의 마음 속에

1. 나 –의 마음속에 버리고싶은 이런마음저런마음 들
2. 나 –의 마음속에 가지고싶은 이런마음저런마음 들

그중에서단한가지 말해볼게요 그건바로○○이에 요
그중에서단한가지 말해볼게요 그건바로○○이에 요

이 전에는 이런 내가싫었죠. 하지만 이젠아네 요 – – – –
이 전에는 내겐 없– –었죠. 하지만 이젠아네 요 – – – –

나 –의이런 마음 말하고나면 내 마음도후련할거 야
모 두들나– 에게 용기를줘요 나는정 말할수있다 고

오늘나는크게한번 외쳐 볼거 야 ○○○을버릴거라 고
오늘나는하늘앞에 다짐 해봐요 ○○○을버릴거라 고

[그림 4-3] 노래 만들기 예

'노래 만들기' 경험의 다양한 형태에는 다음과 같은 것들이 있다.

- 노래 개사: 클라이언트는 멜로디와 기본 반주를 존중하면서 기존 노래의 말, 어구 또는 전체 가사를 바꾼다.
- 노래 작곡: 클라이언트는 치료사의 기술적인 지원을 받아 독창적인 노래나 노래의 일부를 작곡한다. 절차는 완성품의 악보나 녹음도 포함한다.
- 기악곡 작곡: 클라이언트는 치료사의 여러 기술적 지원을 받아 독창적인 기악곡이나 일부 악곡을 창작한다(예: 멜로디, 리듬, 반주). 절차에는 완성품의 악보나 녹음도 포함한다.
- 기보활동: 클라이언트는 악보법을 만들고, 그것을 이용하여 곡을 작곡하거나 이미 작곡된 곡의 악보를 적는다.
- 음악 콜라주: 클라이언트는 자전적 또는 치료 문제를 연구하는 녹음을 재생하기 위해 소리, 노래, 음악, 음악 마디를 선택하거나 배열한다.

이러한 작곡 경험의 기본적 치료 목적은 다음과 같다.

- 조직 및 기획력의 발달
- 창조적 문제해결 기술의 발달
- 자기 책임감 증진
- 내면의 경험 기록 및 전달 능력 발달
- 가사를 통한 치료 주제의 모색 증진
- 부분을 전체로 통합하고 종합하는 능력 발달

좋은 노래 만들기 세션 활동을 위해 고려해야 할 점검항목

1. 목적: 음악 경험이 치료 목적과 부합하는가?
2. 수준: 클라이언트의 선호와 기능에 맞추어 음악이 만들어졌는가?
3. 가사: 가사에 의미가 있으며 잘 전달되는가?
4. 구조: 클라이언트의 참여를 효과적으로 이끌어내는 음악적 구조인가?
5. 음악성: 음악의 요소들이 조화롭고 아름답게 표현되는가?
6. 기술성: 인도자의 음악 기술이 능숙하고 자연스러운 세션 진행을 할 수 있는 것인가?
7. 치료성: '치료사의 표현이나 행위' 보다 '클라이언트의 경험'을 중시하는 세션인가?

## 4) 감상 경험

감상 경험에서 클라이언트는 음악을 듣고 그 경험을 어떠한 형태로든 반응한다. 이때 사용하는 음악은 클라이언트나 치료사의 생음악이거나 녹음된 즉흥곡, 연주곡, 자작곡 또는 여러 장르(예: 클래식, 록, 재즈, 컨트리, 영가, 뉴에이지)의 녹음 음악일 수 있다. 감상 경험은 음악의 물리적 · 감정적 · 지적 · 미학적 · 영적 측면을 강조할 수 있고, 클라이언트의 반응은 경험하게 되는 치료적 목적에 따라 오게 된다.

이러한 감상 경험의 기본적 치료 목적은 다음과 같다.


- 수용성의 촉진
- 특정 신체의 반응 유발
- 자극 또는 긴장이완
- 청각/운동 기술의 개발
- 정서 상태나 정서적 경험 유발
- 타인의 의견과 생각 탐구
- 기억, 환기 및 회귀의 활성화

- 심상과 상상 유발
- 감상자를 지역사회나 사회문화 단체와 연계
- 감정을 고조시키며, 영적 경험 자극

브루샤(1998)는 저서 『음악치료의 정의(*Defining music therapy*)』에서 30여 가지 감상 경험의 형태를 묘사하고 있는데, 여기서는 가장 널리 알려진 보니(Helen Bonny)의 GIM[1]을 소개한다.

GIM은 1970년대 초반에 어릴 때 정신적 쇼크를 가지고 있는 청소년의 의식 세계를 돕기 위한 방법으로 시작되었다. 보조 이론으로는 매슬로(Maslovian), 융(Jungian), 인본주의적 의식형태(Humanistic idology) 그리고 독특한 GIM 자체의 형태를 가지고 서로 간의 이론을 받쳐 주는 것을 선택해 정리되었다. 음악을 사용한 GIM은 헬렌 보니(Helen Bonny)에 의해 만들어져 보니모델 GIM(Bonny Model GIM)이라 부른다.

GIM은 단적으로 말해 음악이 중심인 치료 방법이라 할 수 있다. 음악이 중심이 된다는 말은 음악 감상을 통해 일상의 의식 상태 이상을 여행하도록 하는 것을 말한다. 다시 말해, 음악 감상에서 음악과 같이 보내는 것 이상으로 음악과 자신이 하나가 되는 경험을 의미한다. 이것은 결국 카타르시스라는 감정의 경험을 가져온다. 카타르시스 외의 기능으로는 내면 성찰과 창조적 교류, 긍정적인 마음의 상태, 동요에서 오는 안전함, 불안정한 상태에서 안정된 어떤 그릇에 담겨 있는 기분, 편안함, 자신의 근본을 기저로 한 자신과의 만남 등이 있다.

GIM은 차분해진 몸과 마음의 상태에서 고전음악을 감상하는 동안 일어나는 심상을 통해 자아실현(self-actulization)을 경험하는 것을 목적으로 하는 방

---

1) GIM(Guided Imagery and Music)은 굳이 우리말로 옮기자면 '심상 안내와 음악'이라 할 수 있겠으나 여기서는 원어 그대로 GIM이라 표기한다.

법이다. 이 심상은 스스로 표현되는 내부의 단면일 수도 있으며, 문제해결을 위해 바람직한 형태로 치료사가 유도하는 도움을 받으며 불러일으키는 이미지일 수도 있다. 이때의 심상은 꿈이나 약물 상태에서 일어나는 무의식 세계와 관련된 심상이 아니라 의식세계 가운데서 평소에 느끼지 못했던 상태의 변화(altered state of consciousness)를 경험하는 것을 말한다.

GIM에서는 고전음악만을 사용하는데, 음악은 대상자가 절정의 경험(peak experience)을 하도록 유도한다. 이 경험은 대개 개인 내부의 정신세계와 현재 간직한 경험이 심상을 통해 표출된 것이다. 대부분 고전음악은 음악의 폭이나 깊이에 있어 획일적이며 제한적이지 않기 때문에 상상도 어떤 획일적인 경계나 구성을 형성하지 않으며 일어난다. 다시 말해, 대개의 고전음악은 사람에게 외부 세계에 대해 열려 있는 지평선같이 끝없이 펼쳐진 듯한 공간을 제공한다.

한 가지 유의할 점은 GIM을 사용할 때 널리 알려진 고전음악을 사용하면 사람들은 자신의 내부 경험에서 유도하는 이미지를 갖기보다는 오히려 그 연주되는 모습이나 연주가에 대한 고정된 이미지에서 벗어나지 못할 수도 있다는 것이다. 이러한 까닭에 널리 알려진 음악은 가능한 피함으로써 음악 자체가 그 사람의 내부 세계를 자유롭게 유도할 수 있도록 해야 한다.

GIM은 주로 개인적으로 시행하지만 집단적으로 시행할 수도 있으며, 집단의 종류와 목적에 따라 다양한 방법으로 실시할 수 있다. GIM이 개인에게 시행되는 경우, 치료사는 우선 클라이언트가 몸을 편안하게 할 수 있도록 체조 형식의 준비운동을 시킨다. 이것은 긴장과 이완을 경험하면서 자기 몸의 불필요하게 경직된 부분을 풀어 편안하게 하기 위한 것이다.

이렇게 몸이 편안하게 되어 외부의 영향에 효과적으로 반응할 수 있는 상태가 되면 클라이언트는 음악을 들으며 어떤 특정한 이미지에 초점을 맞추어 간다. 이때 치료사는 클라이언트에게 능동적이며 대담하게, 다소 모험적이며 위험 부담도 있을 수 있는 이미지를 그대로 받아들일 수 있도록 격려해 준다. 특히, 치료사는 적극적인 역할을 맡은 인도자라기보다 말 그대로 보조하며 지원해 주는 안내자의 위치를 지켜야 하며, 결코 클라이언트를 어떤 방향으로 몰고 가서는 안 된다. 클라이언트 스스로 자신의 내부세계를 열고 자유롭게 여행할 수 있도록 최소한의 안내를 적절히 제공해야 한다.

또 하나 기억할 것은 GIM의 준비 과정에서 클라이언트의 몸과 마음을 긴장한 상태에서 편안해지도록 유도하지만(대개 이때는 음악을 사용하지 않는다), 이것은 단지 준비 단계일 뿐 몸을 이완하는 것을 GIM이라고 부르지 않는다는 점이다. GIM은 이완을 목적으로 하는 것과는 그 성격이 조금 다르다. 그리고 GIM에서는 음악을 사용하지만 그것이 결코 주체가 되어서는 안 된다. 음악은 반드시 클라이언트의 내부 경험과 심상을 유도하는 것을 돕는 하나의 역할로만 사용되어야 한다.

치료사와 클라이언트가 치료를 위해 효율적인 관계를 형성하기 위해서는 무엇보다 서로 간의 신뢰 형성이 우선 마련되어야 한다. 그렇지 않을 경우 클라이언트는 자신의 마음을 열고 치료사와 대화할 수 없으며, 이러한 경우 GIM의 어떤 효과도 찾아볼 수 없게 된다. 또한 치료사는 클라이언트의 진행 상태를 세심히 파악하여 마치 치료사 자신도 그 상태를 함께 경험하는 듯한

일대일 GIM

음악은 개인의 심상을 자극하여 자유롭게 여행할 수 있는 경험을 제공한다.

집단 GIM

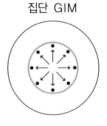

음악은 심상이 한정된 영역 안에서만 여행할 수 있도록 한다.

이완

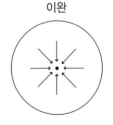

느린 속도의 안정적인 음악은 새로운 경험이나 움직임보다는 현재의 자리에 계속 머물러 있도록 한다.

[그림 4-4] GIM에서 음악의 역할

기분을 느끼도록 해야 한다.

GIM은 다음의 네 가지 단계로 진행하는데 처음은 도입부(prelude)다. 치료사는 클라이언트를 맞아 자연스럽게 담화를 나누면서 현재의 삶에 중요한 일이나 사건 혹은 치료를 통해 목적하는 바를 나누게 되는데, 치료사는 이 시간을 통해 그날 사용할 음악의 주제를 설정한다. GIM을 시작할 준비가 되었을 때에는 둘째 단계인 긴장이완의 시간을 갖는다. 치료사는 대화를 통해 클라이언트가 몸과 마음을 편안하게 할 수 있도록 유도하며, 점진적 긴장이완법이나 호흡을 조절하도록 하는 등의 방법을 통해 몸과 마음을 이완시키도록 한다. 클라이언트가 충분히 이완되었다고 판단될 때 치료사는 음악을 들려준다. 음악과 함께 여행하는 세 번째 단계에서 치료사는 클라이언트가 음악과 함께할 수 있도록 대화를 통해 지지한다. 심상의 경험을 마치면 치료사와 클라이언트는 여행의 경험을 함께 나누는 시간을 갖는다. 이것을 마무리(postlude)라 부르는데, 이때에는 만다라 그림을 그리면서 또한 대화를 통해 여행의 경험을 서로 나눈다.

GIM 치료의 결과는 이것을 시행하는 치료사의 훈련과 경험 그리고 선택된 음악에 의해 좌우된다. GIM은 신경성 노이로제(불안, 우울, 결백증, 기피증 등), 상호 관계적 문제 등 다양한 치료 계층의 임상치료 영역을 대상으로 하며, 일반인의 자아실현, 창의성 촉발에도 유익하게 시행할 수 있다. GIM을 사용하는 데 주의할 점은 클라이언트가 다음의 네 가지 사항에 반드시 해당되어야 한다.

- 클라이언트는 상징적인 생각을 할 수 있어야 한다.
- 클라이언트는 상징적인 생각과 현실의 차이를 구분할 수 있어야 한다.
- 클라이언트 자신의 경험을 치료사에게 알릴 수 있어야 한다.
- GIM 치료를 통해 그 결과가 긍정적인 발달로 귀결되는 것을 보여야 한다.

한편, 자아(ego)가 약한 사람 그리고 신경적 손상을 가진 클라이언트에게는 GIM의 효과가 적다. 특별히 클라이언트가 현실에서 벗어난 증세(예: 정신분열증)를 보일 때는 절대로 GIM을 사용해서는 안 된다. 전문적인 GIM은 반드시 소정의 훈련 과정을 거친 사람(GIM은 별도의 훈련 과정이 개설되어 있다)에 의해서만 실시되도록 규제하고 있다. 음악은 때로는 상상할 수 없을 만큼 개인에게 깊은 영향을 미칠 수 있기 때문에 전문적인 훈련을 받지 않은 사람이 GIM을 시도할 경우 클라이언트에게 심각한 해를 끼칠 수 있으므로 주의해야 한다. 단지 GIM 방식의 하나로 음악을 들으며 느꼈던 감정을 그림으로 표현한다거나 음악을 통해 이완을 유도하는 정도는 전문적인 훈련이 없어도 할 수 있다. 이런 경우 클라이언트에게 정신적 손상을 줄 위험이 적다고 볼 수 있다. 단지, 이때 대단히 격정적이거나 드라마틱한 음악을 사용해서는 안 되며, 조용하고 반복되는 선율의 음악을 마음과 몸의 이완을 유도하는 정도로 제한하여 사용하여야 한다.

### 🎵 요약

음악치료는 과학적인 면이나 치료 효과적인 면에서 이론적 배경을 가지고 있다. 미국의 음악치료는 행동적 치료의 틀로 시작되었다. 행동적 치료의 이론에서는 초창기 소개된 개스턴의 관련적 음악치료와 시어즈의 경험적 음악치료를 소개하였다. 행동적 치료는 지금에 와서는 인지행동치료로 소개되고 있다. 심리분석적 접근은 초기 유럽의 음악치료사에게는 익숙하였지만 1970년대에 들어와 미국 동부 지역을 중심으로 발달하였다. 인본주의적 접근은 특정한 음악치료 모델을 형성하는 데 기여하였다. 과학적 자료를 기초로 한 음악의 영향력을 특정한 의료 분야에 적용하는 모델도 발달하였다. 그 밖에도 다양한 치료의 원리를 임상 현장에 적용시키며 음악치료 모델과 기법을 발전시켜 왔다.

그리고 클라이언트가 세션에서 가지는 의미 있는 음악적 경험 네 가지를 소개

하였다. 즉, 재창조 경험, 즉흥적 경험, 작곡 경험, 감상 경험에 따른 독특한 치료
목적을 함께 소개하였다. 특별히 즉흥적 경험에서는 음악치료의 네 가지 주요 즉
흥연주 모델을, 감상 경험에서는 보니모델 GIM을 소개하였다.

 참·고·문·헌

Aigen, K. (1991). The roots of music therapy: Towards an indigenous research paradigm (Doctoral dissertation, New York University, 1990). *Dissertation Abstracts International, 52*(6), 1933A.

Amir, D. (1996). Music therapy–holistic model. *Music Therapy, 14*, 44-60.

Bertalanffy, L. V. (1968). *General system theory: Foundations, development, applications.* New York: George Braziller.

Bonny, H. (1978). Facilitating GIM sessions, *GIM Monograph #1.* Baltimore, MD: ICM Books.

Bonny, H. (1980). GIM therapy past, present and future implications. *GIM Monograph #3.* Baltimore, MD: ICM Books.

Bruscia, K. E. (1987). *Improvisational models of music therapy.* Springfield, IL: C. C. Thomas.

Bruscia, K. E. (1998). *Defining music therapy* (2nd ed.). Gilsum, NH: Barcelona Publishers.

Bruscia, K. E. (2004). Personal communication, 28.

Bryant, D. R. (1987). A cognitive approach to therapy through music. *Journal of Music Therapy, 24*, 27-34.

Choi, B. C. (2008). Awareness of music therapy practices and factors influencing specific theoretical approaches. *Journal of Music Therapy, 45*(1), 93-109.

Corsini, R. J., & Wedding, D. (Eds.) (2005). *Current psychotherapies.* Belmont, CA: Thomson Learning.

Darrow, A. (2004). *Introduction to approaches in music therapy.* Silver Spring, MA: American Music Therapy Association.

Eagle, C. (1991). Steps to theory of quantum therapy. *Music Therapy Perspectives, 9,* 56-60.

Gaston, E. T. (Ed.). (1968). *Music in therapy.* New York: MacMillan.

Ghetti, C. M., Hama, M., & Woolrich, J. (2004). Music therapy in wellness. In A. Darrow (Ed.), *Introduction to approaches in music therapy* (pp. 127-141). Silver Spring, MA: American Music Therapy Association.

Hodges, D. A. (1980). Physiological responses to music. In D. A. Hodges (Ed.), *Handbook of music psychology* (pp. 393-400). Lawrence, KS: National Association for Music Therapy.

James, M. R. (1984). Sensory integration: A theory for therapy and research. *Journal of Music Therapy, 21,* 79-88.

Kelly, H. H. (1973). The processes of causal attribution. *American Psychologist, 28,* 107-128.

Kenny, C. B. (1985). Music: A whole systems approach. *Music Therapy, 5,* 3-11.

Kenny, C. B. (1989). *The field of play: A guide for the theory and practice of music therapy.* Atascadero, CA: Ridgeview Publishing.

Madsen, C., Cotter, V., & Madsen, C. (1968). A behavioral approach to music therapy. *Journal of Music Therapy, 5,* 69-71.

Maranto, C. (Ed.). (1984). *Music therapy: International perspectives.* Pipersville, PA: Jeffrey Books.

Maultsby, M. E. (1968). Against technical eclectism. *Psychological Reports, 22,* 926-928.

Maultsby, M. E. (1977). Combining music therapy and rational behavior therapy. *Journal of Music Therapy, 14,* 89-97.

Michel, D. E. (1985). *Music therapy: An introduction.* Springfield, IL: C. C. Thomas.

Moreno, J. J. (1980). Musical psychodrama: A new direction in music therapy. *Journal of Music Therapy, 17*, 34-42.

Priestley, M. (1975). *Music therapy in action.* London: Canstable.

Ruud, E. (1978). *Music therapy and its relationship to current treatment theories.* St. Louis, MO: MMB.

Salas, J. (1990). Aesthetic experience in music therapy. *Music Therapy, 9*, 1-15.

Scheiby, B. B. (2005). Analytical music therapy. Paper presented at the 8th Music Therapy Summer Training at the University of Georgia, Athens, GA.

Scovel, M. (1990). Music therapy within the context of psychotherapeutic models. In E. F. Unkefer (Ed.), *Music therapy in the treatment of adults with mental disorders: Theoretical bases and clinical interventions* (pp. 96-108). New York: Schirmer Books.

Sears, W. (1968). Processes in music therapy. In E. T. Gaston (Ed.), *Music in therapy* (pp. 30-44). New York: Macmillan.

Standley, J., Johnson, D. M., Robb, S. L., Brownell, M. D., & Kim, S. (2004). Behavioral approach to music therapy. In A. Darrow (Ed.), *Introduction to approaches in music therapy* (pp. 103-123). Silver Spring, MA: American Music Therapy Association.

Taylor, D. B. (2004). Biomedical music therapy. In A. Darrow (Ed.), *Introduction to approaches in music therapy* (pp. 159-173). Silver Spring, MA: American Music Therapy Association.

Thaut, M. H. (1999). Music therapy in neurological rehabilitation. In W. B. Daivs, K. E. Gfeller, & M. H. Thaut (Eds.), *An introduction to music therapy: Theory and practice* (2nd ed., pp. 221-247). Dubuque, IA: McGraw-Hill.

Wheeler, B. (1981). The relationship between music therapy and theories of psychotherapy. *Music Therapy, 1*, 9-16.

Wigram, T., Pedersen, I. N., & Bonde, L. O. (2002). *A comprehensive guide to music therapy theory, clinical practice, research and training.* London: Jessica Kingsley Publishers.

# 제5장 음악치료 과정

# 제5장 | 음악치료 과정

효과적인 음악치료 프로그램을 개발하기 위해 음악치료사는 치료 계획을 세우는 데 세심하게 준비하여야 한다. 치료 계획의 과정에는 다음의 네 가지 단계가 포함된다.

- 환자의 문제 및 진단평가가 필요한 영역을 규명하는 일
- 환자가 지닌 문제를 해결하고 필요를 충족시키기 위해 목적을 설정하는 일
- 환자에게 설정된 목적을 달성하기 위해 음악 활동을 계획하는 일
- 치료 활동을 적용하고 환자의 반응을 평가하는 일

치료사가 일하는 환경에 따라, 그리고 어떤 상태의 환자와 어느 정도의 비중을 가지고 일하느냐에 따라 조금씩은 다를 수 있지만 이러한 기본적인 단계를 거치면서 음악치료를 시행하게 된다. 여기서는 대상 환자를 일반적인 경우로 가정하고 진단평가부터 치료적용계획서 작성까지 자세하게 살펴보고자 한다.

# 1. 진단평가

음악치료사는 환자에게 음악치료를 시행하기 전에 반드시 환자의 현재 상태와 현재적 필요가 무엇인지를 알아야만 한다. 또한 환자에 대한 치료가 효과적으로 시행되기 위해서는 환자가 지닌 특정한 문제점을 규명하는 것과 함께 환자가 가진 강점과 약점에 대해 살펴보는 작업이 있어야 한다. 이렇게 치료사가 환자에 대한 진단평가(assessment)를 하기 위한 일차적 작업으로는 다음과 같은 것을 들 수 있다.

• 환자의 발달, 개인적 · 사회적 배경 그리고 병력을 검토
• 환자에게 필요한 영역에 대해 다른 치료팀의 구성원과 의견을 교환
• 음악 활동을 통해 나타나는 환자의 발달, 사회성, 운동력, 청력 그리고 커뮤니케이션 기술 수준을 관찰

# 2. 치료 목적과 목표 설정

음악치료사는 환자에 대한 진단평가를 마치는 대로 단기 및 장기 치료 목적을 설정하게 된다. 이 단계에서는 함께 진료를 담당하는 치료팀과 진단평가에서 나타난 문제점을 의논한 후 환자의 전체적 치료 목적의 달성을 위해서 음악치료가 달성할 수 있는 목적을 선택하게 된다.

이렇게 치료의 목적이 설정되면 그것을 이루기 위해 매 회기마다 시행할 음악 활동을 구체적으로 설정한다. 앞서 말했듯이, 한 세션에 몇 가지 음악 활동을 할 경우 각각의 활동마다 그 목적이 다를 수 있다. 그래서 음악치료사는, 가령 한 시간 동안 집단을 인도할 경우 그 시간에 대한 운영 계획을 치료세션

전에 기록해서 이에 준하여 실시하게 된다. 이것을 '치료적용계획서(music therapy application plan)' 라고 한다. 늘 같은 대상으로 구성된 고정된 음악치료 집단의 경우 대개 인사 및 이름을 교환하는 활동을 간단히 하고, 집단을 계속 발전시켜 나가게 되며, 몇 가지 음악 활동을 다양하게 한 후 마지막에는 종결하는 활동을 하고 집단을 마치게 된다.

## 1) 목적 설정

일반적으로 음악치료의 목적(goals)이 포함되는 범주는 넓은 의미에서 그것이 정신과든 지체아동의 영역이든 크게 여섯 가지 영역과 관련된다. 즉, 청각 개념, 시각 개념, 대운동 기술, 소운동 기술, 언어 발달 그리고 사회 기술이다. 물론 이러한 범주에 기초하여 사회심리, 운동심리, 생리학의 분야까지 더욱 전문적인 음악치료를 적용하게 된다.

각 음악 활동이 목적하는 바에는 여러 가지를 포함할 수 있으나 가장 대표적이며 직접적으로 관련 있는 치료 목적을 하나 선택하여 기록한다. 예를 들어, 합주연주에 관련되는 목적을 열거하면 집중력 향상, 사회성 향상, 협동력 향상, 대근육 또는 소근육 발달 등이 있을 수 있다. 그러나 특정한 환자를 위해 해당 집단의 목적으로 선택할 때는 대표적인 목적 하나를 설정하도록 한다.

이때는 음악적인 목적이 설정되기도 하지만 대개 음악 외적인 목적이 설정된다. 예를 들어, 정신분열증 환자에게 치료사가 부르는 노래의 리듬에 맞추어 북을 치도록 할 경우 그 목적을 '북을 친다' 고 하기보다는 북을 칠 수 있는 행위에 관련되는 음악 외적인 행동, 즉 집중력, 협조 능력, 지속력, 용납되는 사회적 행동 등과 같은 목적 가운데서 가장 직접적인 연관을 갖는 것 하나를 선택하도록 한다.

## 2) 목표 설정

다음 단계로는 설정된 목적을 달성하기 위해 치료사가 구체적으로 어떻게 할 것인가에 대한 목표(objectives)를 설정한다. 이때 치료적인 조건(condition), 대상 환자(client), 기대되는 행동(behavior) 및 기준(criterion)이라는 네 가지 요소가 필요하다.

어떤 경우든 치료 목표는 목적이 달성되었다고 확인할 수 있는 내용이어야 한다. 이 치료 목표는 다음의 두 가지 형태로 구분할 수 있다. 첫째, 음악 활동을 통해 성취할 행동목표를 적는 경우이고, 둘째, 음악 활동과는 상관없는 목표 행동이다. 음악 외적인 문제행동이 음악 활동 중에 여전히 나타나는 경우가 첫 번째 경우이고, 두 번째는 음악 활동에서 직접 관찰이 어려운 행동이나 음악 활동과는 상관없이 나타나는 특정 행동에 대한 경우다.

첫째, 치료적인 조건이란 치료사가 환자에게 음악치료를 위해 제공하는 치료적인 행위를 말한다. 예를 들어, 환자에게 CD에 녹음된 음악을 들려주고, 그 음악을 들으면서 긴장 이완을 할 수 있도록 치료사가 이렇게 저렇게 하라고 지시하는 경우를 치료적인 조건으로 표시한다면, '주어진 녹음 음악과 치료사의 지시에' 라고 할 수 있다.

둘째, 대상 환자라 함은 치료를 받는 대상 클라이언트를 가리킨다. 비록, 10여 명의 사람이 함께하는 집단치료의 경우라도 치료 계획의 행동목표에 기록되는 클라이언트는 대표단수로 취급한다. 이 경우 모든 환자 개개인을 개별적으로 지칭하는 것으로 받아들인다. 대개 정신과에서는 '환자', 특수교육에서는 '학생', 그 밖에 대부분의 경우에는 '클라이언트' 로 표기한다.

셋째, 기대되는 행동이란 치료적인 조건(주로 음악적인)이 주어졌을 때 환자가 그에 반응할 것이라고 예측되는 행동을 가리킨다. 예를 들어, 환자에게 리듬악기를 주고 치료사가 손가락으로 가리키며 악기를 연주하라고 하였을 때 기대되는 행동이란 '리듬악기를 연주하는 행동' 이 된다.

넷째, 기준이란 이러한 조건과 기대되는 행동을 어느 정도의 기능 또는 상태로 해야 하는지에 대한 측정 기준을 말한다. 북 치는 것을 10번 시도하였을 때 '5번 이상' 또는 '노래를 3절까지 부를 때 2절 이상 80%의 내용을 따라서 부르는 것' 등이 그 예가 될 수 있다. 이를 달성하였을 경우 치료의 목적을 달성했다고 할 수 있으므로 정확한 기준 설정은 매우 중요하다. 동일한 치료 목적하에서도 이 기준을 높일 경우 치료의 향상을 한눈에 알 수 있으므로 환자의 기능상태를 정확하게 평가한 후에 기준을 잘 설정함으로써 환자의 현재 기능 상태를 알 수 있게 된다.

적절한 기준을 설정하기 위해서는 행동 상황에 맞는 시스템을 선택하는 것이 중요하다. 어떤 시스템이 내가 측정하려는 행동의 양상을 측정하는 데 적합한가는 행동의 성격, 측정의 내용을 고려해 다음의 내용을 참고로 가장 적합한 시스템을 선정하여야 한다.

- 빈도(frequency): 시간에 따라 나타나는 빈도를 위해 사용한다. 예를 들어, '철수가 50분의 세션 중 치료사의 지시에 세 번 따르지 않았다.' '순희는 40분의 세션 중 공격성 행동을 두 번 보였다.' 등이다.

- 비율(rate): 주어진 기회의 수에 반응한 수를 비율로 표시한 것이다. 예를 들어, 치료사가 철수에게 드럼연주하기를 5번 요구하였는데 그중 3번은 연주하였다고 할 때 60%로 표기할 수 있다.

- 지속 시간(duration): 얼마나 오랫동안 행동이 지속되었나를 말하는 경우에 사용한다. 예를 들어, '철수는 드럼연주를 2분간 하였다.' '순희는 의자에 앉아 주어진 과제를 5분 동안 수행하였다.' 등이다.

- 잠복 시간(latency): 행동을 개시하기까지 걸린 시간을 가리킨다. 예를 들어, '선생님이 "드럼을 쳐 봐요."라고 지시하였을 때 철수는 멍하니 밖만 바라보고 있었는데 말하고 2분 뒤에 드럼을 치기 시작했다.' '순희에게 노래하자고 치료사가 초청하고 노래를 부르기 시작했는데 순희는 30초가

지나서야 노래를 따라 부르기 시작했다.' 등이다.

- 행태(topography): 행동의 모양을 가리킨다. 예를 들어, '철수가 의자에 바른 자세로 앉아 패들드럼을 쳤다.' '순희는 트라이앵글을 왼손에 잡고 오른손으로 연주를 하였다.' 등이다.

- 강도(force): 행동의 크기를 가리킨다. 예를 들어, '철수는 북을 치는 데 너무 작게 쳐 옆 사람에게조차 북소리가 들리지 않는다.' '순희는 성질을 부리며 소리를 질렀는데, 그 소리가 관찰실의 어머니에게까지 들릴 정도였다.' 등이다.

- 장소(locus): 행동이 어디서 발생하였는가를 가리킨다. 예를 들어, '철수는 드럼의 가장자리 부분을 연주하였다.' '순희는 피아노를 치는 데 검은 건반만을 사용하였다.' 등이다.

또한 기준에는 기간이 명기되어야 한다. 어떤 세션에서 어떤 클라이언트의 행동이 치료 목표에 도달되었다고 해도 그 행동이 일정 기간 지속되지 않는 이상 행동의 변화, 즉 치료 목적이 달성되었다고 확정하기엔 불충분하다. 따라서 어느 정도의 기간 동안 치료 목표가 도달되었다고 확인할 수 있는 기간을 '연속되는 3주 동안' 혹은 '연속되는 5번의 세션 동안'이라고 명기할 수 있다.

이와 같은 내용을 토대로 이제 음악 활동을 위한 목적 설정과 목표 설정을 연습해 보도록 하자.

## 3) 음악 활동에 따른 목적 및 목표 설정의 예

우선, 자신이 대상으로 하는 환자, 예를 들어 정신질환자, 신체장애자, 정신장애자, 약물중독자 중 어떤 환자인지 분류한 후 그 환자가 가지는 문제점을 기록한다. 예를 들면, '환청에 지속적으로 반응한다.' '자긍심이 결여되었다.' '다른 사람을 간섭하고 괴롭힌다.' '인생에 회의를 느껴 자살하려고 한다.' '어떤 사람을 미워하여 그것으로 괴로움을 받고 있다.' '언어 감각이 느려 일반 회화에 지장이 있다.' 등으로 기록해 볼 수 있다. 이렇게 환자의 주요 문제점을 살펴본 후 가장 우선적인 문제점을 하나 선택한다.

그다음에는 선정된 문제점의 해결이나 개선 또는 변화를 위해 관련되는 목적을 기록한다. 예시한 문제점에 관련된 음악 활동의 목적을 열거해 보면, '환청에서 주의를 돌려 다른 것에 집중하게 한다.' '집중력을 높인다.' '자신감을 증진시킨다.' '자기행동을 절제시킨다.' '인생의 의미를 불어넣는다.' '다른 사람과의 관계를 증진시킨다.' '간단한 물음에 즉시 대답할 수 있도록 한다.' 등이다.

목적이 설정되었으면 이 목적을 달성하기 위한 행동 목표를 설정해야 한다. 앞서 말한 대로 우선 치료적인 조건을 부여해야 하는데, 예를 들면 '주어진 리듬악기와 치료사의 시범에' '연결하는 노래와 치료사의 질문에' '치료사의 노래 인도에' 등이다.

다음으로는 대상 클라이언트를 기록한 후 이 클라이언트에게서 기대되는 행동을 기록한다. 예를 들면, '클라이언트는 치료사가 연주한 것을 따라한다.' '자신의 긍정적인 모습을 나타내는 대답을 한다.' '노래를 3절까지 함께 부른다.' 등이다.

이제 각 클라이언트의 기능 정도에 따라 기준을 설정한다. 예를 들면, '5번 시도에 5번 매 10초 이내' '10초 안에 5번 계속되는 치료세션 동안' '3절 중 2절 이상' 등이다.

다음으로 필요한 부분은 음악치료 시행의 방법을 기록하는 것이다. 대개 1, 2, 3, 4 등으로 구분하여 단계별로 기록하는데, 일반적으로 치료사인 자신이 어떻게 할 것인가라는 측면에서 기록하게 된다. 이를 요약하면 다음과 같다.

- 해당 활동의 처음부터 중요한 단계를 차근차근 기록한다.
- 치료사의 입장에서 환자를 대상으로 기록한다.
- 전체가 체계 있고 단계적인지 재검토한다.

음악치료활동에 사용되는 도구를 기록하면 실제로 집단을 준비할 때 편리하다. 그래서 치료 방법 아래에 도구라는 항목을 두고 어떤 도구를 사용하는지를 기록한다.

또한 중요한 부분으로 응용할 수 있는 부분과 변경할 수 있는 점을 기록하는 영역이 있을 수 있다. 이것은 이상의 목표와 방법을 진행할 때 예측되는 갖가지 상황을 미리 검토하여 능동적으로 대처할 수 있도록 하는 데 그 목적이 있다. 예를 들면, 클라이언트의 반응도에 따라 다양한 형태의 동작을 따라하게 하기, 클라이언트가 긍정적인 반응을 보였을 때는 활동 중에 표현한 것을 종합하여 노래로 만들어 함께 부르고 마치기, 노래가 어려워 잘 따라 부르지 못할 경우 같은 소재를 담은 쉬운 노래를 따라 부르게 하기 등이다. 마지막으로 각 활동마다 소요될 시간을 예측하여 기록한다. 이렇게 하면 여러 활동을 종합하여 정해진 시간 안에 균형 있게 마칠 수 있다.

필자는 학생들이 '협동치료사로서의 음악(music as a co-therapist)'라는 항목을 두어 음악 활동에 얼마나 구체적이고 체계적으로 음악을 적용하는지를 검토하도록 격려하고 있다. 이 항목에서는 '음악'이 주어가 되어 치료적 활동에 어떻게 기여하는지를 기술하도록 한다. 대개의 경우 '음악의 리듬은' '노래의 가사는' '익숙한 멜로디는' '음악의 구조는' 등으로 시작하게 한다. 〈표 5-1〉은 치료적용계획서 중 한 활동을 이상의 내용을 따라 작성해 본 것이다.

# 3. 음악 활동의 계획

치료적인 목적과 목표가 설정되고 나면 음악치료사는 설정된 목적과 목표를 달성할 수 있도록 환자에게 어떤 음악 활동을 적용시켜야 하는지를 결정해야 한다. 음악 활동은 그 내용이나 적용 면에서 설정된 목적을 달성하는 것과 연결되어야 한다. 이렇게 음악 활동을 통해 환자의 음악 외적인 목적을 달성하는 방법으로 덕슨(Duerksen, 1978)은 다음의 다섯 가지를 소개하고 있다.

- 정보의 운반자로서 음악(music as a carrier of information)
- 강화재로서 음악(music as a reinforcer)
- 학습을 위한 배경으로서 음악(music as a background for learning)
- 학습활동을 위한 물리적인 구조로서 음악(music as a physical structure for the learning activity)
- 학습할 기술 및 과정의 반영으로서 음악(music as a reflection of skills or processes to be learned)

이러한 방법을 토대로 하여 각기 다양한 음악 경험, 즉 노래하고, 악기를 연주하고, 음악을 만들고, 음악에 따라 움직이고, 음악에 관해 토의하는 활동 등을 통해 치료적인 목적으로 음악을 사용할 수 있다. 이렇게 환자에게 방향을 가지고 음악 활동을 시도할 때는 환자의 기능 수준이나 배경에 맞추어야 한다는 점에 유의해야 하며, 무엇보다도 음악 환경은 안전하고 위협적이지 않아야 한다는 것을 늘 유념해야 한다.

# 4. 치료적용계획서 작성

앞서와 같은 음악 활동을 균형 있게 함께 모아 30~60분의 세션을 준비하는 계획서 작성에 대해 살펴보도록 하자. 치료적용계획서는 반드시 세션을 하기 전에 만들어야 하며, 책임 있는 음악치료사라면 이 세션 계획을 신중히 만들어 거의 예외 없이 시행해야 한다. 물론 대상자에 따라 예측할 수 없는 반응이 나타나 달리 적용하는 경우도 있지만(이런 경우는 개인 음악치료에서 더욱 두드러진다) 전체적인 틀은 미리 준비한 계획을 따라가게 된다.

치료적용계획서에는 세션 동안 시행할 활동이 조화 있게 작성되어야 한다. 첫 활동은 노래를 통해 인사하면서 이름을 서로 나누는 것으로 시작한다. 대개 다양한 활동을 조화 있게 배치하는데, 주로 세션 시간이 2/3 정도 경과한 뒤에는 집단의 절정을 이루게 하며, 이후 마칠 때까지 자연스럽게 종결을 유도한다. 마무리 단계 역시 처음과 유사하게 집단을 종결짓는 노래를 통해 집단에 대한 만족감을 가지고 세션을 종결하게 한다. 물론, 대상자의 종류나 성격, 기능에 따라 적용 면에서 상당한 차이가 있을 수 있으며, 세션의 시간과 활동의 내용도 달라지게 된다. 일반적으로 4R이라 하는 '일과성(routine)' '반복(repetition)' '이완(relaxation)' 및 '해결(resolution)'의 중요성을 잊지 않도록 한다.

- 일과성: 집단을 매주 고정적으로 할 경우 매번 같은 노래로 시작하는 등 같은 양식으로 시작하고 끝을 맺음으로써 환자가 자신이 참석하는 집단에 대해 안정감을 갖고 새로운 것이 있을지도 모른다는 당혹감이나 불안감에서 벗어나도록 해 주는 것을 말한다.
- 반복: 환자에게 자신감을 주고 부담 없이 치료사를 따라올 수 있도록 반복적인 음악의 형식을 이용하는 것이다. 예를 들어, 노래를 부르고 자신

의 생각을 이야기하게 할 때 론도 형식을 사용하면, Ⓐ 노래 그리고 Ⓑ 부
분에서 한 사람이 자신의 생각을 말하고, 다시 ⓒ에 해당하는 노래를 부
르고 옆사람의 ⓒ 차례로 넘어가고, 다시 Ⓐ 노래를 부르고 다음 사람의
Ⓓ로 반복하면서 넘어간다.

- 이완: 환자가 자신의 마음을 개방하여 변화를 수용하기 위해서는 반드시
몸과 마음이 이완되고 맺힌 부분이 풀어져야만 하기 때문이다. 이러한 이
유로 집단에서는 긴장 이완을 가져오는 단계나 활동이 수반되어야 하는
데, 대개 사람은 음악 활동에 집중하면서 자연스럽게 긴장 이완을 경험하

〈표 5-1〉　　**치료적용계획서 작성 예시**

---

행동: 환청에 지속적으로 반응함

목적: 집중력 향상

목표: 주어진 리듬악기와 치료사의 시범에 환자는 치료사가 연주한 것을 모방하여 자신
　　의 리듬악기로 정확히 연주하기를 5회 시도에 5회 한다.

방법: ① 집단활동의 목적을 설명한다.

　　② 리듬악기를 가운데 모아 놓고 자신이 좋아하는 악기를 하나 선택하도록 한다.

　　③ 약 1분간 함께 악기를 자유롭게 연주하도록 한다.

　　④ 치료사가 시범을 보이면 해당 환자가 따라하게 한다.

　　⑤ 오른편에 있는 환자부터 한 사람씩 치료사가 한 연주를 따라하도록 한다.

　　⑥ 각기 다른 연주 스타일로 순서대로 5회 반복한다.

　　⑦ 집단활동의 결과를 종합하여 설명한 다음 자신이 가진 악기를 제자리에 돌려
　　　놓도록 한다.

도구: 리듬악기(마라카, 탬버린, 북, 캐스터네츠 등)

응용: 환자의 반응이 좋을 경우 다른 환자가 한 것을 모델로 따라하도록 한다.

시간: 15분

협동치료사로서의 음악:

- 음악의 구조는 사람의 사고와 행동의 질서를 형성하는 것을 돕는다.
- 짧은 타악기의 리듬은 단순한 리듬 형태로서 대상자의 주의를 환기시키는 데 적
절하다.
- 다양한 리듬 형태의 제시는 대상자의 흥미를 유발한다.

---

게 된다.

- 해결: 각 세션은 세션대로의 성공적인 종결이 있어야 한다. 해결을 이루지 못한 세션은 환자에게 부담을 주거나 원치 않는 결과를 초래하기 때문에 집단에서 일어난 새로운 경험이 고조되었을 경우 꼭 집단이 종결되기 전에 긍정적인 해결을 할 수 있도록 해야 한다.

대개 치료적용계획에서는 활동마다 제목, 목적, 목표, 방법, 도구, 소요 시간, 응용 등으로 구분하여 기록하도록 한다. 훈련을 위해서 각 활동에 '음악이 어떤 역할을 담당하고 있는가'를 적어 가면 효율적인 치료 방법을 발달시키는 데 도움이 될 것이다.

## 5. 치료활동의 적용과 환자의 반응평가

음악치료에 대한 모든 계획이 수립되면 목적 달성을 위해 이를 시행해야 한다. 이때 치료사가 설정한 목적과 목표 그리고 그 달성을 위해 계획된 음악 활동이 클라이언트가 보이는 반응과 비교·검토해 어떻게 진행되는지를 세션마다 평가해야 한다. 그래서 자신의 치료가 정확한 방향으로 가고 있는지, 계획된 음악 활동이 환자의 수준이나 기능적인 상태에 적절한지 등을 확인해야 한다. 서면으로는 아무리 훌륭한 목적을 설정하고 뛰어난 활동을 계획했다 하더라도 실제로 클라이언트에게 혜택을 주지 못한다면 치료사는 자신의 계획을 수정해야 한다.

클라이언트의 반응에 대한 평가는 대개 클라이언트의 병력일지에 적게 된다. 이 경우 치료사가 설정한 목적 기준을 토대로 집단활동을 통해 드러난 클라이언트의 상태를 기술한다. 물론, 집단활동 중에 관찰된 다른 행동 가운데 다른 치료팀의 구성원에게 유익하거나 환자의 평가에 필요한 내용도 함께 기록한다(치료 진보 기록의 예는 다음 페이지 참조).

　필자가 학생들의 실습을 지도해 오면서 학생들이 처음으로 음악치료를 시행할 때는 자신과 클라이언트의 관계를 통해 클라이언트를 대상으로 한 음악활동을 하기보다는 대개 자신에게 주의를 집중하게 되는 것을 보게 된다. 즉, 자신이 어떤 음악 활동을 어느 정도로 잘 시행하는가 하는 점이나 자신의 치료 시행 기술에 너무 집중한 나머지 클라이언트의 반응에 주목하고 그때 그때 상황에 맞게 변화 있게 적응하며 나아갈 여유를 보일 경황이 없는 것이다. 그러다가 차츰 경험이 쌓이면서 자신보다는 클라이언트의 필요와 반응에 더 집중하게 되고, 그럼으로써 효율적인 치료 시행을 이루게 된다. 그러므로 유능한 음악치료사란 자신이 얼마나 능숙하게 또는 훌륭하게 음악치료를 행하였는가에 만족하기보다는 자신이 시행한 세션을 통해 클라이언트가 어떻게 반응하였으며, 그것이 치료적인 목적 설정과 어떻게 관련이 있는지에 관심을 집중하는 사람이라고 할 수 있다.

　필자는 학생들의 실습을 효율적으로 향상시키기 위해 학기마다 비디오로 두 번, 녹음기로 두 번 자신의 세션을 녹화·녹음하여 분석하도록 하는데, 이를 통해 많은 유익을 얻고 있다. 또한 자신의 담당 집단 외에도 다른 집단의 음악치료를 매주 관찰하게 함으로써 폭넓은 적용 방법을 익히도록 하고 있다(부록의 녹음 평가서 참조).

　다음 사례는 정신분열증 증세를 가진 성인 남성 클라이언트의 치료 진보 기록이다.

# 치료 진보 기록

Page No. ____

성명:                                                    성별: 남·여

세션 시간: 매주  요일  시(    분간)                     세션 형태: 일대일/집단

세션기록(2015. 2. 10.): 진단평가에서 나타난 K의 사회기술 결핍이나 낮은 자긍심과 관련된 행동은 세션 전반에 걸쳐 나타나고 있다. 사회기술에서 K는 우선 다른 사람에게 관심이 없는 듯 보였는데, 이것은 치료사나 동료가 대화를 건네도 대개 무표정한 얼굴로 응답하지 않는 것으로 나타난다. 함께 하는 활동에서도 동료와 교류하기보다는 자신에게 주어진 악기에만 집중하는 듯 보이는데, 이런 행동이 치료사에게는 동료와 교류나 관계 형성에서 의도적으로 분리하는 현상으로서 악기 활동에 집중하는 듯이 보였다. 세션에서 보인 K의 자긍심의 상태는 치료사의 질문이나 유도하는 대화를 피하면서도 가끔 응답하는 단어를 통해서(예: 잘못했어요, 미안합니다, 난 괜찮아요 등) 짐작할 수 있는데, 행동에서도 K는 전반적으로 수동적이며, 다른 사람을 매우 의식하는 듯 종종 얼굴을 붉히면서 사회적 상황을 회피하는 듯한 행동을 보이고 있다. 이날의 세션에서 K가 보인 음악적 기술이나 기능은 집단활동을 유지하는 데 적절한 정도였으며, 좋아한다는 복음성가(어머니로부터 들음)를 들려주었으나 다른 노래의 경우처럼 별다른 반응을 보이지는 않았다. 치료사는 계속되는 세션에서 K의 사회기술 향상을 위한 교류적 상황을 지속적으로 마련하는 데 초점을 맞출 것이며, 성공적인 음악 경험을 통한 자긍심 향상에 주력해 갈 것이다.

세션기록(15. 2. 12.): K의 사회기술의 결핍 그리고 낮은 자긍심과 관련된 행동이 여전히 활동 중에 나타나고 있는데, 대부분의 경우 이는 저조한 활동 참여와 무표정한 얼굴 표정을 유지하는 것으로 표현되고 있다. K는 차임 합주에서 좋은 집중력을 보였는데, 자신의 역할을 잘 감당하였을 때 주어진 치료사의 긍정적인 언어 강화에 순간 밝은 표정을 짓는 것으로 반응을 보였으

나 다음에 계속되는 활동에서는 여전히 무표정한 얼굴로 자신의 역할에만 제한된 집중을 보일 뿐 주변의 동료와 함께하는 데는 별로 관심을 보이지 않았다. 즉흥연주에서도 K는 자신의 의견을 적극적으로 표현하기보다는 수동적인 역할을 감당하는 듯 그리고 치료사가 즉흥연주에 대한 의견을 말하도록 하였을 때에도 "좋았어요."라고 짧게만 말할 뿐 더 이상의 적극적인 참여를 보이지 않고 있다. K는 세션에서 치료사의 지침에 대해 높은 주의집중 행동을 보이며, 개인적 과제 수행에 있어서도 기능 수준을 높이 유지하는 것으로 평가된다. 악기나 활동에 대한 특정 선호를 보이지 않으나 K 자신에게 주어진 활동 과제에 대해선 책임성 있게 대처하는 듯이 보인다. 앞으로의 세션에서 치료사는 즉흥연주 활동이나 함께하는 활동의 기회를 계속 제공하면서 K의 사회기술 발달과 자긍심 향상에 집중할 것이며, 치료사의 긍정적 언어강화에 짧은 시간이었지만 표정에 반응을 나타낸 것으로 보아 적극적인 사회적 강화재를 사용하도록 할 것이다.

# 즐거움의 현상학

음악치료의 장점 중의 하나가 즐겁다는 것이다. 더욱 즐거운 치료를 위해 칙센트미하이(Csikszentihalyi, 1990)의 '즐거움의 현상학'의 내용을 세션 활동에 적용해 보자.

1. 즐거움은 우리가 완성(도달)할 수 있는 편안한 과제를 가질 때 일어난다.
   Enjoyment occurs when we have a comfort tasks which we have a chance of completing.
2. 즐거움은 우리가 하는 무슨 일에 집중할 수 있을 때 일어난다.
   We must be able to concentrate on what we are doing.
3. 즐거움은 분명한 목적을 가진 과제에 함께할 때 일어난다.
   The task undertaken has clear goals.
4. 즐거움은 해당 과제가 즉각적인 피드백을 제공할 때 일어난다.
   The task undertaken provides immediate feedback.
5. 즐거움은 일상의 걱정이나 당혹감 같은 느낌으로부터 떠날 때 그래서 자연스럽게 빠져드는 일에 일어난다.
   The participant acts with a deep but effortless involvement that removes from awareness the worries and frustrations of everyday life.
6. 즐거운 경험은 자신의 행동에 대한 통제권을 가질 때 일어난다.
   Enjoyable experiences allow people to exercise a sense of control over their actions.
7. 즐거운 경험에서는 자의식은 사라지나 경험이 지난 후에는 더 강한 자아의 경험이 발생한다.
   Concern for self disappears, yet paradoxically the sense of self emerges stronger after the experience is over.
8. 즐거운 경험은 시간에 대한 감각을 변형시킨다: 1분이 1시간처럼, 1시간이 1분처럼 변형된다.
   The sense of duration of time is altered; hours pass by in minutes, minutes may stretch into hours.

## 🎵 요약

음악치료사는 치료의 과정으로 환자에 대한 진단평가, 치료적인 목적 및 목표 설정, 음악 활동 계획, 환자의 반응 평가 등을 하게 된다.

진단평가에서는 환자의 상태와 배경, 특히 현재 환자가 보이는 장점과 약점에 대해 평가한다. 치료 목적과 행동 목표는 진단평가에서 나타난 문제점을 통해 장기 및 단기 치료 목적으로 구분하여 설정한다.

치료 목적과 행동목표가 설정되면 음악 활동을 계획에 따라 적절하게 구성하고 세션마다 활동 계획을 만들며, 이 계획에 따라 세션을 시행하고 그 결과를 데이터로 만든다. 이때 수집되는 데이터를 통해 환자의 치료 결과를 평가하는데, 이 데이터는 반드시 사전에 행동목표에서 설정된 기준에 의해 수집된 것이어야 한다.

## 🔍 참·고·문·헌

Davis, W., Gfeller, K. E., & Thaut, M. H. (Eds.). (1992). *An introduction to music therapy: Theory and practice.* Dubuque, IA: Wm. C. Brown.

Duerksen, G. (1978). Music education: Helping others to use music. Music therapy: Using music to help others. Unpublished paper, University of Kansas.

Furnam, C. E. (Ed.). (1988). *Effectiveness of music therapy procedures: Documentation of research and clinical practice.* Washington, DC: The National Association for Music Therapy.

Gaston, E. T. (Ed.). (1968). *Music in therapy.* New York: The MacMillan Company.

Madsen, C. K. (1981). *Music therapy: A behavioral guide for the mentally retarded.* Lawrence, KS: The National Association for Music Therapy.

Maranto, C. D., & Bruscia, K. (Eds.). (1988). *Methods of teaching and training the music therapist.* Philadelphia, PA: Temple University, Esther Boyer College of Music.

McNiff, S. (1987). Clinical breadth and the arts: Interdisciplinary training in thecreative arts therapies. In C. D. Maranto & K. Bruscia (Eds.), *Perspectives on Music Therapy Education and Training* (Vol. 1., pp. 177-189). Philadelphia, PA: Temple University, Esther Boyer College of Music.

# 제6장 정신질환자를 위한 음악치료

# 제6장 | 정신질환자를 위한 음악치료

정신질환은 한 개인의 행동, 기분, 사고를 바꿀 수 있을 뿐 아니라, 수행 능력 발휘를 방해하여 삶의 질을 훼손시킨다. 이러한 변화는 개인적으로나 사회적으로 심각한 문제를 가져온다. 급변하는 사회, 문화적 환경에서 현대인은 심한 스트레스로 인해 불안, 우울, 물질남용 등과 같은 정신질환에 상당수 노출되어 있다. 주요 정신질환들은 대개 초기 성인기에 발병하여 만성적인 경과를 밟는 수가 많아 환자와 가족 그리고 나아가 국가적으로도 많은 부담을 갖게 된다. 세계보건기구(WHO)는 1990년대에 이미 10대 중요 건강 문제 중에 주요 우울증 등 정신질환이 5개나 포함되어 있음을 보고함으로써 정신보건 문제의 심각성을 이야기하였다.

정신질환은 한 가지 원인으로만 발병하는 경우는 드물고 대개 여러 요인들이 누적되어 발병하게 되므로 증상의 악화나 재발을 막기 위해서는 증상을 조절해감과 동시에 사회구성원으로서 역할을 담당할 수 있는 힘을 기르기 위한 다양한 치료 방법이 병행되어야 한다. 즉, 정신질환을 치료한다는 것은 신체생리적 증상을 약물로 경감시키는 한편, 환자로 하여금 병적인 방어기제를 인식하고 건강하고 성숙한 방어기제로 바꾸도록 하여 비적응적 행동에서 벗어나게 하는 것이라 할 수 있다(강홍조 외, 2007).

약물치료, 입원과 같은 전통적 접근 방식의 치료 서비스는 정신질환의 다양한 증상 중 일부분에서는 효과적일 수 있으나, 정신질환자들의 사회화 측면에서 볼 때 제한적인 효과를 나타낸다. 정신질환자의 궁극적인 치료 목표는 정신병리 증상의 호전과 더불어 사회생활로의 복귀를 돕는 것이라 할 수 있다. 그러므로 그들의 치료를 위해서는 심리사회적 필요를 채워 주고, 기능적인 결함들을 보완할 수 있는 정신 재활 프로그램이 병행되어야 한다. 정신 재활을 돕기 위한 심리 교육 치료 프로그램들은 정신질환자로 하여금 고립되고 의존적이며 수동적인 생활에서 벗어나도록 하여 타인들과 상호작용하는 기회를 늘리고 적절한 대인 관계를 맺도록 하는 데 효과적으로 사용될 수 있다. 이러한 관점에서 최근 들어 정신과 병원이나 관련 기관에서 지지적인 네트워크 구축 그리고 정신 재활을 돕기 위한 다양한 치료 프로그램의 실시를 통해 정신질환자가 사회 공동체 속에서 생산적인 삶을 영위할 수 있도록 환경을 마련하고 있다.

　음악치료는 정신질환자의 정신 재활을 돕기 위해 많은 정신과 병원 및 시설에서 사용되는 중재다. 음악치료는 정신질환자에게 자기표현 능력, 커뮤니케이션 능력, 의사 결정력, 주의 집중력, 현실 감각, 통찰력 증진 등 긍정적인 결과를 가져와 사회 공동체로의 통합 능력을 향상시키는 데 기여할 수 있다. 정신질환자를 위한 음악치료에 대해 소개하기 앞서 우선 정신질환에 대한 이해가 선행되어야 할 것이다. 다음으로는 정신과에서 대표적인 장애인 정신분열증, 우울장애와 양극성장애, 그 밖의 정신장애인 불안장애, 강박장애, 외상 후 스트레스 장애에 대해 살펴보고자 한다.

# 1. 정신분열증

　정신분열 스펙트럼 장애는 현실을 왜곡하는 기괴한 사고와 혼란스러운 언어를 특징으로 하는 다양한 장애들을 의미한다. DSM-5에서는 정신분열 스펙트럼 및 기타 정신증적 장애(Schizophrenia Spectrum and Other Psychotic Disorders) 범주에 정신분열증, 분열정동장애, 정신분열형장애, 단기 정신증적 장애, 망상장애, 그리고 분열형성격장애와 약화된 정신증 증후군을 포함하고 있다. 다음은 정신분열 스펙트럼 장애 중 가장 대표적인 장애인 정신분열증에 대한 설명이다.

## 1) 정신분열증의 주요 증상 및 임상적 특징

정신분열증은 망상, 환각, 혼란스러운 언어와 행동 등을 특징적으로 나타내는 정신장애다. 정신분열증은 현실검증력이 손상되어 비현실적인 지각과 비논리적인 사고를 나타내며 혼란스러운 심리상태를 보인다. 이러한 증상들로 인해 정신분열증 환자는 일상생활 적응에 필요한 기능들이 현저하게 저하되는 양상을 보인다(권석만, 2014). 정신분열증 환자가 나타내는 다양한 증상은 양성 증상(positive symptom)과 음성 증상(negative symptom)으로 구분할 수 있다. 양성 증상에는 망상, 환각, 와해된 언어나 행동 등이 있는데, 망상(delusion)은 외부세계에 대한 잘못된 추론에 근거한 자신과 세상에 대한 잘못된 믿음으로, 그 내용에 따라 피해망상, 과대망상, 관계망상, 애정망상, 신체망상 등 다양하다. 환각(hallucination)은 외부자극이 없음에도 불구하고 어떤 소리나 형상을 지각하는 등 외부 자극에 대해서 현저하게 왜곡된 비현실적 지각을 말한다. 환각은 감각의 종류에 따라 환청, 환시, 환후, 환촉, 환미로 구분되는데, 정신분열증에서 가장 흔한 환각 경험은 환청(auditory hallucination)이다. 와해된 언어(disorganized speech)는 비논리적이고 지리멸렬하며 혼란스러운 언어를 의미한다. 정신분열증 환자는 말을 할 때 횡설수설하거나 초점을 자주 빗나가는 등 논리적으로 연결되지 않아 이해하기 힘들다. 이는 정신분열증 환자가 사고장애로 인하여 말하고자 하는 목표를 향해 생각을 논리적으로 전개시키지 못하고 초점을 잃거나, 다른 생각이 침투하여 말하고자 하는 방향과는 다른 엉뚱한 방향으로 생각이 흘러가기 때문에 나타난다. 또한 목표 지향적 행동을 하지 못하고 상황에 부적절한 행동인 와해된 행동(disorganized behavior)이나, 마치 몸이 굳은 것처럼 부적절하거나 기괴한 자세를 유지하는 긴장 증적 행동(catatonic behavior)을 나타낸다. 양성 증상은 흔히 어떤 스트레스 사건에 대한 반응으로 급격하게 발생하고 약물치료에 의해 쉽게 호전되며, 지적 손상이 적고 치료 경과가 상대적으로 좋은 편이다.

이에 비해 음성 증상은 정상인들이 나타내는 적응적 기능이 결여된 상태를 말하며, 정서적 둔마, 언어의 빈곤, 의욕의 저하, 쾌락의 감소, 대인 관계의 무관심 등이 있다. 음성 증상은 외부 사건과 무관하게 서서히 발전하여 악화되고 약물로 잘 치료되지 않으며, 지적 기능이 현저하게 저하되고 치료 경과도 나쁜 편이다. 만성 정신분열증 환자는 음성 증상을 많이 보이며, 양성 증상을 보였던 사람도 적절한 치료를 받지 못하면 증상이 장기화·만성화되면서 음성 증상이 주된 증상을 보이는 경향이 있다.

## 2) 정신분열증의 치료

정신분열증 환자가 현실 검증력에 손상이 있고 현저한 부적응 양상을 보이며 양성 증상을 나타내는 경우, 우선 약물을 통해 증상을 완화시키는 것이 필요하다. 그러나 정신분열증 환자의 좀 더 근본적인 치료와 사회적 재적응을 위해서는 심리 교육 치료 등 대체적·보완적 치료가 요구된다. 정신분열증 환자에 대한 심리 교육 치료는 매우 다양하다. 정신역동적 치료에서는 '의미 있는 관계 형성'을 통해 치료사와의 건강하고 지지적인 관계 속에서 대상 관계를 재경험하고 자아기능을 강화시키는 데 초점을 두고 있다. 또한 적응적 행동의 증가와 부적응적 행동의 감소를 위해서 다양한 행동 치료 기법들이 활용되고 있다. 일상적 적응기능에 손상을 보이는 만성 정신분열증 환자의 경우 토큰 경제(token economy) 등을 적용하여 적응적 기능을 습득시킬 수 있고,

불안해질 때마다 환각을 호소하는 정신분열증 환자에게는 체계적 둔감법을 이용해 불안을 효과적으로 처리하게 함으로써 환각을 사라지게 할 수도 있다. 정신분열증 환자가 사회적 적응에 어려움을 겪는 이유는 사회 기술이 부족하여 상대방에게 혐오스러운 인상을 주게 됨으로써 거부당하기 때문이다. 따라서 사회기술훈련을 통해 다양한 상황에 대처하는 기술을 가르침으로서 타인과의 상호작용을 증진시킬 수 있다(Bellack & Mueser, 1993; Wong & Woolsey, 1989). 정신분열증 환자의 사고 내용을 변화시키고 적응 능력을 향상시키기 위해 다양한 인지 치료 기법도 사용할 수 있다. 정신분열증 환자의 사회 재적응에 가장 중요한 역할을 하는 것은 가족이므로 환자와 가족에게 효과적인 커뮤니케이션 방법, 적절한 감정 표현 방법을 교육시키는 등 가족 치료도 중요한 치료 방법 중 하나다.

## 2. 우울장애와 양극성장애

인생을 살면서 우리는 기분의 변화를 수없이 경험한다. 기분의 변화가 심하지 않아서 일상생활에 지장을 받지 않는 경우도 있지만, 때로는 기분의 변화가 심해서 일상생활에 어려움을 초래하는 경우도 있다. 또한 기분이 비정상적으로 들떠서 불안정하고 산만하며 무모한 행동을 하여 여러 가지 문제를 일으키는 경우도 있다. 이처럼 지나치게 저조하거나 고양된 기분 상태가 지속되어 일상생활에서 심각한 어려움을 겪게 되는 정신장애가 바로 우울장애와 양극성장애다. DSM-IV에서는 이 두 장애가 기분장애(mood disorders)의 하위 장애로 분류되었지만, DSM-5에서는 우울장애와 양극성장애가 증상은 물론 원인, 경과, 치료 등에서 뚜렷한 차이를 보인다는 연구 결과에 근거하여 각각을 독립적인 장애범주로 분류하였다.

## 1) 우울장애

우울장애(depressive disorders)는 우울하고 슬픈 기분, 그에 수반되는 여러 증상으로 인해 개인적 능력이 현저하게 저하되어 현실 적응이 어려운 증상을 말한다. 우울장애는 '심리적 독감'이라고 불릴 만큼 매우 흔한 장애인 동시에, 자살에 이르는 비율이 높아 매우 치명적인 장애이기도 하다. 우울장애 상태에서는 다양한 신체적·심리적 문제가 동반된다. 우울하고 슬픈 감정을 비롯하여 좌절감, 죄책감, 고독감, 무가치감, 허무감, 절망감 등과 같은 고통스러운 정서 상태가 지속되며, 심할 경우 무감각한 정서 상태를 나타내기도 한다. 이와 함께 활동에 대한 흥미와 즐거움이 저하되어 매사가 재미없고 무의미하게 느껴지며, 어떤 일을 하고자 하는 의욕이 현저하게 저하되어 생활이 침체되고 위축된다.

또한 자기비하적인 생각과 타인 및 세상에 대한 부정적·비관적 생각이 증가되어 사는 것이 힘들고 미래가 절망적으로 느껴지는 허무주의에 사로잡혀 죽음과 자살에 대한 생각을 자주 하게 된다. 인지적 기능도 저하되어 사고력, 집중력, 지속력, 기억력의 저하 및 판단력, 결정력에도 어려움을 겪게 되어 자신의 능력을 발휘하지 못하고 학업이나 직업 활동에 문제가 발생한다. 어떤 일을 시작하는 데 어려움을 겪어 해야 할 일을 미루는 일이 반복되고, 활력과 생기가 저하되며 쉽게 지치고 자주 피곤함을 느낀다. 아울러 사회 활동을 회피하여 고립되고 위축된 생활을 하게 되며, 심한 경우에는 자학적인 행동이나 자살시도를 하기도 한다. 또한 우울장애 상태에서는 여러 가지 신체생리적인 변화도 동반되는데, 식욕 및 체중의 변화가 나타나고, 피곤함을 많이 느끼며 활력이 저하되고, 소화불량이나 두통 등과 같은 신체적 증상을 호소하고 이러한 증상에 집착하는 경우도 있다(권석만, 2014).

우울장애는 개인에게 매우 고통을 주는 장애이지만 전문적으로 치료를 받으면 회복이 잘되는 장애이기도 하다. 그러나 우울장애를 지닌 사람은 의욕상실과 사회적 위축 등으로 인해 적절한 치료를 받지 않은 채 고통스러운 삶을 살아가는 경향이 있다. 또한 심한 경우 자살과 같은 치명적인 결과를 가져올 수도 있으므로 전문적인 치료를 받는 것이 바람직하다. 우울장애의 치료 방법 중 인지치료는 우울한 사고 내용을 탐색하여 인지적 왜곡을 찾아내 교정함으로써 긍정적인 사고와 신념을 갖도록 유도한다(Beck, 1976). 인지치료는 부정적인 자동적 사고와 역기능적 신념을 찾아내고 변화시키기 위해 다양한 기법들이 사용되는데, 인지의 변화뿐만 아니라 부적응적 행동을 변화시키기 위해 여러 행동치료기법을 함께 적용하여 인지행동치료를 시행하기도 한다. 정신역동적 치료에서는 우울 증상을 삶의 전반적 맥락에서 이해하고 무의식적 갈등을 파악하여 문제에 직면시키고 해석해 주는 등 심층적이고 포괄적으로 접근한다. 치료사는 환자로 하여금 대인 관계 방식에 대한 이해 및 중요 타인에 대해 억압하고 있었던 분노 감정을 자각하게 하고 이러한 감정을 공감적으로 잘 수용하여 해소하도록 하며, 비현실적 소망을 현실적인 것으로 변화시키고 이러한 소망을 성취하기 위한 새로운 생활 방식과 대인 관계 방식을 찾도록 도와주는 역할을 하게 된다.

## 2) 양극성장애

과거 DSM-IV에서는 양극성장애(bipolar disorder)를 우울장애와 함께 기분 변화를 나타내는 유사한 장애로 여겨 양극성장애와 우울장애를 기분장애의 하위 유형으로 분류했으나 DSM-5에서는 양극성 및 관련 장애(Bipolar and Related Disorders)라는 독립된 진단범주로 분류하고 있다. 양극성장애는 우울한 기분 상태와 고양된 기분 상태가 번갈아가며 나타나는 경우를 말하는데, 과거에는 '조울증'이라고 불리기도 하였다. 기분이 고양된 조증 상태에서는 평소보다 말이 많아지고 행동이 부산해지며, 자신감에 넘쳐 여러 가지 일을 벌이고, 과대망상적 사고를 나타내며 잠도 잘 자지 않고 활동적으로 일하지만 실제로 이루어지는 일은 거의 없는 결과적으로 심한 부적응적 결과를 나타낸다.

제1형 양극성장애(bipolar I disorder)는 기분이 비정상적으로 의기양양하고 자신만만하거나 짜증스러운 기분을 나타내고 목표 지향적 행동이나 에너지 수준이 비정상적으로 증가된 상태가 특징적으로 나타나며, 장애로 인해 사회적·직업적 기능에 심각한 지장을 가져오고 정신증적 양상도 동반되는 장애다. 제1형 양극성장애는 가장 심한 형태의 양극성장애로 한 번 이상의 조증 삽화가 나타나는 경우를 말한다. 제2형 양극성장애(bipolar II disorder)는 제1형 양극성장애와 유사하지만 조증 삽화의 증상이 상대적으로 미약한 경조증 삽화(hypomanic episode)를 보인다. 경조증 삽화는 평상시의 기분과는 다른 의기양양하거나 고양된 기분이 적어도 4일 동안 지속되지만, 이러한 조증 증상이 사회적·직업적 기능에 심각한 지장을 주지 않으며 정신증적 양상도 동반되지 않는다.

양극성장애 환자가 조증 삽화로 인하여 자신과 타인에게 피해를 줄 우려가 있을 경우 입원하여 약물치료를 받아야 한다. 그러나 양극성장애는 대부분 만성적 경과를 나타내며 전반적 기능 수준이 저하된 상태가 지속되기 때문에 약물치료만으로는 한계가 있다. 양극성장애의 치료와 재발 방지를 위해서 심리치료 등의 대체적·보완적 치료를 병행하는 것이 필요하다. 양극성장애 환자는 우울증과 조증을 반복하는 경향이 있기 때문에 증상이 시작되는 초기 변화를 감지하여 증상이 악화되지 않도록 치료를 받으며 심리적 안정을 취하는 것이 중요하다.

양극성장애의 심리치료에는 인지행동치료와 대인 관계 및 사회적 리듬치료(interpersonal and social rhythm therapy)가 효과적인 것으로 알려져 있다. 양극성장애를 위한 인지행동치료는 일상생활 속에서 경험하는 부정적 경험의 인지적 재구성뿐 아니라, 전구기 증상을 감지하고 조증 삽화로 발전하지 않도록 인지와 행동을 수정하는 데 초점을 둔다. 대인 관계 및 사회적 리듬치료는 대인 관계의 안정과 사회적 일상생활의 규칙성이 양극성장애의 재발을 막는데 효과적이라는 연구에 근거하고 있다(Frank, Schwartz, & Kupfer, 2000; Frank et al., 2005). 양극성장애는 흔히 대인 관계 맥락에서 촉발되므로 대인 관계를 안정적으로 유지하도록 돕는 것은 양극성장애의 치료와 예방에 매우 중요하다 할 수 있다.

# 3. 그 밖의 정신장애

## 1) 불안장애

불안은 부정적인 결과가 나타날 수 있는 위험하고 위협적인 상황에서 경험하는 정서 반응이다. 불안을 느끼게 되면 부정적 결과가 일어나지 않도록 긴장을 하고 조심스럽게 행동하게 되고, 이후 위험하고 위협적인 상황에서 벗어나면 안도감을 느끼고 긴장이 풀어지며 편안한 기분으로 되돌아간다. 이처럼 불안은 누구나 흔히 생활 속에서 경험하는 불쾌하고 고통스러운 감정으로, 위험하고 위협적인 상황에서 자신을 보호하도록 돕는 순기능을 지니고 있으므로 자연스럽고 정상적이며 적응적인 반응이라 할 수 있다.

불안을 느끼게 되면 신체적·심리적 변화가 발생한다. 자율신경계의 교감신경이 활성화되어 동공이 확장되고, 혈압이 상승하며, 호흡이 가빠지고, 근육이 긴장되는 등의 신체적 변화가 나타난다. 또한 행동을 조심스럽고 신중하게 하며 위험하고 위협적인 상황이 일어날 경우를 대비해 긴장 상태를 유지하면서 이러한 상태에서 벗어나려는 노력을 하게 된다. 불안을 느끼는 위험하고 위협적인 상황을 회피하거나 부정적 결과가 발생하지 않도록 위험 요소를 제거함으로서 신체적·심리적 긴장에서 벗어나려고 한다. 이처럼 현실적으로 위험하고 위협적인 상황에서 불안을 느끼는 것은 정상적 불안(normal anxiety)

이라 할 수 있다.

이에 반해 병적 불안(pathological anxiety)은 불안 반응이 부적응적인 양상으로 나타나는 경우다. 권석만(2014)은 병적인 불안과 정상적 불안을 다음과 같이 구별하고 있다. 첫째, 현실적인 위험이 없는 상황이나 대상에 대해 불안을 느끼는 경우, 둘째, 현실적인 위험의 정도에 비해 과도하게 심한 불안을 느끼는 경우, 셋째, 불안을 느끼게 한 위협적 요소가 사라졌음에도 불안이 과도하게 지속되는 경우다. 이처럼 병적 불안으로 인해 과도하게 심리적 고통을 느끼거나 현실 적응에 심각한 어려움을 겪는 경우를 불안장애(anxiety disorders)라고 한다. 다음에서는 불안장애의 하위 범주 중 범불안장애와 공황장애에 대해 살펴보겠다.

### (1) 범불안장애

'일반화된 불안장애'라고 불리는 범불안장애(generalized anxiety disorder)는 일상생활 속에서 겪게 되는 여러 가지 사건에 대해 지나치게 걱정함으로써 만성적 불안과 과도한 걱정을 나타내는 장애다. 이러한 상태가 오래 지속되면 몹시 고통스럽고 현실 적응에도 어려움을 겪게 된다. 이 장애의 주요 증상은 과도한 걱정으로, 걱정의 주된 주제는 가족, 인간관계, 직업적/학업적 무능, 경제력, 불확실한 미래, 질병에 관한 문제 등이다(Sanderson & Barlow, 1990; Tallis, Eysenck, & Mathews, 1992).

범불안장애를 지닌 사람은 "이유 없이 늘 불안하고 무언가 나쁜 일이 일어날 것 같은 막연한 불안감에서 벗어날 수 없다."고 호소한다. 정신분석적 입장에서는 이것을 불안의 원인이 무의식적 갈등에 있기 때문에 불안의 이유를 자각하기 어렵고, 성격구조 간의 역동적 불균형에 의해 경험되는 부동 불안이 범불안장애의 핵심 증상이라고 주장한다. 행동주의 입장에서는 환경자극에 대해 조건 형성된 학습의 결과로 보고 있다. 또한 인지적 입장에서는 불안한 사람은 위험에 대한 인지 도식(schema)이 발달되어 있어 일상 생활 속 위험 관련 자극에 주의를 많이 기울이고 그 의미를 위협적인 것으로 해석하기 때문에 위험에 처해 있다는 왜곡된 지각을 한다고 설명하고 있다(Beck & Emery, 1985; Butler & Mathews, 1987; Mathews, Mogg, May, & Eysenck, 1989). 범불안장애를 지닌 사람은 불확실성에 대한 인내력이 부족하여 "만일 ~하면 어떡하지?(What if~?)"라는 질문을 반복하는데, 이러한 반복적이고 연쇄적인 사고 과정을 통해 부정적 결과를 예상하는 '파국화(catastrophizing)'를 보이는 경향이 있다(Davey & Levy, 1998; Dugas, Freeston, & Ladouceur, 1997).

범불안장애는 매우 흔한 장애이지만 다른 장애에 비해 치료법이 잘 보고되어 있지 않았다가 최근에 범불안장애에 대한 인지행동치료가 효과적이라는 연구가 보고되고 있다(Mathews, Mogg, Kentish, & Eysenck, 1995; Roemer, Orsillo, & Barlow, 2002). 범불안장애의 인지행동치료에서는 불안, 걱정과 관련된 인지적 요인들을 이해시킨 후, 그러한 사고과정을 자각하여 관찰하도록 하는 과정을 통해 불안, 걱정의 비현실성과 비효율성을 인식하게 하는 동시에 불안, 걱정에 대한 신념을 수정하고 이를 조절·통제·대처하는 방법을 습득시킨다.

### (2) 공황장애

공황장애(panic disorder)는 갑자기 엄습하는 강렬한 불안, 즉 공황발작(panic attack)을 반복적으로 경험하는 장애로, 공황발작은 예상하지 못한 상황에서 갑작스럽게 밀려드는 극심한 공포, 강렬한 불안 증상을 말한다. DSM-5에 따르면 공황발작으로 진단되기 위해서는 갑작스러운 강렬한 공포와 더불어 다음의 13개 증상 중 4개 이상이 나타나야 한다(권석만, 2014). ① 심장박동이 빨라지고 강렬하거나 심장박동수가 점점 더 빨라짐, ② 진땀을 흘림, ③ 몸이나 손발이 떨림, ④ 숨이 가쁘거나 막히는 느낌, ⑤ 질식할 것 같은 느낌, ⑥ 가슴의 통증이나 답답함, ⑦ 구토감이나 복부통증, ⑧ 어지럽고 몽롱하며 기절할 것 같은 느낌, ⑨ 한기를 느끼거나 열감을 느낌, ⑩ 감각 이상증(마비감이나 찌

릿찌릿한 감각), ⑪ 비현실감이나 자기 자신과 분리된 듯한 이인감, ⑫ 자기 통제를 상실하거나 미칠 것 같은 두려움, 그리고 ⑬ 죽을 것 같은 두려움이다.

이러한 증상들은 갑자기 나타나며 10분 이내에 그 증상이 최고조에 달하여 극심한 공포를 야기하게 되는데, 이러한 공포가 약 10~20분간 지속되면 환자는 죽을 것 같은 공포를 느끼게 되나 대부분 빠르게 또는 서서히 사라진다. 이러한 공황발작을 경험한 이후 지속적인 염려와 걱정을 하거나, 공황발작과 관련하여 현저하게 부적응적인 행동 변화가 나타나게 되면 공황장애로 진단된다. 공황장애를 지닌 사람은 공황발작이 없는 때에도 공황발작이 다시 일어날 것에 대한 걱정과 함께 공황발작의 결과에 대한 걱정을 나타내는 예기불안(anticipatory anxiety)을 보이며 부적응적인 행동 변화를 수반하게 되고, 발작이 일어났던 장소 및 상황과 유사한 장소 및 상황을 회피하는 행동을 보인다.

공황장애의 원인에 대한 정신분석적 입장은 불안을 야기하는 충동에 대한 방어기제가 작동하지 못하여 억압되어 있던 충동이 드러나는 것에 대한 두려움으로 인해 극심한 불안을 경험하게 된다고 설명하고 있다. 인지적 입장에서는 신체감각을 위험한 것으로 잘못 해석하는 파국적 오해석(catastrophic misinterpretation)에 의해 공황발작이 유발된다고 보았다(Clark, 1986). 공황발작은 특정한 장소 등과 같은 외적 자극, 불쾌한 기분이나 생각 그리고 신체감각 등과 같은 내적 자극들로 인해 일어날 수 있다. 이러한 자극들이 위협적인 것으로 지각되면 걱정과 염려를 하게 되고 이러한 상태는 다양한 신체감각을 유발하게 되는데, 공황장애 환자는 이러한 신체감각을 파국적으로 해석하고, 이러한 해석으로 인해 걱정과 염려가 강화되어 신체감각을 더 심각하게 느껴서 더 파국적인 해석을 하게 되는 악순환을 반복하며 극심한 공황발작을 일으키게 된다. 공황장애 환자는 공황발작을 경험하고 나면 더욱 예민해져서 자신의 신체감각을 주의 깊게 관찰하고 공황발작을 막기 위해 다양한 회피 행동을 하게 되는데, 이로 인해 파국적 해석과 관련된 부정적 신념을 강화하게 된다. 공황장애에 대한 인지행동치료에는 불안을 조절하는 긴장이완 훈련, 파국적 오해석의 인지적 수정, 공포 상황에의 점진적 노출 등과 같은 방법들이 사용되고 있다.

## 2) 외상 후 스트레스 장애

우리의 삶은 크고 작은 사건과 사고의 연속으로 이루어져 있고, 여기에 대처하며 적응하는 과정이 우리의 삶이라고 할 수 있다. 부정적인 사건이나 사고를 겪었을 경우 일시적으로 고통을 경험하지만 다시 일상으로 돌아가게 된다. 그러나 어떤 사건이나 사고는 너무 강력하고 충격적이어서 그 당시 극심한 고통과 혼란을 겪은 후 오랜 세월 동안 계속 고통스러운 상처로 남아 있기도 한다. 이처럼 강력하고 충격적인 사건이나 사고에 의해 입은 심리적 상처를 외상(外傷), 트라우마(trauma)라고 한다. 외상을 유발하는 사건들로는 전쟁, 건물 붕괴, 지진, 해일, 교통사고, 살인, 납치 등 수 없이 많다. 외상 사건을 경험한 사람은 그 충격과 후유증으로 인해 심각한 부적응 증상을 나타내게 되는데, 특히 어린 시절에 입은 애착 외상은 타인과의 관계 형성 능력에 지속적으로 영향을 미치게 된다.

외상 후 스트레스 장애(posttraumatic stress disorder: PTSD)는 충격적 외상 사건을 경험하고 난 후 다양한 심리적 부적응 증상이 나타나는 경우를 말한다. 생명의 위협이나 심각한 신체적 상해 위협을 느낄 만큼 충격적 사건이나 사고를 경험하게 되면 그 때의 충격적 경험이 심리적 상처로 남아 오랜 기간 삶에 영향을 미치게 된다. 이러한 외상 경험은 개인이 직접 경험한 경우뿐 아니라 타인에게 일어난 것을 목격하거나 주변 사람에게 그러한 사건이나 사고가 발생했을 경우에도 발생할 수 있다. 외상 후 스트레스 장애는 외상 사건이라는 분명한 촉발 요인이 존재하지만 동일한 외상 사건을 경험했더라도 어떤 사람은 잘 견디고 적응하는 반면, 어떤 사람은 외상 후 스트레스 장애를 나타내는 것과 같이 외상 사건에 노출된 사람들의 심리적 반응은 다르게 나타날 수 있다.

외상 후 스트레스 장애의 치료와 관련하여 많이 언급되는 이론으로 '정서 처리이론(emotional processing theory)'이 있다(Foa & Riggs, 1993; Foa & Rothbaum, 1998: Foa, Steketee, & Rothbaum, 1989). 이 이론에 따르면 외상 경험 피해자는 외상 경험과 관련된 부정적 정보들의 연결로 이루어진 공포 기억 구조를 형성하게 되고, 외상 경험과 관련된 단서들이 이러한 구조의 연결을 활성화시켜 침투 증상을 유발하게 되며, 이러한 활성화를 회피하고 억압하려는 시도도 역시 부적응 상태를 초래하게 된다고 설명하고 있다. 해결 방법은 반복적 노출을 통해 공포 기억 구조의 정보들을 기존의 기억 구조와 통합시키는 것인데, 이러한 통합을 위해 공포 기억 구조와 불일치하는 상반되는 정보를 제공함으로써 공포 기억 구조가 수정되도록 유도한다. 외상 후 스트레스 장애의 다양한 문제를 통합적으로 설명하고 있는 또 다른 이론으로 엘러스와 클라크(Ehlers & Clark, 2000)의 인지모델을 들 수 있다. 이 이론에 따르면, 외상 후 스트레스 장애의 핵심은 과거의 외상 사건으로 인한 현재의 위협감으로, 과거의 공포스러운 외상 사건을 재경험하면서 마치 현재 위협적인 일이 벌어질 것 같은 강한 두려움과 부정적 정서를 경험하는 것이다. 이러한 위협감에 대한 부적응적인 대처행동이 외상 후 스트레스 장애를 지속시키거나 악화시키게 된다.

외상 후 스트레스 장애의 치료에서 정신역동적 입장은 카타르시스를 통해 외상 사건을 재구성하여 외상 경험으로부터 발생하는 내적 갈등을 해소시켜 주는 것을 목적으로 한다. 또한 지속적 노출치료, 인지처리치료, 안구 운동 둔감화 및 재처리 치료가 효과적이라고 보고되고 있다(Chard, Schumm, Owens, & Cottingham, 2010; Cigrang, Paterson, & Schobitz, 2005; Foa, Keane, & Freidman, 2009; Foa & Rauch, 2004; Foa & Riggs, 1993; Monson et al., 2006; Resick & Schnidke, 1993; Shapiro, 1989).

외상은 매우 고통스러운 경험이지만 또한 인간을 성장시키는 촉진제가 될 수 있다. '외상 후 성장(Posttraumatic Growth: PTG)' 은 외상을 통해 성장이 이루어지는 심리적 과정을 설명하는 개념이다(Tedeschi & Calhoun, 1996, 2004). 외상 사건을 경험하게 되면 세상에 대한 위험, 자신의 취약성에 대한 인식과 동시에 세상과 자신에 대한 비현실적 인식과 신념을 수정하게 된다. 또한 고난과 역경을 견디며 외상 사건을 극복하는 과정에서 자신의 잠재력과 장점을 발견하고 자기 유능감이 증가될 수 있으며, 자신의 아픔과 고통을 통해 타인을 이해하고 공감하는 능력이 향상됨으로써 대인 관계가 심화될 수 있고, 깊고 유연한 인생관과 가치관의 정립을 가져올 수 있다.

# 4. 음악치료 적용

앞서 살펴본 바와 같이, 다양한 정신질환들은 일반적으로 어떤 특정한 소인을 가진 사람에게 삶의 과정 중에 감당하기 어려운 생물학적 · 심리적 · 환경적 유발인자로 인해 발생하게 된다. 유발인자가 너무 강렬하거나 그것들이 누적되어 대응전략과 방어기제를 사용하여 조정하고 극복하지 못하게 되는 경우 정신질환이 발생한다(강홍조 외, 2007). 정신질환자는 질병의 특수성으로 인해 스트레스에 취약하고 대처기술이 빈약하며 의존성이 강하고 대인 관계에 어려움을 느낀다. 정신질환자에게 부정적인 영향을 미치는 상황 또는 갈등 상황, 제한적인 환경 등은 스트레스가 되어 그들의 증상을 더욱 악화시킬 수 있다. 그러므로 스트레스 대응능력 향상을 위한 스트레스 조절 및 관리는 정신질환자의 신체적 · 심리적 · 사회적 건강 증진을 위해 의미가 있다.

정신질환자는 현실을 파악하고 외부 세계에 대처하는 능력이 약하고, 대인 관계나 일상생활에서의 문제해결 능력이 현저하게 떨어진다. 일상생활을 수행할 수 있는 현존 능력의 유지가 힘들고 새로운 기술 습득의 의지도 빈약하여 일상생활 수행 기능이 점차 상실되어 결국 사회에서 고립된 채 살아가게 된다. 오랫동안 정신질환을 앓아 온 환자의 경우 실패와 거절에 대한 두려움으로 인해 사회적으로 매우 위축되어 있는 상태로 자존감 및 자신감의 저하, 무기력증, 무의욕증을 보인다. 이러한 양상들은 치료 시 부정적 영향을 미칠 수 있기 때문에 실패를 줄이고 자존감 및 자신감을 높여 의욕과 동기를 고무시키는 접근법이 요구된다.

정신질환을 치료한다는 것은 환자가 병적인 방어기제를 인식하고, 건강하고 성숙한 방어기제를 사용하여 생산적인 대응 전략을 세우게 함으로써 비적응적 행동에서 벗어나게 하는 것이라 할 수 있다. 정신질환 치료에 있어 약물치료는 정신질환자가 보이는 초조감, 공격적 행동, 환각, 망상 등에 호전을 가져올 수 있다. 그러나 약물치료는 효과성만큼이나 부작용의 측면도 간과할 수 없고, 정신질환자의 사회화 측면에서 볼 때 제한적 효과를 나타내며 그들이 보이는 의욕상실, 사회적 고립, 대인 관계 위축, 사회 기술 부족 등에는 효과를 기대하기 어렵다.

정신질환 치료의 궁극적인 목적은 정신병리 증상의 호전과 더불어 사회로의 복귀를 통한 삶의 질 향상이므로 최근에는 다차원적 치료 전략에 입각한 다양한 정신재활(psychiatric rehabilitation) 치료가 제안되고 있다. 즉, 치료적 접근에 있어 증상의 호전과 더불어 정서적·사회적 지지와 함께 안녕감 및 삶의 질을 향상시킬 수 있는 정신재활 치료를 필요로 하게 되었다. 정신질환자에게는 고립되고 의존적이며 수동적인 생활에서 벗어나 사회적 환경과 상호작용하고 타인과의 교류를 통해 관계를 맺고, 활동에 대한 성취를 통해 자신감 및 자존감을 증진시키고, 삶의 질을 향상시킬 수 있는 정신재활 치료가 필요하다. 정신재활의 목표가 정신질환의 증상 및 영향에서 벗어나 사회 구성원으로서 자신의 목표를 실현하고 삶의 질을 향상하도록 돕는 것이기 때문에 환자 스스로 어떤 활동을 선택하고 그 과정에 적극적으로 참여하도록 만드는 것이 매우 중요하다. 이러한 맥락에서 음악치료는 정신재활의 한 부분으로서 중요한 역할을 담당할 수 있다. 정신과에서 시행되는 음악치료는 안전하고 편안하고 지지적인 음악 환경 속에서 환자들의 결핍된 신체적 · 심리적 · 사회적 필요를 채워 주어 사회에 보다 잘 적응할 수 있도록 하여 사회 공동체로의 통합에 기여한다.

치료의 도구로서 음악은 신체적 · 심리적 · 사회적 반응을 유발함으로써 정신질환의 증상을 변화시키며 정신 기능을 발달시키는 데 효과적으로 작용한다. 음악은 정신질환자의 증상 및 기능 수준에 맞게 시행할 수 있는 융통성 있는 예술매체이며, 다양한 치료적 필요에 부응할 수 있는 효과적인 치료 도구다. 국내외 많은 연구에서 음악치료가 정신질환자의 정신재활 및 사회 적응적 행동의 변화를 가져오는 데 중요한 역할을 하고 있음을 보여 주고 있다.

정신과에서 시행되고 있는 음악치료는 정신질환의 증상을 감소시키고 행동변화를 가져오는 데 중요한 역할을 담당한다. 음악치료는 정신질환자가 보이는 둔마된 감정, 자폐적 성향, 의욕상실, 주의력 집중력 결핍 등과 같은 병적 증상의 감소와 환자가 느끼는 허망함과 무기력의 극복, 자존감과 자신감의 향상 그리고 언어적 · 비언어적 교류를 통해 사회적인 상황을 경험하도록 함으로써 사회에 보다 잘 적응하도록 도와준다. 또한 제한적인 공간에 머물러야 하는 정신과 입원 환자에게 음악치료는 생활에 활력을 가져다주는 기회를 제공하며, 회복기에 접어든 정신질환자에게는 회복 기간을 단축시켜 준다. 많은 연구들에서 음악치료가 정신적 결함을 감소시키고 결핍된 기능을 보완하는 데 효과적으로 작용하여 정신병리적 증상들을 억제시키고, 그들이 가진 잠재 능력을 극대화시킨다는 것을 보여 주고 있다. 또한 정신질환자의 내관 및 통찰력, 자기표현 능력, 자신감 및 자존감, 커뮤니케이션 능력, 대인 관계 능력, 의사 결정력, 주의 집중력, 현실 감각, 스트레스 조절, 분노 조절, 긴장이완, 불안과 우울 감소, 정서 및 사고의 변화, 행동의 변화, 문제 해결력 및 대처 기술 향상, 사회화 촉진, 여가 시간 활용, 삶의 질과 만족도 등에서도 긍정적인 효과를 보고하고 있다.

음악은 다양한 감정과 정서를 포함하고 있어 하나의 음악 안에서도 다양한 정서를 유발할 수 있다는 장점으로 인해 정서적 둔마를 보이는 정신질환자에게 효과적인 정서 유발 자극으로 사용될 수 있다. 많은 연구들에서 다양한 음악 경험이 다양한 정서 반응을 유발하고, 유발된 정서는 심리적·생리적 반응들과 연관되어 있음을 보여 주고 있다. 정서 경험은 개인적 특성 및 다양한 환경적 요인에 따라 양적·질적 수준에서 차이가 있다. 이러한 사실은 음악을 치료적 도구로 사용하는 임상 상황에서 대상자 개인의 특성을 파악하고 그들의 필요와 요구에 따라 적절한 음악 또는 음악 경험을 선택해야 하는 음악치료사들에게 음악치료를 시행하기 전 고려해야 할 점에 대해 시사하는 바가 크다. 음악치료 상황에서 치료사의 관심은 환자의 기능과 능력, 그리고 그들의 필요와 요구에 집중되어야 하고, 환자의 특성과 반응에 따라 적절한 음악 또는 음악 경험을 선택하여 시행해야 한다. 이처럼 음악치료를 시행하기 전 음악 또는 음악적 요소에 대한 파악뿐 아니라 환자의 특성을 파악하는 것이 반드시 필요하다.

## 5. 음악치료 방법

정신과에서 시행되는 음악치료는 연주, 노래, 감상 등 다양한 방법들이 사용된다. 브루샤(Bruscia, 2003)는 음악 경험의 종류에 따라 음악치료의 주요 방법을 즉흥, 재창조(또는 연주), 작곡, 감상의 네 가지로 구분하고 있다. 각각의 방법은 고유한 치료적 잠재성을 가지고 다양하게 적용됨으로써 서로 다른 감각운동 행동을 유발하고, 서로 다른 지각적·인지적 기술을 요구하며, 서로 다른 감정을 유발하고, 서로 다른 대인교류 과정에 관여시킨다. 또한 음악심리치료에서는 사용되는 음악 경험의 본질이 무엇이냐에 따라 즉흥연주, 노래, 음악 심상을 주된 방법으로 사용하는데, 그 이유는 이 방법들이 정신역동적 성향의 치료에서 가장 널리 사용되는 유형이기 때문이다(Bruscia, 2006). 이 밖에도 사용할 수 있는 방법들이 무수히 많지만, 다음에서는 음악치료에서 일반적으로 많이 사용되는 방법인 음악 감상, 노래 및 연주에 대해 살펴보겠다.

## 1) 감상

정신질환자를 위한 음악 감상의 목적은 부정적 정서를 감소시키고 긍정적 정서를 증가시키며 통찰력을 획득하도록 함으로써 정신병리적 증상의 감소를 가져오는 데 있다. 음악 감상은 정신질환자에게 심리적으로 편안하고 안전한 환경을 조성하여 부담 없이 참여할 수 있도록 함으로써 긴장이완, 타인의 생각 및 감정 공유, 감정 촉발, 자기 탐구 등의 목적을 달성하는 데 사용된다. 또한 수용성 촉진, 불안·우울 및 스트레스 감소, 긍정적 정서 경험 유발에 효과적이다. 특히 음악 감상 후 음악에서 느껴지는 감정 및 느낌, 이미지, 연상되는 기억 등에 대해 이야기 나누는 방법은 개인 및 집단의 이슈를 발견하고 탐색하며, 자신과 타인을 이해하고 수용하는 경험을 제공할 수 있다. 많은 연구에서 조건적 음악 또는 배경 음악이 정신질환자의 부적절한 행동의 빈도를 감소시키고 적절한 행동을 증가시킨다고 보고하고 있다(Glicksohn & Cohen, 2000; Harris, Bradley, & Titus, 1992; William & Dorrow, 1983).

음악 감상의 경험은 다양한 음악적 요소가 물리적·감정적·인지적·심미적·영적 반응을 유발하여 치료 목적을 달성하는 것이므로 집중력, 지속력, 수용력 있는 대상자에게 효과적이다. 음악감상 시 대상자의 과거 경험, 음악에 대한 친숙도, 음악적 선호도, 정신병리적 증상을 고려하여야 한다. 또한 불협화음, 스타카토, 싱코페이션, 액센트가 많고 조성의 변화가 급격하며 음역의 폭이 넓고 예측할 수 없는 진행을 지닌 음악은 피하는 것이 좋다(문지영, 2010). 음악 감상 방법에서는 클래식 음악뿐 아니라 가요, 뉴 에이지 등 다양한 장르가 사용될 수 있다.

음악 감상 관련 음악치료 방법 중 음악 감상(music listening), 음악과 심상(music imaging), 음악과 이완(music relaxation), 음악과 연관된 예술 활동(art activity related with music)에 대해 살펴보면 다음과 같다.

'음악 감상'은 음악의 구조, 스타일, 미적 가치에 대해 이해하고 즐기며 음악을 감상하는 방법으로, 정신질환자에게 친숙하고 편안한 환경을 제공할 수 있다.

'음악과 심상'은 음악을 감상하는 동안 음악에 따라 심상을 떠올리는 방법으로, 음악을 감상하는 동안 다양하게 나타나는 내적 경험과 중요한 이슈나 감정 또는 사건을 연결하고 규명하며 고찰하도록 돕는다. 음악과 심상의 경험은 자신의 생각이나 느낌, 감정, 이슈가 제한되어 있고 억압되어 있는 대상자에게 음악에 투사할 수 있는 기회를 제공함으로써 그것들을 자유롭게 표현할 수 있도록 격려한다. 음악과 심상에 사용되는 음악은 상징과 은유를 창조하고 이전의 시기나 삶으로 치료적 퇴행을 가져올 수 있는 다양한 감정의 스펙트럼을 포함하고 있는 것이 좋다.

'음악과 이완'은 신체적 · 심리적 이완을 가져오고 의식 상태의 전환을 촉진시키기 위해 음악을 감상하는 방법이다. 음악과 이완에서 사용되는 음악은 대개 느린 템포의 반복적인 리듬, 멜로디 중심의 레가토적이고 부드러운 멜로디 윤곽을 지니며, 조성의 변화가 거의 없고, 음역의 폭이 넓지 않으며, 안정되고 규칙적인 템포를 가지고 있고, 예측 가능한 진행을 보이는 안정적인 특징을 지닌다(Knight, Richard, 2001).

'음악과 연관된 예술 활동'은 음악을 감상한 후 떠오르는 생각이나 느낌 등을 말 또는 글, 이야기, 그림 등으로 표현하는 방법으로, 음악이 아닌 다른 매체를 사용하여 음악적 경험과 비음악적 경험을 통합하고 확장시켜 내관을 형성하도록 하는 방법이다. 음악과 연관된 예술 활동에 사용되는 음악은 음악을 통해 느껴지거나 연상되는 생각이나 느낌 등을 말 또는 글, 이야기, 그림 등으로 표현하는 데 효과적인 곡을 사용한다.

## 음악 감상 관련 음악치료 사례

### 복합적 외상 후 스트레스 장애 환자와의 즉흥연주 및 음악과 심상을 이용한
### 음악치료 사례 연구

　　L은 우울감, 불안, 초조, 분노, 감정조절의 어려움, 자살사고, 폭식, 알코올 남용 등의 증상을 호소하는 40세의 여자 환자다. L은 어린 시절부터 많은 심리적 외상들을 겪었고, 정동과 충동 조절의 어려움, 부정적인 자기 지각, 대인관계의 어려움, 신체화 증상, 절망적이고 부정적 의미체계 등을 보였다. '극단적 스트레스 장애의 구조 면담'으로 평가한 결과 복합적 외상후 스트레스장애(Complex PTSD)로 진단되었고 또한 주요 우울장애, 섭식 장애, 알코올 남용, 경계성 인격 양상도 동반되었다. 4개월간의 약물치료와 정신치료에도 증상의 진전이 없자 음악치료에 의뢰되었다.

　　L에게는 안정화, 외상적 기억 처리, 재통합의 단계적 치료를 적용한 즉흥연주 및 음악과 심상을 이용한 음악치료가 시행되었는데, 이를 통해 스트레스, 우울, 불안, 사건충격, 해리경험의 변화를 가져오고자 하였다. 음악치료는 총 9개월간 30세션이 실시되었고, 한 세션당 약 50분이 소요되었다. 음악치료 초기 3개월(10세션)은 안정화 단계로 주로 즉흥연주 방법을 사용하였고, 안정화 단계를 거친 후 3개월(10세션)은 외상적 기억 처리 단계로 음악과 심상을 주로 사용하였으며, 이 후 3개월(10세션) 재통합 단계에서는 환자의 상태에 따라 즉흥연주, 음악과 심상을 절충적으로 사용하였다.

　　음악치료 시작 전, 3개월 후, 6개월 후, 9개월 후 총 4회에 걸쳐 자기 보고형 극단적 스트레스 장애 척도(Self-Report Inventory for Disorders of Extreme Stress: SIDES-SR), 벡 우울척도(Beck Depression Inventory: BDI), 벡 불안척도(Beck Anxiety Inventory: BAI), 사건충격척도-개정판(Impact of Event Scale-Revised: IES-R), 해리경험척도(Dissociative Experiences Scale: DES)를 통한 데이터 분석 결과는 다음과 같다. SIDES-SR의 여섯 가지 영역 모두에서 평균 심각도가 감소되었고, 치료 기간이 경과함에 따라 더욱 호전되었다. 특히, 심각도가 높았던 영역 중에서 정동과 충동 조절의 변화, 신체화의 감소율이 크게 나타났고, BDI, BAI, IES-R, DES에서도 치료기간이 경과함에 따라 증상의 감소가 나타났다.

　음악치료는 다발성 심리적 외상을 경험한 Complex PTSD 환자에게 음악이라는 안전한 환경을 제공함으로써 환자의 치료 저항을 줄이고 음악 안에서 심리적 외상이 치유되는 경험을 통해 스트레스 및 불안, 우울 등의 감소를 가져왔다고 할 수 있다.

　* 복합적 외상 후 스트레스 장애(Complex PTSD)는 상세 불명의 극단적 스트레스 장애(Disorders of Extreme Stress Not Otherwise Specified)라고도 불리며, 주로 어린 시절 학대나 방임 등의 다발성 외상 사건들에 장기간 노출된 경우 발생하는 전반적 적응장애를 말한다.

출처: 문지영(2009).

## 2) 노래

　음악치료의 주요 도구 중 하나인 노래는 정신질환자에게 안전하고 지지적인 환경을 제공하여 다양한 감정을 탐색하고 느낌 및 생각을 자유롭게 표현하도록 한다. 정실질환자는 노래를 통해 과거를 재 경험하고 현재를 바라보며 미래를 조명함으로써 통찰력을 획득할 수 있게 된다. 노래는 사람의 감정 세계와 감정에서 나온 생각, 태도, 가치, 행동에 쉽게 접근하도록 하여 감정 변화를 위한 수단을 제공하고 그 과정을 효과적으로 촉진시킬 수 있다. 노래를 부르고, 노래를 만들며, 노래 가사와 관련하여 토의하고, 음악 자서전을 통해 자신의 삶을 돌아보는 등의 노래 관련 음악치료 방법은 자아를 탐색하고 통찰력을 키우며 문제해결 능력을 향상시키고 불안 및 스트레스를 해소하고 심리적 안정감을 가져오는 데 효과적으로 사용된다. 문지영(2010)은 불안 및 스트레스를 생산하는 것은 불안 및 스트레스와 관련된 자극에 대한 인지적 평가라는 가정을 기반으로 정신과 입원 환자의 사고를 재구조화하기 위해 노래 관련

## 노래 관련 음악치료 사례

### 분열정동형 장애를 가진 성인과의 송라이팅을 통한
### 표현적 · 지지적 음악심리치료

K는 분열정동장애 우울형(schizoaffective disorder, depressive type)으로
진단받은 23세의 대학 휴학생이다. K는 입원 초기 정위불능(akathisia) 상태였
고, 환청, 긴장증, 초조 행동, 관계 망상, 죄의식, 자살 충동, 낮은 자존감 등 다
양한 정신병적 증상을 보이고 있었다. K는 어린 시절부터 지속된 비정상적인
가정환경과 부모에 대한 분노, 사회적으로 용납되지 않는 자신의 감정과 행동
들로 인한 갈등과 해소되지 않는 욕구들로 인해 불안, 초조 그리고 죄의식과
우울 등이 내면 깊이 자리 잡고 있었다. K에게 약물치료와 심리치료가 병행되
었는데 의사와의 면담을 거부하는 등 심리치료에 어려움이 있자 음악치료에
의뢰되었다. K에게 시행한 음악치료 방법은 표현적 · 지지적 심리치료
(expressive-supportive psychotherapy) 기법을 적용한 문제에 기초한 노래 만
들기(issue-based song writing)이다.

K는 자신의 문제, 감정, 가족(특히 엄마) 등과 관련하여 노래를 만들었는
데, 치료사와 대화를 통해 자신의 생각이나 감정, 느낌을 표현하였고(언어화),
대화를 통해 표현된 내용을 가사로 만들었으며(문자화), 만든 가사에 멜로디
를 붙여 노래를 완성하였다(음악화). 치료사는 이러한 과정을 통해 K의 감정
을 표현하도록 하고 지지해 줌으로써 내면을 통찰할 수 있는 기회를 갖도록
하였고, 부정적 사고를 긍정적인 사고로 전환하도록 하였으며, 이러한 변화
과정에서 K가 적극적이고 능동적인 역할을 수행할 수 있도록 동기를 부여함
으로써 K의 외부세계와 내부 세계를 통합시키고자 하였다.

다음은 가사를 통해 나온 의미들을 종합적으로 분석한 결과로, 변화의 단
계를 7단계로 분류하였다. 1단계: 접촉(치료적 동맹 형성), 2단계: 방어(가족
과 엄마에 대한 미화), 3단계: 개방(죽음 그 꺼지지 않는 불꽃), 4단계: 부적응
(퇴원과 재입원), 5단계: 바램(이상적인 나의 모습), 6단계: 적응(낮병원으로
의 복귀와 퇴원), 7단계: 안정(희망의 바다).

송라이팅을 통한 표현적 · 지지적 음악심리치료는 사고와 감정, 행동 등에

> 어려움을 겪고 있는 K에게 표현의 장을 마련해 줌으로써 '우울의 강에서 희
> 망의 바다'로 나갈 수 있는 길을 열어 주었다.
>
> * 분열정동장애(schizoaffective disorder)는 정신분열증의 증상과 동시에 기
>   분삽화(주요 우울 또는 조증 삽화)가 일정 기간 지속적으로 나타나는 경
>   우를 말한다.

음악치료 방법을 사용하여 그들의 불안 및 스트레스를 감소시켰다.

노래 관련 음악치료 방법 중 노래 부르기(song performance), 노래 만들기
(song writing), 노래 토의(song communication), 음악 자서전(musical autobiog-
raphy)에 대해 살펴보면 다음과 같다. '노래 부르기'는 환자의 내면에 담긴 감
정과 느낌, 생각을 경험하고 탐구하며 표현하는 수단으로 기존의 작곡된 노래
를 부르는 방법이다. '노래 만들기'는 치료 주제에 따라 가사 그리고(또는) 멜
로디를 만들어 노래를 완성하는 방법이다. 많은 연구들에서 노래 만들기를 사
용한 음악치료가 정신질환자들의 집단 응집력과 자기표현 능력 향상, 자존감
증진, 내관 향상에 영향을 미친다고 보고하고 있다.

'노래 토의'는 치료 주제에 따라 선곡된 노래를 토의하는 과정을 통해 노
래가 표현하는 이슈와 느낌을 재경험하고 노래 가사와 자신의 삶을 연결하여
가사가 주는 의미를 깨달음으로써 통찰을 얻도록 하는 방법이다. '음악 자서
전'은 생(life)을 몇 단계의 기간으로 나누어 각 기간 안에서 무슨 일이 있었는
지 음악적으로 묘사하는 방법으로, 음악 경험이 삶에 미친 중요성을 검토함
으로써 음악이 삶에 어떻게 영향을 미치고 어떠한 영향을 받았는지에 주목하
게 된다.

## 3) 연주

연주의 경험은 정신질환자의 활동 참여를 유도하도록 동기를 부여하고, 자기표현 능력을 신장시키며, 대인 교류 기술을 향상시키고, 집단 응집력 및 협동심을 증진시키며, 스트레스 해소 및 대처 기술 향상을 가져올 수 있다. 연주 경험에서 미적 즐거움의 경험은 매우 중요한데, 이러한 경험은 불안 및 스트레스 등 부정적 정서를 감소시키고 긍정적 정서를 증가시키며, 정서 수정을 가져오는 데 도움을 줄 수 있다. 또한 언어로는 쉽게 표현할 수 없는 감정이나 생각들을 악기를 통해 비언어적인 방법으로 표현함으로써 잠재된 분노나 불안 등 부정적인 감정을 안전하게 드러낼 수 있게 된다. 특히 타악기를 사용하는 연주 활동은 음악적 배경이나 훈련이 없는 환자도 쉽게 접근할 수 있는 환경을 마련하여 적극적인 참여를 유도하고 자유로움과 심리적 안정감을 느끼게 할 수 있다.

악기 연주는 정신질환자의 기분 전환을 유도하고, 불안 및 긴장을 완화시키며, 자기 가치를 발견하게 하여 자신감 및 자존감을 증진시키고, 자신을 표현하고 타인을 수용하며 즐거움을 느끼게 한다. 악기 연주를 사용한 즉흥적 음악치료 활동이 사회적 위축과 정서적 무기력을 보이는 만성정신분열병 환자에게 상호 관계의 증진과 정신병리적 행동의 개선을 가져온다는 연구들도 있다(Pavlicevic et al., 1994; Talwar et al., 2006). 기존의 곡을 연주하는 경험을 통해 집단에서 요구하는 행동을 수행하도록 제공된 구조적인 음악 안에서 자신의 역할을 수행함으로써 적응적이고 성공적인 경험을 하게 되고 대인교류 상황에서 구체적인 역할 행동 및 상호교류적 기술을 학습하게 된다. 집단으로 연주하는 활동은 상대방의 감정과 느낌 및 생각을 공유할 수 있는 기회를 제공함으로써 사회적으로 퇴행되고 위축되어 있는 정신질환자들의 상호 교류, 커뮤니케이션, 집단 응집력, 협동심 등의 향상을 가져올 수 있다.

연주 관련 음악치료 방법 중 재창조 연주(recreative playing), 지휘(conducting), 오르프 즉흥연주(Orff-Schwerk improvisation), 경험적 즉흥연주(experi-mental improvisation)에 대해 살펴보면 다음과 같다. '재창조 연주'와 '지휘'에서 사용되는 음악은 구조화된 형식과 명료하고 변별 가능한 박자, 리듬적 패턴을 갖추고 있어 악기연주나 지휘하기에 용이한 음악을 선곡하는 것이 좋다. 이러한 치료적 환경 안에서 정신질환자들은 언어적 · 비언어적 신호를 포함한 여러 가지 단서에 따라 음악의 구조와 분위기에 맞춰 다양한 방법으로 악기를 연주하거나 지휘하게 된다. '오르프 즉흥연주'와 '경험적 즉흥연주'는 기존의 곡을 사용하지 않고 생각이나 느낌을 반영하여 즉흥적으로 소리 또는 음악을 창작하는 역동적 과정을 통해 생각이나 느낌을 명료화 하고 통합함으로써 자신을 통찰할 수 있는 기회를 제공한다. '오르프 즉흥연주'는 탐색, 모방, 즉흥, 창조를 통해 소리에서 가능성을 발견하도록 하는 즉흥연주의 방법으로, 연주를 통해 자신만의 공간과 소리, 형식을 탐색하고 창조하는 음악적 경험을 하게 된다. '경험적 즉흥연주'는 음악 안에서 일어나는 역동 또는 생각이나 느낌 등 음악적 · 비음악적인 것을 묘사하거나 재현하기 위한 즉흥연주 방법으로, 음악은 억압된 감정이나 언어로 고착되어 버린 과거의 경험을 역동적인 형태로 나타나도록 도와준다. 연주 관련 음악치료 방법의 목적은 정신질환자들이 음악적 구조 안에서 미적 즐거움의 경험을 통해 스트레스를 해소하고 통찰력을 획득하며, 구체적인 역할 행동 및 상호 교류 기술을 습득하는 등 정신병리적 증상을 감소시키는 데 있다.

〈표 6-1〉은 음악 감상 관련 음악치료 방법(음악 감상, 음악 심상, 음악 이완, 음악과 연관된 예술 활동), 노래 관련 음악치료 방법(노래 부르기, 노래 만들기, 노래 토의, 음악 자서전), 악기 연주 관련 음악치료 방법(재창조 연주, 지휘, 오르프 즉흥연주, 경험적 즉흥연주)의 예를 보여 준다(문지영, 2010).

〈표 6-1〉　음악치료 방법의 예

| 방법 | 세부 방법 | 내용 |
|---|---|---|
| 음악 감상 관련 음악치료 방법 | 음악 감상 | 음악의 구조, 스타일, 미적 가치에 대해 이해하고 즐기는 방법으로 음악을 감상한다. |
| | 음악 심상 | 변형된 의식 상태에서 상상적 과정 또는 내면적 경험을 일깨우기 위해 음악을 감상한다. |
| | 음악 이완 | 긴장을 이완하고 불안을 감소시키며 신체이완을 가져오고 의식 상태의 전환을 촉진시키기 위해 음악을 감상한다. |
| | 음악과 연관된 예술 활동 | 음악을 감상한 후 느껴지거나 연상되는 생각이나 느낌 등을 말 또는 글, 이야기, 그림으로 표현한다. |
| 노래 관련 음악치료 방법 | 노래 부르기 | 치료적 주제를 가진 노래를 선곡하여 노래 부른다. |
| | 노래 만들기 | 치료적 주제에 따른 가사와 멜로디 창작을 통해 독창적인 노래를 작사 그리고(또는) 작곡한다. |
| | 노래 토의 | 치료적으로 연관되어 토의되어질 수 있는 노래 가사의 의미에 대해 탐색하고 자신의 삶과 연관 지어 토의하고 분석한다. |
| | 음악 자서전 | 자전적 기록 또는 자신의 인생을 회고하는 기록을 만들기 위해 소리, 노래, 음악을 선택하여 음악 자서전을 만들어 본다. |
| 악기 연주 관련 음악치료 방법 | 재창조 연주 | 다양한 악기를 사용하여 조직적으로 또는 미리 작곡된 음악의 내용을 재현한다. |
| | 지휘 | 악보나 기타 기보법이 지시하는 큐(cue)를 제시함으로써 음악 연주를 지휘한다. |
| | 오르프 즉흥연주 | 말, 노래 부르기, 동작, 악기연주 등 다감각적 접근을 통해 총체적인 음악 연주에 참여하고 즉흥적인 음악적 표현을 통해 커뮤니케이션한다. |
| | 경험적 즉흥연주 | 음악적 또는 음악 외적인 것을 소리로 구상화하기 위해 악기를 사용하여 즉흥적으로 연주한다. |

다음 〈표 6-2〉는 정신과에서 일반적으로 사용하고 있는 음악치료 방법을 성격별로 구분한 것이다(Unkerfer, 1990).

〈표 6-2〉 **정신과 환자를 위한 음악치료 프로그램의 분류와 방법**

I. 음악 연주
   A. 기악 집단 즉흥연주(과정에 중점)
   B. 기악 집단 연주(작품에 중점)
   C. 집단 노래치료(과정에 중점)
   D. 합창연주 집단(작품에 중점)
   E. 기악 개인지도(작품에 중점)
   F. 성악 개인지도(작품에 중점)
   G. 개인 즉흥적/교류적 연주(과정에 중점)

II. 음악 심리치료
   A. 지원적인 음악 집단 및 개인치료
   B. 상호 교류적인 음악 집단 및 개인치료
   C. 카타르시스적 음악 집단 및 개인치료

III. 음악과 동작
   A. 동작의 인식
   B. 동작의 경험
   C. 동작의 상호교류
   D. 표현적 동작
   E. 춤(포크 댄스, 스퀘어 댄스, 사교 댄스 등)
   F. 음악과 체조

IV. 음악과 연결시킨 다른 창조적 예술 활동
   A. 음악과 미술활동(그림 그리기, 조각 및 그 외 미술활동)
   B. 음악과 작문(시, 이야기 만들기 등)

V. 오락적 음악
   A. 음악 게임
   B. 음악 감상 인식
   C. 오락적 음악 연주 집단
   D. 여가 선용을 위한 음악 활동

VI. 음악과 이완
   A. 단계적인 긴장 이완을 위한 음악
   B. 일시적인 긴장 이완을 위한 음악
   C. 음악과 상상
   D. 음악이 중심이 된 긴장이완

# 6. 음악치료 단계

정신과에서 시행되는 음악치료는 활동중심적인 방법이나 음악심리치료, 재활과 교육에 목적을 둔 치료 등 다양하게 적용되고 있다. 일반적으로 시행되는 정신과에서의 음악치료 적용을 윌러(Wheeler, 1983)는 다음과 같이 세 가지로 구분하고 있다. 이러한 치료 방법은 환자의 상태, 치료 목적, 환자의 사회적 배경이나 활동 배경 등에 따라 적절히 응용할 수 있다.

## 1) 지원적이며 활동 중심의 음악치료

이 단계의 음악치료는 환자 내부의 심리상태나 개인의 통찰력 등에 주안점을 두기보다는 치료 활동에 참여하는 자체를 통해 치료 목적을 달성하고자 하는 것이다. 음악치료 활동은 치료하는 현장에서 바로 그 시간(here-and-now)에 바람직한 행동을 표출하는 경험을 갖도록 하는 데 초점을 둔다. 실제로 행동 이면과 관련되는 내적 심리상태나 이면에 감추어져 있는 갈등과 같은 내면적인 문제에는 많은 시간을 할애하지 않는 대신, 경험적인 활동을 통해 원하는 행동을 증진시키는 데 역점을 두게 된다. 이 경우 적용되는 행동 목표로는 행동 조절, 사회성 훈련, 현실 인식, 타인과의 관계 증진, 집중력 향상, 지속력 증가, 취미활동 습득 등을 들 수 있다. 이런 목표를 달성하기 위해서는 주로 집단 활동이 효과적이며, 이때 일어나는 집단의 역동적 힘이 그 목표 달성에 크게 도움을 준다. 이러한 음악치료 집단에 참여하는 환자는 급성 환자든 만성 환자든 간에 치료 활동에 몰입하면서 자신이 경험하고 있는 정신질환의 증세에서 벗어나 새로운 경험을 할 수 있다. 결과적으로 이러한 경험을 반복하여 즐김으로써 관련된 치료 목표를 달성할 수 있게 된다.

음악치료 집단을 인도하는 치료사는 환자를 잘 보조하여 각 환자가 집단 활동에 몰입할 수 있도록 흥미와 동기를 유발하여야 하며, 주로 연속적인 일련의 과정을 통해 만족스러운 경험을 충분히 가질 수 있도록 활동을 계획해야 한다. 가령, 환청을 경험하는 환자의 경우 대개 불유쾌하게 들리는 소리를 자신의 힘으로는 어찌할 수 없지만 치료 활동에 참여하면서 자신의 과제에 집중할 때 환청에 반응하거나 신경 쓰는 것을 줄일 수 있다. 나아가 이러한 경험을 반복하여 훈련함으로써 평상시에도 환청이 들릴 때 다른 것에 주의를 돌릴 수 있게 되어 환청에 대한 지각과 반응이 줄어들게 된다. 또 다른 예로, 만성 정신분열병 환자의 경우 자신이 현재 지니고 있는 병적 증세에도 불구하고 사회생활을 해야 한다면, 긍정적이고 잘 조직된 집단 활동을 경험함으로써 행동을 조절하여 사회적으로 수용되는 바람직한 행동으로 훈련시켜 나갈 수 있다.

## 2) 재교육 및 내면적 과정에 입각한 음악치료

이 단계의 음악치료에서는 음악 활동에 관련된 문제에 대해 대화를 나누는 과정이 필수적으로 따르게 된다. 음악치료 활동을 통해 느낀 생각이나 감정을 치료사와 환자가 대화를 통해 재정립하고 환자 자신의 상태와 행동의 문제점을 고쳐 갈 수 있도록 한다. 이러한 과정에서는 주로 자신의 느낌을 구체적으로 규명하고, 창조적인 문제해결의 방법을 발견하며, 자신의 행동 변화를 위한 동기를 유발하도록 한다.

이 단계에서 음악치료 활동은 전적으로 현실 감각을 바탕으로 한 활발한 의식 활동에서 이루어지며, 자기 자신을 더욱 잘 이해하고 수용하면서 더 나은 행동 양식을 유발하게 하는 것으로 집단이 종결된다. 일반적으로 치료사에 의해 유도되는 귀납식의 대화를 통해 환자는 자신의 문제점을 인식하게 되고, 자신의 가치를 재발견하게 됨은 물론 치료과정에 수반되는 자긍심 향상을 통해 사회적 책임감을 받아들이는 훈련을 하게 된다.

## 3) 재조직 및 카타르시스적 음악치료

이 단계에는 환자의 인격 발달과정 중에 일어난 일 중 현재 환자의 잠재의
식이나 무의식 세계에서 해결되지 못한 문제에 대해서 환자가 음악을 통한 카
타르시스를 경험하게 하여 환자 스스로 문제를 분출시켜 해결하도록 하는 방
법을 사용한다. 유의해야 할 점은 모든 환자가 이러한 단계의 치료를 필요로
하는 것은 아니며, 특별히 이러한 음악치료를 위해서는 대상 환자를 잘 선별
해야 한다. 기본적으로 이러한 치료는 장기간이 요구되며, 환자 스스로 필요
성을 인식하고 자발적으로 참여하는 것이 중요하다.

재교육 및 내면적 과정에 입각한 음악치료 단계와 재조직 및 카타르시스적
음악치료 단계의 차이점은 전자가 현재의 행동과 상황을 보는 통찰력과 내면
의 세계를 발달시켜 주는 반면, 후자는 현재까지 무의식속에서 해결되지 못한
상태로 남아 환자에게 영향을 주는 과거의 사실을 주로 다룬다는 점이다. 종
종 이 후자의 방법은 신경증 신체 통증을 호소하는 환자나 오랫동안 불면증으
로 괴로움을 겪어 온 환자에게 효과적으로 사용될 수 있다. 한편, 이러한 치료
를 시행하는 치료사의 경우 각 협회나 훈련 단체에서 요구하는 별도의 훈련
과정을 거쳐 자격을 갖추어야 한다. 그렇지 않은 경우 환자에게 심각한 해를
끼칠 수도 있다는 사실을 유념해야 한다.

또한 스메지스터스(Smeijsters, 1996)는 정신과에서 널리 사용되는 음악치료
의 치료 모델을 다음과 같이 제시하고 있다. 제시된 음악 치료 모델의 가장 중
요한 차이점은 환자와 치료사 관계의 중요도와 치료 목적에 있다. 치료 목적
은 지원적이고 조화로움을 추구하는 단계에서 개인적 변화와 통찰 획득에 초
점을 두는 단계까지 다양하다. 특히 다섯 번째 치료 모델은 치료의 중요한 도
구로서 치료사와 환자의 관계를 강조하고 있다.

① 지원적 음악심리치료와 오락적 음악치료(supportive music psychotherapy and recreational music therapy)

② 음악 활동치료(music activity therapy)

③ 재교육적 음악심리치료(re-educative music psychotherapy)

④ 재구조적 음악 심리치료(re-constructive music psychotherapy)

⑤ 유지 및 재조직적 음악심리치료(holding and re-organizing music psy-chotherapy).

# 7. 음악치료 목적

　정신과에서 음악치료는 앞에서 제시한 단계에 따라 다양한 목적으로 시행되는데, 치료사와 환자가 변화시키려는 것이 무엇인지에 따라 달라질 수 있다. 최병철(1997)은 정신과의 음악치료 목적으로 자긍심 향상, 적절한 행동 유발, 관계에 대한 이슈 다루기, 현실 인식 증가, 즐거움 제공, 사회 기술 향상, 문제 해결 기술 향상, 결정력 및 판단력 발달, 입원에 대한 내관 향상, 집중력 및 지속력 증가, 스트레스 조절 기술 발달, 자기표현력 습득, 커뮤니케이션 기술 향상을 제시하고 있다. 또한 브루샤(Bruscia, 2006)는 음악심리치료의 목적을 자기 인식 향상, 내적 갈등 해결, 정서적 안정, 자기표현, 감정과 태도의 변화, 대인 교류 기술의 향상, 대인 관계적 문제해결, 건강한 관계의 발전, 감정적 상처의 치료, 직관력의 심화, 현실 인식, 인지적 재구조화, 행동 변화, 삶의 의미부여와 충족, 영적 발달 등으로 제시하였다.

　다음 〈표 6-3〉은 엉커퍼(Unkerfer, 1990)가 제시한 사회, 정서, 인지, 운동 영역별 음악치료 목적 영역이다.

| 〈표 6-3〉 | 정신과의 음악치료 목적 영역 |
| --- | --- |

| I. 사회 영역 | II. 정서 영역 |
| --- | --- |
| A. 고립에서 벗어나 사회 참여 | A. 정서 표현 기술 향상 |
| B. 적극적인 집단 참여 | B. 즐거움 제공 |
| C. 눈 맞춤 향상 | C. 적절한 감정 반응을 위한 자극 제공 |
| D. 다른 사람의 기분이나 감정 고려 | D. 적절한 정서 식별과 감정 표현 발달 |
| E. 언어 · 비언어 교류 증진 | E. 생활 에너지 증진 |
| F. 적절한 자기주장 증진 | F. 침체된 정서의 고양 |
| G. 자기행동 조절 향상 | G. 감정적 충동 조절 향상 |
| | H. 공감 능력 발달 |
| | I. 스트레스 대처 기술 향상 |
| III. 인지 영역 | IV. 운동 영역 |
| A. 자긍심 증진 | A. 소근육 운동 기술 발달 |
| B. 문제해결 기술 발달 | B. 손가락 기민감 발달 |
| C. 상황에 적절한 행동 유발 | C. 물건을 잡고 조절하는 능력 향상 |
| D. 결정력/판단력 발달 | D. 눈-손 협응 발달 |
| E. 관계 증진에 대한 이슈의 확인과 개선 | E. 대근육 운동 기술 발달 |
| F. 병원 입원에 대한 내관 발달 | F. 적절한 자세 유지 |
| G. 현실 안내와 인식 향상 | G. 몸의 균형 조절 향상 |
| H. 단기 · 장기 기억력 증진 | H. 긴장이완 발달 |
| I. 집중력, 지속력 증진 | I. 손-눈 협응 발달 |
| J. 생각이나 아이디어의 정리 및 발표 | |
| K. 스트레스 대처 기술 향상 | |

〈표 6-4〉는 윌러(Wheeler, 1983)가 제시한 음악치료의 단계에 따라 정신과 음악치료 목적을 분류한 것이다.

| 〈표 6-4〉 정신과에서 활동 단계별 음악치료 목적 | | | |
|---|---|---|---|
| 목적 | 지원적 | 재교육 | 재조직 |
| 활동 참여 증가 | ○ | | |
| 협동심 증가 | ○ | | |
| 여가 기술 발달 | ○ | ○ ○ | |
| 적절한 행동 증가 | ○ | | |
| 주의력 증가 | ○ | | |
| 자신감 증대 | ○ | ○ ○ | |
| 방향성 따르기 향상 | ○ | | |
| 현실감각 증진 | ○ | | |
| 지금-여기에 적합한 행동 증진 | ○ | ○ ○ | ○ |
| 내관 향상 | | ○ | |
| 부적절한 행동 및 태도 변화 | | ○ ○ | ○ |
| 감정 공유 | | ○ ○ | ○ |
| 자의식 향상 | | ○ ○ | |
| 억압된 문제 탐색 및 처리 | | ○ | ○ ○ |
| 통찰력 획득 | | ○ ○ | ○ |
| 무의식 관련 문제 탐구 | | ○ | ○ ○ |
| 과거 및 현재의 연결 | | ○ | ○ ○ |

# 8. 음악치료 모델

음악치료를 시행할 때 다양한 정신장애의 증상이나 상태에 따라 환자마다
표출하는 방법이 다양하고, 환자 개인의 환경 및 배경이 매우 다르기 때문에
'이런 증상의 환자에게 이런 활동을 적용하라.'는 식의 획일적인 처방을 내릴
수 없다는 사실을 유념해야 한다. 일반적으로 음악치료사는 여러 가지 형태의
음악치료 방법을 균형 있게 시행하고 다양하게 적용함으로써 정신질환자의

치료 목적과 목표를 달성하도록 해야 한다. 음악치료를 정신질환자에게 적용할 때 그 접근방법에 따라 타우트와 그펠러(Thaut & Gfeller, 1992)는 다음의 여섯 가지로 구분하고 있다.

### ① 행동적 모델
스키너 등에 의해 소개된 행동 수정의 원칙을 통해 바람직한 행동은 강화하고 바람직하지 못한 행동은 감소시킨다. 치료사는 긍정적인 환경을 마련하고, 다양한 강화재를 사용함으로써 목표로 하는 행동을 유도한다. 음악치료에서는 주로 과정 중심(process oriented music therapy)의 음악치료 접근 방법을 사용한다.

### ② 정신분석 모델
프로이트의 정신분석 이론에 근거하여 환자의 잠재의식이나 무의식 속의 해결되지 못한 갈등을 처리하는 방법으로 윌러(Wheeler, 1983)가 제시한 정신과에서 음악치료의 단계 중 '재조직 및 카타르시스적 음악치료' 단계에서 접근할 수 있다. 방법으로는 즉흥연주, GIM 등을 사용할 수 있다.

### ③ 인지 모델
사고가 행동을 통제한다는 이론에 근거한 인지 모델을 사용하여 치료사는 환자가 자아를 깨닫도록 하며, 환자의 잘못된 생각이나 인식을 새롭고 건전한 방향으로 바꾸도록 도와준다. 음악치료에서는 즉흥연주, 적극적인 음악 감상과 인지, 적극적인 음악 감상과 말하기 유도, 음악 심리치료 등의 방법을 사용한다.

### ④ 인본주의 모델
이 모델에서는 환자가 자신이 가장 중요한 존재임을 깨닫게 하고 치료사는 환자를 지원해 주는 역할을 한다. 환자 자신의 의지나 결정이 치료의 중심이 되고, 모든 치료의 목적이나 방향도 환자가 결정하며, 치료사는 환경을 제공하고 지원하는 역할을 한다. 음악치료에서는 즉흥연주를 비롯한 모든 형태의 접근 방법을 사용할 수 있다.

### ⑤ 생의학적 모델

주로 긴장이완이나 훈련을 통해 자신의 신체적 상태를 조절하도록 하며, 자긍심을 가지도록 한다. 음악치료에서는 적극적인 음악 감상과 긴장이완, 음악과 체조 등의 방법을 사용한다.

### ⑥ 종합적 모델

위 모델들의 장점을 상황에 따라 혼합하여 목표한 바를 달성하는 방법이다.

## 9. 음악치료 진단평가

환자의 치료에 긍정적인 도움을 가져다준다고 믿는 것에서 출발한 음악치료가 전문치료의 영역으로 자리를 잡아갈수록 사람들은 환자에 대한 정확한 진단과 치료 결과에 대한 평가의 중요성에 점점 주목하게 되었다. 그러나 진단평가는 그동안 음악치료사에게 주요 관심 영역은 아니었다. 음악치료를 치료의 영역에 자리 잡게 한 초창기 사람들은 음악적인 기술을 가진 음악가나 음악교육가의 배경을 지녔으나 치료적 과정에 대해서는 훈련받지 못한 사람들이었다(Michel, 1976). 이들에게는 진단평가가 그렇게 중요한 부분이 아니었다. 왜냐하면 이들의 역할은 활동치료사로서 특정한 치료적인 목적이나 목표를 가지지 않았기 때문이다. 초창기 음악치료사의 임무는 '즐거운 사회생활'을 제공하는 것이었고, 이렇게 하여 환자는 현재의 불유쾌한 상황을 잊어버리고 즐겁게 기분 전환을 할 수 있었던 것이다.

이 외에 교육적 목적을 가지고 환자에게 활동을 제공하였는데, 이러한 내용은 개인적인 치료에 속하는 내용이라기보다는 집단을 대상으로 한 치료적 활동에 그친 것이라고 할 수 있었다. 하지만 이후 음악치료는 각 개인의 필요에 초점을 맞춘 치료적 목적과 목표를 달성하는 데 주력하게 되었다. 그 결과 치료에 앞서 환자의 상태와 필요를 파악하는 것은 전체적인 치료 계획을 수립하는 데 필수적인 과정이 되었다.

음악치료 진단평가에 사용되는 도구는 여러 가지가 있지만 윌슨(Wilson, 1990)은 일반적으로 환자의 기능 상태를 파악하고 행동을 측정하는 데 다음과 같은 요소를 포함시키고 있다.

- 환자의 현재 생활 영역(인지, 사회, 정서, 운동 영역 등)에서 발견되는 강점과 약점
- 감별진단(differential diagnosis)
- 과거에 내린 평가와 현재의 평가 간 유사성 여부에 대한 평가
- 어떤 특정한 치료의 필요성에 대한 진단
- 치료 계획의 목적과 목표
- 최초 평가와 치료 시행 이후 평가의 비교를 통한 치료 효과 평가

진단평가와 치료평가는 치료사가 환자에 대한 치료 계획을 세우는 데 도움을 주는 것은 물론 다른 의료진이나 전문가에게도 음악치료가 얼마만큼 효과적으로 진행되고 있는지를 알려 주는 중요한 것이다. 이것은 미국의 음악치료 협의회에서 규정해 놓은 공인음악치료사가 행할 여섯 가지 기본 단계에 해당한다. 이렇게 평가와 기록은 음악치료사의 중요한 의무에 속한다.

진단평가는 전통적으로 환자와의 면담과 관찰, 검사, 부속 정보에 대한 검토, 그리고 현재 환자에 대한 자료를 종합하는 것에 의존해 왔다. 윌슨(1990)

은 이러한 진단평가의 방법으로 면담, 관찰, 검사, 부속 정보에 대한 검토를
제안하고 있다.

### (1) 면담

면담은 대상자를 평가하는 데 가장 효율적이고 널리 사용되는 방법으로 많
은 치료사가 면담을 통해 필요한 정보를 얻고 있다. 면담에는 구조적인 면담
과 비구조적인 면담의 두 가지 방법이 있다. 구조적인 면담은 정해진 형식과
절차에 따르는 표준화된 방식의 면담으로 단시간에 많은 정보를 얻을 수 있
고, 필요한 정보를 빠뜨리지 않고 얻을 수 있으며, 표준화되어 있어 신뢰도가
높고, 수집된 자료의 객관적 수량화가 용이하다는 장점을 가지고 있다. 그러
나 잘못하면 환자가 취조당하는 것처럼 느낄 수 있고, 환자의 자유로운 답변
을 듣기 힘들뿐 아니라 특정 내용을 집중적으로 탐색하기 어렵다는 단점이 있
다. 이에 비해 비구조적 면담은 정해진 형식과 절차 없이 환자의 반응에 대한
치료사의 판단에 따라 유연성 있게 진행되는 면담으로 환자의 자유로운 답변
을 들을 수 있고, 특정 내용을 집중적으로 탐색할 수 있으며, 필요한 경우 지
속적인 관계 유지에 도움이 되는 장점이 있다. 그러나 면담에 숙련된 전문성
을 요하기 때문에 오랜 경험을 지닌 치료사가 행해야 하고, 다량의 자료를 수
집하기 힘들며 수집된 자료의 객관적 수량화가 어렵다는 단점이 있다.

면담의 효과를 극대화하기 위해서는 면담에 임하는 사람을 지원하고 격려
하는 안전하고 편안한 분위기를 형성할 필요가 있다. 치료사는 환자가 응답하
는 내용 외에도 환자의 태도, 말투, 모습, 자세 등이 주는 비언어적인 메시지
가 전달하는 의미까지도 고려해야 한다. 일반적으로 치료사는 범주별로 준비
된 질문을 하면서 음악의 선호도나 취향, 과거의 음악적 경험까지도 수집할
수 있다.

## (2) 관찰

관찰은 환자가 자연스럽게 행동하는 상태에서 특정한 범주별로 환자의 상태를 측정하는 방법이다. 치료가 계속되는 동안 치료사는 처음에 세운 목적과 목표에 환자가 어느 정도로 따라오고 있는지, 또 집단 내에서 환자가 보이는 행동뿐만 아니라 일상생활에서 환자의 행동이 어떻게 드러나는지를 관찰하여 진단평가를 하게 된다. 일반적으로 음악치료사는 환자의 행동 평가에 대해서 충분한 훈련을 받으므로 임상 현장에서 환자의 상태에 관해 다른 의료전문인과 어려움 없이 대화를 나눌 수 있다.

## (3) 검사

검사는 개인의 반응을 다른 사람과 비교하는 데 도움이 된다. 임상심리학에서 사용하는 검사는 표준화된 검사이며 대개 신뢰도가 높다. 심리검사는 도구의 구조화 여부에 따라 객관적 검사와 투사적 검사로 구별할 수 있다.

객관적 검사는 과제가 구조화되어 있고 채점 과정이 표준화되어 있으며 해석의 규준이 제시되어 있는 검사를 말한다. 객관적 검사는 검사 실시와 해석이 간편하고, 검사의 신뢰도와 타당도가 검증되어 있으며, 검사자 변인이나 검사의 상황 변인에 영향을 적게 받으므로 개인 간 비교가 객관적으로 제시될 수 있다는 장점이 있다. 그러나 환자들이 자신이 의도하는 방향으로 반응할 수 있고, 양적인 면에 치우치기 때문에 환자 개인의 질적인 독특성이 무시된다는 한계를 가진다.

이에 비해, 투사적 검사는 비구조적인 검사를 통해 개인의 독특성을 이끌어내 개인의 욕구, 갈등, 성격과 같은 심리적 특성을 파악하려는 목적을 가진다. 투사적 검사는 개인의 다양한 반응을 끌어내기 위해 가능한 간단한 지시를 사용하며 검사 자극도 불분명하고 모호한 특징을 지니고 있다. 투사적 검사는 객관적 검사와는 달리 검사 자극이 모호하고 환자가 자유롭게 반응하도록 허용하기 때문에 독특하고 다양한 반응을 도출할 수 있다. 또한 자극이 모호하기 때문에 환자가 자신의 의도에 맞게 방어적으로 반응하는 것이 어려워서 평소에는 의식하지 않았던 사고나 감정이 자극되어 전의식·무의식적인 심리적 특성이 반영될 수 있다는 장점을 가진다. 그러나 투사적 검사는 검사의 신뢰도와 타당도가 객관적으로 검증되기 어렵다는 비판을 피할 수 없다.

심리검사가 가장 유용한 상황은 여러 출처에서 얻은 자료들이 불일치할 때, 면담 및 관찰만으로는 적절한 판단이 어려울 때, 증상이 복잡하여 환자에 대해서 전체적인 통찰이 어려울 때이다. 이런 경우 심리검사는 환자에 대한 통합적인 해석의 틀을 제공하는 역할을 할 수 있다. 심리검사는 면담과 관찰만으로는 드러나기 어려운 내적인 욕구, 충동, 감정 등의 위계적인 배열을 파악할 수 있게 하여 환자의 심리 상태에 대한 포괄적인 이해를 얻을 수 있게 한다. 이렇게 심리검사를 통해서 얻어진 정보들은 현재 환자에게 어떤 방법의 치료가 적합한지, 어떤 접근이 가장 효과적일지를 결정하는 데 도움을 주게 된다.

임상심리학에서 사용하는 심리검사들은 음악과 관련된 부분이 적으므로 음악치료사가 이용하기에 어려움이 있다. 아직 음악치료에서 표준화된 검사 도구가 나와 있지 않아 객관적인 평가에 어려움을 겪고 있지만 주요 임상 현장에서 사용하는 일반적인 평가 도구의 내용을 참조할 수 있다. 음악치료사가 시행할 수 있는 표준화된 검사의 필요성에 대해 많은 의견이 제기되고 있다. 이 필요성에 대해 긍정적인 시각을 가지고 있는 사람은 음악이 인간 행동의 한 형태이기 때문에 음악이 관여할 때 일어나는 고유한 반응을 표준화하여 평가하는 것을 중요시하고 있다. 반대로, 정신질환자의 경우 입원하면서부터 의사와 임상심리사, 사회사업가, 간호사에 의해 이미 여러 각도에서 평가를 받고 있는데 굳이 반복되는 내용의 평가를 할 필요가 있는가에 대해 회의를 갖는 사람도 있다. 그러나 의사나 그 외 전문가들이 환자의 평소 행동을 관찰하거나, 검사를 통해 상태를 파악하거나 또는 몇 가지 질문에 대한 반응을 통해 내리는 진단평가에 비해 음악치료사가 음악치료 활동을 통해 파악하는 내용이 환자의 전체적인 상태를 더 정확하게 알려 주기도 한다.

〈표 6-5〉 **음악치료 진단평가서**

| 평가 내용<br>평가를 한 □에는 ✓를 할 것 | 보고 일자 :<br>파일 일자 : |
|---|---|
| **환자 프로필**<br>□ 나이<br>□ 성별<br>□ 결혼 여부<br>□ 기본적 용모 상태<br><br>**행 동**<br>□ 깨어 있는지<br>□ 공격적인지<br>□ 쉽게 당황하는지<br>□ 눈 맞춤의 정도<br>□ 적절한 사회 간격 유지<br>□ 동료/직원과의 언어적 교류<br>□ 사회적 교류의 시행, 유지 상태<br>□ 사회적 참여도<br>□ 집단 참여에 대한 태도<br>□ 자신에 대한 동기 유발 정도<br>□ 타인(활동, 생각)에 대한 배려<br>□ 타인에 대한 의존적 상태<br>□ 집단 참여 정도<br>□ 여가 선용 기술<br>□ AWOL의 주의가 필요한지<br><br>**인 지**<br>□ 현실 감각(지남력)<br>□ 환청 경험<br>□ 최근의 기억력 상태<br>□ 단계적 지시를 따라오는 정도<br>□ 자긍심, 자신감 상태 | |
| 음악치료 진단평가서<br>Music Therapy Assessment Form<br>□ Initial    □ Update | |

□ 지난 기억력 상태
□ 동료의 이름을 기억하고 부르는지
□ 청각적 기억력 상태(멜로디, 리듬)
□ 논리적 사고 표현 정도
□ 추상적 사고 능력
□ 색깔 식별
□ 집중, 지속력의 정도
□ 모방 능력
□ 지시에 따라오는 반응 속도
□ 순서적인 단계를 연결시키는 능력
□ 판단력/결정력 여부
□ 병원 입원에 대한 이유 이해
□ 자신의 장애에 대한 이해성

정 서
□ 감정적 표정 상태
□ 다양한 얼굴 표정
□ 적절한 감정 표현
□ 망상 경험 여부
□ 감정적 충동 조절

언 어
□ 자음, 모음 발음 정도
□ 언어 사용 빈도 정도
□ 표현 언어 기술
　- 구어 사용 시 단어 사용 정도
　- 구어 사용 시 제스처 사용 정도
　- 문장력
□ 수용 언어 기술
□ 말의 크기와 유창함

운 동
□ 운동량
□ 운동 범위

**음악치료 진단평가서**
Music Therapy Assessment Form
□ Initial　　　□ Update

〈계속〉

□ 운동 속도
□ 운동 시작 능력
□ 신체의 유연함
□ 신체 인지
□ 앉은 자세
□ 눈-손 협응
□ 오른손 또는 왼손 사용 정도
□ 손가락의 독립적 사용 정도
□ 손목 사용 정도
□ 신체 협응 정도

음악
□ 노래 부르는 기술
□ 음역
□ 기악 연주 기능, 경험
□ 일반적 음악 배경
□ 선호하는 노래, 음악적 스타일
□ 회피하는 노래, 음악적 스타일
□ 멜로디, 리듬 표현 기술
□ 성악, 기악 연주 시 빠르기 조절, 유지
□ 다이내믹의 변화

기타 정보:

강점/취약점:

치료 목적과 목표:

추천 집단활동:　　　　　　　　　　담당 음악치료사:　　　　　(서명)

**음악치료 진단평가서**
Music Therapy Assessment Form
□ Initial　　□ Update

(4) 부속 정보에 대한 검토

일반적으로 치료사는 환자에 대한 정보를 환자의 병상기록부를 통해서 얻게 된다. 이 기록부에는 환자의 병력 및 환경에 대한 기록, 입원 당시의 상태, 정신과 의사나 임상심리사, 사회복지사 등 전문가들의 평가서 등이 자세하게 기록되어 있어 환자에 대한 많은 정보를 얻을 수 있다. 입원 환자일 경우 간호사가 24시간 관찰한 행동 등에 대한 정보도 얻을 수 있는데, 이러한 부속 정보를 통해 음악치료 환경뿐 아니라 다른 환경에서 보이는 환자에 대한 정보를 종합적으로 취합할 수 있게 된다.

 **요약**

정신질환은 유기체 내 기관의 장애 때문에 야기되므로 향정신성 의약품을 비롯한 약물치료가 널리 발달되어 있다. 약물이 환자의 증상에 작용하여 효과를 가져 오기는 하지만 환자에게 내재된 근본적인 문제의 해결이나 스스로 환경에 직면하여 이겨낼 힘이 길러지지 않는다면 결국 악화되는 결과를 가져오게 된다. 정신과에서 음악치료는 일반적으로 지원적이며 활동 중심의 음악치료, 재교육 및 내면적 과정에 입각한 음악치료, 재조직 및 카타르시스적 음악치료로 구분할 수 있다. 치료에 앞서 환자의 상태와 필요를 파악하기 위해 진단평가를 한다. 범주별로 소개된 음악치료의 활동 및 방법, 임상적 치료 방법을 증상별로 나누어 분류한 내용을 통해 정신질환자를 대상으로 음악치료가 어떻게 시행되고 있는지를 이해하는 데 도움이 될 것이다.

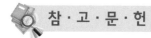 참·고·문·헌

강홍조, 고경봉, 김경희, 김병후, 김임, 김종주, 민성길, 박기창, 박종한, 박청산, 신정호, 안정숙, 오병훈, 이만홍, 이성훈, 이재승, 이종범, 이홍식, 정성덕, 정영기, 허균(2007). 최신정신의학(5판). 서울: 일조각.

권석만(2014). 현대이상심리학(2판). 서울: 학지사.

문지영(2007). 분열정동형 장애를 가진 성인과의 송라이팅을 통한 표현적 지지적 음악심리치료. 한국음악치료학회지, 9(1), 77-91.

문지영(2009). 복합적 외상 후 스트레스 장애 환자와의 즉흥연주 및 음악과 심상을 이용한 음악치료 사례 연구. 한국음악치료학회지, 11(2), 86-99.

문지영(2010). 음악치료 프로그램이 입원 정신질환자의 스트레스 감소에 미치는 효과. 재활복지, 14(2), 199-221.

최병철 역(2003). 음악치료[*Defining music therapy*]. K. E. Bruscia 저. 서울: 학지사. (원저는 1998년에 출간).

최병철, 김영신 공역(2006). 음악 심리치료의 역동성[*The dynamics of music psychotherapy*]. K. E. Bruscia 편저. 서울: 학지사. (원저는 1998년에 출간).

Beck, A. T., & Emery, G. (1985). *Anxiety disorders and phobias: A cognitive perspective.* New York: Basic Books,

Bellack, A. S., & Mueser, K. T. (1993). Psychosocial treatment of schizophrenia. *Schizophrenia Bulletin, 19,* 317-336.

Butler, G., & Mathews, A. (1987). Anticipatory anxiety and risk perception. *Cognitive Therapy and Research, 11,* 551-565.

Chard, K. M., Schumm, J. A., Owens, G. P., & Cottingham, S. M. (2010). A comparison of OEF and OIF veterans and vietnam veterans receiving cognitive processing therapy. *Journal of Traumatic Stress, 23,* 25-31.

Choi, B. C. (1997). Professional and patient attitudes about the relevance of music therapy as a treatment modality in NAMT approved psychiatric hospitals. *Journal of Music Therapy, 34*(4), 277-292.

Cigrang, J., Paterson, A., & Schobitz, R. (2005). Three American troops in Iraq: Evaluation of brief exposure therapy treatment for the secondary prevention of combat-related PTSD. *Pragmatic Case Studies in Psychotherapy, 1*, 1-25.

Clark, D. M. (1986). A cognitive approach to panic. *Behaviour Research and Therapy, 24*, 461-470.

Davey, G. C. L., & Levy, S. (1998). Catastrophic worrying: Personal inadequacy and a perseverate iterative styles as features of the catastrophising process. *Journal of Abnormal Psychology, 107*, 576-586.

Dugas, M. J., Freeston, M. H., & Ladouceur, R. (1997). Intolerance of uncertainty and problem orientation in worry. *Cognitive therapy and Research, 21*, 593-606.

Ehlers, A., & Clark, D. M. (2000). A cognitive model of posttraumatic stress disorder. *Behavior Research and Therapy, 38*, 319-345.

Foa, E. B., & Rauch, S. A. M. (2004). Cognitive changes during prolonged exposure versus prolonged exposure plus cognitive restructuring in female assault survivors with post-traumatic stress disorder. *Journal of Consulting and Clinical Psychology, 72*, 879-884.

Foa, E. B., & Riggs, D. S. (1993). Post-traumatic stress disorder in rape victims. In J. Oldham, M. B. Riba, & A. Tasman (Eds.), *American psychiatric press review of psychiatry* Vol. 12, pp. 273-303). Washington, DC: American Psychiatric Press.

Foa, E. B., & Rothbaum, B. O. (1998). *Treating the trauma of rape: Cognitive-behavior therapy for PTSD*. New York: Guilford.

Foa, E. B., Keane, T. M., & Freidman, M. J. (2009). *Effective treatments for PTSD: Practice guidelines of the international society for traumatic stress studies*. New York: Guilford.

Foa, E. B., Steketee, G., & Rothbaum, B. O. (1989). Behavioral/cognitive conceptualisations of post-traumatic stress disorder. *Behavior Therapy, 20*, 155-176.

Frank, E., Kupfer, D., Thase, M. E., Mallinger, A. G., Schwartz, H. A., Fagiolini, A. M., Grochocinski, V., Houck, P., Scott, J., Thompson, W., & Monk, T. (2005). Two-year outcome for interpersonal and social rhythm therapy in individual with bipolar I disorder. *Archives of*

*General Psychiatry, 62,* 996–1004.

Frank, E., Schwartz, H. A., & Kupfer, D. (2000). Interpersonal and social rhythm therapy: Managing the chaos of bipolar disorder. *Biological Psychiatry, 48,* 593–604.

Glicksohn, J., & Cohen, Y. (2000). Can music alleviate cognitive dysfunction in schizophrenia? *Psychopathology, 3,* 43–47.

Harris, C. S., Bradley, R. J., & Titus, S. K. (1992). A comparison of the effects of hard rock and easy listening on the frequency of observed inappropriate behaviors: Control of environmental antecedents in a large public area. *Journal of Music Therapy, 29*(3), 6–17.

Knight, W. E., & Richard, N. S. (2001). Relaxing music prevents stress-induced increases in subjective anxiety, systolic blood pressure, and heart rate in healthy males and females. *Journal of Music Therapy, 38*(3), 254–272.

Mathews, A., Mogg, K., Kentish, J., & Eysenck, M. W. (1995). Effective psychological treatment on cognitive bias and generalized anxiety disorder. *Behavior Research and Therapy, 33,* 293–303.

Mathews, A., Mogg, K., May, J., & Eysenck, M. W. (1989). Implicit and explicit memory biases in anxiety. *Journal of Abnormal Psychology, 98,* 236–240.

Michel, D. E. (1976). *Music therapy: An introduction to therapy and special education through music.* Springfield, IL: Charles C. Thomas.

Monson, C. M., Schnurr, P. P., Resick, P. A., Freidman, M. J., Young-Xu, Y., & Stevens, S. P. (2006). Cognitive processing therapy for veterans with military-related posttraumatic stress disorder. *Journal of Consulting and Clinical Psychology, 74,* 898–907.

Pavlicevic, M., Trevarthen, C., & Duncan, J. (1994). Improvisational music therapy and the rehabilitation of person suffering from chronic schizophrenia. *Journal of Music Therapy, 31*(2), 86–104.

Resick, P. A., & Schnidke, M. K. (1993). *Cognitive processing therapy for rape victims: A treatment manual.* Newbury Park, CA: Sage.

Roemer, L., Orsillo, S. M., & Barlow, D. H. (2002). Generalized anxiety disorders. In D. H. Barlow (Ed.), *Anxiety and its disorders: The nature and treatment of anxiety and panic* (2nd ed.). New York: Guilford.

Sanderson, W. C., & Barlow, D. H. (1990). A description of patients diagnosed with DSM-III-revised generalized anxiety disorder. *Journal of Nervous and Mental Disease, 178,* 588–591.

Shapiro, F. (1989). Eye movement desensitization procedure: A new treatment for post-traumatic stress disorder. *Journal of Behavior Therapy and Experimental Psychiatry, 20,* 211–217.

Smeijsters, H. (1996). Indications in music therapy: Criteria, example, definitions and categories. proceedings of the 8th World Conference in Music Therapy, Hamberg, Unpublished.

Tallis, F., Eysenck, M., & Mathews, A. (1992). A questionnaire for the measurement of nonpathological worry. *Personality and Individual Differences, 13*(2), 161–168.

Talwar, N., Crawford, M. J., Maratos, A., Nur, U., McDermott, O., & Procter, S. (2006). Music therapy for inpatients with schizophrenia: Exploratory randomized controlled trial. *British Journal of Psychiatry, 189,* 405–409.

Tedeschi, R. G., & Calhoun, L. G. (1996). The posttraumatic growth inventory: Measuring the positive legacy of trauma. *Journal of Traumatic Stress, 9,* 455–471.

Tedeschi, R. G., & Calhoun, L. G. (2004). Posttraumatic growth: Conceptual foundation and empirical evidence. *Psychological Inquiry, 15,* 93–102.

Thaut, M. H., & Gfeller, K. (1992). Music therapy in the treatment of mental disorders. In W. Davis, K. Gfeller, & M. H. Thaut, *An Introduction to music therapy* (pp. 93–132). Dubuque, IA: Wm. C. Brown.

Unkefer, R. F. (Ed.). (1990). *Music therapy in the treatment of adults with mental disorders.* New York: Schrimer Books.

Wheeler, B. (1983). A psychotherapeutic classification of music therapy practices: A continuum of procedures, *Music Therapy Perspectives, 1*(2), 8–12.

William, G., & Dorrow, L. G. (1983). Changes in complaints and non-complaint of a chronically depressed psychiatric patient as a function of an interrupted music/verbal feedback package. *Journal of Music Therapy,*

*20*(3), 93-98.

Wilson, B. L. (1990). Assessment of adult psychiatric clients: The role of music therapy. In R. F. Unkerfer (Ed.), *Music therapy in the treatment of adults with mental disorders* (pp. 126-148). New York: Schirmer Books.

Wong, S. E., & Woolsey, J. E. (1989). Re-establishing conversation skills in overtly psychotic, chronic schizophrenia patients; discrete trials training on the psychiatric ward. *Behavioral Modification, 13*, 415-430.

# 제7장 노인질환자를 위한 음악치료

# 제7장 | 노인질환자를 위한 음악치료

　사람은 누구나 성장기를 거쳐 서서히 노화 단계를 겪게 된다. 한 개인의 일생을 보통 영·유아기, 아동기, 청년기, 중·장년기, 노년기의 주기로 구분하는데, 이러한 생애주기는 단순히 시간적인 흐름만을 의미하는 것이 아니라 그 시기마다 반드시 해결해야 할 특정한 과제와 부여된 몫이 있음을 의미한다. 개인마다 차이는 있으나 각 단계를 거치며 완성을 향해 성숙해 가는 과정이어야 함을 내포하는 것이다. 여기에서 주목해야 할 것은 노년기가 인생의 황금기가 지난 여생(餘生)이 아니라 전체적인 본생(本生)에서 가장 성숙에 이른 시기이며, 살아온 삶에 대한 보상이 강화되어야 하는 시기라는 관점이 일반화되어야 한다는 점이다. 특히 현재 우리나라의 노년기에 속하는 세대는 근대사의 어려운 시기를 잘 극복해 낸 장본인들이다. 일제강점기와 한국전쟁, 정치적 혼란, 빈곤했던 조국을 후세대에게 풍요롭고 자유로운 세상으로 물려준 주역이라고 할 수 있다. 이들의 헌신에 대한 공경뿐만 아니라 상실에 대한 공감은 후세대의 몫이며 일정한 주기 안에서 순환되어 가는 사회구성원으로서 중요한 근본적 태도임이 강조된다.

　이 장에서는 사람이 노화로 인해 신체적·심리적·사회적으로 어떤 변화가 일어나는가를 살펴보고, 노인질환 중 가장 관심을 불러일으키고 있는 치매에 관하여 알아보고자 한다. 또한 우리나라 노인음악치료의 전반적인 임상환경과 노인의 성공적인 삶을 위해 음악치료가 어떻게 접근하고 적용되어야 하며, 어떤 부분의 노력이 필요한가에 관하여 다루고자 한다.

# 1. 노화와 노인

## 1) 노화의 개념

노화(aging)는 사람이 일생을 사는 동안 생물학적으로 성숙된 사람에게 일어나는 모든 규칙적인 변화다. 스트레허(Streher, 1962)가 말하는 생물학적 노화는 모든 생물체의 보편적 과정이며, 외부적 요인이 아니라 생체 내의 모든 장기에 발생하는 내부적 요인이고, 점진적으로 진행되는 기능저하이며, 궁극적으로 죽음을 초래한다는 공통된 네 가지 특성을 지닌다. 노화연구의 대표적인 학자인 비렌(Birren, 1959)은 인간의 노화를 신체의 구조나 기능의 변화를 말하는 생물학적 노화, 적응이나 행동에 관한 변화를 의미하는 심리학적 노화, 그리고 지위와 역할의 변화를 다루는 사회학적 노화로 구분하였는데, 이 세 가지 측면은 서로 상호작용하여 가속화와 지연에 영향을 미치게 된다. 따라서 한 개인의 노화현상은 통합적 관점에서 이해해야 하며, 여기에 영적 측면도 함께 고려되어야 한다.

노화는 피할 수는 없지만 사람에 따라 속도나 질에 차이를 보이는데, 이는 노화의 두 가지 차원으로 설명될 수 있다(대한노인정신의학회, 1998). 먼저, 유기체가 자신의 신체생리적 기능이 최고에 달한 후 점차적으로 그 기능과 구조가 감퇴해가는 불가피한 과정으로서 개인의 노력으로는 바꿀 수 없는 정상적인 노화인 일차적 노화(primary aging)가 있다. 다음으로, 개인의 유전적 프로그램이나 정신적 · 심리적 · 사회적 · 환경적 요인 및 질병과 사고의 영향을 받아 사람마다 차이를 가져오는 것으로서 개인적 노력이 노화의 속도나 질에 영향을 미친다는 이차적 노화(secondary aging)로 설명된다. 즉, 개인의 식생활과 영양 상태, 의학기술의 발달 그리고 주거 환경 및 생활양식이 진행 속도에 차이를 가져올 수 있으며(안홍순, 2013), 이는 건강과 삶의 질을 위한 프로그램 참여 등이 노화의 지연에 긍정적인 효과를 가져올 수 있음을 시사한다.

## 2) 노인에 대한 이해

노년학자들은 1951년 제2회 국제노년학회(The 2nd International Association of Gerontology)에서 발표된 개념을 인용하여 "노인이란 노화과정에서 나타나는 생리적·심리적·환경적 변화 및 행동의 변화가 복합적으로 상호작용하는 과정에 있는 사람"(최성재, 장인협, 2002)으로 정의하고 있으며, 연령 규정은 65세 이상으로 노인을 정의하고 있다(보건복지부, 1981). 그러나 뉴가튼(Neugarten, 1974)이 분류한 바와 같이 현재 65세 이상 노인은 기능과 생활방식에 있어 매우 큰 차이를 보여 연소노인(55~74세, young old), 고령노인(75~84세, old old), 초고령노인(85세 이상, oldest)으로 세분하여 인식할 필요가 있다. 또한 정치, 사회, 경제, 문화가 발전된 복지국가에서 신체적 기능과 적응능력을 상실하는 연령을 80세 전후로 본다는 폴만(Pohlmann, 2001)의 의견과 같이, 노인 연령 기준에 대한 인식조사(한국보건사회연구원, 2014)에서도 노인을 70세 이상으로 보거나(2014년 78.3%, 2004년 55.8%), 75세 이상으로 보는(2014년 31.6%, 2004년 8.6%) 시각의 변화에 따라 노인의 연령 규정을 새롭게 검토하고 있다. 따라서 노인은 연령, 능력, 가치관에 있어 다양한 계층을 이루기 때문에 포괄적이면서도 세분화된 개념으로 노인을 인식할 필요가 있다.

통계청(2014)에 따르면, 우리나라 노인인구 비율은 65세 이상이 12.7%로서 고령화사회(aging society, 전체 인구의 7~14% 미만)에 위치해 있다. 고령사회(aged society, 14~20% 미만)는 2018년에 진입할 전망이며, 초고령사회(super-aged society, 20% 이상)는 2026년에 도달될 전망이다. 2050년에는 37.3%로 경제활동인구 10명이 7명의 노인을 부양해야 하고, 2060년에는 40.1%가 될 것으로 추계하고 있다. 또한 우리나라 평균수명은 남자가 78.5세, 여자는 85.1세로서 매년 증가하고 있다.

한국보건사회연구원(2014)이 발표한 '노인실태조사 결과보고서'를 보면 현대를 살고 있는 노인의 전반적인 부분을 이해할 수 있다. 즉, 도시거주 노인 수, 80세 이상의 노인 수, 중고등학교 이상 학력을 가진 노인 수가 현저히 증가하고 있고, 독거노인 또는 노인부부만 따로 사는 가구가 증가하고 있다. 신체 상태는 안경, 보청기, 의치 등을 사용하는 노인이 증가하고, 85세 이상 노인의 절반 이상이 치매 전 단계인 인지기능 저하를 보이고 있다. 노인 89.2%가 만성질환을 가지고 있고, 한 사람당 평균 2.6개의 만성질환을 보유하고 있는 것으로 나타났으며, 질병 종류는 고혈압, 관절염, 당뇨병 그리고 우울증상을 보인 노인이 많은 것으로 나타났다. 안전사고에 있어서 낙상에 대한 두려움이 있는 것으로 조사되었으며, 평소 하는 운동은 주로 걷기였고, 운동실천율은 현저히 증가한 경향을 보여 건강에 대한 관심이 높아지고 있다는 것을 알 수 있다. 노인의 여가활동은 주로 TV 시청이었고, 향후 가장 하고 싶은 여가활동은 여행으로 나타났다. 컴퓨터나 인터넷을 이용할 줄 모르는 노인이 대부분으로 정보화 수준은 비교적 낮았으나 휴대전화기는 대부분 소유하고 있었다. 최근 노인 자살률이 큰 사회문제로 대두되고 있는데, 자살시도 이유는 경제적 어려움, 건강문제, 외로움 등이었다. 노인들의 삶에 대한 만족감은 대체적으로 덜 만족스럽게 인식하는 것으로 조사되었다. 이와 같은 조사 결과는 사회문화적 환경의 변화에 따라 노인의 생활양식에도 많은 변화를 가져왔음을 보여 준다.

### 3) 노화에 따른 변화

노화는 신체적 · 심리적 · 사회적 측면이 상호작용하여 진행되기 때문에 세 가지 측면을 통합적으로 이해해야 함은 앞서 강조하였다. 예를 들면, 당뇨병으로 식이조절을 해야 하는 사람은 회식 등의 자리에서 음식 선택이 자유로울 수 없어 만남의 기회를 주저하게 되고 또 심리적으로 위축될 수 있다. 또 우울증을 앓고 있는 사람의 경우 사람을 만나거나 사회활동에 소극성을 보이게 되며 따라서 신체활동도 감소하게 된다. 정년을 맞이한 사람의 경우 심리적인 우울감을 가질 수도 있는데, 여기에 행동반경의 축소로 이전의 활동량이 감소될 수 있음을 함께 고려해야 한다.

## (1) 신체적 노화

연령이 증가함에 따라 세포의 손실과 기능 저하로 인하여 신체 각 기관의 효율성이 감소하게 된다. 이로 인해 다음과 같은 신체적 변화가 일어나게 된다(삼성노블카운티, 2001). 먼저 노화에 따른 외형적인 변화로는 신장과 체중이 감소하게 된다. 80세 정도에는 자신의 키에서 평균 3~5cm 정도가 감소된다고 한다. 체중은 남자는 50대까지 증가하다가 이후에 감소하기 시작하여 60~70대에 현저한 감소를 보이고, 여자의 경우 60대까지 증가하다가 이후 남자보다 느린 속도로 감소한다. 체지방 중 내장지방이 증가하는데, 70세 노인은 25세에 비해 2배 정도 증가하여 복부가 나오는 체형으로 변화하며, 피하지방은 감소하여 표피가 얇아지고 피부가 탄력을 잃어 주름살이 생긴다. 멜라닌세포가 소멸되어 흰머리가 생기고, 모발이 감소하며, 모세혈관이 약해져 피하에 작은 출혈이 자주 발생함으로써 붉은 반점이 나타나고, 멜라닌 색소가 침착하여 갈색 반점이 나타나며, 손발톱이 딱딱해지고 약해진다. 근골격계의 노화로 굽은 자세를 유발하며, 시력, 청력, 치아 기능의 저하로 안경이나 보청기, 의치 등의 착용이 증가한다.

노화로 인한 행동적 변화로는 근육량의 감소와 골다공화로 지구력과 유연성이 감소되고 관절염, 요통, 신경통 등의 통증을 겪게 되며 골절에 쉽게 노출된다. 뇌용량의 감소로 기억력 감퇴 등 인지기능이 저하되고 수면장애를 겪기도 한다. 신경전달의 기능 감퇴로 반사신경기능이 둔화되고 행동이 느려져 순발력, 민첩성, 운동기능이 저하되게 된다.

한일우(2010)는 노인의 삶의 질을 저하시키는 노화로 인한 신체적 변화와 노인질환에 대하여 각 신체기관의 기능적 측면으로 구분하여 설명하고 있다.

① 피부

노화로 인해 피하지방이 감소하고 진피층이 얇아져서 피부가 건조해지며, 멜라닌 색소가 침착되어 갈색반점이 생기고, 두피의 멜라닌 세포가 소멸되어 흰머리가 난다. 이러한 피부의 변화에 따라 수분이 잘 빠져나가게 되어 피부 건조증이 발생하는데 여름보다 겨울에 가려움증이 더 심해진다. 또한 가벼운 부딪힘에도 쉽게 멍이 들거나 상처가 생긴다. 이러한 피부노화는 소양증, 양성종양, 진균증, 대상포진 등의 발생률을 증가시킨다.

② 눈

안구 수정체의 탄력성이 감소하고, 수정체의 단백질 대사에 변화를 일으키며, 모양근의 조절력이 약해지고, 초자체에 이상현상이 나타난다. 이로 인해 노안, 백내장, 녹내장, 안구건조증, 비문증에 노출된다. 사물을 볼 때 거리를 멀리 하여 보는 이유도 망막에 정확히 상이 맺히도록 수정체의 두께를 조절하는 모양근의 조절력이 약화되었기 때문이다. 수정체의 단백질 대사 변화는 수정체 렌즈가 뿌옇게 흐려 보이게 만드는데, 심해지면 백내장이 온다. 70세 이상 노인 중 95%가 백내장을 가지고 있다고 보고되었다(한국임상사회사업학회, 2006). 그러나 현대의학기술의 발달에 따라 백내장은 수술을 통해 시력회복이 가능하다. 망막과 수정체 사이에 있는 유리체라고 하는 투명한 초자체에는 변성이 와서 작은 벌레가 떠다니는 것처럼 보인다. 이것이 바로 비문증인데, 사물을 보는 데 불편감은 있으나 시력에는 큰 영향을 주지 않는다.

### ③ 귀

귀는 듣는 것과 균형을 유지하는 두 가지 기능과 구조를 가지고 있다. 노화로 인해 외이도 조직이 건조해지고, 이소골이 경화되며, 와우각의 모세포가 상실되어 청력을 감퇴시킨다. 귀의 노화는 노인성 난청, 현훈증, 이명 등을 유발한다. 공기 진동이 부드럽게 잘 전달되어야 하는데 외이와 중이의 구조물들이 건조해지고 딱딱해져서 와우각의 난원창으로 제대로 전달이 이루어지지 않고, 액체운동을 통해 소리 높이에 따라 진동을 지각할 모세포가 상실되어서 결국 청력감퇴가 오고 보청기를 착용해야 하는 상태가 된다. 현훈증은 특수한 어지럼증을 말한다. 균형을 담당하는 세반고리관은 앞쪽, 뒤쪽, 수평으로 위치한 3개의 반고리다. 입체로 모든 것을 감지하는 3차원으로 되어 있고 이 안에 림프액이 있어 몸의 움직임에 따라 세반고리관에 자극을 주어 평형을 감지하게 된다. 세반고리관 안에는 모래알보다 훨씬 작은 이석이 있는데, 이석이 떨어져 나와 서로 연결된 부분으로 이동한다. 림프액의 움직임으로 몸의 균형을 잡을 때, 이석의 이동은 매우 큰 자극이 되어 어지럼증을 일으킨다. 이것을 현훈증이라 한다. 다른 어지럼증과는 달리 천장이 빙빙 돌고 땅이 울퉁불퉁 꺼지는 듯한 어지럼증을 보인다고 한다. 이때 뇌졸중으로 착각하기도 하나, 이석이 제자리로 돌아가면 증상은 없어진다. 흔히 귀에서 매미소리가 들린다는 이명도 노화에서 비롯되는 것이다.

### ④ 근골격계

노화는 근육크기를 감소시키고, 탄력성을 감소시키며, 뼈의 다공화를 가져온다. 이러한 변화는 골다공증, 퇴행성관절염, 골절을 유발한다. 근육량 감소로 지구력이 감소되고, 요통이 발생하고, 굽은 자세를 보이며, 유연성이 상실된다. 근육은 일상생활 유지에 매우 중요한 기능을 하는데, 25~30세가 최고이고 이후로 감소되고 위축되며 운동량에 따라 유지시킬 수는 있다. 그러나 노인의 경우 노화로 인한 자연적인 감소에 운동량마저 감소하여 근육의 유지

가 더욱 어려워질 수 있다. 골다공증은 성인기부터 서서히 진행이 되다가 노
년기에 증상이 현격히 드러나는 질환이다. 골수는 적혈구, 백혈구, 혈소판 등
의 중요한 혈액세포를 만드는 조직이다. 골수는 조혈세포가 죽고 다시 생성되
어 뼈 안에 가득 차 있어야 하는데, 그렇지 못하고 구멍이 숭숭 뚫린 경우를
골다공증이라 하며 남성보다 여성이 더 취약하다. 이때 가장 중요한 것은 골
절이다. 뼈 안이 비어 있어 부딪히거나 넘어질 경우 고관절골절, 손목골절, 발
목골절, 척추골절 등이 발생될 확률이 높다. 수술을 할 수 없을 정도로 부서지
면 독립적인 일상생활을 할 수 없게 되어 개인의 삶의 질은 저하된다. 또한 척
추뼈는 넘어지거나 다쳐서가 아니라 오랜 세월 동안 머리와 상체 무게를 지탱
하는 직립생활로 인해 금이 가거나 추간판이 눌릴 수 있다. 특히 골다공증일
경우 위험률이 더 높아진다. 그래서 허리통증이 오게 되는데, 노인은 대부분
요통을 겪고 있다. 퇴행성관절염의 가장 문제가 되는 흔한 부위는 무릎이다.
허벅지의 대퇴골과 그 밑의 촛대뼈 사이에 완충지역, 즉 연골이 있는데 나이가
들면서 연골이 얇아지고 찢어진다. 그러면 뼈와 뼈가 맞닿아서 골이 부스러진
다. 그 사이에 물주머니의 간격도 좁아져서 걷는 데 어려움을 갖게 된다. 실제
로 관절염 때문에 휠체어를 타야 하는 경우도 많다. 걷던 사람이 휠체어를 탄
다는 것은 모든 활동반경이 축소되는 것이고, 이런 신체적인 변화가 환자의 운
동기능을 떨어뜨리고 다른 부분들도 위축되는 중요한 노인성 질환이 된다.

⑤ 신경계
   뇌신경세포가 상실되어 뇌용량이 감소함에 따라 뇌위축이 오고, 노화색소
인 지방갈색소가 축적되며, 노인반과 신경섬유다발이 축적된다. 이로 인해 수
면장애가 발생하고, 기억력 감퇴 등 인지기능이 저하되며, 반사신경 등 신경
전달기능이 감퇴된다. 따라서 정보입력, 저장, 인출 및 재생하는 능력과 유입
된 정보의 해석과 추리, 처리속도가 느려진다. 특히 단기기억, 최근기억이 크
게 약해지고 건망증을 보이지만 기억장애와는 다르다. 두뇌기능에서 지능은

전체적으로 저하되는 것은 아니며, 어떤 측면의 지능은 오히려 높아질 수 있다. 단기기억력, 집중력, 상상력은 저하되지만 지혜, 시간관리, 규율성, 규칙성, 신중성, 인내심, 주의력, 익숙함 등은 증가된다. 학습능력의 경우 연령이 증가할수록 저하되지만 효과적인 학습 방법, 학습에 대한 의미 인식 및 충분한 시간으로 오히려 학습 효과를 높일 수 있다. 동기나 창의성은 노인 일자리, 자아실현과 같은 목표의 구체성에 따라 차이를 보이고, 예술 및 인문사회의 경험적 분야에서 많은 창작활동이나 업적을 이룬 사람들도 있다. 사망 5년 전부터 지적 능력이 급격히 감퇴하여 종말적 저하현상을 보인다. 이러한 신경계의 노화는 치매, 뇌졸중, 파킨슨병에 취약하다. 현재 대부분의 노인이 염려하고 관심을 보이는 치매는 뒤에서 다시 설명하고자 한다.

⑥ 순환계

심장의 지방갈색소와 지방조직이 증가하고, 심장판막과 혈관벽에 변화가 옴으로써 고혈압, 동맥경화증, 심근경색증, 심방세동 및 기타 부정맥, 울혈성 심부전증의 발병률을 높인다. 혈관에 지방, 노폐물 등이 축적이 되면 혈액이 지나는 길이 좁아진다. 그러면 보통 수준보다 더 높은 압력을 가하게 되어 고혈압을 초래하게 된다. 흡연, 당뇨 등의 이유로 동맥경화 상태를 가져오는데 더 진행되면 파열이 되고, 파열될 때 혈전이 생겨 또 혈관이 막히는 상태가 되게 된다. 따라서 고혈압은 모든 순환계 질환의 주원인이 된다.

⑦ 신장

사구체가 경화 및 감소되고, 사구체 여과율이 감소하며, 신혈관의 경화가 오게 된다. 이는 사구체 경화증, 만성 혹은 급성신부전, 신동맥 색전증 등을 유발한다. 신장 안에는 미세한 혈관이 많이 분포되어 있는데 혈압이나 당뇨로 인해 이 부분도 경화가 된다.

덧붙여, 후각, 미각, 촉각, 운동감각 등의 감각기능이 감퇴된다. 따라서 현재 아동보호구역과 같이 노인보호구역이 설치되고 있다. 또한 소화기능, 내분비호르몬 체계 등 전반적인 약화현상이 노화로 인해 수반된다. 그러나 통각은 통증감지 능력이 저하되거나, 오히려 증가되거나 혹은 변화가 없다는 여러 견해가 제시되고 있다(Papalia, Camp, & Feldman, 1996).

노인성 질환은 일반인의 경우와는 다른 몇 가지 특성을 보인다. 노인성 질환의 특성을 권중돈(2005)은 다음과 같이 정리하고 있다. 첫째, 다양한 만성질환을 동반한다. 서로 연관된 질환이 동시에 발생할 수도 있고, 전혀 다른 질환을 앓기도 한다. 관련 질환으로 고혈압, 당뇨가 있을 경우 동맥경화증이 발생하고, 동맥경화증이 원인이 되어서 관상동맥, 심근경색증, 뇌졸중으로 연결되어 발생되는 경우를 말한다. 서로 다른 질환으로는 퇴행성질환인 알츠하이머 환자가 전혀 다른 질환인 파킨슨병 또는 뇌졸중을 동반하기도 한다. 따라서 노인은 다양한 만성질환으로 인해 감별 진단에 어려움이 있다. 둘째, 비전형적이고 개인에 따라 상이한 증상이 발생한다. 폐렴에 걸린 경우 일반적으로 폐에 염증이 있어 고열이 나게 되는데, 노인의 경우 약간의 미열 정도만 나타나기도 하고 가벼운 기침만 하거나 몸이 축 쳐지는 현상만 나타나기도 한다. 이는 몸의 조절력이 감퇴되어 있기 때문이다. 뇌의 시상하부에서 자율신경계에 작용을 일으켜 열이 나게 하는데 그 기능이 약화되어서 증상이 가볍게 나타나는 것이다. 증상이 미약하게 나타나 폐렴으로 생각하지 못할 수도 있다. 또 당뇨환자의 경우 혈당이 떨어지면 가슴이 답답하고 어지럽고 얼굴이 달아오르고 땀이 나는 등의 현상을 스스로 인식할 수 있는데, 고령자일수록 혼수상태에 빠질 수 있는 위험한 상황임에도 뇌의 기능이 저하되어 신호나 증상이 두드러지지 않는다. 하지만 그만큼 에너지 소모량이 적어서 그 정도를 버틸 수 있기도 한다. 이렇게 노인은 일반적인 증상과는 다른 비전형적인 증상을 보이기도 하고, 개인에 따라 증상이 다양하게 나타난다. 셋째, 치료 효과가 감소하고 합병증 발생률이 증가한다. 환자는 대부분 만성화되기 때문에 투약 초기의 효과가 점점 감소되어 나타난다. 치매환자가 신장이 좋지 않을 경우 치매약과 행동장애약, 신장약 등을 동시에 복용하게 된다. 정확한 투약 원칙이 지켜지지 않으면 약으로 인해 전해질 균형이 깨지는 등의 합병증 발생률이 증가하게 된다. 넷째, 만성적이고 퇴행적이다. 천천히 진행하고 점점 나빠지게 된다는 것이다. 다섯째, 운동기능장애, 인지기능장애, 정신증상 등을 복합적으로 동반한다. 일반인의 경우는 질병의 증상만 치료하면 완치될 수 있으나, 노인의 경우는 다양한 병인과 노화 자체가 상호작용하여 기능을 저하시키고 장애를 발생시키게 된다. 여섯째, 약역학 및 약동학의 변화에 따른 약물부작용이 발생하고, 다약요법에 따른 약물상호작용이 발생한다. 혈압, 당뇨, 콜레스테롤, 신장 등 다양한 만성질환으로 다른 종류의 약물을 동시에 혼합 복용하는 경우 간기능을 약화시키고 약효를 감소시키는 상호작용이 발생한다. 일곱째, 치료 경비가 급속하게 증가한다. 의료비, 간병비 등의 지출은 큰 부담을 가져온다.

### (2) 심리적 노화

심리적 노화란 축적된 경험에 의한 감각, 지각, 행동 등의 기능과 함께 자아에 대한 인식 등이 나이가 들어감에 따라 변화하는 것을 말하며(최성재, 장인협, 2002), 인간의 적응이나 행동에 관한 변화 유형을 포함한다(Birren, 1959). 노인의 심리적 변화에 대한 설명들은 상반된 견해를 보여 주고 있는데, 나이가 들어가면서 감각 및 지각 기능의 변화, 정신능력의 쇠퇴 그리고 성격의 변화 등이 나타난다는 견해(Birren, 1985)와 정신능력이나 성격은 연령에 따라 큰 변화가 없다는 견해(최순남, 2000)가 제시되고 있다.

노년기의 특징적 성격변화에 관하여 노인학자 윤진(2001)은 다음과 같이 정리하고 있다. 첫째, 내향성 및 수동성, 의존성의 증가다. 나이가 들어갈수록 외부 세계에서 내부 세계로 이동하는 내향성이 증가하며, 내면적인 주관에 의

해 사물을 판단하는 경향을 보인다. 또한 체력과 인지능력이 저하되면서 문제
해결에 있어 타인의 도움에 의존하거나 체념하는 경향을 보이는 수동성과 의
존성이 증가한다. 둘째, 조심성의 증가다. 노인은 변화보다는 안정을 추구하
고 확실성을 중요시한다. 감각기능의 쇠퇴, 신체와 정신 기능의 저하, 자신감
의 저하가 가져온 심리적인 불안으로 인해 조심성이 증가하게 된다. 셋째, 경
직성의 증가다. 자신에게 익숙한 습관적인 태도나 방법 그리고 자신의 문제해
결 방식을 고수하려는 경향성을 보이고, 융통성이 없어진다. 넷째, 우울성향
의 증가다. 경제적 의존이나 질병 그리고 사별, 고립 등에 의한 스트레스와 부
적응으로 우울감이 나타나는데 개인적으로보다는 상호 교류 관계 안에서 더
나타난다. 다섯째, 생에 대한 회상과 친근한 사물에 대한 애착심의 증가다. 노
인은 미래보다는 과거를 회상하는 경우가 많아지고, 오랫동안 사용해 온 가재
도구, 사진, 골동품, 일용품 등에 대한 애착을 보인다. 이러한 과거나 물건이
긍정적인 정서를 담고 있을 때는 정서적 안정감에 도움이 될 수 있다. 친근한
물건을 처리할 때는 반드시 중재 과정이 필요하다. 여섯째, 성역할 지각의 변
화다. 중년기 이후부터 남성은 점점 여성적이고 수동적인 성향이 나타나고 의
존성, 관계 지향성, 친밀성과 같은 성향을 보여 주는 반면, 여성은 오히려 능
동적이고 권위적으로 변화되면서 독립성, 자기주장이 강화되는 경향을 보여
주어 성역할의 양성화 경향이 나타난다. 일곱째, 시간 전망의 변화다. 노인은
앞으로 남은 시간을 계산하는 방식으로 시간을 보는 태도를 보인다. 여덟째,
유산을 남기려는 경향이다. 자손, 예술작품, 기술, 지식, 교훈, 부동산, 아름다
운 추억, 자서전 등의 다양한 형태의 유산을 남김으로써 자신의 삶의 가치를
후손에게 전하고자 한다.

　　이와 같이 노인의 심리적 변화는 대부분 부정적인 관점에서 언급되고 있으
나, 젊은 시절 어려움을 극복했던 경험들을 바탕으로 변화된 환경을 수용하고
적응해 나가는 통합형 노인들도 많아지고 있다. 이들은 노년기의 한계를 인정
하고, 자신을 위한 인생을 재설계하며, 성숙된 사고방식과 행동양식을 통해

긍정적으로 삶을 영위해 가는 유형을 말한다.

### (3) 사회적 노화

사회적 노화란 생애과정 동안 일어나는 한 개인의 지위와 역할의 변화를 의미한다(Birren, 1985). 즉, 직장과 가족 그리고 친구와 같은 사회구조 내의 관계성과 역할의 변화를 말하는데, 개인적인 변화와 시대적인 인식의 변화로 구분하여 바라볼 수 있다. 예를 들어, 퇴직으로 발생한 개인의 환경적 변화와, 전통사회에서 존경받았던 연장자에서 변화되어 가는 현대사회에 적응 능력이 부족한 사람으로 바라보는 인식의 변화다.

노화로 발생하는 사회적인 변화는 대부분 상실의 경험에서 온다. 첫째, 퇴직으로 인한 역할과 지위의 상실이다. 퇴직은 개인의 삶의 양식을 변화시킨다. 경제활동의 은퇴와 함께 가장으로서의 역할과 가정 내에서의 영향력을 상실하며, 경제활동 시의 사회적 지위도 대부분 상실되고, '역할 없는 역할'의 상징적 지위를 갖게 된다. 열심히 살아온 일상의 활동 영역이 없어지는 것에서 느끼는 허탈감을 경험하게 된다. 둘째, 배우자, 친구, 친지의 사망이다. 평생을 함께한 배우자나 친구의 사망과 같은 사회적 자원의 상실은 매우 큰 충격적인 일로서 외로움과 절망감을 경험하게 한다. 특히 남성의 경우 여성보다 부적응의 정도가 더 높게 나타난다. 셋째, 자녀의 취업이나 결혼 등에 따른 부모역할의 상실이다. 빈둥지증후군이라는 말이 있듯이, 상실감과 고립감을 경험하게 된다. 넷째, 신체질환과 기능저하로 인한 사회적 교류의 상실이다. 만성질환은 친구와 외식을 하거나 복지관 프로그램에 참여하는 등의 사회적 교류를 어렵게 하여 고립고독감, 소외감 등을 경험하게 한다. 마지막으로, 노인에 대한 인식 변화를 말하는 존재 가치적 상실이다. 사회환경의 변화에 적응 능력이 없고, 생산 능력이 없는 사람으로 바라보는 사회 전반적인 분위기는 노인에게 과거에 대한 부정적 평가를 하게 하고 무가치한 존재라는 자존감 상실 등을 경험하게 한다.

이와 같은 노화로 인한 사회적 변화는 사회활동을 감소시키고, 경제적·신체적 의존도를 증가시키며, 직장에서 가정으로 또는 시설 입소와 같은 생활환경을 변화시키고, 여가시간을 증가시키는 결과를 가져오게 된다. 통계청(2009)에 따르면, 노인이 경험하는 가장 어려운 문제는 경제적 어려움, 건강문제, 소일거리 없음, 외로움과 소외감, 노인복지시설 부족, 직업이 없거나 고용불안정, 사회에서의 경로의식 약화, 일상생활 도움 서비스 부족, 가족으로부터의 푸대접 등의 순으로 나타났다. 그러나 많은 부분의 상실을 경험하는 가운데에서도 삶을 지탱해 갈 수 있는 것은 노인에게 수용과 적응의 정신기제가 있기 때문이다. 따라서 머지않아 노인이 될 후세대는 이들에 대한 충분한 공감과 이들의 고통을 해소하기 위한 실천적 노력을 아끼지 않아야 할 과제를 가지고 있다.

## 4) 대표적 노인질환, 치매

노인에게 많이 발생하는 질환은 고혈압, 당뇨, 고지혈증, 뇌졸중, 관절염, 심장질환, 암, 만성폐질환, 노인성 우울증 등이며, 백내장, 노인성 난청, 골다공증, 치매 등은 노인에게 특히 많은 노인 특유 질환이다. 이 중 치매는 개인의 존엄성과 정체성을 위협하고 개인과 가족의 삶의 질을 저하시키는 노년기의 주요 질환으로서 대부분의 노인들이 치매만큼은 피하고 싶다는 염려와 관심을 보이고 있다.

### (1) 치매의 정의 및 원인질환

대한신경과학회(2015)에 따르면, 치매란 퇴행성 뇌질환 또는 뇌혈관계 질환 등에 의해 기억력, 언어능력, 지남력, 판단력 및 수행능력 등의 기능저하를 일으켜 일상생활에 지장을 초래하는 후천적인 다발성장애다. 즉, 정상적으로 활동하던 사람이 뇌에 발생한 각종 질환으로 인하여 인지기능이 떨어져 일상생활을 할 수 없는 경우를 말한다. 치매는 진단명이 아니라 두통처럼 일종의 증상이고, 두통을 일으키는 원인이 수없이 많은 것처럼 여러 가지 증상이 모인 증후군이다. 치매의 원인은 80여 가지로 다양한데, 이 중 전체 치매의 80% 이상을 차지하는 가장 높은 원인질환은 알츠하이머병과 같은 퇴행성 뇌질환과 뇌혈관 질환으로 발병되는 혈관성 치매다. 즉, 치매는 퇴행성 뇌질환 50%, 혈관성 치매 20%, 퇴행성 뇌질환과 혈관성 치매의 복합 10%, 그리고 나머지가 기타 여러 가지 원인으로 발병한다. 치매의 발병률은 매년 증가하고 있다.

　퇴행성 뇌질환으로 대표적인 알츠하이머병은 80세 이상 노인 10명 중 4명에게 발병하는 노인성 질환이다. 여러 가지 원인에 의해서 만들어진 잘못된 단백질이 뇌세포를 손상시킴으로써 치매가 발생한다고 추측하고 있다. 측두엽과 두정엽에서부터 위축이 오는데, 뇌에 플라크와 섬유농축체가 형성되어 사고력 담당 부위에 침착되어 가장 먼저 기억중추에서 언어중추로 그리고 우뇌 방향감각중추, 충동억제기능이 차례로 소멸된다. 이로 인해 성격변화까지 발생하게 된다. 퇴행성 뇌질환은 나이가 많을수록, 여성일수록, 직계가족 중 알츠하이머병이 있을수록 많이 걸리고, 학력이 높거나 지적 활동을 많이 하는 사람이 덜 걸리는 것으로 알려져 있다. 초기 발견 시 약물복용 등은 증세와 진행을 완화할 수는 있으나 완치는 어렵다.

　퇴행성 뇌질환의 특징은 서서히 발병하고, 진행 속도가 느리며, 연령이 높을수록 증가하고, 원인이 아직까지 정확히 밝혀지지 않았으며, 특수 부위에서 시작하고, 진행하면서 전반적인 위축을 가져오며, 최근 기억이 손상된다는 것이다. 이에 해당되지 않는 증상은 비퇴행성 질환으로 구분할 수 있다. 천천히 발병하기 때문에 행동심리증상이 나타날 때까지 주위에서는 알아차리기가 쉽지 않다. 치매증상을 느낄 때는 3년 정도 전에 시작된 것으로 바라볼 수 있고, 진행 속도가 느리기 때문에 발병하여 약 12년 정도를 예상한다. 서서히 발병하고 천천히 진행한다는 점은 퇴행성과 비퇴행성을 구분하는 가장 중요한 기준이 된다.

혈관성 치매는 기억력, 언어력을 포함한 인지기능 혹은 행동 조절에 관여하는 대뇌 주요 부분에 뇌혈관 질환으로 인한 뇌손상이 누적되어 나타나는 치매다. 고혈압, 당뇨병, 고지혈증, 심장병, 음주, 흡연, 약물, 비만을 가진 사람에게 많이 나타난다. 허혈성과 출혈성 병변으로 발생한다. 원인질병을 치료하고 뇌졸중 재발을 예방함으로써 막을 수 있으며, 초기에 발견하면 더 이상의 진행을 막을 수 있다.

내분비 및 내과질환, 종양, 만성감염, 두부외상, 독성질환, 기타 등에 의한 치매는 원인 질환을 치료하면 완치될 수 있다.

### (2) 치매의 증상

치매는 조기에 발견하여 예방하고 치료하는 것이 매우 중요하다. 인지기능의 장애는 있으나 치매라고 할 만큼 심하지 않은 경우를 경도인지장애(Mild Cognitive Impairment: MCI)라고 하는데, 알츠하이머병으로 발전할 가능성이 높아 최근 이에 대한 관심이 더욱 높아지고 있다(대한치매학회, 2011). 치매의 초기 증상은 의심하지 않으면 일반적으로 노화에 따른 자연스러운 증상으로 오해되어 진단이 늦어지는 경우가 많다. 따라서 기억력 감퇴, 언어기능 저하, 시공간 능력 저하, 계산 능력 저하, 성격 및 감정의 변화와 같은 초기 증상이 발견되면 되도록 빨리 전문의의 진단을 받고 치료를 시작하는 것이 치매치료에 도움이 된다.

치매의 증상은 기억장애, 언어장애, 시공간 인지장애, 전두엽 수행기능장애를 포함하는 인지장애증상과 정동장애, 망상, 착오증, 환각, 행동이상을 포함하는 행동심리증상으로 구분된다.

인지장애증상 중 기억장애는 초기에는 최근기억장애가 먼저 발생하는데 건망증과 감별할 필요가 있다. 기억장애로 인한 증상은 오늘이 몇 월 며칠 무슨 요일인지 모르고 자기가 놓아둔 물건을 찾지 못하며 같은 질문을 반복하거나 약속을 하고 난 후 잊어버린다. 그리고 물건을 가지러 갔다가 잊어버리고 그냥 오며 조금 전에 했던 일을 반복하는 증상을 보인다. 언어장애는 커뮤니케이션에 필요한 부호 및 신호체계 전달에 이상을 보이는데, 증상으로는 물건이나 사람 이름을 말하기 힘들어 머뭇거리고 대화 중 내용이 이해되지 않아서 반복해서 물어보는 모습을 보인다. 시공간 인지장애의 증상으로는 길을 잃거나 헤매기도 하고 초기에는 처음 가는 곳을 찾지 못하다가 진행되면서 익숙한 곳도 찾지 못한다. 전두엽 수행기능장애의 증상은 일을 순서대로 처리하지 못하고 한 번에 여러 가지 일을 동시에 하지 못한다. 융통성이 없어지고 판단력이 흐려지며 고집이 세지는 증상을 보인다.

　행동심리증상으로는 불안, 조증, 우울증, 감정굴곡, 감정실조, 무감동을 보이는 정동장애와 피해망상, 도둑망상, 부정망상, 유기망상 등의 망상, 공격적 행동, 과다행동, 반복행동, 배회행동, 대인접촉 회피 등의 행동이상과 착오증 그리고 환각이 나타난다. 행동심리증상의 경우 주기성을 파악하는 것이 중요한데, 신체적 불편함이나 낯선 환경 등의 원인을 추적하면 증상을 완화시키는 데 도움이 될 수 있다.

　치매증상을 평가하는 신경심리검사에는 치매선별검사와 종합적인 검사총집이 있다(대한치매학회, 2011). 가장 널리 사용되고 있는 치매선별검사의 하나인 간이정신상태검사(Mini-Mental State Examination: MMSE)는 폴스타인, 폴스타인과 맥휴(Folstein, Folstein, & McHugh, 1975)가 개발한 검사도구로 지남력, 기억력, 주의집중과 계산 능력, 시공간 구성 능력, 언어 능력을 평가하는 항목들이 포함되어 있다. 현재 국내에서는 강연욱, 나덕렬과 한승혜(1997)가 번안한 K-MMSE와 권용철과 박종한(1989)이 번안한 MMSE-K가 널리 사용되고 있다.

### (3) 치매의 치료

　치료가 가능한 가역성 치매를 제외하고는 처치에 따라 진행을 지연시키고 증상을 완화시킬 수는 있으나 완치는 어렵다. 그러나 현재 알츠하이머병에 대한 연구가 활발히 진행되고 있기 때문에 예방 방법과 약물도 곧 개발될 것으로 기대하고 있다. 현재 치매에 대한 치료는 의료적 접근, 심리사회재활 접근, 가족 접근의 측면에서 시행되고 있다(이준우, 손덕순, 2010). 치매환자의 행동상의 문제와 심리적 문제를 치료하는 것은 대단히 중요한데, 이는 환자 본인과 가족의 삶의 질과 직결되기 때문이다. 심리사회재활 접근 방법으로서 음악치료, 미술치료, 작업치료, 운동치료와 같은 다양한 비약물치료는 치매환자의 심리행동치료에 도움을 줄 수 있다. 특히 표현행동이 어려워진 말기환자에게도 음악활동 참여는 가능하며, 치매환자의 가장 늦게까지 기능하는 정서영역에 음악은 강한 영향력을 미칠 수 있기 때문이고, 정서영역의 자극은 인지영역 등 다른 부분에도 긍정적인 영향을 주기 때문이다.

다음은 2014년 EBS 국제다큐영화제 개막작으로 상영된 〈그 노래를 기억하세요?〉(원제: Alive Inside)에 출연한 미국 알츠하이머 기억장애연구소장 피터 데이비스(Peter Davies)박사의 말이다.

> 38년간 치매를 연구했지만 음악치료보다 효과가 좋은 치료법은 찾지 못했다. 더 좋은 치료법을 찾고 싶고, 지금도 노력 중이지만 더 좋은 효과를 내는 치료법을 찾지 못했다.

## 2. 노인음악치료 동향

국외의 노인음악치료연구 동향(김은주, 1999; 이영화, 2009; 현재연, 2006)을 살펴보면, 노인대상 연구 수가 전체 연구의 10%를 조금 웃도는 비율을 보이고는 있으나 1985년 이후 점차 증가하고 있다. 치료 대상자로는 신경과 환자가 가장 많으며, 호스피스 영역에도 관심을 보이고 있다. 치료 목적으로는 1970년대에 정서와 인지 영역에만 제한된 관심을 보이다가 1990년대 이후부터는 언어, 생리, 사회, 통증, 운동 영역 등으로 목적 영역이 확장되고, 이후로 이러한 관심은 계속되고 있다. 가장 많이 다루어지는 목적은 정서와 통증 영역으로 조사되었다. 치료활동으로는 음악감상을 가장 많이 사용하고 있고, 그 다음은 노래부르기로 나타났다.

국내의 노인음악치료연구 동향(권정인, 2010)을 살펴보면, 2001년 이후 노인 대상 연구가 증가했는데, 이는 1990년대 말에 설립된 국내 음악치료대학원의 졸업생들이 배출되는 시기와 연관이 있다 하겠다. 연구 대상자는 신경과 환자가 가장 많았는데, 이 중 치매환자가 가장 많이 연구되었다. 치료 목적은 정서 영역에 가장 많은 관심을 보였으며, 국외와는 달리 인지영역에 대한 연구가 두 번째로 많이 발표되었다.

국내뿐만 아니라 국외에서도 치매노인과 정서영역이 가장 많이 연구되었다는 점을 미루어 볼 때 치매노인에게 음악치료가 높은 치료적 효과를 가져올 수 있으며, 특히 정서영역에 도움이 된다는 점을 알 수 있다. 또 다른 관점으로는 음악치료를 통해 더 다양한 대상과 치료 목적 영역의 확대의 필요성도 제기된다고 할 수 있다.

치매노인 음악치료에 대한 논문들을 분석한 연구들은 음악치료가 치매노인을 위한 효과적인 중재로서 다양하게 적용되고 있음을 제시하고 있다 (Brotons, Koger, & Prickett-Cooper, 1997; Koger, Chapin, & Brotons, 1999; McDermott, Crellin, Ridder, & Orrell, 2013). 브로톤스 등(Brotons et al., 1997)은 1985년에서 1996년까지의 치매와 관련된 논문 69편을 분석한 후 노인성 치매를 위한 음악치료의 적용에 대해 다음과 같이 요약하였는데, 이는 치매환자와 함께하는 음악치료사가 알아두어야 할 기본적인 내용이다.

- 치매와 관련된 장애로 진단된 노인은 질병 말기단계까지 구조화된 음악 활동에 계속 참가할 수 있다.
- 치매와 관련된 장애를 가진 환자가 그들의 질병 마지막 단계까지 가장 많

이 참여하고 또 오랫동안 참여하는 활동은 기악연주와 춤/움직이는 활동이다. 노인집단에서 노래하는 것이 대단히 일반적이고 널리 사용되는 활동이지만 치매환자에게는 시간이 흐르면서 감소하는 것으로 나타났다. 그럼에도 불구하고 창의적이거나 즉각적인 행동을 요구하는 활동이라도 각 환자의 기능에 적절하게 적용되는 경우 환자는 다양한 음악활동에 참여할 수 있다.

- 치료사나 더 나은 기능을 보이는 동료 환자의 참여 및 시범은 참가를 유지시키고 약속하는 중요한 요소인 듯하다.
- 치매와 관련된 장애를 가진 환자를 위한 음악치료 세팅은 3~5명이지만 개인 치료에서 가장 성공적인 듯하다.
- 상호 교류와 의사소통을 포함하는 사회적 · 감정적 기술은 구조적인 음악활동을 통해 강화시키며 향상시킬 수 있다. 음악치료활동은 상호 교류를 제공하고, 환자나 간병인에게 새로운 상호 교류 기술을 가르칠 수 있

〈표 7-1〉 **음악치료가 노인에게 치료 방법이 될 수 있는 근거**

1. 음악중재는 감각 자극 및 인지 자극을 제공한다.
2. 음악중재는 신체 반응을 불러일으킨다.
3. 음악중재는 정서 반응을 불러일으킨다.
4. 음악중재는 연상작용을 불러일으킨다.
5. 음악중재는 커뮤니케이션과 교류의 기회를 제공한다.
6. 음악중재는 감정 표현 및 자기표현의 기회를 제공한다.
7. 음악중재는 자아통합 및 사회적 통합을 촉진한다.
8. 음악중재는 일상적인 생활에 즐거움과 기분전환을 제공한다.
9. 음악중재는 수동적 참여와 부분적 참여도 가능하다.
10. 음악의 친숙함과 선호는 참여를 촉진한다.
11. 음악적 기술은 고령의 나이에도 유지되고 발전될 수 있다.
12. 음악을 기억하고 반응하는 뇌 영역은 치매와 같은 질환에 그다지 영향을 받지 않는다.

출처: 노인음악치료연구회 역(2009); Davis, Gfeller, & Thaut (1999); Gibbons (1982; 1983); Rossato-Bennett (2014).

다. 음악치료에서 유치원 연령의 어린 아이가 참여하는 기회는 환자의 사
회성 및 의사소통 촉진을 위한 긍정적인 요인으로 보고되었다.

• 음악은 기억력 같은 인지기술을 강화할 수 있다. 노래의 구조 속에 제시
된 정보는 정보의 보유와 상기를 강화하는 듯 보인다.

• 음악활동은 환자의 행동문제를 조절하는 데 약이나 신체적 억제에 대한
효과적인 대체로 보인다. 문헌 검토에서 볼 때 음악치료의 성공을 보장하
는 요소로서 음악의 선호를 보고하고 있다.


# 3. 한국 노인음악치료 임상환경

노인인구가 증가하고 있다는 것은 노인이 소외받는 계층이 아니라 의료산
업이나 실버산업의 주요 고객으로서 큰 비중을 차지하게 되고 사회구성의 다
수집단이 된다는 의미로 해석할 수 있다. 현재 시설이나 기관에서는 노인의
생활 만족도를 높이기 위해 음악치료 프로그램을 시행하고 있고, 음악치료에
참여하는 대상자들의 만족감은 높게 평가되고 있다.

현재 음악치료사가 만나고 있는 노인대상자는 노인복지시설과 보건소, 노
인전문병원 등의 시설노인과 재가노인이다. 노인복지시설에는 양로시설과
노인복지주택(예: 실버타운)을 포함하는 노인주거복지시설, 노인요양시설(예:
너싱홈)과 같은 노인의료복지시설, 노인복지관, 경로당, 노인교실 등을 포함하
는 노인여가복지시설, 주간·야간 보호서비스를 제공하는 재가노인복지시설
이 있고, 지역 보건소에서 운영되는 등급 외 노인 의료재활서비스, 치매지원
센터 등이 있다(보건복지부, 2013). 이곳에서는 급식과 요양 등의 일상생활에
필요한 편의를 제공하고, 기능에 따라 노인의 복지 증진에 필요한 취미생활
및 사회참여 활동, 건강 증진과 질병 예방 및 치료 등에 대한 각종 정보와 서
비스를 제공하고 있다.

[그림 7-1] 노인복지시설에서의 음악치료 모습

만성노인질환자뿐만 아니라 건강한 노인들 역시 노화가 진행됨에 따라 신체기관의 모든 기능이 점진적으로 감퇴되고, 여러 가지 질병을 복합적으로 수반하게 된다. 또한 여러 가지 측면의 상실에서 오는 심리적 우울감, 시설입소나 병원입원에서 오는 사회적 고립감, 역할이나 환경 조절력에 대한 상실감, 죽음을 밀접하게 느끼는 데서 오는 정신적 불안 등을 경험하게 된다.

양로시설과 실버타운의 일반노인에게 중요한 이슈는 건강에 대한 욕구와 어떻게 하면 많은 시간을 의미 있게 보낼 수 있는가 하는 점으로써 생산적인 여가활동에 대한 욕구가 높다. 이에 따라 시설에서는 건강을 관리하고 질병을 예방하며 교류를 지속하고 새로운 영역을 학습하여 자기개발과 자아실현의 기회를 갖고 환경에 대한 적응과 삶에 대한 통합을 통해 만족스러운 시설생활을 영위하는 데 초점을 두고 있다.

노인병원이나 요양시설의 노인질환자들의 중요한 이슈는 건강상태가 더 이상 악화되지 않고 유지되기를 바라며 지금 이 시간을 즐겁게 보냄으로써 외로움과 무료함에서 잠시나마 벗어나 좀 더 생기있고 만족스러운 일상생활을 하는 데 의미를 둔다. 특히 노인질환자는 독립적인 일상생활이 가능하지 않고, 장기간의 입소·입원으로 위축된 심리사회적 상태를 보인다. 이로 인해 병동 내에서 문제행동을 보이거나 위험한 상황에 노출되기도 한다. 따라서 시설에서는 동기를 갖게 하고, 감정을 순화시키며, 문제행동을 경감시키고, 정서적으로 안정감을 형성시키며, 통증을 잊고, 대인 교류의 기회를 제공하여 고독감, 고립감, 우울감 등을 완화시키는 데 초점을 두고 있다.

재가노인의 경우도 독립생활이 가능한가 또는 질환을 가지고 있는가에 따라 일반노인과 노인질환자의 주 관심사는 거의 비슷하다. 그러나 치매 예방과 지연 등의 특정한 목적을 가지고 운영되는 치매지원센터 이용 노인의 경우 기관에서는 인지기능 향상이라는 목적에 집중하여 시행되고 있다.

노인대상 음악치료사는 풀타임이나 파트타임으로 활동한다. 음악치료 형태는 개인치료와 소집단, 대집단 치료로 진행된다. 음악치료사가 풀타임으로 상주하는 시설이나 병원에서는 개인치료가 시행되고 있으나, 아동과 달리 노인은 음악치료를 받기 위해 개인적으로 치료비를 지출하는 일이 많지 않기 때문에 대부분 시설에서 지원하는 집단치료로 진행된다. 치매노인집단과 같이 특정 목적을 위한 집단을 제외한 대개의 노인음악치료집단은 다양한 연령이나 질환, 기능을 가진 구성원이 집단에 함께 참여한다. 60대부터 90대까지, 독립생활이 가능한 건강한 노인부터 24시간 보호가 필요한 노인질환자까지, 질환별로는 노환, 치매, 뇌졸중, 파킨슨 등의 다양한 노인질환자가 함께 참여함으로써 활동 수행에 있어 다양한 기능을 보인다. 이들은 질환이나 연령에 따라 기능뿐만 아니라 필요, 선호에 있어서도 확연한 차이를 보인다. 따라서 노인집단음악치료가 성공적인 경험을 제공하기 위해서는 대상자의 연령별, 질환별, 기능별로 구분하여 시행되어야 함은 두 말할 나위가 없으나, 시설이나 기관의 여러 가지 상황을 고려하지 않을 수 없다.

집단음악치료는 주 1~2회, 혹은 월 1~2회로 시설의 형편에 따라 진행하며, 시간은 대상자의 기능에 따라 40~60분 동안 진행하고 있다. 참여인원은 10~50명으로 시설마다 매우 다른 집단규모를 가지고 있다. 8~12명이 집단인원으로 이상적이지만, 시설에서는 한 명이라도 더 혜택을 받도록 권하기 때문에 대부분 20명 이상인 경우가 많다. 또 집단구성원의 참여 형태는 동일한

구성원의 지속적 참여가 권장되지만 가족면회나 병원진료, 컨디션 등의 개인
적 상황으로 인해 유동적인 참여 형태를 보인다.

이와 같이 보편적으로 시행되고 있는 노인집단음악치료의 임상환경은 집
단원의 필요와 기능, 선호가 다양하며 참여구성원이 유동적인 대집단의 형태
다. 1주일에 1시간 정도의 제한된 음악치료경험이 치료적 만족감으로 연결되
기 위해서는 최적화된 프로그램의 설계가 매우 중요하다. 참여자 전체의 공통
적인 필요를 충족시킬 수 있는 활동을 평균적인 기능에 맞춰 제공하는 것이
기준이 되어야 하며, 선호 활동과 선호 음악의 사용은 제한된 시간의 효율성
을 높이기 위한 중요한 전략이 될 수 있다. 그러나 기능이 더 높거나 더 낮은
대상자를 위한 보상적 활동도 반드시 포함시켜 만족감 경험에서 소외되지 않
도록 고려해야 한다.

# 4. 노인음악치료 적용

## 1) 노인음악치료활동의 구조

임상에서 주로 시행되고 있는 집단음악치료를 중심으로 노인음악치료활동
의 구조를 살펴보고자 한다. 실제적으로 집단음악치료활동은 정신과에서의
음악치료 적용을 언급한 휠러(Wheeler, 1983)의 지원적이며 활동 중심의 음악
치료 접근 단계가 주로 사용된다. 음악활동에 참여하는 자체를 통해 치료 목
적을 달성하고자 하는 것으로 치료 현장에서 바로 그 시간(here and now)에 바
람직한 음악적 경험을 갖도록 하는 데 초점을 둔다. 치료사가 계획한 내면적
인 목적은 음악 안에 담겨 있는 메시지를 통해 간접적으로 고찰의 기회를 제
공하고, 주어진 활동 참여를 증진시키는 데 역점을 둔다. 즉, 음악활동의 즐거
운 경험에 몰입하면서 관련된 치료 목적을 달성할 수 있도록 의도하는 것이

다. 따라서 음악치료사는 클라이언트가 자발적으로 흥미와 동기를 가지고 참여할 수 있도록 계획해야 하며, 이러한 음악치료세션은 한시적이지 않고 노인의 일상생활 속에서 지속되는 과정이므로 내용의 연속성을 가지고 심화시켜 가야 한다.

집단음악치료활동의 내용은 밝고 희망적이며 동기와 의지를 갖게 하고 자신감과 자긍심을 높여 주고 건강유지에 도움이 되는 긍정적인 내용이 바람직하다. 어렵고 복잡하고 심각하고 우울한 주제는 되도록 신중하고 조심스럽게 다루어야 한다. 특정 목적을 위해 사용된 경우에는 반드시 긍정적인 상태로 마무리될 수 있도록 한다.

집단음악치료활동에서 제시되는 과제의 수준은 너무 쉽거나 어려워도 참여와 만족감을 감소시킨다. 부담되지 않고 할 만한 정도의 수준 유지가 중요하며 새로운 과제와 반복 과제의 비율도 참여자의 평균적 기능에 따라 민감하게 결정해야 한다. 예를 들어, 인지기능이 높은 대상자에게는 새로운 과제의 비율을 높이고, 낮은 인지기능을 가진 대상자에게는 잘 알고 있는 과제의 비율을 높였을 때 참여 만족감이 높아진다. 연주나 신체활동의 경우 단순하고 확실한 구조가 있는 과제에서 참여와 만족감을 높일 수 있는데, 이 또한 인지기능에 따라 난이도를 조절하는 것이 좋다.

집단음악치료활동에서는 한 세션 내에 여러 가지 활동방법을 고루 사용하는 것이 바람직하다. 감상활동, 노래부르기활동, 연주활동, 신체활동 모두가 각각 제공할 수 있는 치료 효과가 다르고, 클라이언트의 활동 선호도나 각 활동에서 경험되는 만족감이 다르기 때문이다. 그렇지만 대체로 노래활동을 선호하기 때문에 노래활동의 비중을 다소 높이는 것은 클라이언트의 참여행동과 만족감을 높이는 결과를 가져올 수 있다. 반면, 대집단의 모든 참여자가 모두 노래를 좋아하고, 노래를 부를 수 있는 것은 아니므로 전체 대상자의 욕구를 고루 만족시키기 위해서는 비율의 차이를 두고 다양하게 구성하는 것이 바람직하다.

대부분의 프로그램 진행이 다 그렇듯이 도입, 전개, 절정, 정리의 흐름을 가지고 진행하게 된다. 그러나 노인집단활동에서는 프로그램실 퇴실 후 대상자들의 즐거움과 생기를 더 오래 유지시키기 위해 활기와 감정이 충만된 절정 단계에서 종료하는 것이 더 권유된다. 여기서 반드시 유념해야 할 점은 긍정적인 감정 상태에서 종료되어야 한다는 점이다. 따라서 절정 부분에서는 밝고 경쾌하며 리듬이 두드러지고 약간 빠른 템포와 긍정적인 메시지를 담은 음악을 사용하는 것이 효과적이다.

노인음악치료집단원의 공통적인 필요는 바로 즐겁고 건강에 도움이 되는 것이다. 활동 참여 후 클라이언트 스스로 기분이 좋아지고 힘이 나는 즐거운 경험이어야 한다. 따라서 음악치료사는 여러 가지 치료 목적을 즐거운 음악활동 안에 담아내야 한다. 클라이언트는 음악의 심미적 즐거움을 경험하지만, 그 과정에서 신체생리적·인지적·정서적·사회적·영적 건강에 긍정적인 변화를 가져오도록 구성해야 하는 것이다.

노인음악치료현장에서 개인치료 역시 즐거운 음악경험을 전제로 동기유발, 참여행동 증진, 정서적 만족감, 긍정적 회상, 언어기능 향상, 신체 재활, 여가 선용 등의 목적으로 시행된다. 심리치료적 접근의 경우 클라이언트 자신이 내면적 문제를 다루기를 원하고, 그 과정에서 발생할 심리적 갈등과 고통을 감당할 신체적·정신적 힘이 있고, 장기간의 시간이 허락된 경우에 시행된다.

〈표 7-2〉 **개인치료 임상사례**

| 클라이언트: 이○○ | 성별: 여(87세)  진단명: 혈관성 치매 |
| --- | --- |
| 치료 기간: 2015년 3월~6월(총 20세션) | |

진단 기간(1~4세션)에 관찰된 L은 신체 움직임이 자유롭지 못해 일상생활에서 휠체어에 의존하고, 류마티스 관절염으로 손가락을 움직이는 데 어려움을 보였다. 세션이 시작되기 전 항상 "오늘은 힘들어서 못 하겠어. 조금만 합시다." "나는 잘 못하고 기억이 안 나." 등의 다소 소극적이고 회피적인 언어를 사용하였으며, 세션 자체를 거부하는 모

습도 보였다. 세션 도중에는 눈을 감고 있거나 다른 곳을 쳐다보는 등 낮은 참여 행동을 보였다.

따라서 음악치료 중재는 L의 낮은 자신감과 소극적인 참여 행동에 초점을 맞추었다. 음악활동을 통해 동기유발을 불러 일으켜 적극적으로 참여하게 하고, 자발적인 자기표현을 통해 자신감을 증진시키는 치료 목적을 설정하였다. 간병인과 사회복지사에 의해 L이 피아노에 관심을 보인다는 정보가 수집됨에 따라 음악적 개입은 피아노 연주, 노래활동, 구조적 악기연주를 중심으로 계획하였으며, 곡의 선정은 L이 선호하는 곡과 다양한 장르의 새로운 곡을 적절하게 배치하였다.

초기 세션(6세션)의 피아노연주 활동 중재에서 치료사가 악보를 키보드 앞에 배치하자 "나는 손이 안 좋아서 잘 안 될 거야. 잘 못해."라는 언어적 반응을 보였다. 치료사는 음악적·비음악적으로 L을 지지하면서 L이 연주한 음악을 녹음하였으며, 그 녹음 음악에 맞춰 콰이어차임, 터치핸드벨을 연주하는 등 L이 직접 음악을 만들고 사용하는 주체적 음악경험을 지속적으로 심화시켰다. 반기는 노래과 헤어지는 노래에서 글리산도 혹은 트릴 연주로 L이 세션을 마무리하도록 구조화함으로써 만족감과 성취감 경험을 유도하였다. 세션이 경과하면서(11세션) L은 피아노를 연주함과 동시에 자발적으로 노래를 부르는 모습을 보였으며, 연주 후 "손이 아파서 잘 안 될 줄 알았는데 재밌네."라는 언어적 반응과 웃는 모습을 보였다. 이러한 적극적 참여의 모습은 이후 세션(12~20세션)에서도 지속적으로 관찰되었다.

초기 세션(5세션)의 노래활동 중재에서 L은 "기침이 자꾸 나와서 잘 못 불러."라는 언어로 방어적 태도를 보였다. 치료사는 선호 노래를 중심으로 활동을 진행하였는데, L의 활동 참여를 적극적으로 유도하지 않고, 하고 싶은 만큼 참여하며 즐기도록 편안한 환경을 마련하였다. 세션이 경과하면서(10세션) 치료사가 노래가 가지고 있는 음악적 특징들을 제시하고 음악적·비언어적 모델링을 보이며 노래를 부르자, L은 목을 가다듬거나 노래의 전주 멜로디를 흥얼거리는 등의 자발적 참여 행동을 보였고 "노래가 살고 참 재밌고 신나네. 어떻게 표현하라고?"라는 질문과 함께 특징을 살려 표현하며 적극적으로 노래하는 모습을 보였다. 점점 세게 노래 부르는 과정에서 성량이 커지고 발음이 정확해졌으며 또한 노래 부르면서 치료사를 따라 손을 뻗거나 발을 움직이고 가사 내용에 맞춰 상지와 상체를 움직이는 모습도 보였다. 이러한 적극적 참여의 모습은 이후 세션(11~20세션)에서도 지속적으로 관찰되었다.

L은 배경음악을 사용한 구조적 악기 연주에서도 활동 수행에 대한 집중도와 자발적 참여의 증가가 관찰되었다. L의 성취감과 만족감 경험을 반영하는 긍정적인 언어, 밝은 표정, 적극적인 태도는 자신감과 참여 행동에 변화를 가져 온 듯하다. 세션 이외의 일상에서 보이는 변화의 모습은 선호하는 음악이나 듣고 싶은 음악을 치료사에게 직접 말하며 함께 들어보기를 제안하거나, 세션 시간을 기억하여 활동에 참여하는 모습도 포함된다.

## 2) 치료 목적 및 세션 설계

세션의 기한이 정해져 있지 않고 연속적으로 개입되는 노인집단에서는 일반적으로 다음과 같은 형태를 유지하는 것이 바람직하다. 노인의 일상생활에 도움이 되는 목적들이 즐거운 경험 안에서 성취될 수 있도록 하는 것이다. 개인치료의 경우 대부분 하나의 목적에 초점을 맞추고, 집단치료의 경우 각 활동에서 유도하는 여러 가지의 목적을 설정할 수 있다.

관련 문헌들(Clair & Davis, 2008; Clair & Memmott, 2009; Douglass, 1981; Slabey, 1985; Wenrick, 1987)을 바탕으로 설정한 노인음악치료에서의 치료 목적은 〈표 7-3〉과 같다.

**〈표 7-3〉** 　노인을 위한 음악치료의 목적

| | |
|---|---|
| • 인지 영역 | • 언어 영역 |
|   – 지남력 강화 |   – 발성, 발어, 조음 향상 |
|   – 주의집중력 향상 |   – 수용언어기술 향상 |
|   – 단기 및 장기 기억 자극 |   – 표현언어기술 향상 |
|   – 판단력 · 결정력 강화 | |
| | • 행동 영역 |
| • 신체 영역 |   – 충동조절 |
|   – 긴장 이완 |   – 부적응 행동 감소 |
|   – 신체 에너지 증가 |   – 참여 행동 증진 |
|   – 호흡기능 강화 | |
|   – 근력 유지 및 강화 | • 정신 · 영적 영역 |
|   – 관절 구축 방지 |   – 사고력 · 창의력 강화 |
|   – 신체 조절력 증가 |   – 자긍심 · 자존감 향상 |
|   – 유연성 증가 |   – 자신감 · 성취감 경험 |
| |   – 심미적 경험 |
| • 정서 영역 |   – 성찰 및 자아통합 |
|   – 동기유발 |   – 자아실현 |
|   – 감정 표현 |   – 자기표현 |

- 우울 감소
- 즐거움 경험
- 긍정적 정서 형성

- 만족감 증진
- 정화 경험

• 사회 영역
- 대인 교류 및 관계 형성
- 사회적 통합
- 여가선용

다음은 노인집단 음악치료활동의 설계에 대한 내용이다.

### (1) 반기는 노래

참여자에게 집단활동 참여에 대한 안정감과 기대감을 제공하기 위해 일과성을 나타내는 반기는 노래를 부른다. 반기는 노래 안에는 계절, 날씨 등에 대한 환기, 참석에 대한 긍정적인 강화, 개별적인 인사, 음악활동에 대한 기대감, 적극적 참여에 대한 동기유발 등을 담고 있는 가사가 제시되어야 한다.

### (2) 도입단계

세션의 목적과 주제와 관련된 가볍고 친숙한 노래를 부르거나 음악을 감상한다. 특정 주제가 없는 경우 노인에게 친숙한 동요나 민요를 치료사의 반주에 맞춰 노래 부른다. 처음부터 난이도가 높은 활동은 클라이언트에게 부담감을 주게 되고 참여 의지를 감소시킨다. 동요의 경우 아동이 부르는 노래는 좋지 않다. 아동용 노래는 대상자의 존엄성을 존중하지 않는 태도가 될 수 있으므로 현재 노인들이 성장기에 불렀던 동요를 사용하는 것이 적절하다.

### (3) 본 활동

감상활동, 노래부르기활동, 연주활동, 신체활동 등을 시행한다.

### ① 감상활동

치료사가 직접 연주하거나, 다른 연주자를 초빙한 라이브 연주도 효과적이며, 녹음 음악으로 감상하거나, 동영상을 활용하여 전문가의 연주를 감상하는 것도 좋은 방법이다.

음악 선곡은 진동(vibration) 자체의 효과를 목적으로 할 수 있고, 활력을 높이거나 긴장을 이완시키거나, 기억을 회상하거나, 주제에 따른 내면활동을 통해 긍정적 정서를 형성하고 자아성찰을 제공하는 등의 목적에 맞게 선곡한다. 그러나 반드시 음악은 심미적인 즐거움이 있어서 클라이언트가 집중할 수 있고, 의미 있는 활동으로 인식할 수 있어야 한다. 활동을 위한 활동이어서는 안 된다는 뜻이다. 감상활동이 클라이언트에게 더욱 의미 있는 경험이 되기 위해 치료사의 개입이 중요한데, 의도된 치료 목적의 성취를 돕는 간결하고 방향성 있는 언어적 인도는 클라이언트의 치료적 경험에 영향을 주게 된다. 노인집단 인도에서 치료사의 언어는 매우 중요한 기능을 한다. 음악은 3~4분 정도의 길이가 집중력 유지에 적합하다. 소요시간이 더 길어질 때는 시간에 대한 언급을 통해 클라이언트로 하여금 준비하게 한다. 또한 감상 시 음악의 느낌을 표현하는 치료사의 표정과 동작은 클라이언트 참여 행동의 모델링이 된다. 곡이 끝난 후 음악에 대한 느낌과 메시지에 대하여 간단한 몇 마디로 재인식시키고 마무리한다. 집단에서 개별적인 감상 소감에 대한 질문은 활동에 대한 부담감을 주게 되고 인지적 작업으로 전환하게 하여 정서적 만족감을 감소시킬 수도 있다.

### ② 노래부르기활동

치료 목적과 주제에 관련된 노래를 3~4곡 선곡한다. 예를 들어, 계절이나 날씨, 사회적 이슈, 사랑, 나눔, 우정 등과 같은 가치나 태도, 역사적 지식 등이 담겨 있는 노래를 치료사와 함께 부른다. 이때 치료사의 반주에 맞추기도 하고, 원곡 가수의 녹음음악을 사용하기도 한다. 치료사의 반주는 클라이언트의 음역이나 템포, 클라이맥스의 강조 등을 효율적으로 지원할 수 있는 장점이 있다. 녹음음악은 가수의 목소리와 반주가 클라이언트에게 익숙하며, 그 노래의 특징이 가장 잘 표현되어 있고, 클라이언트의 작은 음량이나 표현력에도 불구하고 완성된 활동으로 경험되며, 치료사가 접근과 접촉을 통해 클라이언트의 참여를 개별적으로 강화할 수 있으며, 치료사의 음악적 제스처를 통해 더욱 집중하게 할 수 있는 장점이 있다.

노래활동에는 가사를 만들어 부르는 노래만들기, 가사 토의, 기존의 노래를 부르는 활동이 있는데, 존스(Jones, 2006)가 노인대상 음악치료사들이 가사를 새롭게 창작하는 노래만들기 활동을 가장 적게 사용한다고 보고하면서 이는 친숙한 노래를 주로 선곡하여 부르기 때문이라고 한 것과 같이, 노인음악치료에서는 잘 알려진 노래의 원곡을 그대로 사용하여 부르는 경우가 참여와 만족에 효과적이다. 하지만 노래가사 중에 부정적인 경험으로 연결될 수 있는 부분은 치료사가 긍정적인 방향으로 수정해서 사용하거나 노래에서 이끌어낼 수 있는 긍정적인 의미를 제시함으로써 치료적 경험으로 유도할 수 있다.

### ③ 연주활동

주로 소고, 리듬스틱, 마라카스, 에그쉐이커, 우드블록, 탬버린, 패들드럼 등의 리듬악기를 주로 사용하고, 멜로디 악기로는 콰이어차임, 벨, 잘로폰 등을 사용한다. 다양한 악기 경험을 통해 시각, 청각, 촉각, 운동감각 등 감각자극을 제공하며, 집중력과 협응력을 향상시키고, 성취감을 경험할 수 있도록 구성한다. 노래부르기 후에 그 노래의 구조에 따라 색깔악보나 숫자악보를 사용하여 리듬이나 화음을 연주하기도 하고, 새로운 노래나 음악에 맞춰 연주할 수 있다. 또는 음악 없이 즉흥리듬연주를 하기도 한다. 이때 템포나 강도 등에 변화를 주며 절정으로 이끌었을 때 만족도가 높은 연주가 될 수 있다. 노인의 경우 명확하며 간단하고 반복되는 구조가 제시되었을 때, 음악의 박과 일치되는 연주일 때 자신감을 가지고 연주에 참여한다. 중증치매환자의 경우는 제시

된 구조와는 상관없이 비리듬적으로 악기를 흔들거나 두드리는 참여를 보인
다. 정확한 과제 수행이 되도록 교정하기보다는 참여 자체에 의미를 갖는다.

### ④ 신체활동

건강과 직접 관련된 동작을 중심으로 음악과 함께 수행한다. 호흡 훈련, 스
트레칭, 환기, 근력운동, 관절 구축 방지, 뇌활성화 운동, 신체 에너지 증가 등
노인대상자의 건강 증진 및 유지에 도움을 줄 수 있는 내용으로 구성한다. 노
인은 안전이 중요하기 때문에 80대 이상의 클라이언트에게는 앉은 자세에서
수행할 수 있는 활동을 주로 시행한다. 손, 팔, 어깨, 목, 상체운동과 앉은 자세
에서 다리운동을 수행할 수 있는데, 반드시 치료사는 과제 동작이 어디에 어
떻게 좋은가, 위험하기 때문에 피해야 하는 동작은 어떤 것인가에 대한 운동
치료적인 지식을 근거로 계획해야 한다. 신체활동이 주 목적일 경우는 기악음
악이 효과적이며, 노래를 부르며 수행하는 동작은 두 가지 활동에 대한 부담
감으로 운동에 집중하는 데 다소 어려움을 가져 올 수 있다. 하지만 노래의 즐
거움이 더 우선일 경우는 문제되지 않는다. 노래에 맞춰 수행하고자 할 경우
가사와 일치되는 동작일 때는 집중에 도움을 줄 수 있다. 그리고 치료사가 계
획한 운동을 정확하게 수행하지 못하고 부분적인 수행일지라도 음악의 흐름
안에서 최소한의 움직임도 클라이언트에게 유익한 경험이 될 수 있다는 점을
받아들인다.

### (4) 헤어지는 노래

집단활동 참여를 긍정적으로 마무리하며 헤어지는 노래를 부른다. 노래에
는 개별적인 인사, 음악활동이 즐겁고 의미 있는 시간이었음을 재인식, 생활
속에서 즐거움이 지속되기를 바라는 마음, 다음 시간에 대한 기대감 등을 담
는다.

〈표 7-4〉　집단음악치료 참여 후 참여자의 피드백

- 힘이 없어서 계속 누워 있다가 안 오면 더 가라앉을까 봐, 그래도 여기 오면 웃고, 노래도 부르고, 힘도 나니 일어나서 왔어요.
- 건강이 조금이나마 좋아질 것이라는 생각에 진료 시간을 뒤로 미뤘어요.
- 여기 온 뒤로 조금씩 좋아지는 것 같아서 정말 고맙습니다.
- 왜 이렇게 시간이 빨리 가는지 모르겠어. 시계바늘 좀 멈췄으면 좋겠어요.
- 즐거워, 즐거워, 우리 같은 노인네한테는 즐거운 게 최고야, 안 그래요?
- 요새 밤에 잠이 안 와서 힘들었는데 지난 시간 끝나고 가서 그냥 푹 잤어요. 잠 잘자는 데도 도움이 되네.
- 십 년은 젊어진 것 같아. 고마워요.
- 선생님은 아프지 마셔. 오래오래 오셔잉.
- 금요일 아침에는 마음이 설레. 노래 부를 거 생각하면 기분이 좋다니까.
- 우리 시간이 그렇게 길지 않아요. 즐겁게 살아야 해. 즐거우려면 걱정, 근심을 버려야 하는데, 활기찬 노래를 부르고 기합도 넣고 하다 보면 저절로 몸에 힘이 생기고 자신감도 생기는 것 같아요.

## 3) 노인의 선호 활동 및 선호 음악

앞서 언급한 대로, 노인집단에서 가장 선호되는 활동은 노래부르기다. 그러나 클라이언트의 개인적 특성에 따라 선호하는 활동이 다를 수 있고, 기능에 따라 각 활동에서의 경험 정도가 다를 수 있으며, 각 활동을 통해 성취될 수 있는 치료 목적이 다르기 때문에 전체적인 치료효과를 제공하기 위해서 감상활동, 노래부르기활동, 연주활동 및 신체활동을 한 세션 안에서 시행하는 것이 도움이 된다.

감상활동은 노래나 연주 등 표현 행동에 어려움을 갖는 대상자가 안전하고 편안하게 참여할 수 있는 활동이며, 좀 더 높은 수준의 음악 경험을 요구하는 대상자에게 전문가의 연주는 심미적 만족감을 제공할 수 있다. 또한 다양한 음악 장르와 악기의 감상경험은 선호 음악의 범위를 확장시킬 수 있다.

연주활동은 비언어적인 표현활동으로 음성적 표현에 소극성을 가진 대상자도 부담 없이 참여할 수 있는 활동이다. 만약 악기연주에 두려움을 보이는 노인대상자에게는 구조화된 안전한 환경을 제공함으로써 새로운 악기 경험에 대한 흥미와 자신감을 제공할 수 있다. 개별적으로 피아노나 기타, 옴니코드, 하모니카 등에 관심을 보이며 지속적인 학습을 희망하기도 한다.

신체활동은 특히 건강 유지에 강한 욕구를 가진 대상자에게 선호되는 활동이다. 치료사가 제시한 과제 활동을 세션에서뿐만 아니라 일상생활에서도 지속적으로 수행하는 모습을 보이기도 한다.

마지막으로, 노래부르기활동은 노인대상자에게 가장 선호되는 친숙한 활동으로서 집단원과 함께 하는 노래부르기는 자신이 하고 싶은 만큼, 할 수 있는 만큼 편안하게 참여할 수 있는 능동적 활동이다. 사람이 깜짝 놀랐을 때 순간적으로 소리를 지르게 되는데, 이는 외부의 충격이 신체 내부에 머물지 않도록 소리를 통해 밖으로 발산시키는 본능적인 작용이다. 이와 같이 소리를 낸다는 것은 내면의 안정된 상태를 유지하기 위한 자연스러운 표현으로서 노래를 부르는 활동은 신체생리적 · 심리적 · 정신적 안정을 가져 오게 한다. 또한 노래를 부른다는 것은 스스로 자신을 표현하는 자발적 행동이며 의지의 표현이기도 하다. 우울증 환자가 노래를 부른다는 것만으로도 치유가 시작되고 있음을 반영한다.

임상 현장에서 표정 없이 앉아 있던 클라이언트가 노래 부르는 활동이 진행되자 표정이 밝아지고 팔과 상체를 흔들며 노래에 집중하는 모습을 쉽게 관찰할 수 있다. 무감각한 마음에 감흥을 일으키고, 무표정한 얼굴에 미소를 짓게 하며, 무반응을 참여로 이끄는 노래부르기는 노인대상자에게는 더욱 강력한 힘으로 작용한다. 노래부르기의 치료적 효과에 대한 구체적인 이해는 임상에서 치료적 확신과 치료사로서의 자긍심을 가지고 활동을 수행하게 할 것이다. 클레어(Clair, 2000) 역시 노래부르기가 건강과 치료에 대한 커다란 잠재력을 지니고 있다고 강조하였다. 연구를 통해 밝혀진 노래부르기의 효과는 다음과 같다.

신체생리적인 면에서 노래부르기는 신체적 긴장을 이완시키고(공찬숙, 여상훈 역, 1999), 피로감을 감소시키며 신체 에너지 수준을 높인다(Lim, 2008). 또한 면역력(Kunn, 2002)과 신체 항상성(김경희, 2003), 심장운동, 혈액순환, 소화(Takahashi & Matsushita, 2006)에도 긍정적인 효과를 가져 온다.

언어적인 면에서 노래부르기는 폐활량을 증가시키고 비유창성 실어증 환자의 단어 산출을 가능하게 하며(이윤진, 2003), 폐기종 환자의 호흡 통제 기능과 호흡의 강도에 긍정적인 효과를 가져다준다(Engen, 2005). 그리고 뇌손상 환자의 말 속도와 조음 명료도를 증가시켜 효과적인 언어 재활치료의 한 방법으로 제안되었다(신보혜, 2005; 한유미, 2009; Tamplin, 2008).

정서적인 면에서 노래부르기는 자신의 감정을 표현하고 발산시키는 과정을 통해 감정 상태를 긍정적으로 변화시킬 수 있고(유연이, 2001), 고통, 두려움, 분노, 슬픔, 기쁨, 의지, 성찰 등을 표현하고 해소하는 기회를 제공한다(Austin, 1998). 또한 우울증과 스트레스를 감소시키고(유연이, 2001; 이명선, 2009), 불안감을 감소시키며 정서적인 안정감을 경험하게 한다(Ferrer, 2007). 함께 부르는 노래활동은 집단의 응집력을 높이고 역동성을 일으킬 수 있다. 특히 기쁨을 느낄 수 없는 절박한 시기에 처해 있을 때에도 노래는 즐거움을 경험할 수 있는 기회를 제공해 준다는 매우 중요한 강점을 가지고 있다(최미환 역, 2008).

정신적인 면에서 노래부르기는 가사를 읽는 과정이 포함되기도 하는데, 가사를 읽는 것은 '본다'와 '생각한다'의 결합이며 노래의 메시지를 자신의 정신과 삶에 담는 행위인 것이다. 오스틴(Austin, 2002)은 누군가가 자신의 '목소리를 찾는다'는 것은 바로 '자신을 찾는다'는 의미라고 하였다. 자신의 목소리를 찾는다는 것은 내면을 알아가는 과정이며 자기정체성을 확인하는 작업이다. 인간의 선한 본성을 회복시키고 생활 만족감을 높이며(김기엽, 2013), 자신의 연약함을 이겨낼 수 있는 힘과 자유와 같은 가치를 일깨워 줄 수 있다

(Baker & Wigram, 2008).

인지적인 면에서 노래부르기는 치매환자의 기억등록(김미애, 2003)과 노래가사 기억(Prickett & Moore, 1991), 이름기억(Carruth, 1997)에 효과적인 결과를 가져다준다.

신경학적인 면에서 노래부르기는 뇌의 주의집중도와 뇌활성량을 증가시키는데(문서란, 2015), 노래부르기는 하나의 측면만이 아니라 연계적으로 상호작용하여 집단활동에 참여하는 노인대상자에게 긍정적인 치료효과를 경험하게 할 수 있음을 알 수 있다.

연구를 통해 밝혀진 노래부르기의 효과는 선호 노래를 사용했을 때 더욱 높아진다. 노인집단에서 선호하는 노래일 때 참여행동과 만족감이 눈에 띄게 증가되는 것을 볼 수 있는데, 헤네시(Hennessey, 1976)는 노인들이 선호하는 음악에 더 적극적인 참여태도를 나타낸다고 하였다. 노인대상자는 친숙하고 익숙한 노래를 선호하는 경향이 강하다. 친숙함의 정도에 따라 음악의 선호수준이 결정된다고 한 벌린(Berlyne, 1971)의 견해가 이를 뒷받침한다. 이 점은 건강한 노인뿐만 아니라 질병을 가진 노인에게서도 동일하게 나타나는 효과다(Prickett & Moore, 1991). 자신의 삶과 결부되어 있는 친숙한 노래는 노인에게 안전하고 익숙한 환경으로 받아들여질 수 있다. 편안함과 안정감을 느끼고 자신감이 높아져서 자발적으로 참여하고 활동에 집중하게 되는 것이다.

바틀릿과 스넬러스(Bartlett & Snelus, 1980)는 노인들이 가장 선호하는 노래의 유형은 대중음악으로서, 특히 젊은 시절에 유행했던 음악이라고 밝힌 것처럼 현재 우리나라 노인들이 선호하는 노래 역시 1900년대 중반까지의 유행가를 가장 선호하는 것으로 관찰되고 있다. 임상에서는 유행가가 탄생한 1920년대 말부터 1930~1940년대에 만들어진 노래가 가장 자주 선곡되며, 1960년대까지 유행한 노래들도 자주 선곡된다. 그 이후에 발표된 노래로는 전국적으로 큰 인기를 누림으로써 친숙해진 포크송이나 발라드, 트로트도 선호곡에 포함된다. 시간이 경과함에 따라 노인구성원이 교체되게 된다. 이에 따라 친숙한 선호노래의 선곡도 시대상을 반영하여 지속적으로 변화되어 가야 한다.

1930~1940년대 노래의 주제는 대부분 이별, 향수 등으로 비애나 탄식의 마음이 표현되어 있어 부르는 사람도 슬픔에 젖게 한다. 자칫 노인이 슬픈 노래를 선호한다고 오해할 수 있는데, 이 시기의 노래를 선호하는 이유는 친숙함 때문이다. 당시는 일제강점기의 암울한 시기로서 나라 잃은 슬픔과 광복의 염원을 님, 고향 등으로 은유적 표현을 하였고, 대중은 이 노래를 부르며 공감하고 위로받고 광복의지를 확인하였다. 이때의 노래들은 불행했던 시대를 잘 극복하게 하고 오늘날의 번영의 역사가 담긴 귀중한 것이다. 헌신의 주체였던 대상자에게 후세대의 감사의 마음을 표현하고 가치 있는 삶이었다는 의미로 전환함으로써 오히려 자긍심을 가지고 참여하도록 유도할 수 있다. 그리고 이 시대의 대중가요에 대하여 비하된 인식을 갖고 있기도 한데, 유행가가 만들어졌던 1920~1930년대 당시 이러한 음악을 만들고 향유했던 층은 서양음악 등 신문물을 받아들였던 신지식인과 부유층이었다. 당시의 노래는 정서가 순박하게 표현되어 부르는 사람을 순화시키고 올바른 가치를 지향하게 이끌어 준다. 그러나 슬픔이나 아픔이 담긴 최근의 노래는 대부분 개인적인 경험을 표현한 곡이 많아 우울한 정서가 그대로 전이될 수 있다. 따라서 최근 노래를 선곡할 경우는 밝고 긍정적인 내용이어야 한다. 덧붙여 젊은 시절에 불렀던 동요, 민요, 가곡, 외국민요 등도 선호되는 것으로 보인다.

## 4) 음악치료사의 역량

음악치료에 있어 가장 중요한 도구는 물론 음악이다. 그러나 치료 목적을 위해 타당한 음악을 선곡하고, 그 음악의 내용과 특징을 분석하여 어떤 부분을 어떻게 사용할 것인지 계획하며, 그 음악의 영향력에 대한 확신을 가지고 클라이언트의 참여를 이끌어 냄으로써 성공적인 경험이 되도록 실행하는 것은 음악치료사의 역할이다. 같은 음악, 같은 활동도 치료사가 어떻게 사용하고 집단을 어떻게 인도하느냐에 따라 클라이언트의 경험의 정도가 달라지기 때문에 음악치료사는 음악과 함께 가장 중요한 도구라고 해도 과언이 아니다. 따라서 클라이언트에게 음악치료의 최종 목표인 성공적인 삶을 제공하기 위해서는 음악치료사가 어떠한 역량을 갖춰야 하는가에 대한 이해와 준비는 매우 중요하다고 할 수 있다.

개인의 역량은 그 사람이 가지고 있는 자질과 능력과 기술을 통해 드러난다. 자질이란 타고난 성품과 그 바탕을 말하고, 능력은 그 일을 감당할 수 있는 힘으로 특히 지혜 등의 정신 현상과 관련되며, 기술은 이론을 실제로 사용하는 재주를 말한다(이희승, 2004). 이를 바탕으로 음악치료사의 역량을 자질과 능력 그리고 기술적 측면에서 조명해 보면 다음과 같다.

### (1) 성공적 경험을 위한 음악치료사의 자질

자질적 측면은 사람을 존중하는 긍정적 성품, 강력하고 충만된 에너지 소유, 밝고 적극적인 성향 등을 포함하는 개인적인 자질과 긍정적 결과에 대한 확신, 결과에 대한 의연한 태도, 접근 방법에 대해 끊임없이 고민하는 열의, 세션의 음악을 즐기는 심미적 자질 등을 포함하는 전문가적 자질을 고려해 볼 수 있다.

사람에 대한 신뢰감, 존중감, 진실함, 공감, 수용, 사랑 등의 긍정적 성품은 치료사에게 필요한 자질이다. 사람은 어떤 상황에 처해 있다 하더라도 그 가치는 비교될 수 없고, 사람은 계속 변화되어 가며, 사람은 서로 다른 생각과 느낌을 갖는다는 통찰이 클라이언트에 대한 믿음, 존중, 진정성, 공감, 이해, 애정을 갖게 하며, 흔들리지 않고 기다리게 한다. 또한 다양한 시각과 반응의 개별성을 자연스럽게 수용하여 대상자를 있는 그대로 존중하게 한다. 이는 대상자에게도 스스로 가치 있는 존재로서 존중받고 있음을 경험하게 한다. 라포가 형성된 노인집단에서는 치료사와 클라이언트가 에너지를 서로 주고받게 되지만, 초기 노인집단에서는 치료사가 에너지를 일방적으로 제공하는 경우가 일반적이다. 강력하고 충만된 에너지를 소유한 치료사는 대상자뿐만 아니라 간병인이나 보호자에게도 그 에너지를 전달하게 되는데, 특히 기력과 의욕이 저하된 노인에게는 활동 욕구를 자극받고 활동을 통해 많은 힘을 받았다는 만족감을 제공하게 된다. 또한 치료사는 에너지를 쏟아냄으로써 에너지 소진과 과도한 체력 소모를 감당할 수 있어야 하고 또 이를 재충전할 수 있어야 한다. 우울하고 소극적인 성향을 지닌 것보다 밝고 활기차며 적극적인 성향을 지니고, 친절하고 웃는 인상의 치료사가 더 선호되는 경향이 있다.

대상자의 손상된 기능 정도와는 상관없이 긍정적인 치료효과가 나타날 것이라는 확신을 가졌을 때, 즉 기능 및 정서를 비롯한 전반적인 상태가 향상되리라는 기대감과 더불어 세션 진행에 대한 자신감과 책임감을 가졌을 때 치료적 만족감은 높아진다. 자신의 치료활동이 과연 변화를 가져올까라는 의구심은 실행에 주저함과 소극적 태도를 가져올 수 있다. 클라이언트의 예측할 수 없는 반응, 반응의 일시적인 변화, 불평 등의 부정적 결과에 대해서 감정적 동요 없이 그럴 수도 있다는 대범한 태도도 필요하다. 그러기 위해서는 객관적 입장에서 전체적 흐름을 보아야 하며, 클라이언트 중심의 확고한 치료철학과 의연한 태도가 요구된다. 클라이언트의 긍정적 변화를 유도하기 위해 끊임없이 다양한 접근 방법을 고민하고 시도해 보는 성실하고 열정적인 태도가 필요하다. 이는 클라이언트의 인정과 치료사로서의 성장을 가져온다. 클라이언트는 열심히 하는 치료사의 모습 때문에 자신의 참여 행동을 결정짓기도 한다. 치료사가 대상자의 음악활동에 함께 몰입하여 즐김으로써 즐거움과 만족감을 경험할 때 클라이언트 역시 치료사와 같은 수준의 만족감을 경험하게 된다.

## (2) 성공적 경험을 위한 음악치료사의 능력

능력적 측면은 노인과 노화에 대한 이해, 노인질환에 대한 이해, 클라이언트의 필요와 기능, 선호에 대한 이해를 포함하는 대상자에 대한 이해능력과 기관이나 시설운영자와의 긍정적인 커뮤니케이션 능력을 고려해 볼 수 있다.

노화에 따른 노인의 신체적·인지적·성격심리적·정신사회적 특성에 대한 이해, 노인건강의 지향점 혹은 제한점, 노인의 주 관심사, 노인의 과거 역사적·문화적 경험에 대한 이해가 수반되었을 때 치료 계획이나 세션 실행에 있어 치료사에게 자신감과 확신을 갖게 해 주며 일관된 태도를 유지시켜 준다. 그리고 치매, 뇌졸중, 파킨슨병, 노인성 우울증 등의 대표적인 노인질환에 대한 의학적 지식과 이를 예방하고 증상을 완화시키는 방법 그리고 재활 방법을 전문가의 견해와 자문을 통해 습득함으로써 전문성을 획득한 치료활동으로 연결할 수 있다. 이는 치료사에 대한 클라이언트의 신뢰를 증가시킨다. 건강과 즐거움을 얻기 위해 음악치료에 참여한 대상자의 경우 활동이 즐거웠는데 건강에도 도움이 되었다고 느낀다면 필요가 충족됨으로써 높은 만족감을 경험한다. 이는 세션 종료에 대한 아쉬움과 다음 시간에 대한 기대감을 갖게 한다. 집단원의 개별적인 필요에 대해서도 파악함으로써 일상과 밀착된 서비스를 제공할 수 있다. 대상자의 기능 수준, 즉 반응이 가능한 정도, 성향, 장점 등에 대한 이해는 치료사가 해야 할 것과 할 수 있는 것을 결정하고 준비하게 한다. 손상된 기능 정도에 적합한 접근은 클라이언트로 하여금 자신감 있는 수행을 가능하게 하고, 좌절감과 실패의 경험을 미연에 방지할 수 있다. 또한 선호에 대한 이해는 치료사가 아닌 클라이언트 중심의 세션을 가능하게 하며, 기능이 각각 다른 집단원들의 참여를 최대화할 수 있고, 제한된 악기나 치료환경을 극복하게 한다. 치료사와 클라이언트 모두에게 자신감을 유발시키며 치료적 만족감을 증대시킨다.

치료사의 기관과의 긍정적 관계 형성 및 의견 교류는 클라이언트의 성공적 경험에 도움을 준다. 클라이언트에 대한 정보나 의견을 교류하고, 기관이나 시설의 치료 세팅 목적을 이해하며, 기관의 상황에 대한 입장을 전달받고, 치료사의 치료적 관점과 대상자의 활동 안에서의 변화 모습에 대한 견해들을 전달하는 등 긍정적으로 상호 교류했을 때 결과적으로는 클라이언트의 치료적 만족감에 기여하게 된다.

### (3) 성공적 경험을 위한 음악치료사의 기술

치료사의 기술적 측면으로는 음악기술과 임상기술을 고려할 수 있다. 음악기술에는 악기연주 기술, 성악적 기술, 음악이론 등이 포함되고, 임상기술에는 세션 구성 기술, 계획과 실행의 유연한 조절 기술, 집단 인도 기술, 언어 기술, 비언어적 기술, 음악치료 평가 기술이 포함된다.

음악기술로는 다양한 악기를 다뤄 보는 기회를 제공하고 클라이언트가 직접 연주할 수 없는 경우 치료사가 연주하거나 시청각 자료를 통해 다양한 악기를 경험하도록 하는 기술이 필요하다. 그리고 클라이언트의 노래 활동을 지원할 수 있는 성악적 기술이 필요하며, 클래식, 가요, 국악 등의 다양한 장르에 대한 지식과 경험으로 클라이언트의 음악 경험의 폭을 확장시킬 수 있는 기술, 음악활동과 관련된 음악사, 음악이론 등의 지식으로 음악경험의 깊이를 더하는 기술이 필요하다. 카타르시스를 경험하도록 음악을 사용하는 기술, 치료 목적에 적합한 음악 선곡 기술, 사용 음악의 배경정보, 의미, 메시지를 통합하여 사용하는 기술이 요구되며, 이는 클라이언트의 치료적 만족감을 높이게 된다. 반빌덴, 주크니위츠와 세바스코(VanWeelden, Juchniewicz, & Cevasco, 2008)는 노인과 일하는 음악치료사에게 노인에게 친숙한 대중가요의 제목과 작곡 연대를 인지하는 것은 필수적이라고 강조하였다. 클라이언트가 노래의 일부를 흥얼거리더라도 노래의 제목을 확인할 수 있어야 하며, 노래의 작곡 연대를 안다는 것은 선호를 소통할 수 없는 노인질환자에게 적절한 선곡을 가능하게 한다.

임상기술 중 세션 구성 기술에 있어서는 기본적인 구조 안에 반복과 변화를 제공하는 것이 효과적이다. 익숙한 활동과 새로운 활동, 익숙한 곡과 새로운 곡을 적절하게 구성하는 기술이 필요하다. 노인대상자가 변화를 싫어할 것이라는 생각이 일반적이지만 똑같은 내용의 반복에 반감을 표현할 수도 있다.

과정 안에서 충분히 경험하도록 지원하는 것이 중요하지만, 클라이언트의 필요와 관련하여 학습이 필요할 경우, 학습 참여에 의미를 가질 수 있도록 활동을 구성하고 인도하는 기술도 필요하다.

치료사가 클라이언트의 반응을 순간순간 민감하게 판단하여 유연하게 대처하는 진행 조절 기술이 세션의 만족감을 제공하는 중요한 요인이다. 치료사의 계획만을 고집하지 않고 환자의 반응에 따라 즉각적으로 활동 방향을 전환할 수 있는 융통성이 매우 필요하다. 이때 클라이언트의 수용 상태를 정확하게 읽어 낼 수 있는 민감성이 요구되고, 순간적인 판단에 따라 순발력 있게 결정을 내려서, 융통성 있고 유연한 활동전환을 자연스럽게 실행해 내는 기술을 말한다. 기다리거나 밀어붙이는 상반된 개입에 대한 판단력과 추진력, 돌발상황에 대비한 여분의 다른 활동의 준비 등의 기술은 치료사의 포용력, 융통성, 적극성 등에서 좌우되며, 훈련과 수퍼비전 등을 통해 획득될 수 있다.

집단음악치료에서는 집단을 효과적으로 인도하는 기술이 필요하다. 집단 안에서 집단역동을 자연스럽게 유발하고 이를 긍정적인 관계 형성으로 귀결시키는 기술뿐만 아니라 집단과의 언어적 상담 기술, 집단의 초점을 분산시키지 않고 목표한 방향대로 진행해 가는 인도 기술 등이 긍정적인 상태로 세션을 종료하게 한다. 효과적인 모델링은 클라이언트가 노래나 악기연주를 보다 쉽게 수행하도록 인도하고, 클라이언트 자신의 연주를 집단원들에게 보여 주는 기회의 제공은 집중과 성취감을 높여 준다. 또 클라이언트의 부정적 피드백을 긍정적인 관점으로 해결한다면 오히려 밀착된 관계를 형성하게 하며 치료사에 대한 신뢰감을 높인다. 덧붙여 집단인도기술의 한 부분으로서, 세션 초반에 성립된 집단원 전체와의 관계 양상은 지속되는 집단 진행에 영향을 미친다. 권위적이거나 가르치는 태도는 바람직하지 않으며, 지나친 수용적 태도도 좋지 않다. 치료활동에 대한 책임감과 리더십이 겸손하고 섬기는 태도 안에 내재될 수 있도록 전문가적 권위는 지키는 것이 좋다.

언어 기술에서는 분명한 발음과 간결한 구사, 자신감 있는 어조로 활동을 진행하고, 속도는 너무 빠르지 않으며, 성량은 너무 크지도 작지도 않은 적당한 볼륨이 좋다. 너무 큰 소리는 불쾌감을 제공할 수 있고, 너무 작은 소리는 집중력을 떨어뜨린다. 클라이언트 개인에게는 이름을 기억하여 관심을 표현하고, 상냥하고 애정이 느껴지는 친절한 말씨일 때 높은 만족감을 보인다. 사소한 한 마디에도 클라이언트에 대한 공경과 존중, 배려가 담겨 있어야 한다. 내적으로 일치되지 않으면 돌발적으로 적절하지 않은 언어를 사용할 수도 있다. 치료사의 철학, 관심사, 삶의 태도, 내적 성숙 정도, 지식 등이 언어에 담기게 된다는 점을 유념해야 한다. 아동과는 달리 노인집단에서는 언어가 매우 중요한 역할을 한다. 클라이언트의 동기유발과 참여 행동, 집중 유지를 일으키고, 활동에서 경험하는 심미적 즐거움, 몰입, 만족감, 의미까지도 어떤 언어적 개입이냐에 따라 영향을 가져오게 된다. 예를 들어, 시행할 활동이 어디에 어떻게 좋은가를 핵심적으로 소개했을 때 집단원의 집중과 참여가 눈에 띄게 높아지는 것을 볼 수 있다.

강화 기술을 포함하는 비언어적 기술로는 지속적으로 눈 마주침을 유지하며 미소 짓고, 클라이언트의 작은 변화에도 즉각적으로 피드백을 제공한다. 또한 악수나 포옹 등의 신체적 접촉을 적절히 제공하는 것도 친밀감을 높인다. 그러나 소외된 사람 없이 집단원 모두에게 동일하게 제공하는 것이 중요하다. 경직되지 않은 유머러스한 태도도 필요하다.

음악치료 평가기술은 치료사의 전문성을 높이는 중요한 기술이다. 노인 영역의 음악치료 진단평가 도구 중 아들러(Adler, 2001)의 '노인의 필요와 치료를 위한 음악적 진단평가(Musical Assessment of Gerontologic Needs and Treatment: MAGNET)'와 힌츠(Hintz, 2000)의 '노인음악치료 진단평가(Geriatric Music Therapy Assessment: GMTA)'는 전반적인 평가 영역을 다루고 있으며(김경숙, 2008), 라이프(Lipe, 1995)의 '음악 기반 인지기능평가(Music-Based Evaluation of Cognitive Functioning: MBECF)'와 요크(York, 1994)의 '음악적 잔존능력 검사(Residual Music Skills Test: RMST)'는 치매노인을 특정 대상으로 한

평가도구로서 타당도와 신뢰도 연구가 이루어진 양적 평가도구다. MBECF와 RMST는 우리나라의 실정에 맞게 번안되어 사용되고 있다(나혜원, 2007; 문서란, 고범석, 2014; 이은재, 1999). 이러한 평가도구를 활용하여 치료효과를 객관적으로 입증할 수 있는 기술 또한 필요하다.

## 5) 계획 및 실행에서의 유의사항

### (1) 노인에 대한 이해
다음에 제시된 대상에 대한 이해는 계획과 실행의 효율성을 높일 수 있다.

- 현재 노인세대의 시대적인 사회문화적 환경과 개인적 환경 및 경험을 파악한다.
- 신체생리적 기능은 감소되지만 정서적 능력은 그대로 유지됨을 이해한다.
- 친숙한 환경에 안정적인 참여행동이 증가된다는 점을 이해한다.
- 장소 이동이나 시간 변동에 어려움을 보인다는 점을 이해한다.
- 의미를 중요하게 생각한다는 점을 이해한다.
- 과거를 회상하기 좋아한다는 점을 이해한다.
- 애국, 예절, 도리 등 대의적 명분과 정신적 가치를 중시한다는 점을 이해한다.

### (2) 중재 기술
다음과 같은 내용이 고려된 계획과 실행은 효율적인 중재를 이끌 수 있다.

- 신체적 · 정신적 잔존 능력을 강화한다.
- 반응에는 시간이 필요하고, 대상자마다 반응의 형태도 다양함을 고려한다.
- 클라이언트와의 시선, 신체 등의 접촉은 친숙함과 신뢰감 형성에 도움을

주고 활동 참여를 격려하게 된다. 집단에서는 편중되지 않아야 한다.

- 스스로 선택할 수 있는 환경을 마련한다.
- 연속성을 가지고 진행되는 활동 구성은 익숙한 것과 새로운 것으로 구성되어져야 한다. 클라이언트의 기능에 따라 적절한 비율로 계획되어야 한다.
- 재교육적이며 내면적 활동은 치료사의 입장에서 간접적으로 제시하는 방법이 더 적절하다.
- 청력과 시력이 특별히 저하된 집단원, 보청기를 착용한 집단원, 연하기능이 저하된 집단원, 특정 신체부위에 주의를 요하는 집단원, 국문 독해가 어려운 집단원 등을 세심하게 파악한다.
- 노인의 시력 약화에 대한 대처 방안으로 적절한 조명과 큰 글씨, 선명하게 대조되는 색의 사용, 간결하고 명확한 동작 모델링 등은 필수적이다.
- 고음을 잘 듣지 못하고 복잡한 소음 속에서 소리구별에 어려움을 느끼는 노인에게는 낮은 음조로 말하고, 소음이 없는 조용한 분위기에서 얼굴과 눈을 바라보며 언어적 지침을 제공하는 것이 좋다.
- 지시는 반드시 간결, 명료해야 한다. 또한 말로 하는 지시보다는 모델링이나 시각적 지시가 더 효과적이다.
- 개별적인 과제수행과 이론적인 학습, 사적인 문제를 다루는 활동은 부담을 줄 수 있음을 이해한다.
- 처음 만난 집단에서는 개인이 직접 노출되지 않는 활동부터 시작하는 것이 좋다. 즉, 감상이나 간단한 노래의 제창으로 시작했을 때 클라이언트의 부담감을 없애고 편안하게 참여하게 한다.
- 활동 구조, 환경, 음악 등이 일관성 있게 적용되어야 한다.
- 고령일수록 기능이 낮을수록 대상자의 참여 정도는 낮아진다. 눈으로 관찰되지 않는다 하더라도 동료들이 수행하는 음악집단 안에 함께 있는 것만으로도 치료적인 의미가 있다는 점을 이해한다.

## (3) 치료사의 태도

효율적인 중재를 위한 계획과 실행에 있어 다음과 같은 치료사의 태도가 바람직하다.

- 노인대상자에 대한 공경심이 가장 먼저다.
- 음악의 힘을 경험하고 확신한다.
- 대상자의 요구사항을 적절하게 반영하는 것은 클라이언트에게 만족감을 제공하는 의미있는 일이지만 치료사는 중심을 잃지 않아야 한다.
- 머리 손질, 염색, 새 옷 등 개별적인 사소한 변화에 대한 관심 표현이 라포형성에 도움이 된다.
- 치료전문가로서 공과 사의 구분을 명확히 한다.
- 모든 클라이언트에 대하여 공평한 태도를 갖는다.

## (4) 음악의 사용

음악을 사용하는 과정에서 다음과 같은 내용을 고려하여야 한다.

- 음악적 즐거움 안에 계획된 치료 목적을 성취해야 한다. 이는 음악치료의 정체성과 전문성에 관련된 문제다.
- 노인의 선호 노래가 치료사에게는 너무 익숙하여 지루해진 음악도 노인에게는 그렇지 않는 경우가 훨씬 많다는 점을 인식한다.
- 존엄성이 지켜질 수 있도록 어떤 활동이나 노래도 유치해서는 안 된다.
- 치료적 관점에서 가사내용에 대한 세밀한 분석을 통해 어떤 활동이든지 결과적으로 긍정적인 경험이 되도록 음악을 사용해야 한다.
- 주제나 소재, 내용 등 일상과 흐름을 같이 하여 음악을 사용한다. 음악활동이 생활과 동떨어진 느낌보다는 생활 속에 밀착된 현실감을 느낄 수 있도록 한다.

- 음악과 노래 안의 메시지를 중요한 도구로 사용하며, 음악의 느낌과 메시지에 집중하도록 자연스럽게 유도한다.
- 인지 정보 수용 능력이 저하되므로 음악은 분명한 박과 예측성 있는 활동으로 계획해야 한다.
- 노래를 부를 때에는 음역을 낮추어야 하며, 템포는 너무 빠르거나 느리지 않아야 하는데, 노인이 어떻게 지각하는지 민감하게 파악해야 한다.
- 노인은 즉흥연주에 약간의 어려움을 보인다. 악기를 연주하려면 고도의 기술이 필요하다고 생각하여 연주를 피하려는 모습을 보일 수 있다. 편안하고 능동적인 참여를 위해 기본 박 또는 간단한 구조를 제공한다.
- 음악을 매개로 하여 이루어지는 아주 간단한 동작도 의미가 있다.
- 말기치매환자와 같은 기능이 매우 낮은 노인에게는 쉽게 참여할 수 있도록 무반주 노래나 간단한 리듬 활동을 사용하는 것이 효과적이다.
- 음악적이어야 한다. 음악의 힘만으로도 충분하다.

# 5. 노인음악치료 실행 방향

## 1) 노인전문인의 실행 초점

노인전문가로서 가장 중요한 마음가짐과 태도는 노인에 대한 공경심과 존중적 태도를 갖추고, 노인의 시대적 삶과 개인적 삶을 공감하며, 노인의 필요를 충족시키기 위해 실천하는 것이다. 앞선 삶을 살아오며 현재의 사회문화적 환경을 만들어 준 선세대에 대한 존경과 감사의 마음은 우리 사회의 기반을 바로 세우는 방법이며, 사회구성원의 삶을 가치 있게 만드는 근본적인 태도다.

어떤 상황에 처해 있는 사람에게도 주관적 만족감을 경험할 수 있도록 해야 한다. 치료 목적이 무엇이든지, 치료 형태가 개인이든지 또는 집단이든지 최종적인 목표는 개인의 성공적인 삶에 초점을 두어야 한다는 것이다. 이렇게 개인의 삶의 질을 높여 성공적인 삶을 실현하도록 돕기 위해서는 '복지'가 내포하고 있는 실현가치에 대한 점검이 필요하다. 복지(welfare)는 사전적으로 풀이했을 때 'well(만족스러운)'과 'fare(살아가다)'의 합성어로서 삶의 질에 대한 기준을 높이고, 국민 전체가 행복하게 살아갈 수 있도록 하는 데 중점을 두어 노력하는 정책을 말한다. 노인복지는 자립, 참여, 보호, 존엄성, 자아실현이라는 5대 원칙을 제시하고 있고, 미국 맥아더 재단에서는 성공적 노화의 일곱 가지 요소를 활력, 회복력, 적응력, 자율과 통제, 자아통합, 지혜, 사회적 통합이라고 발표하였다. 또한 뉴가튼, 하비거스트와 토빈(Neugarten, Havighurst, & Tovin, 1968)은 노년기의 핵심 개념은 적응으로서 가장 이상적인 성격 적응 유형을 통합형이라고 밝힌 바 있다.

결론적으로, 노인전문가는 노인대상자가 자신의 상황이나 현실을 수용하고, 일상생활과 사회적 관계 안에서 긍정적으로 적응과 통합을 해 나가는 과정 중에 복지 원칙과 성공적 요소가 실현될 수 있도록 도와야 하며, 이러한 환경을 만드는 것은 노인전문가로서 실행해야 할 핵심이다.

## 2) 노인음악치료의 전체적 도식

노인대상자가 일상 안에서 가장 필요하다고 여기는 것이 무엇이며 음악치료 안에서 경험하고자 하는 것이 무엇인가를 파악하는 것, 즉 참여자의 필요에 대해 파악하는 것은 음악치료사가 가장 먼저 해야 할 과제다. 다음으로는 전체 대상자의 기능과 선호 음악을 파악하여 음악활동을 계획하고, 음악치료사의 음악적, 언어적, 비언어적 역량을 발휘하여 인도함으로써 대상자의 필요를 효율적으로 충족시키는 것이다.

이때 음악치료사는 대상자가 심미적 즐거움을 경험할 수 있도록 그 음악이 가진 본질적인 아름다움을 이끌어내야 한다. 즐거움은 우리가 도달할 수 있는 편안한 과제를 가질 때 일어나며, 분명한 목적을 가진 과제를 할 때 일어나고, 우리가 하는 무슨 일에 집중할 수 있을 때 일어나며, 즐거운 경험은 시간에 대한 감각을 변형시키고, 더 강한 자아경험을 발생시킨다(이희재 역, 2007). 이러한 즐거움은 클라이언트에게 몰입을 일으킨다. 몰입 상태에서는 지금 하고 있는 일에 몰두한 나머지 자아가 방해받지 않게 한다. 또한 시간을 잊게 하고 그 순간 행복함을 경험하게 한다. 행복한 삶을 사는 비결이 우리가 하는 일에서 몰입을 배우는 것이라는 말도 있다. 그래서 음악이 주는 즐거움이 몰입을 가져오고 이는 개인에게 주관적 만족감을 경험하게 하며 이러한 만족감은 당사자에게 의미로 남는 것이다. 그리고 그 의미를 성공적인 삶으로 연결시키는 치료사의 보이지 않는 안내가 매우 중요한 치료적 경험이 되는 것이다.

인간의 삶은 태어나서 눈을 감는 그 순간까지의 모든 과정이 소중하고 의미있는 시간이다. 그래서 나이가 들고 아파도 개인에게 만족스러운 부분이 있어야 한다. 성공적인 삶이란 무엇인가? 질병이 있고 없음을 떠나 삶에 대한 자기 만족도가 높은 것을 의미한다. 따라서 대상자가 실제로 무엇을 할 수 있는가

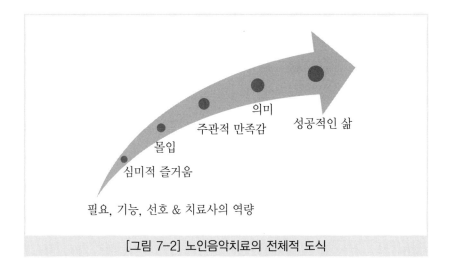

[그림 7-2] 노인음악치료의 전체적 도식

보다는 무엇을 하는가를 강화하는 것이다. 성공적인 노화를 이룬 사람들의 비결은 모두 한결같이 "그냥 계속해 나아가는 것"이라고 했다. 바로 마지막 순간까지 자신이 주체가 되어 살아가는 지속적인 인생참여가 강조되는 것이다.

다시 말해서 대상자의 필요·기능·선호를 고려하여 선정된 음악활동을 전문가로서 치료사의 역량을 발휘하여 대상자가 음악의 심미적 즐거움을 통해 몰입하게 하고, 그 결과 주관적 만족감과 의미를 경험하는 과정을 통해 성공적인 삶으로 자연스럽게 연결하는 것이 곧 노인음악치료의 대전제이자 전체적인 방향이라고 할 수 있다.

 **요 약**

　노인인구의 증가에 따라 노인에 대한 사회 전반적인 관심이 높아지고 있다. 노인은 노화로 인해 전반적인 상실을 경험하게 되는데, 이러한 신체적·심리적·사회적인 변화에 직면하여 이를 수용하고 적응하며 통합해 가야하는 과제를 안게 된다. 노년학의 중요한 핵심 주제는 바로 '성공적 노화'다. 성공적 노화란 한 사람으로서 삶의 마지막 순간까지 존엄성이 지켜지는 가운데 주관적 만족감을 영위하는 것을 의미한다. 이러한 차원에서 음악치료는 건강한 노인뿐만 아니라 심각한 상태의 노인질환자에게도 도움을 줄 수 있다. 음악치료에 참여한 노인의 필요와 기능, 선호에 따라 치료 목적을 설정하고 음악활동을 계획하고 실행함으로써 음악의 심미적 즐거움과 만족감을 제공할 수 있다. 음악치료사는 즐거운 경험을 통해 다양한 치료 목적이 성취될 수 있도록 인도하는 중요한 도구다. 치료사의 역량을 갖추기 위한 지속적인 노력은 치료사와 치료 대상자 모두의 삶의 질을 높이는 의미 있고 가치 있는 과정이다.

## 참·고·문·헌

강연욱, 나덕렬, 한승혜(1997). 치매환자들을 대상으로 한 K-MMSE의 타당도 연구. 대한신경과학회지, 15(2), 300-308.

공찬숙, 여상훈 공역(1999). 음악치료[Heilen mit musik]. H. VanDeest 저. 서울: 시유시. (원저는 1995년에 출판).

권용철, 박종한(1989). 노인용 한국판 Mini-Mental State Examination(MMSE-K)의 표준화 연구: 제1편 MMSE-K의 개발. 신경정신의학, 28, 125-135.

권정인(2010). 노인 대상 음악치료의 국내 석사학위 논문 연구동향 분석(1998-2009): 석사논문분석연구. 성신여자대학교 대학원 석사학위 논문.

권중돈(2005). 노인복지론(제3판). 서울: 학지사.

김경숙(2008). 음악치료에서의 진단평가. 서울: 학지사.

김경희(2003). 음악활동이 체열대칭과 분포양상에 미치는 영향. 숙명여자대학교 대학원 석사학위 논문.

김기엽(2013). 여가활동이 노인의 생활만족에 미치는 영향에 관한 연구: 노래부르기를 중심으로. 가천대학교 대학원 석사학위 논문.

김미애(2003). 노래부르기가 초기 치매환자의 단어회상에 미치는 효과. 숙명여자대학교 대학원 석사학위 논문.

김은주(1999). Journal of music therapy(1987-1998)에 수록된 논문의 내용분석 연구. 숙명여자대학교 대학원 석사학위 논문.

나혜원(2007). 알츠하이머와 혈관성 치매환자의 음악적 잔존능력 비교 연구. 숙명여자대학교 대학원 석사학위 논문.

노인음악치료연구회 역(2009). 노인음악치료(제2판)[Therapeutic uses of music with older adults]. A. A. Clair & J. Memmott 저. 서울: 시그마프레스. (원저는 2008년에 출판).

노인정신의학회(1998). 노인정신의학. 서울: 중앙문화사.

대한신경과학회(2015). 신경과 증상 및 질병. http://www.neuro.or.kr/bbs/?code=general&mode=view&number=13385에서 2015년 6월 10일 검색.

대한치매학회(2011). 치매 임상적 접근(제2판). 서울: 아카데미아.

문서란(2015). 노래 활동이 뇌의 주의집중도와 뇌 활성량 변화에 미치는 영향. 숙명여자대학교 대학원 박사학위 논문.

문서란, 고범석(2014). 치매노인을 위한 한국형 MBECF(Korean version of Music-Based Evaluation of Cognitive Functioning)의 타당도와 신뢰도 연구. 한국음악치료학회지, 16(1), 49-63.

보건복지부(1981). 노인복지법.

보건복지부(2013). 노인보건복지사업안내.

삼성노블카운티(2001). 노인의 이해. 미간행 직원연수자료.

신보혜(2005). 노래부르기와 리듬훈련이 뇌손상 환자의 조음명료도, 말속도 변화에 미치는 영향. 숙명여자대학교 대학원 석사학위 논문.

안홍순(2013). 노인복지론. 고양: 공동체.

유연이(2001). 노래부르기 집단활동프로그램이 중년여성의 우울증에 미치는 영향. 성공회대학교 대학원 석사학위 논문.

윤진(2001). 성인 · 노인 심리학: 성인기 이후의 발달과 노화 과정(제14판). 서울: 중앙적성출판사.

이명선(2009). 노래 중심의 음악치료가 사할린 귀환동포의 우울감에 미치는 영향. 명지대학교 대학원 석사학위 논문.

이영화(2009). Journal of Music Therapy(1999-2008) 논문의 내용 분석. 숙명여자대학교 대학원 석사학위 논문.

이윤진(2003). 대중가요 부르기가 비유창성 실어증 환자의 언어기능에 미치는 효과에 관한 사례 연구. 원광대학교 대학원 석사학위 논문.

이은재(1999). 알쯔하이머형 치매환자의 인지기능과 음악적 잔존 능력간의 관련성 연구. 숙명여자대학교 대학원 석사학위 논문.

이준우, 손덕순(2010). 정신보건사회복지론(개정판). 고양: 서현사.

이희승(2004). 국어대사전(제3판). 서울: 민중서림.

이희재 역(2007). 몰입의 즐거움[Findingflow]. M. Csikszentmihalyi 저. 서울: 해냄. (원저는 1997년에 출판).

최미환 역(2008). 치료적 노래 만들기: 음악치료의 임상 및 교육을 위한 지침서[Songwriting]. F. Baker & T. Wigram 저. 서울: 학지사. (원서는 2005년에 출판).

최성재, 장인협(2002). 노인복지학. 서울: 서울대학교출판사.

최순남(2000). 현대노인복지론(제3판). 오산: 한신대학교출판부.

통계청(2009). 한국의 사회지표.

통계청(2014). 장래인구추계.

한국보건사회연구원(2014). 2014년도 노인실태조사.

한국임상사회사업학회(2006). 노인복지론. 서울: 양서원.

한유미(2009). 노래부르기 활동을 통한 뇌졸중 노인의 조음 정확도 증진에 관한 연구. 이화여자대학교 대학원 석사학위 논문.

한일우(2010). 신체적 노화와 노인질환. 숙명여자대학교 음악치료대학원 미간행 노인음악치료특강교재.

현재연(2005). 국외 노인 음악치료 연구에서 치료 목표 및 음악치료활동 형태 분석: 1977년부터 2005년도까지. 이화여자대학교 대학원 석사학위 논문.


Adler, R. (2001). *Musical assessment of gerontologic needs and treatment: The MAGNET survey.* Saint Louis, MO: MMB Music.

Austin, D. (1998). When the psyche sings: Transference and counter –transference in improvised singing with individual adults. In Brusica, K. (Ed.). *The dynamics of music psychotherapy.* Gilsum, NH: Barcelona Publishers.

Austin, D. (2002). The voice of trauma: A wounded healer's perspective. In J. Sutton (Ed.), *Music, music therapy and trauma: International perspectives.* London: Jessica Kingsley Publishers.

Bartlett, J. C., & Snelus, P. (1980). Lifespan memory for popular songs. *American Journal of Psychology, 93*, 551-560.

Berlyne, D. E. (1971). *Aesthetics and psychobiology.* New York: Appleton Century-Crofts.

Birren, J. E. (1959). Principles of Research on Aging. In J. E. Birren (Ed.), *Handbook of aging and the individual.* Chicago, IL: University of Chicago Press.

Birren, J. E. (1985). *The psychology of aging* (2nd ed.). New York: Van Nostrand Reinhold.

Brotons, M., Koger, S., & Pickett-Cooper, P. (1997). Music and dementias: A review of literature. *Journal of Music Therapy, 34*(4), 204-245.

Carruth, E. K. (1997). The effects of singing and the spaced retrieval technique on improving face-name recognition in nursing home residents with memory loss. *Journal of Music Therapy, 34*(3), 165-186.

Clair, A. A. (2000). The importance of singing with elderly patients. In D. Aldridge (Ed.), *Music therapy in dementia care* (pp. 81–101). London: Jessica Kingsley.

Clair, A. A., & Davis, W. B. (2008). Music therapy and elderly populations. In W. B. Davis, K. E. Gfeller, & M. H. Thaut (Eds.), *An introduction to music therapy: Theory and practice* (3rd ed., pp. 181–207). Silver Spring, MD: American Music Therapy Association.

Davis, W., Gfeller, K. E., & Thaut, M. H. (Eds.) (1999). *An introduction to music therapy: Theory and practice* (2nd ed.). Dubuque, IA: McGraw-Hill.

Douglass, D. (1981). *Accent on rhythm: Music activities for the aged.* Salem, OR: LaRouz Enterprises.

Engen, R. L. (2005). The singer's breath: Implications for treatment of persons with emphysema. *Journal of Music Therapy, 42*(1), 20–48.

Ferrer, A. J. (2007). The effect of live music on decreasing anxiety in patientsunderdoing chemotherapy treatment. *Journal of Music Therapy, 44*(3), 242–255.

Folstein, M. F., Folstein, S. E., & McHugh, P. H. (1975). Mini-mental state: A practical method for grading the cognitive state of patients for clinician. *Journal of Psychiatric Research, 12*, 189–198.

Gibbons, A. C. (1982). Musical Aptitude Profile scores in a noninstitutionalized elderly population. *Journal of Research in Music Education, 30*(1), 23–29.

Gibbons, A. C. (1983). Primary measures of music audiation scores in an institutionalized elderly population. *Journal of Music Therapy, 20*(1), 21–29.

Hennessey, M. J. (1976). Music and group work with the aged. In I. M. Burnside (Ed.), *Nursing and the Aged* (pp. 255–269). New York: McGraw Hill.

Hintz, M. R. (2000). Geriatric music therapy clinical assessment: Assessment of musical skills and related behaviors. *Music Therapy Perspectives, 18*, 31–40.

Jones, J. D. (2006). Songs composed for use in music therapy: A survey of original songwriting practices of music therapists. *Journal of Music Therapy*, *43*(2), 94–110.

Koger, S. M., Chapin, K., & Brotons, M. (1999). Is music therapy an effective intervention for dementia? A meta-analytic review of literature. *Journal of Music Therapy*, *36*(1), 2–15.

Kunn, D. (2002). The effects of active and passive participation in musical activity on the immune system as measured by salivary immunoglobulin A (SIgA). *Journal of Music Therapy*, *39*(1), 30–39.

Lim, H. A. (2008). The effect of personality type and musical task on self-perceived arousal. *Journal of Music Therapy*, *45*(2), 147–164.

Lipe, A. (1995). The use of music performance tasks in the assessment of cognitive functioning among older adults with dementia. *Journal of Music Therapy*, *32*(3), 137–151.

McDermott, O., Crellin, N., Ridder, H. M., & Orrell, M. (2013). Music therapy in dementia: A narrative synthesis systematic review. *International Journal of Geriatric Psychiatry*, *28*(8), 781–794.

Neugarten, B. L. (1974). Age groups in American society and the rise of young-old. *Annals of the American Academy of Political and social Science*, *415*(1), 187–198.

Neugarten, B. L., Havighurst, R. J., & Tovin, S. S. (1968). Personality and patterns of aging. In B. L. Neugarten (ed.). *Middle age and aging*. Chicago, IL: University of Chicago Press.

Papalia, D. E., Camp, C. J., & Feldman, R. D. (1996). *Adult development and aging*. Dubuque, IA: McGraw-Hill.

Pohlmann, S. (2001). *Das Altern der Gesellschaft als globale Herausforderung-Deutsche Impulse*. Stuttgart: Kohlhammer.

Prickett, C. A., & Moore, R. S. (1991). The use of music to aid memory of Alzheimer's patients. *Journal of Music Therapy*, *28*(2), 101–110.

Rossato-Bennett, M. (2014). 그 노래를 기억하세요? [동영상] http://www.ebs.co.kr/replay/show?prodId=112658&lectId=10244407에서 2014년 8월 26일 인출.

Slabey, V. (1985). *Music involvement for nursing homes.* Durand, WI: Music Involvement.

Streher, B. L. (1962). *Time, cells and aging.* New York: Academic Press.

Takahashi, T., & Matsushita, H. (2006). Long-term effects of music therapy on elderly with moderate/severe dementia. *Journal of Music Therapy, 43*(4), 317-333.

Tamplin, J. (2008). *A pilot study into the effect of vocal exercises and singing on dysarthric speech.* Amsterdam: Ios Press.

VanWeelden, K., Juchniewicz, J., & Cevasco, A. M. (2008). Music therapy students' recognition of popular song repertoire for geriatric client. *Journal of Music Therapy, 45*(4), 443-456.

Wenrick, N. (1987). *So much more than a sing-a-long.* Long Beach, CA: Therapeutic Arts Materials.

Wheeler, B. (1983). A psychotherapeutic classification of music therapy practices: A continuum of procedures. *Music Therapy Perspectives, 1*(2), 8-12.

York, E. F. (1994). The development of a quantitative music skills test for patients with Alzheimer's disease. *Journal of Music Therapy, 31*(4), 280-296.

# 제8장 자폐범주성장애를 위한 음악치료

# 제8장 | 자폐범주성장애를 위한 음악치료

## 1. 자폐범주성장애의 정의

### 1) 정의

자폐는 1943년 존스 홉킨스 병원의 정신과 의사 캐너(Kanner)에 의해 처음으로 명명되었으며, 신체상으로는 별 이상이 없는데도 행동 면에서 심각한 장애를 보이는 것이 특징이다(Kanner, 1943). 주요 증상으로는 사회적 고립, 커뮤니케이션의 어려움, 사물에 대한 지나친 집착, 감각자극에 대한 비정상적인 반응, 의식적이고 반복적이며 과장된 행동 등이 있다.

자폐에 관한 용어는 '자폐(autism)'라는 명사적 용어 대신에 형용사 형태로 수정된 '자폐성장애(autistic disorder)'라는 용어로 바꾸어 사용하기 시작하였으며, 1990년대 중반부터는 학계에서 '자폐범주성장애(autistic spectrum disorder)'라는 용어를 도입하게 되어 대부분의 관련 분야에서 이 용어를 사용하고 있다. 이처럼 자폐라는 용어는 그 성격과 특성에 맞게 다양하게 변화되어 왔는데, 앞서 언급한 것처럼 최근에 들어와서는 자폐를 명확하게 구분하기보다는 '자폐적 성향(autistic propensity)'의 연속선으로 이해하기 시작하면서(Rutter, 1999), 자폐와 함께 나타나는 다양하고 폭넓은 증상들을 가진 이들을 지칭하기 위해 자폐범주성장애(autism spectrum disorder: ASD)라는 용어를 더 자주 사용하고 있다. 이 용어는 자폐의 범주에 해당되는 폭넓은 범위의 하위 유형들과 심각한 정도를 모두 지칭하는 용어로 자폐 연구에 있어서의 최근 동향을 반영한 것이다(이소현, 박은혜, 2014).

한편, 자폐범주성장애라는 용어는 다음의 세 가지 영역 중 적어도 두 가지 영역에서 주요한 기능적 손상을 가지고 있는 모든 증후군을 망라하는 용어로도 사용되는데, ① 사회적 상호작용, ② 언어 및 비언어적 의사소통, 그리고 ③ 상상과 행동에 있어서 문제를 보이는 경우를 말한다(Wing, 1981). 결론적으로, 자폐범주성장애는 자폐, 비전형 자폐, 전반적 발달장애 등을 포함하여 거의 자폐와 같은 증상을 말한다.

〈표 8-1〉　**자폐의 정의**

- 「장애인 등에 대한 특수교육법」(2007)
자폐성장애인은 사회적 상호작용과 커뮤니케이션에 결함이 있고, 제한적이고 반복적인 관심과 활동을 보임으로써 교육적 성취 및 일상생활 적응에 도움이 필요한 사람을 의미한다.

- 미국 「장애인교육법」(IDEA, 2004)
자폐는 대개 3세 이전에 나타나 구어 및 비구어 커뮤니케이션과 사회적 상호작용에 심각한 영향을 미침으로써 아동의 교육적 성취에 부정적인 영향을 미치는 발달장애를 의미한다. 자폐와 관련된 기타 특성으로는 반복적인 활동 및 상동적인 움직임, 환경적인 변화나 일과의 변화에 대한 저항, 감각적 경험에 대한 비전형적인 반응 등이 있다. 이 용어는 아동의 교육적 성취에 부정적인 영향을 미치는 주요 원인이 정서장애인 경우에는 해당하지 않는다.

## 2) 하위 유형

자폐범주성장애의 영역에는 자폐성장애(autistic disorder), 달리 분류되지 않은 전반적 발달장애(pervasive developmental disorder-not otherwise specified:

PDD-NOS), 소아기 붕괴성장애(childhood disintegrative disorder), 레트장애(rett's disorder) 그리고 아스퍼거 증후군(asperger's syndrome)의 다섯 가지 하위 유형을 모두 포함한다. 이는 DSM-IV-TR(APA, 2000)에서 전반적 발달장애로 분류되는 다섯 가지 하위 유형과 일치한다(〈표 8-2〉 참조).

〈표 8-2〉 **자폐범주성장애의 하위 유형**

① 자폐성장애
생애 초기에 발생하며 현저하게 낮은 수준의 사회적 발달, 언어발달의 결함, 융통성 없는 행동으로 특징지어지는 심각한 발달장애

② 달리 분류되지 않는 전반적 발달장애
자폐성장애나 아스퍼거 장애를 지닌 아동과 유사하지만 장애 진단상 유의한 측면에서 서로 다른(예: 발생 시기) 아동을 묘사하기 위하여 사용되는 모호한 용어

③ 소아기 붕괴성장애
3세부터 15세까지의 아동에게서 전형적으로 나타나며, 언어, 사회성, 운동기술, 용변 기술 등에서 급격한 퇴보를 보이는 희귀 장애

④ 레트장애
생후 1년 정도의 전형적인 발달을 보인 후 지적장애 및 경련장애와 함께 행동, 언어, 의도적인 손 움직임으로 특징지어지는, 거의 여아에게서만 나타나는 유전적 결함

⑤ 아스퍼거 증후군
사회적 상호작용이 제한적이고, 반복적인 양상의 행동과 관심, 활동 분야가 한정적이며, 같은 양상을 반복하는 상동적인 증상을 지속적이거나 때로는 일생 동안 보이는 결함

출처: Rosenberg, Westling, & Mcleskey (2011).

# 2. 자폐범주성장애의 진단 및 평가

자폐의 증상은 출현 시기나 증상의 정도, 그리고 다른 장애와의 복합적인 관계 등의 특성으로 인해 매우 광범위한 양상으로 나타나므로 진단에 있어 이를 고려해야 한다. 미국 정신의학협회(APA)에서는 자폐 진단 기준을 〈표 8-3〉과 같이 제시하였다.

〈표 8-3〉 미국 정신의학협회에서 제시한 자폐의 진단 기준

A. 최소한 (1)에서 2개, (2)와 (3)에서 각각 1개를 포함한 6개 이상의 행동 특성을 보여야 한다.
  (1) 다음 중 최소한 2개 이상에 해당되는 사회적 상호작용의 질적인 결함
    (a) 사회적 상호작용을 위한 눈 맞춤, 얼굴표정, 자세, 몸짓 등과 같은 다양한 비언어적 행동의 사용에 있어 현저한 손상을 보임
    (b) 발달 수준에 적절한 또래 관계를 발달시키지 못함
    (c) 즐거움, 관심 또는 성취를 다른 사람과 공유하지 못함
    (d) 사회정서적인 상호성이 결여됨
  (2) 다음 중 최소한 1개 이상에 해당되는 커뮤니케이션의 질적인 결함
    (a) 구어 발달이 지체되거나 전혀 나타나지 않음(몸짓과 같은 대체적인 수단의 커뮤니케이션 기술을 통해서 보상하고자 하는 시도가 나타나지 않음)
    (b) 적절한 말을 사용하는 경우에도 다른 사람과의 대화를 시작하고 유지하는 능력에 있어서 현저한 결함을 보임
    (c) 반복적이며 특이한 언어를 사용함
    (d) 발달수준에 적절한 다양하고 자발적인 상상놀이나 사회적 모방놀이가 결여됨
  (3) 다음 중 최소한 1개 이상에 의해서 나타나는 반복적이고 상동적인 형태의 제한된 행동
    (a) 강도나 내용에 있어서 비정상적인 한 가지 이상의 상동적이고 제한된 형태의 관심 영역에 몰두함
    (b) 특정 비기능적인 일과나 의례적인 행동에 융통성 없이 집착함
    (c) 상동적이고 반복적인 운동성 습관을 보임(예: 손이나 손가락을 흔들고 비틀거나 몸 전체를 복잡하게 움직이는 등)

(d) 사물의 특정 부분에 대해서 지속적인 집착을 보임

B. 다음 영역 중 최소한 한 가지 이상의 발달지체나 비정상적인 기능이 3세 이전에 나타남
  (1) 사회적 상호작용
  (2) 사회적 커뮤니케이션 맥락에서 사용되는 언어
  (3) 상징놀이나 상상놀이

C. 레트장애나 소아기 붕괴성장애에 의해서 더 설명되지 않는 장애

출처: American Psychiatric Association (2000).

자폐는 그 원인을 찾기가 어렵기 때문에 진단을 내리는 것도 쉽지 않다. 그러나 자폐범주성장애 아동을 정확히 진단하는 것은 효과적인 치료와 교육적인 혜택을 제공하기 위해 필요하다. 우선 자폐는 불규칙적인 발달지체를 보인다는 점에서 지적장애와 구별된다. 또한 아동 정신분열증이 대개 5~12세에 나타나는 것에 비해 자폐 증세는 30개월 이내에 관찰되어야 하며, 정신분열 아동은 자폐범주성장애 아동보다 언어사용 수준이 높게 나타나고, 자폐범주성장애 아동에게는 환청이 나타나지 않는다는 점이 아동 정신분열증과 구분된다.

## 3. 자폐범주성장애의 원인 및 출현율

자폐는 1970년대 이전 연구에서는 인구 10,000명당 약 4~6명에 해당된다고 하였는데(Wing, Gould & Yeates, 1979), 1970년대 이후 연구에 따르면 10,000명당 10~16명으로 밝혀졌다(Fombonne, 2005). 그러나 이는 전형적인 자폐만을 포함한 수치이며, 자폐범주성장애 아동을 모두 포함하는 경우 그 출현율이 1%, 즉 100명당 1명으로 계속 증가하고 있는 것으로 보고된다(Kogan et al., 2009). 또한 자폐범주성장애는 여아보다 남아에게서 4~5배 정도 더 자주 발생하는 것으로 보고되고 있으며(Fombonne, 2005; Kogan et al., 2009), 레트장애의 경우는 거의 여아에게만 나타나고 있다.

현재까지 자폐의 원인을 규명하기 위한 많은 노력이 있어 왔으나 안타깝게도 아직도 자폐의 원인에 대해 명확하게 제시하지는 못하고 있는 실정이다. 그러나 최근 많은 연구에 따르면, 자폐는 생물학적 이상에 의해 발생된다는 주장이 보편적으로 받아들여지고 있다. 즉, 유전, 비전형적인 두뇌발달, 신경화학물질의 이상이 자폐의 원인 중의 하나라는 이론이 받아들여지고 있으며, 그 외에 환경오염, 소화기 기능 이상, 백신 접종 등도 그 원인 중의 하나라는 것이 제기되고 있다. 결론적으로 자폐범주성장애는 복합 유전자의 조합으로 인하여 아동이 장애 발생 위험에 노출된 상태에서 알려지지 않은 특정 환경적 요인이 결합될 때 발생한다는 것이 가장 설득력 있게 제시되고 있다(Interactive Autism Network, 2007).

한편, 자폐범주성장애는 유전과 뇌구조의 이상, 그리고 신경화학물질의 불균형 등의 복합적인 생물학적인 요인에 의해 발생하는 행동적 증후군(Behavioral Syndrome)으로 설명될 수 있다(Mueller & Courchesne, 2000). 따라서 자폐범주성장애의 교육과 치료적 접근은 원인에 따른 치료적 접근보다는 행동적 증후로 인하여 발생하는 다양한 교육적 필요에 따라 개별적으로 접근하는 것이 가장 바람직한 접근 방법이라고 할 수 있다(이소현, 박은혜, 2014).

## 4. 자폐범주성장애의 행동 특성

자폐범주성장애는 신체적으로는 특별한 문제를 보이지 않으면서도 행동상의 문제를 일생 동안 보이는 심각한 장애다. 이들의 행동 문제는 공통적인 부분도 있으나 매우 개별적이며 광범위한 증상을 보이므로, 각각의 특성을 모두 이해하고, 클라이언트가 그중 어떤 특성을 보이는지를 개별적으로 진단평가 해야 할 것이다. 이러한 광범위한 특성 중에서도 공통적인 행동을 발견할 수 있는데, 이는 사회적 상호작용의 결함, 커뮤니케이션의 결함, 정서 · 행동 · 감각의 비정상적인 반응 그리고 발달 및 인지적 결함이다.

## 1) 사회적 상호작용의 결함

상호작용은 한 사람이 다른 사람을 상대로 하는 의도적인 행위와 이에 대한 상대의 반응으로 이어지는 대인 간의 사회적 과정을 말한다(Mueller & Cooper, 1986). 영유아기의 성인과의 상호작용은 유아 발달의 필수적인 요소가 되는데, 이는 영유아기의 질 높은 상호작용의 경험이 이후 커뮤니케이션, 인지, 사회성 등의 전반적 발달과 관련되기 때문이다(양은아, 2010; Bates, 1976; Bowlby, 1980; Guralnick, 1990; Strain & Fox, 1981). 그런데 자폐범주성장애 아동의 경우 이러한 사회적 상호작용 행동에 결함을 보이는 경우가 많다.

### (1) 사회정서적 관계의 부적절성

자폐범주성장애 아동은 마치 자신만의 세계에서 사는 것처럼 행동하며, 다른 사람과의 사회정서적 관계 형성에 흥미를 보이지 않는다. 따라서 가까운 부모와도 눈 맞춤하려 하지 않고, 사회적 미소도 보이지 않으며, 신체적인 접촉도 피한다. 또한 다른 사람에 대한 인식이나 관계 맺기 그리고 애착 형성에 흥미를 보이지 않으며, 타인을 단지 자신이 원하는 것을 얻기 위한 수단으로 사용하려는 경향을 보이는 등 타인과의 관계 맺기에 실패한다.

### (2) 공동 관심(joint attention)이나 사회적 상황 인지에 대한 어려움

대부분의 자폐범주성장애 아동은 사회적 상황을 인지하는 데 매우 큰 어려움을 보여 다른 사람과의 관계 형성에 문제를 보인다. 즉, 다른 사람과의 관계

속에서 그 의도를 인지하는 데 실패하며, 타인의 감정을 파악하는 데에도 어려움을 보인다. 예를 들면, 다른 사람의 화가 난 표정에도 특별한 반응을 보이지 않고, 다른 사람이 기뻐할 때나 슬퍼할 때에도 그 감정을 파악하지 못하는 등 타인의 감정을 이해하는 데 심각한 문제를 보인다. 또한 자폐범주성장애 아동은 다른 사람과 관심을 공유하는 데 어려움을 보이는데, 이러한 행동의 예로서 다른 사람에게 사물을 가리키는 행동과 다른 사람이 가리킨 사물을 쳐다보는 행동이 거의 없다. 이와 더불어 자폐범주성장애 아동은 사회적 인지 능력이 부족하여 결과적으로 또래 관계에 실패한다.

### (3) 사회적 놀이 기술의 결여

자폐범주성장애 아동은 또래에 대한 인식 및 관심을 보이지 않고, 모방 행동이 나타나지 않는 등 사회적 놀이에 어려움을 보인다. 또래와의 협동놀이나 상상놀이, 규칙 지키기 등에서 문제를 보이는 등 정상적인 놀이 기술을 발달시키지 못하고 비정상적이거나 비기능적인 놀이를 한다. 예를 들어, 자동차를 가지고 놀이할 때 자동차 바퀴를 돌리기만 반복한다든지 장난감을 놀이보다는 감각자극을 위해 사용한다. 또한 일반적으로 자폐범주성장애 아동은 사람보다는 사물에 관심을 더 많이 보이고, 특정 사물에 집착하기도 하는데, 예를 들면 휴지조각이나 옷걸이 혹은 영수증 등에 집착하여 항상 들고 다니기도 한다.

## 2) 커뮤니케이션의 결함

자폐범주성장애 아동의 표현 언어 수준은 발성이 전혀 되지 않는 수준부터 문장까지 말하는 경우가 있다. 그러나 대개는 타인의 의도를 파악하는 데 어려움을 보이며, 대화를 시작하거나 유지하는 데도 심각한 문제를 보인다. 자폐범주성장애 아동의 50%는 기능적인 언어 사용을 전혀 못하며(Bishop &

Norbury, 2002), 경기(convulsion) 후 말을 사용하지 못하는 경우도 있다.

## (1) 언어적 의사소통

자폐범주성장애 아동은 발음이 분명하지 않고, 소리가 적으며, 음도가 높고, 단조로우며, 강세나 리듬에서 문제를 보여 말을 하더라도 잘 알아듣지 못하는 경우가 많다. 또한 단어 모방이 가능해도 대화에서 적절히 사용하는 경우가 거의 없는데, 예를 들면 사탕이라는 단어를 표현할 수는 있어도 실제 사탕을 표현하는 것이 아니라 아무 때나 사탕이라는 단어를 반복하는 경우가 많다. 자폐범주성장애 아동은 또한 상대방이 한 말을 그대로 따라하는 반향어를 보이는데, 즉시적 반향어와 지연된 반향어가 각각 나타난다. 즉, 상대방이 한 말을 즉시 따라하는 경우도 있으나, 몇 시간 뒤 혹은 며칠, 심지어는 몇 달 후에 반복하기도 한다. 한편 자폐범주성장애 아동의 약 80%가 이러한 반향어를 보이는데(Prizant, 1987), 최근에는 반향어를 보이는 일부 자폐범주성장애 아동의 경우 학령기가 되어 언어발달이 촉진되면 적절한 언어로 대체될 수 있다는 주장이 있으므로(Rydell & Miereda, 1999) 이를 비기능적인 언어로 간주하기보다는 오히려 적절한 언어의 형태로 사용할 수 있도록 지도해야 한다.

## (2) 비언어적 의사소통

자폐범주성장애 아동은 언어뿐 아니라 비언어적 의사소통에서도 문제를 보인다. 비언어적 의사소통 행동으로는 얼굴표정, 눈 맞춤, 자세, 몸짓, 시선 추적, 공동 관심 등이 있는데, 자폐범주성장애 아동의 경우 이러한 행동을 거의 보이지 않으며, 타인의 비언어적 의사소통 행동 또한 이해하지 못한다. 비언어적인 커뮤니케이션 행동은 상호작용 및 인지적인 행동과 관련되어 실제 커뮤니케이션을 하는 데 중요한 단서가 되므로 이러한 기능의 결함은 실제 커뮤니케이션의 어려움을 가져온다.

## 3) 정서, 행동, 감각의 비정상적인 반응

### (1) 예측하기 어려운 정서 반응

자폐범주성장애 아동은 상황에 적절하지 않게 갑자기 웃거나 울고 화를 내기도 한다. 이러한 상황은 놀이 상황이나 학습 상황에서 종종 발견할 수 있는데, 대개는 예측하거나 이해하기 어려워서 양육자나 주변 사람을 당황시키는 경우가 많다.

### (2) 비정상적인 행동

자폐범주성장애 아동은 상동행동을 보이거나 자기자극적인 행동을 보인다. 예를 들어, 몸을 앞뒤로 계속 흔들거나 손가락을 눈앞에서 흔드는 행동을 보인다. 또한 자해행동이나 충동적인 행동을 보이기도 하며, 특정 물건에 집착하거나 물건이나 환경에 대한 동일성을 고집하곤 한다. 예를 들어, 집에서 가져온 옷걸이를 교실에서도 계속 들고 있으려고 한다거나, 교실 환경이 바뀌면 이를 견디기 힘들어하기도 한다. 또한 물건을 용도에 맞지 않게 사용하는 등의 이상 행동이 일생 동안 지속된다.

### (3) 비정상적인 감각 반응

자폐범주성장애 아동은 자극에 대해 과잉반응하거나 과소반응을 하는 등 감각자극에 대해 비정상적인 반응을 보인다. 예를 들어, 약간 까칠까칠한 것을 극도로 거부하기도 하며, 큰 소리에는 놀라지 않으면서도 작은 소리에 과잉반응을 하기도 한다. 또한 빛이나 특정 모양의 패턴에 집착하기도 한다. 그러나 이러한 행동도 반복된 교육과 훈련을 통해 적응될 수 있으므로 단계적이며 반복적인 경험을 제공해야겠다.

## 4) 발달 및 인지적 결함

대부분의 자폐범주성장애 아동은 발달 및 인지 수준이 평균에 미치지 못한
다. 즉, 대부분 지적장애를 동반하고 있다. 매우 소수만이 특정 영역에서 특별
한 능력을 보이기는 하나 매우 드물고, 이 또한 적절하게 사용하지 못하는 경
우가 많다. 즉, 계산 능력이 뛰어나더라도 상대방의 질문을 이해하지 못하기
때문에 적절히 사용하지 못하는 예가 더 많다.

### (1) 발달

자폐범주성장애 아동은 광범위하고 다양한 증상으로 발달상의 문제를 보
인다. 초기 행동으로는 호기심이 부족한 모습을 발견할 수 있으며, 사회적 상
호작용에 대한 관심이 부족한 것을 그 특징으로 들 수 있다. 가까운 사람과도
애착관계를 형성하지 못하며, 정상적인 정서 반응을 보이지 않는다. 자폐범주
성장애 아동 중 일부는 퇴행 현상을 보이며, 이러한 자폐 성향은 대부분 3세
이전에 나타나게 된다. 발달의 속도가 지체되거나 지연되며 또는 발달 영역별
로 불규칙한 발달을 보이기도 한다. 즉, 운동 발달은 정상 범주에 속하나 커뮤
니케이션과 사회정서 영역에서는 매우 낮은 수준을 보이기도 한다. 특히 커뮤
니케이션기술은 전혀 발달하지 않거나 퇴행하는 경우도 있다. 혹은 정상 발달
을 보이다가 언어 기능을 잃어버리는 경우도 있다.

### (2) 인지

자폐범주성장애 아동은 운동능력에 비해 인지, 사회, 커뮤니케이션 발달 속도
가 매우 느리다. 자폐범주성장애 아동의 80%가 지적장애를 동반하고 있으며, 자
폐범주성장애 아동의 75%가 중등도 지적장애(IQ 35~50)를 보인다. 간혹 자폐범
주성장애 아동이 특정 영역에서 뛰어난 기술을 보이기도 하는데, 이는 극소수에
한하며, 전 세계적으로 100여 명만이 특별한 천재성을 보이고 있다(Treffert, 2008).

<표 8-4> **자폐범주성장애의 일반적인 특성**

| 영역 | 자폐의 특성 |
|---|---|
| 사회적 상호작용 | • 가까운 부모 등과도 눈 맞춤하려 하지 않음<br>• 사회적 미소가 결여됨<br>• 신체 접촉을 피함<br>• 다른 사람에 대한 관심을 갖지 않음<br>• 관계 맺기에 실패함<br>• 대인 간 애착 형성에 흥미를 보이지 않음<br>• 타인을 원하는 것을 얻기 위한 수단으로만 이용하려 함<br>• 안면 표정에 대한 반응이 없음<br>• 타인의 의도나 감정 파악에 문제를 보임<br>• 공동 관심에 결함을 보임<br>• 사회적 인지 능력이 떨어짐<br>• 또래관계에 실패함<br>• 사람보다 특정 물건에 관심을 보임<br>• 모방 능력이 결여됨<br>• 협동놀이, 상징놀이를 하지 못함<br>• 교대하기, 규칙 지키기, 지시 따르기에 어려움을 보임 |
| 커뮤니케이션 | • 상대방의 언어를 잘 이해하지 못함<br>• 상대의 숨겨진 의미나 추상적 개념을 이해하지 못함<br>• 몸짓언어, 제스처 등 비언어적 의사소통에 어려움을 보임<br>• 사회적 단서를 파악하지 못함<br>• 조음변별이나 명료도가 낮은 수준임<br>• 음도가 높고, 단조로우며, 억양이 이상하거나 매우 작은 소리로 말해 잘 알아듣지 못하는 경우가 많음<br>• 무의미한 말을 반복함<br>• 반향어를 사용함<br>• 자신의 요구를 정상적으로 표현하는 데 심각한 어려움을 보임<br>• 대화를 시도하는 행동이 없고 대화를 유지하지도 못함<br>• 주고받기에 어려움을 보임<br>• 학습 상황에서 어려움을 보임 |

| 행동 | • 손 흔들기, 몸 흔들기, 빙빙 돌리기 등의 상동행동을 보임<br>• 자기자극적인 행동이나 자해행동, 충동적이거나 공격적인 행동을 보임<br>• 특정 물건을 집착하거나 이를 강박적으로 소지하려고 함<br>• 시간, 장소, 패턴 등 동일한 환경을 고집함<br>• 변화에 대한 융통성이 결여됨<br>• 물건을 용도에 맞지 않게 사용함<br>• 장난감을 기능적이기보다 감각자극적으로 사용함<br>• 사물을 길게 늘어놓으려고 함<br>• 자극에 예민하거나 무반응 함<br>• 촉각-까칠까칠한 것을 거부함<br>• 빛, 색깔, 특정 패턴이나 형태 등에 집착함 |
|---|---|
| 발달 | • 지능이 낮음<br>• 인지 및 학습 능력이 낮은 수준임<br>• 집중력, 지속력이 낮은 수준임<br>• 호기심이 부족함<br>• 퇴행현상이 나타남<br>• 발달 속도가 느리고 불규칙함<br>• 커뮤니케이션 기술은 전혀 발달하지 않거나 퇴행됨<br>• 운동 영역을 제외한 사회, 정서, 언어, 인지, 적응행동의 영역에서 모두 낮은 수준을 보임 |

# 5. 자폐범주성장애를 위한 음악치료 적용에 대한 근거

## 1) 자폐범주성장애 아동의 치료

자폐에 대한 치료는 역사적으로 그 시대마다 널리 알려지고 받아들여졌던 자폐의 원인과 증세의 규명에 의거해 왔다. 유아 자폐는 초기에 정신과적인 장애로 생각되었기에 그 치료 역시 정신과적인 치료 방법을 사용하였다. 즉, 양육의 부적절함, 특히 어머니와 자녀의 관계 형성의 결핍 등이 감정적인 거부와 다른 심리적인 쇼크 현상을 가져온 것이라고 생각하여 이에 치료의 초점을 맞추었다. 그러나 지난 25년간의 연구는 자폐가 대뇌의 비정상적 기능에 의한 발달장애라는 데 초점을 맞추어 교육적이거나 언어적·인지적·행동적 훈련 등의 프로그램을 제공하는 것으로 전환되었다. 영국에서 발표된 연구에서는 자폐범주성장애 아동에게 3년 반 동안 매우 잘 짜인 구체적 교수법을 가지고 교육적으로 접근한 결과 정신과적인 치료를 한 것보다 교육, 언어, 인식, 행동 기술 영역에서 더 많은 향상을 보였다고 한다. 이에 따라 지난 20년간 대단히 다양한 교육적인 프로그램이 자폐범주성장애 아동을 위해 개발되었다. 타우트(Thaut, 1980)는 자폐범주성장애 아동을 위한 교육적인 프로그램을 분석한 결과 다음의 다섯 가지 영역에 중점을 두는 것으로 보았다.

- 사회행동 기술: 주의집중을 방해하는 자기자극 행동이나 떼를 쓰는 행동의 감소
- 독립생활 기술: 화장실 사용법, 식사, 세면과 안전에 관한 기술
- 감각운동 발달: 대·소 근육 운동 기술, 다양한 상황에서의 감각 교류 및 발달, 신체 동작, 모방 기술, 신체 접촉에 대해 익숙해지도록 함
- 인지 발달: 읽고 쓰는 능력, 간단한 수 개념과 기억력 증진, 간단한 상징화를 인지하고 수용하는 능력 향상
- 언어 발달: 수용언어와 표현언어 기술을 발달시키며, 말을 모방하고 필요시 대체 커뮤니케이션 방법을 사용하는 것을 배우도록 함

자폐범주성장애 아동을 위한 교육 및 발달 프로그램은 보통 행동치료의 형태와 유사하다. 현재까지는 자폐범주성장애 아동을 위한 이러한 행동 적용이 가장 효과적인 치료 방법으로 받아들여지고 있다. 이 방법으로는 자기행동 조절을 위한 기본적인 긍정적·부정적 강화 과정부터 긴장 이완 및 더욱 복잡한 방법까지 사용되고 있다. 랜싱과 쇼플러(Lansing & Schopler, 1978)는 자폐범주

성장애 아동을 위한 행동치료를 다음의 다섯 단계로 요약하고 있다.

- 관련된 수행 과제를 정한다.
- 아동의 기능적 행동을 분석한다.
- 수행 과제를 단계별로 나누어 복잡한 단계로 서서히 높여 간다.
- 아동의 반응이나 환경적 자극을 조절한다.
- 진행 상태를 관찰하고 필요 시 훈련 방향을 전환한다.

자폐범주성장애 아동의 학습과정은 집중의 혼란, 눈 맞춤의 회피 그리고 계속되는 습관적인 행동으로 인해 방해를 받는다. 타우트(1983)는 자폐범주성장애 아동과 음악활동을 할 때에는 눈 맞춤을 지속적으로 유도해야 하며, 빈번하게 주의 집중을 환기시키고, 적절한 반응을 보일 때까지 지침을 계속 반복하며, 학습 과정 동안 인내심을 갖도록 격려해야 한다고 한다.

## 2) 자폐범주성장애 아동의 음악에 대한 반응

자폐범주성장애 아동이 음악에 특별한 반응을 보인다는 것은 음악치료가 시행되기 시작한 무렵부터 현재까지 연구를 통해 꾸준히 발표되고 있다. 림랜드(Rimland, 1964)는 자폐범주성장애 아동의 음악적 능력과 흥미는 보편적이므로 자폐범주성장애 아동의 특성을 진단하는 조건의 하나로 특별한 음악적 능력을 포함하자는 제안을 하였다. 또한 서원(Sherwin, 1953)은 자폐증 소년을 대상으로 시행한 개인별 연구에서 모든 소년이 멜로디를 기억하거나 클래식 음악을 구별하는 데 뛰어난 능력을 보였으며, 피아노 연주를 하거나 음악을 듣는 데에도 특별한 관심을 보였다고 하였다. 또한 오코넬(O' Connell, 1974)은 매우 기능이 낮은 자폐범주성장애 아동도 피아노 연주에 탁월한 능력을 보인다고 보고하였다.

프로노브스트(Pronovst, 1961)는 2년 동안 12명의 자폐범주성장애 아동을 관찰한 결과 이들에게는 다른 환경적 자극보다 음악적 소리에 대한 흥미와 반응이 더 높았다고 하였으며, 타우트(1987)도 대부분의 자폐범주성장애 아동이 시각적인 자극보다 청각적인 자극을 더 선호한다고 하였다. 블랙스톤(Blackstone, 1978)은 자신의 연구에서 자폐범주성장애 아동과 일반 아동에게 언어와 음악 중에 하나를 선택하고 감상하게 한 결과, 일반 아동은 특별히 선호하는 바가 없었으나 자폐범주성장애 아동은 음악을 선호하였음을 밝혔다. 홀랜더와 절스(Hollander & Juhrs, 1974)도 '자폐범주성장애 아동에 대한 연구'에서 언어에는 적절한 반응을 보이지 못하는 자폐범주성장애 아동들이 음악에는 반응을 잘 한다고 하였다. 또한 애플바움 등(Applebaum, et al., 1979)의 연구에 따르면, 자폐범주성장애 아동은 다른 사람을 흉내 내거나 노래나 신디사이저에서 나오는 소리를 흉내 내는 데 있어서 또래의 일반 아동보다 더 나았

[그림 8-1] 자폐범주성장애 아동의 우쿨렐레 연주 장면

으며, 이들에게 음악은 효과적인 동기 유발재였으며 음악 외적인 것을 배우고
접할 수 있게 해 주는 치료 방법이였고, 자기 충동적인 행동을 감소시키기 위
한 긍정적인 감각 강화재였다고 한다.

한편, 허드슨(Hudson, 1973)은 자폐범주성장애인에게 있어서 음악의 리듬
은 원시적, 생리적 수준에서 커뮤니케이션을 가능하게 하고 공감적인 교류를
가능하게 하며, 비언어적 의사소통의 수단이 되는 음악은 관념이나 학습된 언
어에 앞서 무의식적이며 비합리적인, 보다 저 차원의 통합수준에 적용할 수
있기 때문에 아직 언어가 미발달된 자폐범주성장애 아동에게 커뮤니케이션
의 매개체로서 매우 중요한 기능을 할 수 있다고 하였다. 또한 에저턴
(Edgerton, 1994)은 즉흥연주 음악치료가 자폐성장애 유아의 커뮤니케이션 행
동을 증가시켰다고 하였으며, 이 밖에도 많은 연구자들이 음악은 자폐범주성
장애 아동에게 유용한 교육수단으로 활용될 수 있고, 음악 활동을 통하여 이
들의 결핍된 사회적 기술을 보완하고 커뮤니케이션을 가능하게 하며 부적절
한 행동이 감소될 수 있다고 보고하고 있다(Aivin, 1978; Aivin & Warwick, 1992;
Braithwaite & Sigafoos, 1998; Boxill, 1984; Davis et al., 1992: Duerksen, 1981;
Jellison et al., 1984; Krout, 1986; Nordoff & Robbins, 1971; Thaut, 1992; Wigram,
2000a; Wigram, Pedersen, & Bonde, 2002).

## 3) 자폐범주성장애 아동의 음악치료 영역

이와 같은 연구를 통해 많은 자폐범주성장애 아동이 음악에 특별한 흥미를
보이며, 음악치료가 자폐범주성장애 아동에게 효과적이라는 것을 알 수 있었
다. 이러한 결과와 관련하여 타우트(1992)는 음악치료가 다음과 같은 영역에
서 자폐범주성장애 아동에게 치료로 기여하고 있음을 밝히고 있다.

• 대 · 소 근육 운동의 향상

- 집중력 향상
- 신체 인지의 발달
- 자기 인지의 발달
- 사회적 기술의 발달
- 언어적 · 비언어적 의사소통의 발달
- 학습에 대한 기본적인 개념 발달
- 습관적인 행동을 진정시키거나 다른 방향으로 돌리고 수용될 수 있는 행동으로 유도
- 불안이나 짜증내는 것을 줄이고 과잉행동을 감소
- 감각에 대한 개념을 일깨우고 감각운동과 연결

## 4) 자폐범주성장애를 위한 음악치료 적용 근거

자폐범주성장애 아동에게 음악은 그들의 문제행동을 개선시킬 수 있는 유용한 도구가 될 수 있다. 이와 관련하여 음악이 자폐범주성장애 아동 치료에 있어 효과적인 도구가 될 수 있는 근거를 제시하면 다음과 같다.

첫째, 자폐의 원인과 관련해 현재 자폐는 대뇌의 비정상적 기능에 의한 장애로 간주되고 있으며, 따라서 이들의 치료는 의학적인 처치가 아닌 교육과 훈련을 통해 적응 기술을 습득해야 한다는 것에 관련 전문가들 대부분이 동의하고 있다. 음악치료의 방법 중 행동주의적이며 교육적인 중재 방법은 이와 관련되어 자폐범주성장애 아동의 적응기술을 향상시킬 수 있는 적절한 중재 방법이 된다.

둘째, 자폐범주성장애 아동에게 음악은 비언어적인 커뮤니케이션 수단이 될 수 있다. 자폐범주성장애 아동의 대부분은 표현 언어를 습득하지 못하며 대인 간 상호작용에 어려움이 있으므로 언어가 없이도 수행할 수 있는 음악 활동은 자폐범주성장애 아동에게 비언어적인 커뮤니케이션을 경험하도록 하

여 결과적으로 사회적 상호작용 및 커뮤니케이션에 도움을 줄 수 있다.

셋째, 자폐범주성장애 아동의 대부분은 감각통합에 문제를 보인다. 즉, 감각 정보를 입력하고 처리하는 데 어려움을 보이는데, 음악 활동은 청각·시각·촉각 등을 지속적으로 경험하도록 하며 활동 목표에 따라 특정 자극에 집중하도록 계획되어 있어 여러 가지 자극 중 필요한 자극을 받아들이고 이를 적절히 처리하도록 한다. 더불어 음악 활동은 청각·시각·촉각뿐 아니라 근육운동이나 균형감각과도 관련되어, 감각통합의 세 가지 범위인 촉각, 고유수용감각, 전정감각에도 도움이 된다.

넷째, 자폐범주성장애 아동의 음악에 대한 홍미나 능력은 알려진 바와는 달리 일반아동과 비교해 더 음악적이란 증거를 제시하지는 못하고 있다. 그러나 다른 영역에서의 더 낮은 수준의 적응 기술에 비해 그들이 보이는 음악에 대한 홍미와 반응은 분명 주목할 만하다.

이와 같은 근거는 자폐범주성장애 아동에게 음악치료가 유용한 치료 방법이라는 것을 뒷받침해 주고 있다.

# 6. 자폐범주성장애를 위한 음악치료 적용 영역

대부분의 자폐범주성장애 아동은 음악에 홍미를 보이므로 적절한 음악 활동을 계획하여 치료적 목적을 성취시켜 나갈 수 있다. 특히 자폐범주성장애 아동은 사람보다는 사물에 더 관심을 보이므로 이들에게 매력적인 대상인 악기를 사용하여 상호작용을 시도할 수 있다. 또한 대부분 커뮤니케이션에 어려움을 보이므로 언어 대신 악기연주나, 노래 또는 동작을 사용하여 이들의 상호작용을 촉진해야 할 것이다. 대표적인 음악 활동으로는 기악 재창조 연주 활동과 즉흥연주, 노래 부르기, 신체 활동 그리고 감각통합 활동 등이 있다.

## 1) 사회정서적 발달

자폐범주성장애 아동은 사회정서적 발달에 심각한 문제를 보이므로 각 아동의 결핍된 사회정서 행동을 진단평가하여 음악치료의 목적으로 삼는 것이 바람직하다. 특히 자폐범주성장애 아동의 행동은 광범위하고 다양하게 나타나므로 개별적인 진단평가가 필요하다. 자폐범주성장애 아동의 사회정서 발달을 위한 음악치료 목적 영역으로는 눈 맞춤이나 적절한 정서적 표현이 있으며, 자기 및 타인 인식하기, 그리고 다른 사람과의 관계 속에서 반응하기, 타인을 향해 의미 있는 행동을 시작하기, 교대로 행동하기 등이 있다. 또한 공동으로 관심을 공유하거나 공동으로 하는 놀이, 또는 악기를 공유하는 것, 그리고 집단 내에서 규칙을 지키는 행동 등이 있다. 자폐범주성장애 아동의 사회정서 발달을 위한 음악치료 목적 영역은 다음과 같다.

〈표 8-5〉　**사회정서 발달을 위한 음악치료 목적 영역**

| | |
|---|---|
| • 눈 맞춤 향상 | • 교대행동하기 |
| • 적절한 정서 표현 | • 공동 관심 |
| • 사회적 상호작용 | • 공동 놀이 |
| • 자기 및 타인 인지 | • 악기 공유 |
| • 타인의 요구에 반응하기 | • 규칙 지키기 |
| • 타인에게 시작행동하기 | |

다음과 같은 음악 활동은 이러한 목적을 달성하는 데 도움이 될 것이다.

- 기악 재창조 연주
- 즉흥연주
- 노래부르기(발성적 재창조)

- 신체활동
- 감각통합활동

### (1) 기악 재창조 연주

음악치료 임상에서의 재창조란 미리 작곡된 곡을 노래하거나 연주하는 것을 말한다. 연주보다 재창조라는 용어를 사용하는 이유는 연주는 종종 청중 앞에서 공연을 하는 의미를 갖는데 음악치료 임상에서의 재창조는 청중이 있든 없든 상관없이 실행되기 때문이다. 특히 기악 재창조 연주는 미리 지정된 방식으로 작곡된 곡을 연주하는 것을 말한다(Bruscia, 1998).

음악치료 임상 현장에서의 기악 재창조 연주는 상호작용 촉진을 위한 필수적인 활동이라고 할 수 있는데(Bruscia, 1987; Thaut, 1992), 특히 자폐범주성장애 아동은 다른 사람과의 관계보다 사물에 더 많은 관심을 보이므로, 이들에게 악기나 음악을 사용하여 접촉을 시도할 수 있다. 이때 악기는 자폐범주성장애 아동의 발달 수준을 고려해서 제공해 주어야 하는데, 자기자극 행동을 주는 악기보다는 다른 사람과 공유할 수 있는 악기를 제공해 주어야 한다.

치료 초기에는 독립적인 탐색을 허용할 수 있지만 점차 악기를 이용해 다른 사람과 상호작용할 수 있도록 촉진해야 한다. 아동이 악기를 탐색하거나 간헐적으로 소리를 낼 때마다 치료사가 동시에 소리를 내 주거나 해서 관심을 유도할 수 있다. 또한 하나의 악기를 번갈아서 연주하는 등 다른 사람과 악기를 공유할 수 있도록 유도하여 이를 통해 공동놀이를 할 수 있도록 해야 한다.

아동이 악기를 지속적으로 연주할 수 있다면 치료사는 아동의 연주에 맞추어 노래를 불러 주는 것도 좋다. 이를 통해 자폐범주성장애 아동은 자신의 소리와 타인의 소리를 구분할 수 있으며, 서로 어떻게 맞추어 가는지를 인식할 수 있다. 이때 치료사는 아동에게 무조건 맞추기보다는 아동 또한 치료사의 음악에 맞추도록 촉진하여 적절한 상호작용의 경험을 할 수 있도록 해야 한다.

기악 재창조 연주는 아동 수준에 따라 적용할 수 있는데, 아동의 상호작용

[그림 8-2] 자폐범주성장애 아동의 상호작용 향상을 위한 음악치료 장면

수준이 낮은 단계라면 치료사가 악기를 들고 아동이 연주해야 하는 시점에 악기를 제시해 성공적인 연주가 되도록 하는 것이 좋다(양은아, 최병철, 2009). 이때 아동이 즉시 연주하지 못했다 하더라도 아이 스스로 연주할 때까지 기다려 주어야 한다. 또한 연주를 하면서 노래를 함께 부르는 것이 좋은데, 이는 아동에게 연주의 시점을 알려 줄 수 있으며, 아동이 연주를 하지 않을 때에는 노래를 멈추어서 아동의 연주행동을 촉진할 수도 있기 때문이다.

아동이 스스로 악기를 연주하고 기다리기가 가능할 때에는 치료사의 언어적 지시나 음악적 지시에 따라 노래의 일부분을 스스로 연주하게 할 수 있다. 음악적 지시에서 가장 보편적으로 사용할 수 있는 전략은 리듬을 제시하고 아동 스스로 이를 모방하여 연주하도록 하는 것이다. 또는 음악의 세기나 빠르기를 변화시켜 아동이 음악에 맞춰 연주하도록 할 수 있다.

기악 재창조 연주는 개별치료뿐 아니라 집단에서도 실시할 수 있는데, 아동이 집단에서 자신의 차례를 기다리고, 연주를 하여 책임을 다하는 등, 음악이 완성되어 가는 과정을 경험하는 것은 자연스럽게 사회성과 관련된다. 또한 자신의 연주뿐 아니라 다른 아동들의 연주 소리에도 귀 기울이면서 자연스럽게 타인에 대한 관심을 갖게 되며, 이에 반응하게 된다. 집단연주에서도 모든 아동에게 각자 악기를 나누어 주면 음악이나 치료사의 지시 그리고 동료의 연주와 상관없이 연주하는 경우가 많기 때문에, 초기에는 각 아동의 연주 시점에만 악기를 제시해 연주를 할 수 있도록 하고, 이후에는 아동 스스로 악기를 갖고서 자신의 차례에만 연주하도록 해야 한다.

이와 같은 개별 또는 집단에서의 기악 재창조 연주는 매우 좋은 사회적 경험이 되는데, 이는 자신의 차례에 연주를 수행해 책임감을 갖도록 하며, 또한

- 대상: 자폐범주성장애 아동
- 목적: 상호작용 향상
- 목표: 주어진 노래와 치료사의 악기 제시에 클라이언트는 자신의 차례에 악기를 연주하기를 4번 시도에 4번 수행한다.

## 음악을 사랑했죠

양은아 작사 · 곡

1.음 악 을 사 랑했죠 음 악 을 사 랑했죠 종 소 리 들어보 자　종 소 리 들 어 보 자

음 악 을 사 – 랑 했 죠 음 악 을 사 – 랑 했 죠 종 소 리 들어보 자　종 소 리 들 어 보 자

**[그림 8-3] 기악 연주의 예**

출처: 김효미, 남윤미, 양은아, 장지영(2008).

동료의 연주에는 기다려 방해가 되지 않도록 해야 하기 때문이다. 이러한 규칙을 지켜야 성공적인 연주가 되기 때문이 기악 합주 집단에 참여하는 것만으로도 좋은 사회적 경험이 될 수 있다. 이때에 치료사는 언어적 · 비언어적으로 지시를 하게 되는데, 이러한 치료사의 언어적 · 비언어적 지시를 보고 자신의 연주 시점에 연주하거나 혹은 정해진 순서대로 연주를 하는 것 또한 사회기술 향상에 도움이 된다.

또는 다른 사람들의 음악에 맞추어 연주하는 것, 즉 음악의 빠르기나 크기를 맞추어 가는 과정도 사회적 경험이 될 수 있으며, 제시된 리듬을 모방하거나 흔들거나 두드리거나 비비는 등의 연주 형태를 모방하는 것도 좋다. 음악치료사는 이와 같은 기악 재창조 연주 활동을 계획할 때 세심하게 준비하여야 하는데, 이때 음악의 구조, 즉 클라이언트의 연주 구간, 연주 횟수, 악기 특성, 가사, 화성 등을 잘 고려하여 계획해야 한다.

### (2) 즉흥연주

즉흥연주는 집단치료에서도 실시될 수 있지만, 개별치료에서 더 많이 실시될 수 있으며, 치료사와 아동 간의 개별적인 음악적 상호작용이 주요 경험이 된다. 특히 개별치료는 커뮤니케이션에 어려움을 보이거나 집단활동에 잘 적응하지 못하는 아동에게 적합한 환경이 되므로(Nordoff & Robbins, 1971) 담당 치료사는 이를 잘 판단하여 아동을 배치해야 한다. 아동은 집단에서보다 더 긴밀한 경험을 할 수 있는데, 이때 치료사는 다양한 음악요소를 활용하여 아동에게 의미 있는 경험을 주도록 해야 할 것이다.

즉흥연주 경험은 자폐범주성장애 아동에게 언어 대신 자신을 자유롭게 표현하고 상호작용할 수 있는 기회가 될 수 있으며, 이와 더불어 자신의 음악성을 표출 할 수 있는 기회가 되기도 한다(Bruscia, 1987). 또한 연주를 통해 나의 악기와 다른 사람의 악기 소리를 구분할 수 있도록 하며, 이는 점차 나와 타인에 대한 인식으로 발전할 수 있다. 특별히 사회적 상호작용에 어려움을 보이는 자폐범주성장애 아동은 이러한 즉흥연주 활동을 통해 타인과의 소통을 경험할 수 있으므로 이는 필수적인 활동이라 할 수 있다.

즉흥연주는 대개 북을 사용하나 그 외에도 다양한 악기를 사용할 수 있다. 아동이 치료사와 함께 피아노를 칠 수도 있고, 노래 또는 동작을 이용해서도 즉흥적 경험을 할 수 있다(Bruscia, 1987). 아동과 치료사의 연주가 동시에 연주되는 것, 즉 치료사가 아동의 연주를 그대로 모방해 주는 것을 아동이 인식하도록 해야 하며, 아동의 음악이 빨라지거나 느려지며 혹은 멈출 때에도 그대로 따라해 주어 상호작용을 경험하도록 해야 한다. 이후에는 치료사가 음악적 변화를 시도하고 이를 아동이 수용하여 연주하도록 해야 한다. 이때 음악의 구조나 리듬, 박자, 음역, 스케일, 크기 등의 변화를 시도하여 빈번하게 상호작용을 이끌어야 하며, 적절한 반응 행동과 시작 행동을 유도하여 균형감 있는 상호작용을 하도록 촉진해야 할 것이다. 이러한 음악적 상호작용의 경험 중 연주의 해결로서 기쁨을 공유하는 것은 매우 중요한 사회적 경험이 된다. 따라서 치료사와 아동은 동시적 연주를 함으로써 서로를 인식하고 함께 있음을 경험하도록 해야 하며, 긴장감과 해결의 기쁨을 공유하도록 해야 한다.

즉흥연주에서는 치료사와 아동이 각각 한 성부씩을 담당하게 되는데, 서로 동등한 음악적 관계일 수도 있고 혹은 종속적인 관계가 될 수도 있다. 즉흥연주를 처음 시행할 때 치료사는 아동의 행동이나 연주, 소리 등을 그대로 따라해 주는 경우가 많다. 이를 브루샤(Bruscia, 1987)와 위그램(Wigram, 2004)은 각각 그들의 즉흥연주 저서에서 반영하기(reflecting), 담아주기(containment) 등으로 표현하기도 했다. 혹시 아동이 이러한 치료사의 반영하기나 담아주기를 인식하는지 궁금하다면 연주를 멈춰 보거나 방해가 되는 연주를 하여 아동의 반응을 살펴볼 수 있다. 만일 치료사가 연주를 멈추거나 방해가 되는 연주를 제공해도 특별한 반응 없이 자신의 연주에만 몰입해 있다면 이것은 상호작용적인 연주가 아닐 수 있으니 다른 전략이 필요하다.

자폐범주성장애 아동과 즉흥연주를 시행할 때 음악치료사는 아동에게 다양한 음악적 상호작용을 시도해야 하는데, 음악의 속도를 변화시키거나 크기 및 박자, 리듬을 변화시켜 아동이 이를 수용하여 연주하는지 살펴봐야 한다. 이 외에도 정박연주에 치료사가 셋잇단박을 제시하여 아동의 음악을 의도적으로 방해해 보거나 음악적으로 질문을 하고 아동이 응답할 수 있도록 음악적 공간(space)을 제공할 수도 있다. 또는 ABA 구조를 사용할 수도 있는데, 예를 들면 A 부분에서는 레가토적인 연주를, B 부분에서는 행진곡 풍의 연주를 제공해 아동의 반응을 이끌 수도 있다. 이 외에도 음계나 음역 등에 변화를 시도하여 아동의 상호작용 반응을 이끌 수 있다(Bruscia, 1987).

한편, 아동의 연주를 반영할 때 치료사는 가급적 아동보다 적게 연주하는 것이 좋다. 예를 들어 지속적이고 규칙적인 리듬을 연주하는 아동이 있다면, 치료사는 이에 박자를 만들어 줄 수도 있는데, 3박과 1박 연주를 반복해서 제공하여 4분의 4박자 패턴을 만들어 주는 것이다.

즉흥연주는 집단으로도 실시될 수 있는데, 이때는 자유즉흥연주보다는 일정한 형식을 제공해 주는 것이 좋다. 예를 들면, 론도 형식을 제공해 일부 구간만 즉흥연주하게 할 수 있으며, 또는 일부 구간에만 솔로 즉흥연주의 기회를 줄 수도 있다. 이때 솔로로 연주하는 경험은 클라이언트에게는 음악적 표현의 기회와 자랑의 기회가 될 수 있으며, 다른 아동들에게는 타인 인식과 모방 그리고 동기유발의 기회가 될 수 있다. 또한 집단 활동이므로 책임감과 규칙을 경험하게 되는데, 자신의 차례가 오면 연주함으로써 책임감을 갖게 되며, 또한 규칙을 지킴으로써 음악이 완성되어 가는 과정을 경험하여 자연스럽게 사회성을 향상시킬 수 있다.

## 2) 커뮤니케이션 발달

자폐범주성장애 아동은 대부분 커뮤니케이션에 문제를 보이므로 각 아동의 커뮤니케이션 수준을 평가하여 음악치료활동을 계획해야 한다. 커뮤니케이선은 표현 언어뿐 아니라 수용 언어, 그리고 언어적 의사소통과 함께 비언어적 의사소통도 포함된다. 즉, 언어로 표현되는 커뮤니케이션 수준과 함께 아동이 몸짓이나 표정으로 커뮤니케이션을 시도하거나 이에 반응을 보이는지도 관찰해야 한다. 또한 조음의 변별 또는 명료화, 억양과 프레이즈, 호흡의 수준 등도 평가하여 음악치료활동을 계획해야 한다. 특히 커뮤니케이션 향상을 목적으로 하는 음악치료활동은 단순한 언어 모방 수준뿐 아니라 이를 대화로 적절히 사용할 수 있도록 계획해야 할 것이다. 자폐범주성장애 아동의 커뮤니케이션 발달을 위한 음악치료 목적 영역은 〈표 8-6〉과 같다.

〈표 8-6〉 **커뮤니케이션 발달을 위한 음악치료 목적 영역**

| | |
|---|---|
| • 표현 언어 및 수용 언어 | • 억양 및 프레이즈 |
| • 언어적 · 비언어적 의사소통 | • 단어 수준의 발성하기 |
| • 발성하기 | • 사물의 이름 말하기 |
| • 호흡 조절 | • 질문에 적절한 사물 지적하기 |
| • 조음 변별 및 명료화 | • 질문에 언어로 답하기 |

다음과 같은 음악 활동은 이러한 목적을 달성하는 데 도움이 될 것이다.

- 찬트 및 몸동작하기
- 관악기 연주하기
- 노래의 일부분 소리내기
- 2~3음절 단어 모방하여 노래하기
- 노래 질문에 언어로 답하기
- 동요를 한두 마디 정도로 번갈아 부르기
- 질문에 동작으로 답하기(pointing)

여기서는 이 중에서 찬트 및 관악기 불기와 노래부르기 활동을 살펴보겠다.

### (1) 찬트 및 관악기 불기

자폐범주성장애 아동의 커뮤니케이션 발달을 위해 노래 부르기 활동이 가장 보편적인 활동이지만, 자폐범주성장애 아동의 특성상 치료 초기에는 치료사가 아동에게서 커뮤니케이션의 실마리를 먼저 이끌어 내야 할 필요가 종종 있다. 이때 치료사는 아동의 동작이나 습관적인 소리를 악기나 노래로 반복적으로 흉내내 주어 음악적인 교류를 나누도록 해야 한다. 예를 들어, 아동의 동작에 맞추어 피아노나 드럼을 연주해 주거나 아동의 발성을 그대로 따라해 주는 것이 방법이 될 수 있다. 이제 아동이 이러한 음악적인 교류를 이해했다면 리듬을 제시해 보거나 몸을 두드려 소리를 내면서 찬트하거나 노래를 부를 수 있다. 이때 노래는 지시를 포함한 가사가 될 수 있다. 또한 관악기는 호흡과 발성에 도움이 되므로 필요한데, 아동이 관악기를 불지 못하거나 거부한다면 먼저 관악기를 입에 넣는 훈련부터 시작해 입을 오무려서 입모양을 만들기 그리고 불기 훈련을 시도하고 이후 음절을 끊어서 리듬을 모방해 불도록 지도해야 한다.

### (2) 노래 부르기

노래 부르기는 자폐범주성장애 아동의 커뮤니케이션 발달을 위해 사용되고 있는 매우 보편적이면서도 필수적인 음악 활동 중의 하나다. 이와 관련해 많은 연구가가 노래가 자폐범주성장애 아동의 커뮤니케이션과 관련된 행동에 긍정적 영향을 주었다고 보고했다(Baker, 1982; Brownell, 2002; Bruscia, 1982; Cohen, 1994; Edgerton, 1994, Gfeller & Darrow, 1987). 특히 노래는 아동의 표현 언어 발달을 도울 수 있는데, 이는 노래가 가지고 있는 음정, 리듬, 크기, 빠르기, 음색, 가사 등의 음악적 요소와 반복, 종지, 악구 등의 음악적 구조와 관련이 있다. 만약 아동에게 노래가 없이 동일한 단어를 여러 번 반복해서 소리를 내라고 하면 지루함을 느낄 수 있을 것이다. 그런데 인간은 대개 본능적으로 음악, 즉 노래의 구조에 반응하며 악구를 채우려는 속성을 보이고 있고, 노래의 중간보다는 종지에서 끝내는 것이 더 자연스럽게 느껴진다. 따라서 단어를 반복해서 소리 내더라도 노래를 통해서라면 덜 지루할 수 있다. 이렇게 아동의 표현 언어 발달을 위해 초기에는 노래를 사용하다가 이후에는 음정이나 리듬, 구조 등을 제거하여 노래 없이도 말을 할 수 있도록 지원해야 한다.

표현 언어 발달을 위한 노래 활동을 계획할 때 음악치료사는 다음의 사항을 유의하여야 한다. 먼저 노래를 선곡할 때는 아동의 언어 수준을 파악해야 하는데, 발화의 수준뿐 아니라 관악기를 사용해 호흡에도 문제가 없는지 관찰해야 한다. 그리고 발화가 가능한 수준이라면 그것이 의도적인 발성인지 혹은 옹알이 형태의 무의미한 수준의 발성인지도 진단평가해야 한다.

만약 아동의 발화가 타인의 요구나 적절한 상황에서의 반응이 아니라면 먼저 타인의 요구에 발성하는 훈련부터 필요하다. 익숙하고 간단한 구조의 노래를 이용해 특정 악구에서 지속적으로 발성을 하도록 지도한다. 이때 아동이 발성으로 답한다면 좋겠지만, 만일 발성이 아니더라도 초기에는 미소나 몸짓 혹은 시선 등으로도 반응할 수 있으니 음악치료사는 이를 민감하게 관찰해야 한다.

이후 아동이 의도적인 발성을 지속적으로 보인다면 이제는 조음변별을 시도할 수 있다. 노래 부르기 활동이 표현 언어를 촉진하기 위한 목적으로 시행될 때는 언어 발달단계를 적용하여 조음을 제시해야 한다. 일반적으로 'ㅁ' 'ㅂ' 등의 조음이 가장 먼저 발생하므로 이를 가사로 활용하면 좋다. 자음뿐 아니라 모음도 아동 발달단계를 고려하여 제시해야 한다. 이제 조음과 모음을 활용한 1음절 수준의 발성이 완성되면 2음절 이상의 단어를 고려할 수 있다. 2~4음절 수준의 단어를 가사로 제시할 때에는 일반화를 고려하는 것이 좋다. 즉, 실생활에서 자주 사용되는 단어를 가사로 선택하는 것이 좋다.

자폐범주성장애 아동에게 표현 언어를 촉진하기 위한 목적으로 노래 부르

- 대상: 자폐범주성장애 아동
- 목적: 언어 능력 향상
- 목표: 주어진 익숙한 노래와 치료사의 지시에 클라이언트는 자신의 차례에 노래 부르기를 4번 시도에 4번 수행한다.

[그림 8-4] 노래 부르기의 예

기 활동을 계획하였다면 노래의 구조는 단순한 것이 좋다. 초기에는 아동의 짧은 발화로서 악구를 완성시키는 것이 좋은 전략이 된다. 각 악구의 한 음절 정도를 남겨 두고 치료사가 노래를 지연하고, 나머지 한 음을 아동이 소리내어 노래를 완성시키는 방법인데, 이때 아동은 노래가 지연됨으로써 긴장하여 책임감을 느낄 수 있고, 자신의 발화를 통해 지연된 음악을 완성시킴으로써 만족감을 느낄 수 있다(Meyer, 1956). 아동이 반응할 수 있는 구조를 제시할 때는 아동의 발달단계나 집단의 크기에 따라 적절하게 제시해야 하는데(양은아, 최병철, 2009), 그 이유는 지나친 지연은 오히려 음악적 경험을 방해하여 지루함을 가져다주기 때문이다. 또 다른 전략으로 치료사는 아동이 노래하기 직전에 동일한 가사를 모델링해 주어 쉽게 따라할 수 있도록 하는 것이 좋다.

다음은 자폐범주성장애 아동과 함께한 노래부르기 활동의 예다.

## 3) 감각 운동 발달

  자폐범주성장애 아동은 감각 자극에 비정상적인 반응을 보이는 경우가 많다. 평범한 자극에도 과소반응이나 과잉반응을 보이는 경우가 있는가 하면 매우 큰 소리에는 별 반응을 보이지 않지만 매우 작은 소리에도 민감히 반응하는 경우가 있다. 이것은 자폐범주성장애 아동이 감각을 통합하는 데 문제를 보이기 때문이다. 감각통합이란 감지된 감각을 뇌에 전달하고 처리하는 과정을 말한다. 대부분의 경우 감각이 감지되면 정상적으로 뇌에 전달되며 수많은 감각 정보들을 조직화하거나 선택하여 목표 지향적으로 사용하게 된다. 즉, 교실에서 교사의 소리에는 집중하나 바깥의 소음에는 주의를 기울이지 않는 것이 그 예다. 그런데 자폐범주성장애 아동은 이러한 감각 자극의 처리 과정에 문제를 보여 수많은 감각 중 필요한 감각을 선별하거나 조정하지 못하여 문제행동을 보인다. 즉, 감각 자극이 뇌에 전달되지 않거나 전달되어도 잘 조정하지 못하는 문제를 보이는 것이다. 이와 관련해서 잘 짜여진 음악 활동은 자폐범주성장애 아동의 감각 입력과 처리를 도울 수 있으므로 치료사는 아동의 특성을 파악하여 적절한 음악 활동을 제공해야 한다. 타우트(1984)는 이와 관련해 악기를 탐색하고 연주하는 경험은 감각융합에 매우 유용하다고 밝히고 있다.

  자폐범주성장애 아동의 감각 운동 발달을 위한 음악치료 목적 영역은 〈표 8-7〉과 같다.

〈표 8-7〉  **감각운동 발달을 위한 음악치료 목적 영역**

| | |
|---|---|
| • 감각 통합 | • 감각 협응 |
| • 감각 자극 | • 감각 혼합 |
| • 조작 기술 | • 자기 자극 행동 감소 |

다음과 같은 음악 활동은 이러한 목적을 달성하는 데 도움이 될 것이다.

- 음악에 맞춰 움직이기
- 음악에 맞춰 연주하기
- 신체 접촉하기
- 악기 탐색하기

### (1) 감각의 통합 및 협응

음악은 신체 움직임을 촉진하고 강화하여 자연스럽게 움직임을 할 수 있도록 도와준다. 이때 제공된 음악의 구조와 요소들은 움직이는 행동을 촉진하고 강화하며, 행동을 더 오래 지속할 수 있도록 한다. 특히 아동이 선호하는 곡을 제공해 주면 움직임을 더욱 촉진할 수 있다.

자폐범주성장애 아동을 음악에 맞추어 움직이게 할 수 있는데, 리듬에 맞추어 손뼉을 치거나 발을 구르고, 음악의 프레이즈에 맞춰 기지개 켜듯이 팔을 들어 올리거나 내릴 수 있다. 또는 손발을 펴고 앞이나 뒤 또는 옆으로 하도록 하거나 팔을 위아래, 양옆으로 각 방향대로 움직이고, 팔로 몸의 중앙을 교차시키도록 하는 것 등이 있다. 이때 적절한 멜로디와 프레이즈를 가진 음악을 제공해 움직임을 촉진해야 하며 각 악기의 음역을 사용해 움직임을 제시하는 것도 좋다.

또한 자폐범주성장애 아동을 치료실에 서 있도록 하여 음악에 따라 움직이고 음악이 멈추면 움직임을 멈추게 할 수 있는데, 자폐범주성장애 아동이 음악 반주에 동작을 맞추어 보도록 할 수도 있다. 예를 들어, 붓점의 리듬에서는 껑충껑충 뛰도록 한다든지, 트릴에서는 한바퀴 돌기, 빠른 템포에서는 달리고 느린 템포에서 천천히 움직이기 활동 등을 할 수 있다. 또는 화음이 크게 확장될 때는 팔다리를 벌리게 하며, 음정이 점점 높아질 때에는 팔을 높이 들게 하고 음정이 낮아질 때는 팔을 내리게 하여 자폐범주성장애 아동이 감각을 통합할 수 있도록 도와야 한다. 움직임뿐만 아니라 타악기를 사용하여 음악에 따라 동작을 연결하거나 운동력의 정도를 조절하도록 하여 감각운동을 협응하도록 도울 수도 있다. 예를 들어, 음악의 크기가 커지면 세게 연주하고 작아지면 작게 연주하도록 하는 것이다. 마찬가지로 빠르기나 음정, 음역 등 다양한 음악을 사용하여 자폐범주성장애 아동의 감각운동을 조절하고 협응하도록 할 수 있다.

### (2) 감각의 자극 및 혼합

음악 활동은 자연스러운 신체 접촉을 허용한다. 자폐범주성장애 아동은 타인 인식 및 관계를 맺는 데 어려움을 보이므로 음악 활동을 통하여 치료사와 신체 접촉을 하도록 하여 이를 인식하게 하고, 자연스럽게 관계를 경험하게 하는 것이 좋다. 이와 더불어 자폐범주성장애 아동은 감각에 있어 비정상적인 반응을 보이므로 이에 대해 점진적으로 노출하도록 하여 적응할 수 있도록 하는 것이 필요하다. 예를 들면, 눈 맞춤하기, 안아 주기, 뽀뽀하기, 간지럼 타기 등의 촉각·청각·후각·시각을 자극하는 활동 등이 있다(양은아, 최병철, 2009).

또한 악기 탐색의 기회를 제공하여 감각적인 경험을 하도록 하는 것도 필요한데, 악기는 청각뿐 아니라 시각·촉각을 자극할 수 있는 좋은 도구이므로 이를 적절히 사용하여 다양한 감각을 경험하도록 하는 것이 좋다. 이렇게 악기를 사용함으로써 자폐범주성장애 아동은 쥐기, 흔들기, 두드리기 등의 조작 기술 또한 발달시킬 수 있다.

### (3) 자기 자극적인 행동을 감소시키기 위한 감각적 강화

많은 연구자들이 자폐범주성장애 아동이 자기 자극적인 행동을 할 때 받는 감각적인 피드백에 의해 계속 그런 동작을 하게 된다고 믿고 있다. 여러 보고에 따르면 보상과 만족감을 가져다주는 대체, 즉 음악과 같은 것은 이렇게 무의미하고 반복적인 자기 자극적인 행동을 감소시키는 데 기여한다고 한다.

그러나 음악을 자극 대신 사용하는 경우 각각의 자폐범주성장애 아동이 보이는 특성에 따라 주의 깊게 적용해야 한다. 예를 들어, 지나치게 산만하고 행동이 활발한 아동에게는 외부적인 소리 자극이 행동을 더 산만하게 할 수 있는 반면, 지나치게 침체된 상태에 있는 아동에게는 더욱 이질감을 형성하여 고립시킬 수 있으므로 주의해서 음악을 제공해 주어야 한다.

## 4) 인지 발달

대부분의 자폐범주성장애 아동은 지적장애를 동반하고 있어 학습과 관련된 개념을 습득하는 데 어려움을 보이고 있다. 그러나 다행히도 자폐범주성장애 아동은 대개 음악에 흥미를 보이므로 음악 활동을 통해 자연스럽게 학습 상황에 참여하도록 촉진해야 할 것이다. 음악 활동을 통해 이룰 수 있는 인지 발달의 목적은 〈표 8-8〉과 같다.

〈표 8-8〉 **인지 발달을 위한 음악치료 목적 영역**

| | |
|---|---|
| • 모방 행동 향상 | • 사물 인지 |
| • 집중력 향상 | • 사물의 범주화 |
| • 지속력 향상 | • 오른쪽/왼쪽 |
| • 숫자 인지 | • 위/아래 |
| • 색깔 인지 | • 크고/작고 |
| • 글자 인지 | • 많고/적고 |
| • 신체 부위 인지 | • 기억력 |

다음과 같은 음악 활동은 이러한 목적을 달성하는 데 도움이 될 것이다.

• 동작 모방하기

- 지시를 포함하는 음악 활동하기
- 색깔이나 숫자 악보를 보고 연주하기
- 기악연주
- 기악합주

음악 활동은 자폐범주성장애 아동의 흥미를 촉진할 수 있고 집중할 수 있도록 하며 활동을 지속하는 데에도 도움이 되는 등 인지 발달에 긍정적 영향을 줄 수 있다. 특히 다른 활동에서 흥미를 보이지 않은 아동도 음악 활동을 통해서는 자연스럽게 학습 효과를 기대할 수 있는데, 이때에는 아동의 흥미를 고려한 음악과 가사 그리고 악기를 제공해 주어야 한다. 한편, 기억력이나 기초 생활 습관과 관련된 활동 곡은 아동이 암기할 수 있는 짧은 구조와 의성어나 의태어가 포함된 단순하고 반복되는 가사를 제공해 행동의 순서를 기억하도록 돕는 것이 좋다.

## 5) 적응 행동

대부분의 자폐범주성장애 아동이 지적 능력과 사회적 상호작용에 결함을 보이므로 적응 행동 습득에 어려움이 있다. 따라서 반복적인 훈련을 통해 이러한 기능을 습득하도록 해야 한다. 특히 음악 활동과 연계하여 적응 행동 훈련을 했을 때에 효과적인 경우가 많으므로 이를 잘 적용해 자폐범주성장애 아동의 적응 행동을 향상시켜야 한다. 음악 활동을 통해 성취할 수 있는 적응 행동으로는 손 씻기, 밥 먹기, 양치하기, 옷 입기 등의 기초 생활과 관련된 기술과 인사하기, 전화하기, 화장실 가기, 장난감 정리하기 등이 있다. 자폐범주성장애 아동의 적응행동 발달을 위한 음악치료 목적 영역은 〈표 8-9〉와 같다.

〈표 8-9〉 **적응 행동 발달을 위한 음악치료 목적 영역**

| | |
|---|---|
| • 손 씻기 | • 인사하기 |
| • 밥 먹기 | • 전화하기 |
| • 양치하기 | • 화장실 가기 |
| • 옷 입기 | • 장난감 정리하기 |

## 6) 취미생활 및 직업재활

자폐범주성장애 아동의 행동상의 문제는 일생을 통해 지속되므로 이들의 삶의 질을 향상시키기 위해 음악 활동이 취미생활이나 직업과 연계될 수 있도록 지원하는 것이 필요하다. 따라서 혼자서 음악을 켜고 끌 수 있도록 훈련을 시키거나, 성악이나 악기를 배워 지역사회의 합창단 등에 참여하도록 하는 것은 매우 바람직한 일이다. 또한 자폐범주성장애 아동 중 일부는 음악에 매우 특별한 능력을 보이기도 하는데, 예를 들어 피아노 연주나 성악 또는 기악연주에 탁월한 소질을 보이기도 한다. 이런 경우 이들의 음악적 소질을 개발하여 사회에 적응할 수 있도록 도와야 할 것이다. 자폐범주성장애 아동의 취미생활 및 직업재활을 위한 음악치료 목적 영역은 〈표 8-10〉과 같다.

〈표 8-10〉 **취미생활 및 직업재활을 위한 음악치료 목적 영역**

| | |
|---|---|
| • CD 플레이어 작동하기 | • 합창 |
| • 성악 배우기 | • 합주 |
| • 악기 배우기 | |

### (1) 사례 1

준이(가명)는 자폐 진단을 받은 5세 남자아이였다. 준이는 타인과 상호작용이 원활하지 않고 신경질적이며 공격적인 성향을 보이는 아이였다. 특히 자신의 마음에 들지 않는 상황에서는 물건을 던지거나 상대방을 물어 버리는 행동을 자주 보이곤 했다. 준이와의 음악치료는 약 2년간 지속되었는데, 즉흥연주, 노래, 합주 그리고 신체 활동이 단계적으로 시행되었다. 즉흥연주에서는 드럼과 심벌즈를 주로 사용했는데, 준이는 리듬이나 템포를 동조하는 것, 그리고 모드(mode)의 급격한 변화에 맞춰 연주를 변화시키는 것을 흥미로워했다. 예들 들면, 함께 기본박을 연주하다가 치료사가 리듬이나 템포를 바꾸면 이에 맞추어 연주하였고, 또한 이러한 변화를 기대했으며, 레가토적인 도리안(dorian mode) 연주에서 리드믹컬한 중동음계로 전환될 때 깔깔거리며 웃음을 보이곤 했다. 또한 준이는 음악이 변화될 때마다 치료사와 의미 있는 눈 맞춤을 시도하기도 했다.

두 번째 단계에서 시행된 노래 부르기 활동에서는 익숙한 노래의 마지막 악구를 지연해 준이가 소리 내도록 했는데, 준이는 초반에는 반응을 보이지 않았고, 오히려 입 주변을 치료사가 건드리는 것에 대해 짜증을 내기도 했다. 그러나 준이는 언젠가부터 음악을 완성시키는 성공적인 경험의 의미를 알게 되었고, 이후에는 발화를 하거나 혹은 발화를 하지 않더라도 입을 벌리거나 고개를 끄덕이는 반응적인 행동을 보이게 되었다. 이러한 행동은 준이가 음악을 인식할 수 있고 악구가 완성되어지는 의미를 이해하는 것과 관련된다. 즉, 준이는 음악을 완성시키기 위해 치료사의 비언어적 지시를 수용하여 악기를 연주하고 노래를 부른 것이고, 이러한 음악적 행동은 결과적으로 타인과의 상호교류에 긍정적인 영향을 미친 것이었다.

준이의 치료는 개별 치료에서 집단 치료로 전환되었다. 이는 초기에 보이던 공격적인 행동이 줄어들고 집단 상황에서 문제행동이 많이 감소되었기 때문이었다. 이제 준이는 음악치료 시간에서만큼은 집단의 리더 역할을 충분히 해내게 되었다. 자신의 연주 타이밍에 정확히 연주할 뿐 아니라 다른 아이의 순서에 연주를 하지 않으면, 그 아이를 쳐다보거나 아이의 손을 이끌어 연주하도록 하기도 했다. 따라서 이후 개최된 교내 음악회에서 독주자로 뽑혀 레조

네이트 연주를 훌륭히 해냈다. 이렇게 준이는 음악치료 안에서 자신의 음악성을 발현할 수 있는 기회를 찾게 된 것이다.

치료의 마지막 단계에서 준이는 치료사나 집단의 아이들과의 신체 활동에 참여하였다. 신체 활동은 운동에 초점을 두기보다는 상호작용에 초점을 두어 진행되었는데, 즉, 치료사와 눈 맞추기, 안아 주기, 볼 비비기, 뽀뽀하기 등이었다. 준이는 초기에는 타인의 상호작용 시도에 대부분 신경질적이고 공격적인 행동을 보인 아이였는데, 이제는 타인과 함께하는 이러한 신체 활동을 매우 흥미로워했다. 비록 스스로 타인과의 신체 접촉을 시도하지는 않지만, 치료사나 집단의 아이들과의 신체 활동에 즐겁게 참여하고 있다. 이제 비로소 타인과 교류하는 즐거움을 알게 된 것이었다.

### (2) 사례 2

지훈(가명)이는 6세 남자아이로 3세 때 자폐 진단을 받았다. 지훈이는 치료사나 다른 아이들에게 전혀 관심을 보이지 않고 늘 혼자 노는 자폐 특유의 전형적인 행동을 보이는 아이였다. 가끔 중얼거리듯이 단어를 표현하긴 했지만 대화로서의 시도가 아닌 그저 혼잣말을 할 뿐이었다. 지훈이는 특수학교의 개별화 교육계획 협의회를 통해 음악치료에 참여하도록 결정되었다. 처음 음악치료실에 왔을 때 지훈이는 치료실을 두리번거리다가 벽이나 나열된 악기를 툭툭 건드리곤 했다. 이따금씩 말을 하기도 했는데, 대부분은 혼잣말로써 상황에 적절하지 않은 단어를 내뱉곤 했다. 음악치료사는 아이의 행동, 즉 벽이나 악기를 건드려 나는 소리나 준이의 발성을 그대로 따라해 반영해 주곤 했는데, 준이는 곧 이러한 치료사의 의도를 알아채기 시작했다. 그래서인지 가끔은 시험하듯 어떤 소리를 내고 음악치료사를 쳐다보곤 했다. 이렇게 상호교류의 채널이 형성된 이후부터는 본격적인 음악치료활동을 하게 되었다. 초기에는 주로 즉흥연주가 대부분이었다. 음악치료사는 지훈이에게 악기나 활동 또는 음악을 선택할 수 있는 모든 권한을 주었다. 지훈이는 흥미로워했고,

치료사가 이를 허용하고 음악적으로 지지해 주자 더 적극적으로 음악 활동에 참여했다. 그래서인지 이제는 치료사가 제시하는 리듬을 모방하기도 했고, 치료사가 유도하는 템포대로 함께 연주해 나가기도 했다. 더 나아가 음악적인 질문에 답하기도 하는 등 지훈이는 음악적으로 완벽한 상호작용 행동을 보였다.

지훈이의 혼잣말도 노래 부르기를 통해 의미 있는 발성으로 전환되었다. 즉, 지훈이는 기다렸다가 음악치료사가 의도하는 타이밍에 정확히 소리를 냈고, 그렇게 음악을 완성했다. 지훈이는 이후 집단에서의 기악합주에서도 자신의 역할을 충분히 해내곤 했다. 더 나아가, 지훈이는 초등학교 진학 이후에는 성악 레슨을 받으며 일반 아동 합창단에 참여하여 공연을 다니게 되었고, 현재는 취미활동으로 우쿨렐레를 열심히 배우고 있다.

지훈이는 여전히 자폐라는 진단명을 가지고 있고, 일반 아동이 한 시간이면 습득할 수 있는 곡을 길게는 한 달 가량을 연습해야 하지만, 타인을 인식하고 타인의 의도를 알아챌 수 있으며, 그 의도대로 행동을 하는 등 자폐 증상으로 인한 문제 행동이 많이 개선되어 지역사회에 적응해 가고 있다.

# 7. 자폐범주성장애를 위한 음악치료활동에서 고려할 내용

음악이 자폐범주성장애 아동을 긍정적으로 자극하는 데 대단히 유용하다는 사실은 음악치료가 이들의 치료에 크게 기여할 수 있음을 말해 준다. 음악활동이 임상 현장에서 효율적이기 위해 고려되어야 할 사항에 대해 넬슨, 앤더슨과 곤잘레스(Nelson, Anderson, & Gonzales, 1984)는 다음과 같은 유용한 제안을 하고 있다.

## 1) 치료 활동 및 환경에 대한 거부 반응

자폐범주성장애 아동이 부정적이고 학습을 거부하는 듯한 행동을 보이는 것은 음악치료 초기에 종종 보일 수 있다. 이것은 새로운 환경을 싫어하는 이유일 수도 있으며, 또는 과거 치료의 부정적인 경험에서 기인한 것일 수도 있다. 이런 경우 임상의 치료사는 직접적인 방법으로 아동이 계획된 활동에서 벗어나지 않도록 기대되는 행동을 요구하고 재촉할 수 있다. 또는 간접적 방법으로 아동이 음악 활동을 성공적으로 경험할 수 있도록 활동을 구조화할 수 있다. 악기 연주에서 펜타토닉(pentatonic) 음계를 연주하게 하여 성공적인 결과가 보장되도록 하는 것이 그 예가 될 수 있다.

직접적·간접적 방법을 사용하는 치료는 각기 장단점을 가지고 있으므로 임상에서의 치료사는 이를 잘 혼합하여 사용하는 것이 좋다. 이와 관련해 앨빈(Alvin, 1987)은 아동의 행동에 대한 특정한 요구는 치료의 높은 단계에서 행하여야 한다고 조언하였다.

## 2) 감각 자극에 대한 부적절한 반응

자폐범주성장애나 정신분열 아동의 내재된 특징으로는 소리 자극에 대한 과민반응 또는 과소반응을 들 수 있다. 한편, 이런 반응은 특정한 소리에만 연관되기도 하며, 시간이 지나면서 다른 자극으로 옮겨 가기도 한다. 때때로 이런 민감도에는 자폐범주성장애 아동이 선호 자극에는 지나치게 반응하고 비선호 자극에는 부정적으로 반응을 보이는 것과 같은 감각 선호가 문제되기도 한다. 따라서 음악치료사는 음악자극의 종류에 따른 각 자폐범주성장애 아동의 반응 정도를 잘 분석해야 한다.

## 3) 자극에 대한 선택적 집중

집중하는 과정과 관련하여 자폐범주성장애 아동은 한 가지 자극에 전념하여 실제 중요한 자극에는 반응을 보이지 않는 지나치게 선택된 집중을 하는 경향을 보이며, 한 자극에서 다른 자극으로 빨리 전환되어 매우 어수선한 모습을 보이기도 한다. 또한 자기운동 자극(self-generated movement stimuli)에만 지나치게 집중하여 음악과 상관없는 움직임을 보이기도 한다.

임상에서 지나친 선택적 집중을 보이는 자폐범주성장애 아동에게는 아동을 사로잡고 있는 자극을 확인하는 것에서 시작하여 발달에 필요한 다른 연관된 자극으로 점차 옮겨 가도록 한다. 반면, 어수선한 아동은 자극을 제한시키는 환경의 통제가 필요하며, 점차 복잡한 환경을 처리할 수 있는 상황으로 나아가는 것이 필요하다.

## 4) 학습의 전이와 변화에 대한 수용

지나친 선택적 집중은 학습과도 관련된다. 자폐범주성장애 아동의 학습 시 색종이 등 보조 자료를 사용한 학습이 오히려 학습의 전이에 방해가 될 수 있는데, 이는 지나친 선택적 집중 때문일 수 있다. 이런 경우 자폐범주성장애 아동이 목표하는 학습보다는 오히려 보조 자료에 집중하는 경향을 보이는 것으로 나타난다. 또한 변화에 대한 수용과 관련하여 임상의 음악치료사는 자폐범주성장애 아동이 선호한다고 생각하는 특정한 음악 자극을 반복하여 사용할 때 아동의 선호를 고착시키고 있지는 않는지 주의할 필요가 있다.

## 5) 청각 자극에 대한 지연된 경험

자폐범주성장애 아동은 자극과 관련하여 이를 통합하는 능력에 어려움을 보인다. 예를 들어, 청각적 자극에 지연되거나 불일치하는 몇 초의 에코를 경험하는 듯한 반응을 보이기도 한다. 이런 관점에서 치료사는 앞선 자극에 대해 에코적 경험을 하지 않는다고 확신하는 음악 자극을 제공해야 하고, 또한 강한 청각 자극을 사용한 후에는 새로운 자극을 주기 전에 몇 초 기다리도록 한다. 치료사는 짧은 길이를 가진 자극만을 사용하여 첫 번째 자극이 두 번째 자극으로의 시간적 연결에 혼란을 주지 않도록 해야 한다. 즉, 한 음절의 말이나 한 가지 제스처가 긴 청각이나 시간적 연결고리를 가진 지침보다 더 효율적이다.

음악치료사는 자신의 말과 동작 간의 일치를 보여야 함은 물론 치료사 자신의 동작과 말을 아동이 보이는 고유의 리듬과 일치시킬 수 있도록 지속적으로 노력해야 한다. 자극 제시의 타이밍은 자극의 질만큼 중요하다. 좋은 타이밍은 수용하는 자극으로 받아들이는 결과를 가져오나 나쁜 타이밍은 혼란을 증대시킬 뿐이다.

## 6) 리듬적 운동

시간적 지각과 리듬적 동작은 밀접한 관련이 있다. 운동구성장애는 자폐증의 공통된 특징이다. 개인적 다양성은 있지만 동작-노래를 사용하는, 움직임을 통한 감각 입력으로 환경을 배우도록 하는 활동은 청각-운동 협응 기술, 몸의 정보, 운동 구성에 도움을 준다.

제법 운동 기술이 있는 자폐범주성장애 아동은 악기 연주를 통해 시간적 지각을 향상시킬 수 있다. 한편, 임상에서 한 가지 유의할 점은 음악이 자폐범주성장애 아동에게 자기자극 운동 또는 발성 반응을 유발할 수 있다는 점이다. 그래서 음악치료사는 음악에 대한 아동의 동작 반응이 적응적이고 비반복적인 성격을 가져야 함을 유념해야 한다.

## 7) 언어와 일반화

자폐증 언어는 고착되고 유연성이 결여되고 문법이나 어법에 부적합하며, 한 번 학습된 단어나 문장도 실제 상황에 맞지 않게 사용하는 경우가 빈번하다. 또한 아동은 대화를 시도하기보다는 주로 반복하고, 음악적인 연주나 즉흥연주에 참여하기보다는 음고를 모방하는 것을 더 잘한다. 이런 현상은 자폐범주성장애 아동이 음악의 특정한 단계에 머물러 그것만 음미하고 있는 듯한 경험을 나타내는 것처럼 보인다. 이러한 탓에 음악치료사는 자폐범주성장애 아동을 이해하기 위해서 종종 각 아동의 개인적 특유성을 받아들여야 한다.

음악은 또한 말과 발성을 독려하는 데 사용된다. 앨빈(1978)은 관악기를 연주하는 법을 배우는 것이 구어 발성을 만드는 법을 배우는 것과 동등한 것이라 제안하였다. 더 진보된 단계에서는 노래 가사가 일상생활의 언어 사용으로 전이될 수 있다. 그러나 대부분의 자폐범주성장애 아동은 이러한 일반화에 어려움을 보이고 있다.

## 8) 커뮤니케이션과 사회기술

노래 부르기는 종종 동작 게임과 관련하여 사용된다. 음악의 형식 중에서 론도의 사용은 이러한 상황에서 효율적이다. 치료적 환경에서 치료사나 또래 아동과 함께 무언가를 완성해 가는 과정을 통해 자폐범주성장애 아동은 교류와 관련된 주요한 진보를 이룰 수 있다. 이러한 교류가 언어 문제 때문에 제한된다 하더라도 긍정적인 사회적 교류는 자폐범주성장애 아동이 성공적인 학습 과정으로 성숙되어 가도록 한다. 음악자극은 성인-아동, 아동-아동 상호 간의 교류를 강화하는 매우 유용한 내용으로 간주된다.

## 9) 정서, 의미, 활동 레퍼토리

자폐범주성장애 아동의 주요 문제는 자극에 대한 정서 반응에 있다. 일반 아동이 의미 없는 자극보다 의미 있는 자극을 더 잘 기억하는 데 비해 자폐범주성장애 아동은 의미 있는 자극이나 의미 없는 자극을 함께 기억하는 것으로 확인되었다. 이러한 사회적 잠재력과 개인적 경험의 의미를 잘 파악하지 못하는 자폐범주성장애 아동의 문제행동은 결국 활동에 대한 레퍼토리의 제한으로 설명할 수 있다.

음악에 대해 보이는 자폐범주성장애 아동의 긍정적이며 효과적인 반응은 그들의 사회적 · 언어적 · 운동적 기능을 촉발하기 위해 계획한 활동에 참여하도록 강화할 수 있다. 이러한 조건 강화재로서의 음악의 기능 외에도 음악은 음악 경험 자체에 목적이 있기도 하다. 치료란 늘 개인의 취약한 점만을 강화하는 것은 아니다. 개인의 강점이나 특정한 활동에 대한 적성을 더 향상시키거나 지원하는 것도 포함된다. 더구나 활동 레퍼토리가 제한된 자폐범주성장애 아동의 경우에는 더욱 그러하다.

치료사가 활동을 계획하면서 기억해야 할 것은 모든 자폐범주성장애 아동에게 똑같이 적용할 수 있는 보편적인 법칙은 없다는 것이다. 치료사는 각 아동의 반응에 대한 꾸준한 분석을 통해 아동에게 필요한 최상의 음악활동을 계획하여야 한다.

## 요약

지금까지 자폐범주성장애 아동의 특성과 그들의 결핍된 기능을 향상시킬 수 있는 음악 활동에 대해 알아보았다. 음악은 자폐범주성장애 아동의 잠재된 능력을 발견하고 촉진할 수 있으며, 결핍된 기능으로 인한 문제행동을 도울 수 있는 유용한 도구임에 분명하다. 또한 자폐범주성장애 아동의 심각한 문제행동은 다행스럽게도 반복되는 치료적 경험을 통해 향상될 수 있으므로 우리는 음악의 다양한 기능을 파악하여 자폐범주성장애 아동에게 적절한 음악 활동을 계획하고 실행해야겠다.

## 참·고·문·헌

국가법령정보센터(2007). 「장애인 등에 대한 특수교육법 시행령」. http://www.law. go.kr에서 2015년 3월 2일 검색.

김일명, 김원경, 조홍중, 허승준, 추연구, 윤치연, 박중휘, 이필상, 문장원, 서은정, 유은정, 김자경, 이근민, 김미숙, 김종인, 이신동(2013). 최신특수교육학. 서울: 학지사.

김진아, 이귀현 역(2006). 즉흥연주[Improvisation]. T. Wigram 저. 서울: 학지사. (원저는 2004년에 출판).

김효미, 남윤미, 양은아, 장지영(2008). 영아의 하루를 돕는 생활동요. 서울: 다음세대.

양은아, 최병철(2009). 음악치료 프로그램이 자폐 유아의 상호작용 촉진에 미치는 효과. 한국음악치료학회지, 11(2), 1-20.

양은아(2010). 개별 음악치료 환경에서 자폐범주성장애유아의 상호작용 측정을 위한 평가도구의 개발. 숙명여자대학교 대학원 박사학위 논문.

이소현, 박은혜(2014). 특수아동교육. 서울: 학지사.

Alvin, J. (1978). *Music therapy for the autistic child*. London: Oxford University

Press.

Alvin, J., & Warwick, A. (1992). *Music therapy for the autistic child.* London: Oxford University Press.

American Psychiatric Association. (2000). *Diagnostic and statistical manual for mental disorders* (4th ed., text rev., p. 75). Washington, DC: Author.

Applebaum, E., Egel, A., Koegel, R., & Imhoff, B. (1979). Measuring abilities of autistic children. *Journal of Autism and Developmental Disorders, 9,* 279–285.

Baker, B. (1982). The use of music with autistic children. *Journal of Psychosocial Nursing and Mental Health Services, 20*(4), 31–34.

Bates, E. (1976). *Language and context: The acquisition of pragmatics.* New York: Academic Press.

Bishop, D., & Norbury, C. (2002). Exploring the borderlands of autistic disorder and specific language impairment: A study using standardized diagnostic instrument. *Journal of Child Psychology and Psychiatry and Allied Disciplines, 43,* 917–929.

Blackstock, E. G. (1978). Cerebral asymmetry and the developmental of early infantile autism. *Journal of Autism and Childhood Schizophrenia, 8,* 339–353.

Bowlby, J. (1980). *Loss: Sadness and Depression in Attachment and Loss 3.* New York: Basic Books.

Brownell, M. K. (2002). Musically adapted social stories to modify behaviors in students with autism; Four case studies. *Journal of Music Therapy, 39*(2), 117–144.

Boxill, E. H. (1984). *Music therapy for the developmentally disabled.* Rockvill, MD: An Aspen Publication.

Braithwaite, M. B., & Sigafoos, J. (1998). Effect of social versus musical antecedent on communication responsiveness in five children with development disabilities. *Journal of Music Therapy, 35,* 88–104.

Bruscia, K. E. (1982). Music in the assessment of echolalia. *Music Therapy, 2*(1), 25–41.

Bruscia, K. E. (1987). *Improvisational Model of Music Therapy.* Springfield,

IL; Charles C. Thomas.

Bruscia, K. E. (1998). *Defining Music Therapy.* Spring City, PA: Temple University: Published by Spring House Books.

Cohen, N. S. (1994). Speech and song: Implication for therapy. *Music Therapy Perspectives, 12,* 8-13.

Davis, W., Gfeller, K. E., & Thaut, M, H. (1992). *An introduction to music therapy: Theory and practice.* Dubuque, IA: Wm. C. Brown.

Duerksen, G. L. (1981). Music for exceptional students. *Exceptional Children, 14,* 1-11.

Edgerton, C. (1994). The effect of improvisational music therapy on the communicative behaviors of autistic children. *Journal of Music Therapy, 31,* 31-62.

Fombonne, E. (2005). Epidemiological studies of pervasive developmental disorders. In F. R. Volkmar, R. Paul, R. D. Klin, & J. Cohen (Eds.), *Handbook of autism and pervasive developmental disorders, volume 1: Diagnosis, development, neuroboilogy, and behavior* (3rd ed., pp. 42-69). Hoboken, NJ: Wiley.

Gfeller, K. E., & Darrow, A. A. (1987). Music as a remedial tool in the language education of hearing impaired children. *The Arts in Psychotherapy, 14,* 229-235.

Guralnick, M. J. (1990). Social competence and early intervention. *Journal of Early Intervention. 14,* 3-14.

Hollander, F. M., & Juhrs, P. D. (1974). Orff-Schulwerk, an effective treatment tool with autistic children. *Journal of Music Therapy, 11,* 1-12.

Hudson, W. C. (1973). Music: A physiologic language. *Journal of Music Therapy, 19,* 137-140.

Interactive Autism Network. (2007). *IAN research report.* Baltimore, MA: Kennedy Krieger Institute.

Jellision, J., Brooks, B., & Huck, A. (1984). Structuring small groups and music reinforcement to facilitate positive interactions and acceptance of severely handicapped students in the regular music classroom. *Journal of Research in Music Education, 32,* 243-264.

Kanner, L. (1943). Autistic disturbances of affective contact. *The Nervous Child*, *2*, 217–250.

Kogan, M. D., Blumberg, S., Schieve, L. A., Boyle, C. A., & Perrin, J. M., (2009). Prevalence of parent–reported diagnosis of autism spectrum disorder among children in the US, 2007. *Pediatrics, 124*, 1395–1403.

Krout, R. (1986). *Music therapy in special education: Developing and maintaining social skills necessary for main-streaming.* St. Louis, MO: MMB Music.

Lansing, M., & Schopler, E.(1978). Individualized education: A public school model. In M. Rutter & E. Schopler. (Eds), *Autism: A reapprisal of concepts and treatment* (pp. 439–452). New York: Plenum Press.

Meyer, L, B. (1956). *Emotion and meaning in music.* Chicago, IL: The University of Chicago Press.

Muller, E. C., & Cooper, C. R. (1986). On conceptualizing per research. In E. C. Muller & C. R. Cooper (Eds.), *Process and outcome in peer relationships.* New York: Academic Press.

Mueller, R. A., & Courchesne, E. (2000). Autism's home in the brain: Reply. *Neurology, 54*, 270.

Nelson, D. L., Anderson, V. G., & Gonzales, A. D. (1984). Music activities as therapy for children with autism and other pervasive developmental disorders. *Journal of Music Therapy, 21*, 100–116.

Nordoff, P., & Robbins, C. (1971). *Therapy in music for handicapped children.* London: Victor Gollancz.

O'Connell, T. (1974). The musical life of an autistic boy. *Journal of Autism and Childhood Schizophrenia, 4*, 223–229.

Prizant, B. M. (1987). Clinical implications of echolalic behavior in autism. In T. Layton (Ed.), *Language and treatment of autistic and developmentally disorderd children* (pp. 65–88). Springfield, IL: Chales Thomas.

Pronovost, W. (1961). The speech behavior and language comprehension of autistic children. *Journal of Chronic Disease, 13*, 223–228.

Rimland, B. (1964). *Infantile autism.* New York: Appleton–Century–Crofts.

Rosenberg, M. S., Westling, D. L., & Mcleskey, J. M. (2011). *Special education for today' s teachers: An introduction* (2nd ed., p. 261). Boston, MA: Allyn & Bacon/Pearson.

Rutter, M. (1999). The Emmanual Miller memorial lecture 1998: Autism: Two-way interplay between research and clinical world. *Journal of Child Psychology and Psychiatry, 40*, 169-188.

Rydell, P. J., & Mirenda, P. (1999). Effects of high and low constraint utterances on the production of immediate and delayed echolalia in young children with autism. *Journal of Autism and Developmental Disorders, 24*, 719-735.

Sherwin, A. (1953). Reaction to music of autistic children. *American Journal of Psychiatry, 109*, 823-831.

Strain. P., & Fox, J. (1981). Maintaining social initiations of withdrawn handicapped and non-handicapped preschoolers through a response-dependent fading tactic. *Journal of Abnormal Child Psychology, 14*(3), 387-396.

Thaut, M. H. (1980). *Music therapy as a treatment tool for autistic children.* Unpublished master's thesis. East Lansing, MI: Michigan State University.

Thaut, M. H. (1983). A music therapy treatment model for autistic children. *Music Therapy Perspectives, 1*, 7-13.

Thaut, M. H. (1984). A Music therapy treatment model for autistic children. *Music Therapy Pespectives, 1*(4), 7-13.

Thaut, M. H. (1987). Visual vs Auditory(musical) stimulus preference in autistic children: A pilot study. *Journal of Autism and Development Disorders, 17*, 425-432.

Thaut, M. H. (1992). Music therapy with autistic children. In W. Davis, K. E. Gfeller, & M. H. Thaut (Eds.), *An introduction to music therapy: Theory and practice* (pp. 180-196). Dubuque, IA: Wm. C. Brown.

Treffert, D. A. (2008). The autistic savant. http://www.wisconsinmedicalosociety. org/savant_syndrome/savant_articles/autistic_savant에서 2015년 3월 2일 검색.

Wigram, T. (2000a). A Method of Music Therapy Assessment for the Diagnosis of Autistic and Communication Disordered Children. *Music Therapy Perspectives, 18*, 1.

Wigram, T., Perdersen, I. N., & Bonde, L. O. (2002). *A comprehensive guide to music therapy–Theory, Clinical practice, research and training.* London: Jessica Kingsley.

Wing, L., Gould. J., & Yeates, R. (1979). Severe impairments of social interactions and associated abnormalitiees in children: Epidemiology and classification. *Journal of Autism and Developmemtal Disorders, 9*, 11–29.

Wing, L. (1981). Asperger's syndrome: A clinical account. *Psychological Medicine, 11*, 115–129.

# 제9장 지적장애와 정서·행동장애를 위한 음악치료

# 제9장 | 지적장애와 정서 · 행동장애를 위한 음악치료

　사회문화의 발달과 함께 진단의 범주에 들어가는 질환도 변화하여 간다. 기존의 진단범위 안에 들어있지 않았던 새로운 질환이 나타나기도 하고, 기존의 질환이 임상연구를 통해 새로운 특성이 추가되거나 없어지기도 한다. 음악치료의 대상 영역도 의학적 질환의 변화에 따라 그 임상 영역이 끊임없이 변화하고 있다. 특히 우리나라의 음악치료는 급속하게 새로운 임상 대상 영역이 확장되고 있으며, 그 임상적 효과 또한 끊임없이 연구되고 있는 추세다. 아동 · 청소년기의 발달과정에서 나타나는 정서 · 행동 문제들은 사회인식의 변화 및 질환의 증가로 인하여 음악치료에서도 꾸준히 임상적 필요와 적용의 확대가 요구되는 분야다.

　아동 · 청소년기에 나타나는 정서 · 행동장애는 소아정신질환, 아동문제행동 등 다양한 용어로 아동 · 청소년의 발달단계에서 나타나는 문제적 증상들을 지칭하고 있다. 2013년에 개정된 『정신질환의 진단 및 통계편람 5판(DSM-5)』는 아동 · 청소년기에 발병하는 정서 · 행동장애를 〈표 9-1〉과 같이 분류하고 있다.

<표 9-1> **아동 · 청소년의 정서 · 행동장애 분류**

- 신경발달장애
  - 지적장애(Intellectual Disabilities)
  - 커뮤니케이션장애(Communication Disorder)
  - 자폐범주성장애(Autism Spectrum Disorder)
  - 주의력결핍 과잉행동장애(Attention Deficit Hyperactivity Disorder)
  - 특정학습장애(Specific Learning Disorder)
  - 운동장애(Motor Disorder)
  - 틱장애(Tic Disorder)

- 파괴적, 충동조절 및 품행장애
  - 반항성도전장애(Oppositional Defiant Disorder)
  - 품행장애(Conduct Disorder)

- 우울장애

- 불안장애

- 급식 및 섭식장애

- 배설장애

출처: American Psychiatric Association(2013).

아동 · 청소년의 정서 · 행동 문제를 구분하는 또다른 규준은 문제를 외현
화하는지 내재화하는지에 따라 〈표 9-2〉와 같이 구분할 수 있다.

<표 9-2> **아동 · 청소년의 정서 · 행동 문제 분류**

| 문제유형 | 문제행동 |
|---|---|
| 내재화 문제 | 우울, 불안, 공포증(학교공포, 사회공포, PTSD), 강박, 시험불안 |
| 외현화 문제 | ADHD, 파괴적행동장애, 품행장애, 학교 부적응, 등교 거부, 인터넷 중독, 집단따돌림 |

출처: Archenbach & Rescorla (2001).

아동·청소년의 정서 및 행동장애는 아동·청소년기에 발병하는 정서적이
거나 행동적인 문제 중에서 진단의 범주에 해당하는 것을 지칭한다. 이 시기
의 정서 및 행동장애의 범주는 매우 다양하게 구분되고, 그 범위 또한 상당히
광범위하다. 따라서 이 장에서는 이 중에서 음악치료 임상 범위 안에서 빈번
히 적용되는 대상에 해당하는 장애만을 다루고자 한다. 이 장에서 다루게 되
는 아동·청소년의 정서 및 행동장애는 신경발달장애 중 지적장애, 주의력결
핍 과잉행동장애(ADHD), 학습장애, 틱장애, 파괴적, 충동조절 및 품행장애,
그리고 진단의 범주에는 속하지 않으나 아동·청소년기에 행동조절 문제로
임상 현장에서 많이 다루게 되는 인터넷 중독 및 스마트폰 중독에 대해 다루
고자 한다.

# 1. 지적장애

## 1) 정의와 진단적 특징

지적장애(Intellectual Disabilities: ID) 또는 지적발달장애(Intellectual Develop-
mental Disorder: IDD)는 정신지체(Mental Retardation: MR)를 대체하여 사용되는
용어이고, 개정된 DSM-5에서도 지적장애를 사용하고 있다. 미국지적발달장
애협회(American association on intellectual developmental disorder: AAIDD, 구
American association mental retardation: AAMR)에서는 지적장애를 이전에 정신
지체장애로 명명했던 장애인에게 동일하게 적용되는 용어라 하며, 2007년
1월부터 그 명칭을 미국정신지체협회(American association on mental retarda-
tion: AAMR, 이하 AAMR)에서 미국지적발달장애협회(American Association and
Intellectual and Developmental Disabilities: AAIDD, 이하 AAIDD)로 변경하였다.
2010년 미국의 오바마 대통령이 서명한 로사법(S.2781)에 따라 지적장애와 관

련한 연방법에서 용어의 변경을 채택하게 되었다(Wheeler, 2015; Wicks-Nelson & Israel, 2014). 그리고 비슷하게 DSM-5에서도 지적장애를 지적장애 용어로 대체하게 되었다(APA, 2013). 우리나라에서 정신지체 대신에 지적장애를 선호하게 된 데에는 여러 가지 원인들이 있지만 그중에서도 다음의 다섯 가지 이유가 가장 주요한 원인이다(국립특수교육원, 2009).

① 지적장애는 미국지적장애협회(American Association on Intellectual Devel-opmental Disorder: AAIDD)와 세계보건기구(WHO)에서 기술하고 있는 변화된 장애의 개념을 반영한다.

② 지적장애는 기능적 행동들과 상황적(맥락적) 요인들 모두에 초점을 두고 있는 현재의 전문적인 실제들과 조화된다.

③ 지적장애는 사회생태학적 구조에 기반을 두고 있기 때문에 개별화된 지원 제공을 위한 근거를 논리적으로 제시한다.

④ 지적장애는 장애인에게 덜 불쾌한 용어다.

⑤ 지적장애는 국제적인 용어 사용의 추세에 보다 더 일치한다.

현재 우리나라의 경우, 「장애인복지법」에서는 지적장애라고 하고 있으며, 「장애인 등에 대한 특수교육법」에서는 정신지체라는 용어가 사용되고 있고 (국가법령정보센터), 국립특수교육원에서는 지적장애라는 용어를 사용하고 있다. 이처럼 우리나라에서는 아직 정신지체와 지적장애라는 용어를 혼합하여 사용하고 있다. 하지만 이 장에서는 DSM-5와 미국지적발달장애협회(AAIDD)의 기준에 따라 '지적장애'라는 용어를 사용한다.

「장애인복지법」 제2조 시행령에 따른 장애인의 종류 및 기준에 따르면, 지적장애인이란 "정신 발육이 항구적으로 지체되어 지적 능력의 발달이 불충분하거나 불완전하고 자신의 일을 처리하는 것과 사회생활에 적응하는 것이 상당히 곤란한 사람"이다.

지적장애는 대표적인 신경발달장애로 추론, 문제해결, 계획, 추상적 사고, 판단, 학업, 경험으로부터의 학습과 같은 전반적 정신 기능의 결함이 발달기 간 중에 나타나는 것이다. 이러한 결함은 부적응을 초래한다.

지적장애로 진단되기 위해서는 세 가지의 필수적 기준이 있다. ① 18세 이 전에 발병되어야 하며, ② 지적기능에 제한이 있고, ③ 적응행동에 결함을 나 타내야 한다. DSM-5(2013)에 따르면, 지적장애는 발달 시기에 시작되고, 개 념·사회·실행 영역에서 지적 기능과 적응 기능 모두에 결함이 있는 상태를 말한다. 여기에서 발달 기간은 출생부터 18세까지를 말하는데, 18세라는 나이 를 제한한 것은 지적장애가 발달장애에 해당한다는 것을 의미하기도 한다. 우 리나라에서 18세는 고등학교 3학년에 해당하는 나이로 학교교육 기간의 구분 이 되는 나이이고, 청소년에서 성인으로 가는 나이이기도 하다. 지능은 표준 화된 지능검사로 확인된 지적 기능, 즉 추론, 문제해결, 계획 추상적 사고, 판 단, 학업, 경험 학습에 있어서의 결함(지능지수 65~75)을 말한다. 적응 기능의 결함이란 사회적 책임감과 표준적 독립생활 능력의 결핍이다. 따라서 적응 기 능의 결함으로 인해 다양한 환경(가정, 학교, 일터, 공동체)에서 커뮤니케이션, 사회적 참여, 독립적 생활 중 한 가지 이상의 기능에 제한을 받는 것이다(〈표 9-3〉 참조).

2013년 이전의 DSM에서는 지적장애를 지능지수에 따라 경도(mild), 중등 도(moderate), 고도(severe), 최고도(profound)로 구분하였다. 이전에는 지능지 수로 심각도를 구분하였으나, DSM-5(2013)에서는 심각도를 적응 기능에 기 초하기로 변경하였다. 그 이유는 치료적 개입이 적응 기능에 의해서 결정되 고, 낮은 지능지수의 경우 지능에 대한 측정의 타당도가 낮기 때문이다(AMA, 2013).

국제 질병 및 관련 건강 문제의 국제 통계 분류인 ICD-10(1992)에서는 지능 에 따른 지적장애의 수준을 〈표 9-4〉와 같이 제시하고 있다.

〈표 9-3〉　지적장애의 DSM-5 진단기준

지적장애(지적발달장애)는 발달 시기에 시작되어 개념, 사회, 실행영역의 지적 기능과
적응 기능 모두에 결함이 있는 상태를 말한다. 다음의 3가지 진단기준을 충족해야 한다.

A. 지적 기능(추론, 문제해결, 계획, 추상적 사고, 판단, 학습, 경험 학습)의 결함이 임상
적 평가와 개별화 · 표준화 지능검사에 의해서 확인되어야 한다.
B. 적응 기능의 결함으로 인해 개인의 독립성과 사회적 책임의식에 대한 발달학적 · 사
회문화적 기준을 충족하지 못한다. 지속적인 도움 없이는 적응 기능의 결함으로 인해
다양한 환경(가정, 학교, 일터, 공동체)에서 한 가지 이상의 일상 활동(의사소통, 사회
참여, 독립적인 생활)에 지장을 받는다.
C. 지적 기능의 결함과 적응 기능의 결함은 발달 시기 동안에 시작되어야 한다.

현재의 심각도 명시
- 317(F70) 경도
- 318.0(F71) 중등도
- 318.1(F72) 고도
- 318.2(F73) 최고도

출처: American Psychiatric Association (2013).

〈표 9-4〉　지능에 따른 지적장애의 수준(ICD-10)

| 수준 | 지능지수 | 정신연령<br>(성인의 경우) | 적응기능 |
|---|---|---|---|
| F70 경도 | 50~69 | 8~12세 | • 학교에서 학습에 어려움을 겪음<br>• 다수가 성인기에 일을 하고 좋은 사회관계를<br>　유지함<br>• 사회에 기여가 가능함 |
| F71 중등도 | 35~49 | 6~9세 | • 아동기에 현저한 지체를 보이나 대부분 어느<br>　정도 독립적 자기관리를 할 수 있게 됨<br>• 적절한 의사소통 및 학습 기술을 획득함<br>• 성인기에 사회에서 살아가고 일을 하는 데 다<br>　양한 정도의 도움이 필요함 |
| F72 고도 | 20~34 | 3~6세 | • 지속적 도움이 필요함 |
| F73 최고도 | 20미만 | 3세 미만 | • 자기관리, 배변조절, 의사소통, 운동성 등에<br>　심각한 제한이 있음 |

출처: World Health Organization (2015).

　경도 지적장애는 교육적인 관점에서 '교육 가능한 군'으로 분류된다. 이 경우 대개 우리나라 초등학교 6학년까지의 교육은 가능하다. 경도의 지적장애는 학령전기 아동에게는 뚜렷한 구분이 되지 않으므로 진단이 내려지지 않을 수 있다. 사회적 상호작용이 미숙하며, 자기관리가 연령에 적합하게 되지 않고, 복잡한 일상생활 영역에서는 도움이 필요하다. 중등도 지적장애는 전 발달영역에 걸쳐 개념적 기술이 떨어지고, 언어발달이 느리며, 대인 관계에 있어 확연한 문제점을 가진다. 지속적 도움을 받으면 직업적 활동, 일상 활동이 독립적으로 가능한 부분도 있으나 상당히 오랜 기간의 훈련이 필요하며, 판단 면에서는 타인의 도움이 필요하다. 고도 지적장애는 언어발달에 있어 보통 학령전기에도 언어발달이 일어나지 않거나 극도로 제한되어 있다. 또한 개념 습득에 있어 제한적 습득만 가능하며, 일상생활 영역 전반에 대해서도 지원과 감독이 항상 필요하다. 또한 판단 능력의 제한 등으로 인해 문제해결과 책임에 대한 보호자의 감독과 도움이 늘 있어야 한다. 최고도 지적장애는 언어나 운동 발달에 심각한 장애가 동반되며, 기본적인 자조 능력을 습득할 수는 있으나 독립생활은 어려우며, 일상생활의 전 영역에 걸쳐 타인의 도움에 의존해야 한다.

　지적장애의 진단은 지능, 적응 기술, 교육 성과, 여러 다른 측면의 발달 상황을 측정하는 표준화된 평가도구 및 임상평가로 진단하게 된다. 크게 세 가지로 나누어 평가하게 되는데, ① 지적기능은 스탠포드-비네 검사나 웩슬러 지능검사 등의 표준화된 지능검사를 사용하고, ② 적응기능의 평가는 개념적(학습) 영역, 사회적 영역, 실행적 영역으로 나누어 평가하며, 이를 위해 임상적 평가와 표준화된 평가도구를 사용한다. 그리고 ③ 지적결함과 적응 결함이 아동·청소년기 동안에 존재하는지 평가하여 발달 기간 중 발병함을 확인한다.

## 2) 원인과 치료

지적장애의 발병과 관련된 원인은 다양하게 존재한다. AAIDD(2015)는 〈표 9-5〉와 같이 지적장애와 관련한 발병원인을 생물의학적·사회적·행동적·교육적 요인으로 구분하였다.

국립특수교육원(2015)에 따르면, 지적장애의 원인은 염색체 이상, 대사장애, 두뇌의 손상, 유행물질 및 약물 오남용 등을 들 수 있다. 염색체 이상은 다운증후군, 프래더윌리 증후군이 있다. 두뇌의 손상은 풍진이나 매독 등의 질병을 산모가 앓았을 때, 또한 정상적으로 태어난 소아가 뇌막염이나 뇌염, 소

〈표 9-5〉 **AAIDD의 지적장애 원인**

| 발생 시점 | 생물의학적 | 사회적 | 행동적 | 교육적 |
|---|---|---|---|---|
| 태내기 | • 염색체장애<br>• 단일유전자장애<br>• 여러 증후군<br>• 대사 장애<br>• 대뇌발육 이상<br>• 모의 질병<br>• 부모의 연령 | • 빈곤<br>• 모의 영양실조<br>• 가정폭력<br>• 임신 중 보호 결여 | • 부모의 약물 사용<br>• 부모의 알코올 사용<br>• 부모의 흡연<br>• 부모의 미숙 | • 부모의 인지장애<br>• 부모가 될 준비의 결여 |
| 주산기 | • 미성숙<br>• 출산 상해<br>• 신생아 장애 | • 출산 시 보호결여 | • 부모의 양육 거부<br>• 부모의 자녀 유기 | • 개입 서비스를 위한 의학적 의뢰의 결여 |
| 출생 이후 | • 외상적 뇌손상<br>• 영양실조<br>• 수막뇌염<br>• 발작이상<br>• 퇴행성 장애 | • 아동-성인관계의 손상<br>• 적절한 자극 결여<br>• 가족의 빈곤<br>• 가족의 만성적 질환<br>• 시설수용 | • 아동학대와 방임<br>• 가정폭력<br>• 부적절한 안전조치<br>• 사회적 박탈<br>• 아동의 까다로운 행동 | • 양육문제<br>• 진단의 지연<br>• 부적절한 조기 개입 서비스<br>• 부적절한 특수교육 서비스<br>• 부적절한 가족지원 |

출처: Wicks-Nelson & Israel (2015)에서 재인용.

아 AIDS 등에 걸려 뇌 손상을 입기도 한다. 지적장애는 약물남용, 영양실조,
방사선, 조산 또는 출생 시 뇌손상 등이 해당된다. 특히 산모가 코카인, 헤로
인, 마약, 담배, 술, 카페인 등을 복용했을 경우는 치명적일 수 있다. 하지만 많
은 경우, 지적장애의 원인이 명확히 밝혀지지 않는 경우가 많으며, 따라서 그

〈표 9-6〉 **지적장애의 원인** (단위: 명, %)

| 구분 | | 전체 | 선천적 원인 (유전성, 선천성 질환, 발육이상, 모체질환, 기타 염색체 이상 등) | 출생 시 원인 (조산, 난산, 외상 등) | 후천적 원인 (질병, 중독, 외상, 사회 심리적 환경) | 원인불명 (장애의 원인을 알 수 없는 경우) | 기타 |
|---|---|---|---|---|---|---|---|
| 전체 | | 44,439 (100.0) | 14,602 (32.9) | 2,447 (5.5) | 8,704 (19.6) | 18,586 (41.8) | 100 (0.2) |
| 남 | | 27,638 (100.0) | 8,545 (30.9) | 1,680 (6.1) | 5,444 (19.7) | 11,969 (43.3) | 0 (0.0) |
| 여 | | 16,801 (100.0) | 6,057 (36.1) | 767 (4.6) | 3,260 (19.4) | 6,617 (39.4) | 100 (0.6) |
| 유 | | 694 (100.0) | 347 (50.0) | 46 (6.6) | 70 (10.1) | 231 (33.3) | 0 (0.0) |
| 초 | | 16,606 (100.0) | 5,839 (35.2) | 886 (5.3) | 3,002 (18.1) | 6,879 (41.4) | 0 (0.0) |
| 중 | | 12,795 (100.0) | 3,925 (30.7) | 679 (5.3) | 2,407 (18.8) | 5,784 (45.2) | 0 (0.0) |
| 고 | | 14,344 (100.0) | 4,491 (31.3) | 837 (5.8) | 3,225 (22.5) | 5,692 (39.7) | 100 (0.7) |
| 특수학교 | | 11,644 (100.0) | 4,542 (39.0) | 544 (4.7) | 1,685 (14.5) | 4,873 (41.8) | 0 (0.0) |
| 일반 학교 | 특수 학급 | 28,911 (100.0) | 8,957 (31.0) | 1,550 (5.4) | 6,163 (21.3) | 12,142 (42.0) | 100 (0.3) |
| | 일반 학급 | 3,884 (100.0) | 1,103 (28.4) | 353 (9.1) | 856 (22.0) | 1,571 (40.4) | 0 (0.0) |

출처: 국립특수교육원(2015).

치료 또한 의학적으로 이루어질 수는 없다. 지적장애의 경우, 의학적으로 치료하기 위해 노력하기보다는 적응 가능 행동의 범위를 넓혀 일반인과 더불어 살 수 있도록 '교육' 하는 것에 초점을 맞추는 것이 중요하다.

## 3) 음악치료 개입

지적장애의 음악치료적 개입은 적응행동에 중점을 두고 치료를 하게 된다. 음악은 음악이 가지는 독특한 특성 때문에 음악치료 임상에서 지적장애의 적응적 결함을 보완하고 향상시키는 데 있어서 많은 치료적 효과를 거두고 있다(최병철, 2006).

- 음악은 문화권을 넘어서 감정을 표현할 수 있는 도구다.
- 음악은 언어를 필요로 하지 않으므로 비언어적 커뮤니케이션의 도구로 사용된다.
- 음악은 소리라는 매개체로 사람의 몸과 마음에 직접적이며 순간적으로 작용하기 때문에 치료 대상의 지능 수준에 상관없이 어떤 환경에서도 생리적인 반응을 유도 할 수 있다.
- 음악은 자아성찰을 돕고 개인과 집단 간의 조화를 형성한다.
- 음악적인 행동을 통해 비음악적 행동을 유도할 수 있다.
- 음악은 학습을 돕고 여러 가지 기술을 습득할 수 있도록 돕는다.

음악치료는 지적장애인의 개인적 발달을 도와줄 수 있을 뿐만 아니라 음악을 통해 자신을 표출하게 함으로써 외부와의 교류를 가능하게 한다. 또한 음악치료는 항상 음악치료 내의 음악적인 활동이 음악 외적인 행동을 유발하도록 도와야 한다. 지적장애인이 가진 적응적 결함을 습득하고 향상시키도록 도우며, 이것이 치료 외적인 상황에서 효율적으로 사용될 수 있도록 도와야 한다. 지적장애인을 위한 음악치료가 효과적으로 적용되기 위해서는 다음의 네 가지 원리가 필요하다.

- 음악치료 계획은 각 개인의 장애 정도와 필요에 따라 맞춰져야 한다.
- 반복되는 동작과 노래로 클라이언트의 마음을 편안하게 하며 도전과 새로운 것에 대한 불안감을 없애도록 한다.
- 분별 능력, 인식 능력을 향상시키기 위해 음 또는 악기를 식별하는 다양한 종류의 방법을 개발한다.
- 클라이언트의 흥미와 마음을 끌 수 있도록 음악을 다양하게 준비하여 클라이언트와의 관계를 긍정적으로 지속시키고 커뮤니케이션을 유도한다.

## 4) 음악치료의 목적

지적장애를 위한 음악치료의 목적은 적응행동 결함을 향상시키는 데 있다. 적응행동은 개념적 영역, 사회적 영역, 실행적 영역에 따라 구분할 수 있다. 따라서 이 분류에 따라 〈표 9-7〉과 같이 목적을 구분할 수 있다.

〈표 9-7〉 **지적장애 음악치료의 목적**

- 개념적 영역
  학업 기술(읽기, 쓰기, 수학, 집중력, 사고력, 판단력, 문제해결 기술)
- 사회적 영역
  커뮤니케이션 기술, 표현력, 정서 조절
- 실행적 영역
  여가 기술, 직업 기술, 자립하기, 자기관리, 안전, 운동 기술, 신체 발달

지적장애인은 적절한 교육과 훈련의 기회가 주어지면 다양한 기능의 학습이 가능하다. 장애의 정도는 달라도 지적장애인이 가지는 공통적인 문제들이

있으며, 음악치료는 이 공통적인 문제를 해결하는 데 도움을 주어야 한다.

- 지적능력의 제한
- 언어와 커뮤니케이션의 결함
- 신체와 운동 발달 장애
- 사회 감정적 결함

새로운 기술을 습득할 때에는 획득, 능숙도, 유지, 일반화라는 교육적 요소들을 고려한 학습전략을 세워야 한다. 따라서 음악치료 계획을 세울 때, 이러한 학습전략을 반영하는 것이 좋다. ① 획득은 새로운 기술을 배우는 것이고, ② 능숙도는 기술을 연마하는 것이고, ③ 유지는 하나의 기술을 계속해서 성공적으로 사용하는 것이며, ④ 일반화는 학습한 기술을 낯선 환경에서도 사용할 수 있는 것이다(Davis, Gfeller, & Thaut, 2008).

지적장애인을 위한 음악치료 목적은 다섯 가지 영역으로 나눌 수가 있다.

- 사회 및 정서 행동의 향상을 위한 음악 활동
- 운동 기능 향상을 위한 음악 활동
- 커뮤니케이션 기술 향상을 위한 음악 활동
- 기본적인 학습 기술 습득을 위한 음악 활동
- 여가 선용을 위한 음악 활동

지적장애인의 개별적인 욕구가 다양하기 때문에 개별적인 치료 전략이 항상 필요하다.

① 사회 및 정서 행동 기술
지적장애인은 적절한 사회 기술을 습득하는 데 문제를 보인다. 음악치료집

단에서 지적장애인이 필요한 구성원이라는 인식을 가지고 긍정적 대인 관계를 강화시키도록 할 수 있다. 음악치료사는 집단에서 인사하기, 함께하기, 서로 나누기, 배려하기, 기다리기, 집단을 돕기 등을 학습하도록 한다. 음악 활동은 즐거운 경험이며 강한 강화재가 되므로 음악 활동에 참여하기 위해서 자신의 부적절한 행동을 수정하고 협동하게 될 것이다. 음악치료는 상황을 만들고 참여를 유도하기 위해서 음악과 관련된 활동을 사용하며, 적절한 행동에 강화를 제공하는 음악치료사의 도움을 받아 사회적 상호작용을 학습하도록 한다.

지적장애인은 자신의 감정을 확인하고 타인의 감정에서 사적인 감정을 분리하는 것을 배워야 한다. 음악치료는 자신의 감정과 타인의 감정을 알 수 있도록 하고 음악 자극을 확인하는 기회를 준다. 음악은 표현의 도구이므로 음악 활동을 통해 감정을 느낄수 있는 기회를 갖게 된다.

### ② 운동 기술

운동 기술은 학습에서 중요한 의미를 가지는데, 학습에 관계되어 요구되는 모든 신체적 기능이 운동기능 향상과 밀접한 연관성을 갖는다. 지적장애인은 정상인보다 정교한 움직임에 어려움을 갖는다. 음악의 리듬은 신체 움직임을 돕는 좋은 자극제가 된다. 리듬은 동작을 시작하고 끝맺을 수 있는 동기와 에너지를 제공한다. 일어서기, 앉기, 흔들기, 걷기, 뛰기, 깡총 뛰기, 행진하기, 도약하기, 손뼉치기, 팔과 머리 움직이기 등은 성장 발달단계에 필요한 동작이다. 처음에는 참여에서 시작하여 리듬과 동작을 맞춰 운동을 통제하는 경험을 갖게 한다.

리듬과 멜로디는 커뮤니케이션, 지시, 조식의 비언어적 수단을 제공하므로 지적장애인이 신체를 사용하여 움직이도록 돕는다. 손과 발의 협응된 사용 같은 대근육 동작, 민첩성, 이동 기술 등은 지적장애인이 습득해야 하는 공통 과제다. 음악과 함께하는 동작은 즐거운 게임이 되어 동기유발에도 좋다. 건반을 연주하고, 기타를 치고, 오토하프를 연주하고, 핑거심벌즈를 연주하는 동작은 소근육 운동에 효과적이다.

손뼉치기나 색깔악보 연주하기 등은 눈-손 협응을 도우며, 드럼을 치고 맬릿을 잡고 벨을 터치하여 연주하는 등의 활동은 눈과 손-팔 동작의 협응을 연습할 수 있다. 이렇게 훈련한 협응 기술은 학습 상황에서 중요한 기술로 활용된다. 책상에 앉아서 하는 많은 활동에 이러한 협응 기술이 필요하다. 성공적으로 연주된 음악 소리는 지적장애인에게 즉각적인 강화재가 된다.

### ③ 커뮤니케이션 기술

음악 활동은 표현언어와 수용언어에 있어서 커뮤니케이션을 발달시킬 수 있다. 지적장애인에게는 제한된 언어기술이 아주 큰 문제점이다. 따라서 비언어적 커뮤니케이션으로서 음악은 이러한 학습된 행동을 위한 중요한 자극이 된다.

음악치료에서 음악의 멜로디, 리듬, 템포, 음정, 음의 세기, 가사 등을 이용하여 표현언어, 수용언어, 지시 따르기에 관련된 언어 기술을 훈련시킬 수 있다. 소리 영역, 음높이 구분, 정확성, 소리의 질을 향상시키는 데 음악 활동이 사용된다. 소리의 특성을 파악하고 정확히 인식하고 소리를 수용하는 일련의 과정은 언어 습득에 있어서 중요한 과정이다. 다양하게 제공되는 음악적 소리들은 이러한 소리분별력에 대한 습득을 도와줄 수 있다.

음악치료에서 노래는 언어기술을 훈련하는 데 도움을 준다. 지시사항이 들어간 노래는 지적장애인의 주의를 집중시킬 수 있고, 노래 부르기에 중요한 단어를 넣어 강조함으로써 어휘력 경험을 풍부하게 할 수 있다. 이때에 음악치료사는 분명하게 말하고, 간단한 문장을 사용하고 지적장애인이 반응할 충분한 시간을 제공하여야 한다(Lathom, 1980).

### ④ 기본적인 학습 기술

음악은 지적장애인이 학업을 수행하기 위한 기본적 학습기술을 습득하도록 돕는다. 눈 맞춤, 집중력, 지시 따르기는 학업수행을 위한 중요한 요건이다.

눈 맞춤(eye contact)은 시작하고 유지하는 것이 중요하다. 눈 맞춤이 유지되지 못하면 커뮤니케이션에 방해를 받게 된다. 그러므로 치료사는 흥미로운 음악치료 활동을 통해 지적장애인이 눈 맞춤을 할 수 있도록 돕는다.

집중력은 학습과제 완성에 필수적이다. 지적장애인은 불필요한 자극을 걸러내고 중요한 지시를 따르는 능력에 어려움을 겪는다. 따라서 음악치료사는 청각, 시각, 촉각, 다른 감각적 신호들을 이용한 구조와 동기를 제공하여 집중력 향상을 도울 수 있다. 자신의 순서가 될 때까지 북의 박자를 들으며 기다리는 것, 치료사가 제시하는 키보드 연주의 큐에 맞추어 연주를 시작하는 것 등이며, 이때 치료사는 기다리는 시간을 점점 늘려 집중력을 향상시킬 수 있다.

지시 따르기는 학습에 많은 긍정적 결과를 가져올 수 있으며, 단계적으로 설정하여 적용할 수 있다. 단순지시와 복합지시로 나누어 실행하는데, 1단계 지시는 '북을 쳐요' '손을 들어요'와 같은 한 가지 지시에 따르게 되면, 복합 지시인 2단계 지시 '북을 위로 들어요, 맬럿을 집어요'와 같은 다음 단계의 지시를 수행하게 되고, 마지막으로 3단계 지시인 '북을 들어요, 맬럿을 집어요, 3번 연주해요'와 같은 복합 과제를 수행하는 지시를 이행할 수 있다.

### ⑤ 여가 선용 기술

실행적 관점에서 지적장애인이 여가시간을 활용하는 것은 중요하다. 그런 의미에서 음악치료에서 지적장애인의 여가기술 향상을 돕는 것은 아주 큰 의미가 있다. 건전한 여가생활을 영위하는 것은 제한된 판단력을 가지는 지적장애인이 사회적 문제에 연루되는 것을 예방할 수도 있다. 지적장애인이 여가선용을 위해서 악기 연주법 배우기, 음악회 관람하기, 음악 감상 장비 다루기, 합창단/연주단 등 음악 활동 집단에 참여하기 등은 지적장애인이 성공적으로 지역사회에 적응할 수 있도록 도움을 줄 수 있다.

# 2. 주의력결핍 과잉행동장애

## 1) 정의와 진단적 특징

K는 어릴 때부터 아주 활동적인 아이였다. 늘 끊임없이 움직이고 가만히 앉아 있는 법이 없었다. K의 어머니는 K와 외출을 할 때면 늘 예고 없이 이리저리 뛰어다니는 K를 잡느라 애를 먹기 일쑤였다. K가 유치원에 들어갔을 때, 교사들은 K가 수업을 방해하는 행동을 자주 하고 친구들과도 충돌이 잦다고 평가하였다. 초등학교 입학 이후, 수업시간에 집중하여 수업을 받기 힘든 K는 학업 성적이 또래에 비해 뒤처져 학업 수행에 부가적인 도움이 필요한 상태가 되었다.

미국 주의집중력장애협회(ADDA)에 따르면, 주의력결핍 과잉행동장애 (Attention Deficit Hyperactivity Disorder: ADHD, 이하 ADHD)는 뇌의 기능과 행동과 관련한 조절에 문제가 있는 뇌의 기질적 문제로 인한 것이다. 뇌의 기능은 보통 '실행적 기능 기술' 이라고 부르는데, 주의력, 집중력, 기억력, 동기와 노력, 학습상의 실수, 충동성, 과잉행동, 조직화, 사회 기술과 같은 것이다. 이러한 결함은 다양한 요인들로 인하여 유전과 같은 뇌의 화학적 · 구조적 차이에서 기인하는 것이다.

ADHD는 기능이나 발달을 저해하는 부주의하고, 체계적이지 못함과 과잉행동과 충동성 체계의 손상이 한 가지 또는 둘 다 모두 나타나는 신경발달장애다. 최근에 우리나라에서도 ADHD 아동에 대한 관심이 부쩍 증가하고 있으며, 학교나 가정에서 주의력결핍이나 과잉행동으로 인한 문제에 관심을 가지게 되어 ADHD에 대해 진단받고자 소아정신과를 내원하는 아동이 급격히 증가하고 있는 추세다. 또한 최근 몇 년 사이 ADHD는 치료를 하면 개선될 수 있다는 인식이 보편화되고 있어 보호자의 치료에 대한 태도 또한 적극적으로 바뀌고 있다. 따라서 ADHD는 음악치료 임상 현장에서 최근에 아동대상 영역에서 음악치료에 많이 의뢰되고 있는 대상이기도 하다.

DSM-5에서는 ADHD에서 나타나는 특징인 주의력결핍과 과잉행동 및 충동성의 두 가지 요인을 구분하여 인정하며, '주의력결핍 과잉행동장애'라는 명칭을 사용한다(American Psychiatric Association, 2013). ADHD는 DSM의 네 번째 개정판인 DSM-4에 처음으로 과잉행동을 포함한 ADHD가 게재되었다. 우리나라에서도 최근에 ADHD 질환에 대한 관심이 부쩍 증가하였으며, 이들에 대한 치료 교육 및 지도 방안, 다양한 치료적 접근에 대한 활발한 임상사례 적용과 연구자 진행되고 있다. 또한, ADHD가 아동기 이후에 사라지지 않고 청소년기, 성인기까지 남아 있다는 것은 최근 ADHD 치료에 있어서 주목하고 있는 부분이다. ADHD는 절대 아동기에서 끝이 나는 것이 아니라 성인기까지 이어진다는 것은 치료적 의미로서도 중요한 사항이다(ADDA, 2015).

ADHD는 아동기에 시작되며 학령기에 그 증상을 가장 발견하기 쉽다는 것이 주요한 특징이다. 따라서 몇 가지 증상이 12세 이전에 나타나야 한다는 진단상의 요건은 아동기 동안의 증상에 대한 부분이 중요함을 시사한다. 그리고 이러한 증상은 지속적으로 다른 성격을 가진 복수의 장소에서 관찰되어야 하는데 적어도 6개월 이상 부주의함 또는 과잉행동-충동성이 2개 장소(가정, 학교, 친구들과의 관계 등) 이상에서 나타나야 한다(APA, 2013).

ADHD 아동의 보호자를 면담하게 되면 아동의 특징에 대해서 집중을 못한다, 가만히 앉아 있지 않고 돌아다닌다, 한 가지를 끈기 있게 하지 않는다, 참을성이 없다, 무질서하다, 뛰어다닌다, 과격하다, 예고 없이 행동한다, 수다스럽다, 움직임이 많다, 성급하다, 위험한 행동을 한다, 돌발행동을 한다 등으로 아동의 특징을 묘사한다. 이는 모두 ADHD의 특징인 부주의함 또는 과잉행동-충동성의 특징이다.

〈표 9-8〉은 DSM-5에서 제시하는 자세한 진단기준의 특징을 보여 준다. 이는 ADHD 아동의 행동적 특징을 파악하는 데 도움이 될 수 있다.

〈표 9-8〉 **주의력결핍 과잉행동장애(ADHD)의 DSM-5 진단기준**

A. 다음 부주의함 또는 과잉행동-충동성의 9개 증상 중 6개 이상의 증상이 부적절한 정도로 6개월 이상 지속된다. (청소년 · 성인의 경우 다섯 가지 증상)

**부주의**
1. 학업, 일, 기타, 활동 중 세세한 것에 주의를 기울이는 것에 실패한다. 부주의한 실수를 한다.
2. 과제 수행이나 놀이에 지속적으로 주의집중을 할 수 없다.
3. 다른 사람이 직접 말을 할 때 듣지 않는 것처럼 보인다.
4. 지시를 따라오지 않거나 학업, 심부름, 업무를 끝내지 못한다.
5. 과제와 활동을 구조화하는 데 어려움이 있다.
6. 정신적 노력을 유지해야 하는 과제를 기피하거나 싫어한다.
7. 과제나 활동에 꼭 필요한 것들을 자주 잃어버린다(예: 학습과제, 연필, 책, 안경 등).
8. 외부 자극에 의해 쉽게 주의가 산만해진다.
9. 자주 일상적 활동을 잊어버린다.

**과잉행동-충동성**
1. 자주 안절부절못하거나 움직인다(손발 만지작거리기, 의자에 앉아서 몸 꿈틀거림).
2. 가만히 앉아 있는 것이 요구되는 교실이나 다른 상황에서 이탈한다.
3. 지나치게 뛰거나 높은 곳에 기어오른다.
4. 조용히 여가활동을 하거나 노는 데 어려움을 나타낸다.
5. '끊임없이 활동하거나' 마치 '태엽 풀린 자동차처럼' 움직인다.
6. 지나치게 수다스럽다.
7. 질문이 끝나기 전에 성급하게 대답한다.
8. 자신의 차례를 기다리지 못한다.
9. 다른 사람의 활동을 방해하거나 끼어든다.

B. 부주의 또는 과잉행동-충동성 증상이 12세 이전에 나타난다.
C. 부주의 또는 과잉행동-충동성 증상이 2군데 이상(예: 가정, 학교)에서 존재한다.
D. 증상이 사회활동, 학업, 직업 기능의 질을 방해 또는 감소시키는 명백한 증거가 있다.
E. 증상이 조현병의 경과 중이거나 다른 정신질환(예: 기분장애, 불안장애, 해리장애, 성격장애, 물질중독 또는 금단)에 의한 것이 아니다.

출처: American Psychiatric Association. (2013).

발달상에서 4세 이전에 아이가 과도한 운동양상을 보이는 것은 ADHD와 구별하기 쉽지 않다. 대개 ADHD는 학업적 상황이 주어지는 학령기에 접어들 때, 즉 초등학교 시기에 가장 잘 식별될 수 있다. 특히 부주의함이 뚜렷하게 드러난다. 과잉행동은 학령전기에 보이는 양상이다. 아동에서 청소년으로 넘어가는 시점이 되어 사춘기를 겪으며 증상은 많이 안정되지만, 반사회적 행동이 발현되어 악화될 수도 있다(Erk, 2010). 대개 청소년기와 성인기가 되면서 과잉행동은 많이 약해지지만 좌불안석, 부주의, 계획성 부족과 충동성은 지속된다. ADHD는 적절한 치료적 개입이 이루어지지 않으면, 충동성 등에 있어서 성인기까지 문제행동이 지속될 수 있으므로 반드시 치료적 개입이 필요하다. ADHD는 아동기에서 끝나는 것이 아님을 주의해야 한다(Wicks-Nelson & Israel, 2015).

한 가지 주의해야 할 것은 ADHD 아동의 증상이 적절한 행동에 대해 빈번히 보상을 받을 때, 세심한 감독하에 있을 때, 특별히 흥미로운 활동에 참여할 때, 일대일의 상황일 때(예: 임상적 상황), 외부 자극이 계속해서 주어질 때(예: 스마트 기기의 전자 화면 등), 새로운 환경(낯선 환경)에 있을 때에는 증상의 발현이 현저히 줄어들거나 나타나지 않을 수 있다는 것이다. 이는 치료적 개입에 있어서 치료계획을 설정할 때 중요한 고려점이 되므로 주의해서 판단해야 한다.

## 2) 원인과 공존질환

ADHD의 발병 원인은 아직까지 명확하게 밝혀진 바가 없으나(안동현, 김붕년, 2014), 고려되는 원인을 크게 3가지로 나누어 볼 수가 있다. 첫째, 신경생물학적 요인이다. ADHD를 가진 아동의 뇌영상 촬영에서 전전두엽의 주의집중을 조절하는 부위의 뇌활성이 떨어지는 것이 관찰되며, 구조적인 차이를 보인다. 생화학적 요인으로는 전두엽의 도파민과 노로에피네프린이 부족하다는 연구도 있다. 이러한 신경전달물질은 ADHD에서 문제가 되는 집행기능,

보상 및 동기와 관련된다(Jayson, 2005; Volkow et al., 2009). 둘째, 유전적 요인
이다. ADHD를 가진 아동은 대부분 가족력이 있으며, ADHD를 가진 아동의
형제 발현율은 30% 정도고, 부모 중 한 사람이 ADHD일 경우 자녀에게서
ADHD가 발현될 가능성은 57% 정도로 유전적 요인이 중요하게 작용한다
(CHADD, 2015). 셋째, 환경적 요인이다. 임신 중 흡연, 음주, 약물이나 미숙
아, 저체중아 등이 이에 해당되며, 식품첨가물 또는 학령기 전에 유해호르몬
에 노출되는 것 등을 환경적 요인으로 들 수 있다(Wicks-Nelson & Israel, 2015).
이처럼 다양한 환경적 요인에 대한 원인론이 제기되고 있지만 확실히 검증되
지는 않아서 여전히 논란이 되고 있는 것이 사실이다.

ADHD의 공존질환은 다양하며, 공존장애가 나타나는 비율이 아주 높아
ADHD만 발현되는 비율은 작다(Jarret & Ollendick, 2008). 공존질환으로는 학
습장애, 품행장애(Conduct Disorder: CD), 적대적 반항장애(Oppositional
Defiant Disorder: ODD)와 같은 외현화장애와 불안장애, 우울증과 같은 내재화
장애가 있다(안동현, 김붕년, 2014).

## 3) 음악치료 개입

ADHD 아동 · 청소년을 위한 음악치료에서는 ADHD의 특성을 잘 파악한
치료 전략이 필요하다. 음악치료를 시행하는 치료사는 다음의 전략을 잘 적용
하면 효과적이다.

- 항상 확고함과 일관성을 유지한다.
- 잘못한 행동에 대해서는 꾸짖거나 야단치지 않으며 강화재를 적절히 활
  용한다.
- 현실적인 과제를 제시한다.
- 과제에 대해 분명하게 반복하여 주지시킨다.

- 체계적인 활동 계획과 피드백을 반복한다.
- 짧은 시간에 끝낼 수 있는 과제를 제시하고 즉각적으로 피드백한다.
- 클라이언트의 주의력에 항상 초점을 맞춘다(눈 맞춤, 간결하고 명확한 언어, 이해의 정도를 확인함).
- 행동의 순서를 늘 확인하도록 한다.

ADHD 아동·청소년을 위한 음악치료에서는 과제분석이 반드시 필요하다. 과제분석은 그 행동을 하기 위해 필요한 과정들을 작게 쪼개어 보고 그 과정들이 빠지지 않고 포함되도록 하는 것이다. ADHD 아동·청소년의 머릿속에서 일어나는 사고의 과정을 꺼내어 번호를 매겨 본다고 생각하면, 반드시 빠지고 넘어가는 부분이 있게 된다. 이러한 빠지고 넘어가는 부분 때문에 주의가 흐트러지거나 충동적이게 되거나 예측하지 못한 돌발 행동을 하게 되는 것이다. 따라서 음악치료에서는 활동에서의 과제가 부여될 때 반드시 세분화된 과제분석에 따라 시행하며 이 순서를 빠짐없이 시행할 때까지 반복 학습하도록 한다.

효과적인 강화재는 ADHD 아동·청소년의 치료에서 아주 중요하다. 음악은 긍정적 정서를 유발하는 활동이다. 따라서 ADHD 아동·청소년이 쉽게 집중하게 하며 과제를 이행하는 데 있어서 즐겁게 참여할 수 있게 해 준다. 분석된 과제를 잘 이행하고 규칙을 준수하였을 때, 적절하게 제공되는 강화재는 아동의 동기를 강화시키고 행동을 수정하는 데 도움을 준다.

음악치료 시간의 규칙에 대한 명확한 전달은 필수적이다. 치료실 내에서 지켜야 되는 규칙, 집단과 함께할 때 지켜야 하는 규칙은 ADHD 아동·청소년이 행동조절을 하는 가이드라인을 제공하는 역할도 한다. 따라서 치료사는 음악치료를 위한 규칙 노래 등을 만들어 치료 세션을 시작할 때에 자신의 행동에 대한 규칙을 기억하도록 하며, 무엇을 해야 하고 하지 말아야 하는지에 대한 명확한 구분을 하도록 하는 것이 필요하다.

## 4) 사례

지훈이(남, 12세)는 8세 때 ADHD를 진단받고 치료에 의뢰되었다. 처음 만났을 때, 지훈이는 입에 모터를 단 듯 끊임없이 말을 하였다. 또한 지훈이는 한 가지 놀이와 과제에 집중하지 못했으며, 우유부단하여 스스로 결정을 잘하지 못해 치료사나 같이 동행한 어머니에게 그 선택을 맡기는 경우가 많았다. 예를 들어, 치료사가 핸드드럼과 패들드럼을 제시하고 어떤 악기를 연주할지 결정하라고 하였을 때 쉽게 결정하지 못하고 치료실 밖의 어머니에게 선택해 달라고 하는 식이었다. 치료사는 지훈이의 치료 과정에서 가장 중요한 부분을 '과제분석(task analysis)'으로 두었으며, 모든 활동을 세분화하여 분석하였다. 주의집중을 유지하지 못하거나 과제수행 시 반드시 수반되는 인지적 사고 과정을 건너뛰지 않도록 하기 위해 '과제분석'은 중요한 치료적 핵심이었다. 또한 우유부단한 문제행동을 수정하기 위해 세션의 모든 활동에서 가급적 2가지 또는 3가지의 선택권을 제시하였다(예: 악기 선택하기, 연주 순서 정하기, 노래 선택하기 등). 다음은 지훈이에게 시행한 활동의 예다.

〈활동 1〉

- 제목: 드럼 돌림연주
- 진행시간: 20분
- 목적: 집중력 향상
- 목표: 주어진 드럼과 규칙에 따라 클라이언트는 규칙에 따라 4박 안에 들어갈 리듬을 만들고 정확히 드럼을 연주하기를 75% 이상 한다.
- 방법
  ① 치료사는 드럼 돌림연주의 규칙에 대해 설명한다.
  ② 치료사는 4/4박자 4마디 중 첫 마디를 제시한다.
  ③ 클라이언트는 4/4박자 2~4마디의 리듬을 만든다.

④ 4마디의 리듬을 연결하여 연습하여 본다.

⑤ 연주의 순서와 연주 횟수를 정한다.

⑥ 시작하는 순서에 따라 순차적으로 한마디씩 시작하여 돌림연주를 해 본다.

4/4 𝄆 ♩ ♩ ♩ ♩ 𝄆 ♩ ♩ ♪♪ 𝄆 ♩ ♪♪ ♩ ♪♪ 𝄆 ♩ ♪♪ ♪♪ ♩ 𝄆

4/4 𝄆 ♩ ♩ ♩ ♩ 𝄆 ♪♪ ♪♪ ♩ ♩ 𝄆 ♩ ♪♪ ♩ ♪ ♩ 𝄆 ♪ ♫♫ ♩ ♩ 𝄆

〈활동 2〉

• 제목: 리듬 전달하기

• 진행시간: 20분

• 목적: 집중력 향상

• 목표: 주어진 드럼과 규칙에 따라 클라이언트는 4박안에 들어갈 리듬을 만들고 규칙에 따라 정확히 연주하기를 75% 이상 한다.

• 방법

① 클라이언트는 자신이 연주할 드럼을 선택한다.

② 자신의 악기 소리를 소개하는 시간을 갖는다.

③ 치료사는 리듬 전달하는 연주 방법을 모델링해 준다. 연주 방법은 '앞사람이 연주한 리듬(4박) + 나의 리듬(4박)' (4/4 2마디 연주) 연주하기다.

④ 연주의 순서를 정한다.

⑤ 순서대로 리듬을 전달하며, 계속해서 리듬을 바꾸며 반복한다.

〈활동 3〉

• 제목: 소리 집중하기

• 진행시간: 40분

• 목적: 주의력 향상

- 목표: 주어진 악기와 제시되는 방해 소리에 클라이언트는 주어진 악기로 리듬을 만들고 제시되는 방해소리를 따라가지 않고 자신의 리듬을 끝까지 연주하는 것을 100% 한다.
- 방법
  ① 집단은 둥글게 둘러앉는다.
  ② 집단에 리듬악기를 배부한다.
  ③ 집단에서 치료사 외에 한 사람을 지정한다(연주자와 방해꾼을 정하여 방해꾼은 시끄럽고 구별되는 악기를 선택한다).
  ④ 치료사는 단순하고 지속적인 리듬을 만들어 연주한다.
  ⑤ 치료사는 집단원에게 리듬에 참여할 것을 독려한다.
  ⑥ '방해꾼' 역할의 클라이언트는 치료사의 것과 반대되는 리듬을 연주하면서 치료사의 리듬을 방해한다.
  ⑦ 치료사는 리듬을 끝까지 수행하고 연주를 끝낸다.
  ⑧ 집단원은 치료사, 방해꾼, 집단원의 세 가지 역할을 돌아가며 해 본다.
  ⑨ 각자의 경험을 나눈다.

# 3. 파괴적, 충동조절 및 품행장애

## 1) 정의와 진단적 특징

### (1) 파괴적 행동

파괴적, 충동조절 및 품행장애(Disruptive, Impulse-Control and Conduct Disorders)는 아동 · 청소년기에 나타나는 외현화 장애에 속한다. 외현화 장애는 아동 · 청소년기에 일어나는 문제로 외부와의 갈등을 일으키는 것이고, 내현화 장애는 내재적 · 심리적 문제로 발현된다(〈표 9-9〉 참조).

| 〈표 9-9〉 아동 · 청소년기의 문제 | | |
|---|---|---|
| 내현화 장애 | 불안장애, 기분장애 | |
| 외현화 장애 | 아동기 | ADHD<br>적대적 반항장애<br>파괴적, 충동조절 및 품행장애 |
| | 청소년기 | 파괴적, 충동조절 및 품행장애 |

　학교폭력, 집단따돌림(bullying) 등의 현상은 우리나라에서 특히 청소년기에 발생하는 두드러지는 사회문제가 되고 있다. 학교폭력과 집단따돌림에 연루된 가해자는 아동 · 청소년기에 발병하는 파괴적, 충동조절 및 품행장애와 연관이 있다. 신경발달장애의 범주에 해당하는 파괴적, 충동조절 및 품행장애는 아동 · 청소년기에 가장 흔히 관찰되는 질환들 중의 하나로 지속적으로 다른 사람들의 권리를 침범하며, 자신의 나이에서 지켜야 할 사회적 규범을 어기는 행동을 하는 것이 특징이다. 이러한 행동은 사회적 · 학습적 영역에서 기능의 손상을 초래하고 비행청소년을 양산하기도 한다. 청소년기에 나타나는 파괴적, 충동조절 및 품행장애에 대해 DSM-IV와 ICD 10에서는 '품행장애(Conduct Disorder)'라는 진단명을 사용하였으나, 개정된 DSM-5에서는 '파괴적, 충동조절 및 품행장애(Disruptive, Impulse-Control and Conduct Disorders)'라는 진단명으로 개정하여 사용하고 있다(APA, 2013).

　아동 · 청소년기에 나타나는 파괴적, 충동조절 및 품행장애는 치료 개입이 적절히 이루어지지 않으면 반사회적 성격장애로 발전할 수 있으므로 단순히 '문제아'로 낙인찍기보다는 적절한 치료를 받을 수 있도록 조치해야 한다. 파괴적, 충동조절 및 품행장애가 있는 아동 · 청소년은 다른 사람에게 공격적으로 행동하고 공격적으로 반응한다. 또한 다른 사람을 괴롭히고 위협하거나, 문자나 SNS 등으로 협박하기도 한다. 또한 신체적으로 싸움을 걸거나 다른 사람에게 폭력을 가해 신체적 손상을 입히기도 한다. 사람이나 동물에게 잔

인한 행동을 하거나 다른 사람의 재산을 고의로 파괴하는 행동을 할 수도 있다. 대개 학교폭력에 연관되어 치료 명령을 받고 내원하는 환자의 대부분은 파괴적, 충동조절 및 품행장애의 진단을 받는 경우가 많다. 이들은 공감 능력이 떨어지고, 후회나 죄책감이 결여되어 있으며, 학업 수행에 전혀 무관심하고, 정서를 드러내지 않거나 의도적으로 정서를 표현한다. 다른 사람을 조정하는 데 익숙하고, 자신의 행동에 대해 뉘우침이 없다. 부모의 제재나 훈육에도 행동의 변화 노력이 없으며, 가출, 무단결석, 음주 등 일탈적 행동을 서슴없이 한다. 외현적으로 보이기에는 파괴적, 충동조절 및 품행장애 아동 · 청소년이 친구들과 어울리기 좋아하고 놀기 좋아하는 특성 때문에 사회성이 뛰어난 것처럼 보이나 실제로는 제한된 사회기술을 가지고 있는 경우가 많다.

파괴적, 충동조절 및 품행장애 아동 · 청소년은 당사자인 자신을 비롯하여 가족도 고통을 받게 되지만, 부적응 행동이 반사회적 형태로 나타나게 되면 피해자와 피해자 가족에게 말할 수 없는 고통과 아픔의 경험을 주게 된다는 것에 있어서 자신의 문제행동으로만 끝날 수가 없다. 따라서 파괴적, 충동조절 및 품행장애 아동 · 청소년은 사회의 문제로 인식하여 치료적 개입을 가정 내에서의 인식으로만 끝나는 것이 아닌 지역사회와 학교가 적극적으로 개입하여 치료 시스템 안으로 끌어들일 필요가 있다.

### (2) 집단따돌림

최근에 파괴적, 충동조절 및 품행장애와 관련하여 사회적 문제가 되고 있는 것이 학교폭력과 집단따돌림이다. 학교폭력과 집단따돌림은 가해자와 피해자 모두에게 씻을 수 없는 상처를 남기며, 개인 · 가정 · 학교 · 지역사회 모두가 관련되는 문제이기도 하다. 학교폭력이나 집단따돌림이 일어났을 때, 가해자에게 가장 많이 하게 되는 질문은 "(피해자를) 왜 때렸니?" "(피해자를) 왜 괴롭혔니?"다. 이러한 "왜?"라는 질문에 대부분의 가해자는 납득할 만한 이유를 대지 않는다.

집단따돌림은 집단괴롭힘, 왕따 등의 용어로 지칭하기도 한다. 집단따돌림은 상습적으로 힘없는 개인에 대한 집단 공격(group attack)이 지속적으로 이루어지는 학대다. 가해 학생과 피해 학생 간의 힘의 불균형(예: 연령, 신체 크기나 힘 등)에서 발생하는 부정적 행동이다. 여기서 부정적인 행동은 의도적으로 해를 가할 목적으로 공격하는 행동을 의미하는 것으로, 폭행이나 위협, 못살게 굴기, 놀리기, 소외시키기 등을 포함하는 포괄적 행동을 말한다(국립특수교육원, 2009).

한국청소년교육원(2015)에 따르면, 집단따돌림은 유형에 따라 신체적 · 언어적 · 간접적 괴롭힘 세 가지로 구분할 수 있다.

- 신체적 괴롭힘: 주먹질하기, 발로 차기, 침 뱉기, 지우개 던지기, 연필이나 볼펜으로 찌르기, 무릎 꿇게 하기, 돌아가면서 때리기, 옷에 낙서하기, 옷 찢기, 피해학생의 물건이나 신체를 툭툭 건드리거나 치고 지나가기
- 언어적 괴롭힘: 욕하기, 싫어하는 별명 부르거나 말로 놀리기, 빈정거리기, 면박이나 핀잔주기, 휴대폰 문자로 욕이나 비난하기, SNS에 들어오게 해 놓고 무시하거나 욕설하기
- 간접적 괴롭힘: 나쁜 소문내기, 눈 흘기기, 째려보기, 빙 둘러서 다니기, 위협적인 몸짓하기, 도시락 같이 안 먹기, 같이 놀지 않기, 물건 감추기, 전혀 말을 걸지 않거나 상대하지 않기, 사사건건 시비를 걸고 약을 올리기, 물어봐도 대답하지 않고 쳐다보지도 않기, 과잉친절로 불안하게 하기

## 2) 음악치료 개입

학교폭력 등 학교부적응 행동과 연관된 청소년의 파괴적, 충동조절 및 품행

장애에 대해서 음악치료 접근은 통합적이고 포괄적인 치료적 개입이 필요하다. 상담 및 치료 분야에서 파괴적, 충동조절 및 품행장애에 대해 오랜 시간 이들의 행동 유형을 효과적으로 변화시키는 법에 대해 연구해 왔지만 현재에도 뚜렷하게 효과적으로 제시되는 치료 방법이 없는 것처럼, 음악치료에서도 그 접근이 상당히 까다롭고 어려운 부분인 것이 사실이다. 하지만 무엇보다 파괴적, 충동조절 및 품행장애를 치료적으로 접근하고자 할 때 치료사가 파괴적, 충동조절 및 품행장애의 문제적 행동에만 초점을 맞추게 되면 치료적 효과에 실패할 가능성이 높아진다. 예를 들어, 학교폭력 가해자가 동급 친구에게 상해를 가하고 치료 명령을 받고 음악치료실에 내원했다면 과연 무엇에 초점을 맞추어 치료를 계획할 것인가? 친구를 때리는 행위에 대한 적절한 인지행동적 수정이 필요할까? 파괴적, 충동조절 및 품행장애에 대한 치료를 연구하는 많은 치료사들은 그것이 치료의 초점이 아니어야 한다는 것을 강조한다.

메이어(Mayer, 1995)는 학교에서의 반사회적 행동의 예방에 대한 책에서 다음과 같이 강조했다(Erk, 2010 재인용).

> 우리는 아이들이 문제의 원인인 것처럼 다루어서는 안 되며, 오히려 반사회적 행동을 야기하는 환경 내에 존재하는 요인들을 찾아내어 바로잡는 데 초점을 두어야 한다.

또한 카딘(Kadin, 1987)은 파괴적, 충동조절 및 품행장애 아동 · 청소년의 중재에 대해 다음과 같이 설명하였다(Erk, 2010 재인용).

> 파괴적, 충동조절 및 품행장애가 포함하는 다양한 행동, 그것들과 관련된 광범위한 역기능 및 수반되는 부모와 가족의 역기능은 중재에 상당한 도전을 보여 준다. 이용 가능한 중재 방법이 많은 것은 이 분야가 한두 가지 기술이 고착되어 사용되지 않았다는 것을 드러내는 것이다. 한편, 다양한 중재

절차는 어떠한 특정 접근법이 심각한 반사회적인 행동을 임상적으로 완화시
킬 수 없다는 것을 시사한다.

이러한 진술들은 파괴적, 충동조절 및 품행장애 치료에 있어 치료사는 문제
행동에 초점을 맞추어서는 적절한 치료적 개입이 이루어지지 않는다는 것을
보여 준다. 음악치료를 계획하는 치료사는 행동을 일으킨 원인을 먼저 찾아야
하며, 그곳에서 치료가 시작되어야 한다.

음악은 아동 · 청소년에게 상당히 매력적인 도구다. 아동기 · 청소년기에
음악의 영향력은 다른 어떤 매체보다도 강력하며 아동 · 청소년을 이해하는
데 도움을 준다. 음악치료는 그러한 점에서 아동 · 청소년과 소통할 수 있는
가장 강력한 도구를 가졌다고 할 수 있다. 음악은 아동 · 청소년의 정서 발달
에 영향을 주고 그들의 사회성 발달에 영향을 준다. 또한 음악은 아동 · 청소
년이 자아를 표현하는 매개체다. 그들은 음악으로 자신을 표현하는 데 굉장히
익숙하다. 그들의 음악을 이해하는 것은 그들의 사고와 심리를 이해하는 중요
한 통로가 된다. 아동 · 청소년에게 음악은 언어적 소통을 대체한다. 무엇보다
그들은 성인보다 음악에 훨씬 더 민감하다. 그러므로 반사회적인 성향을 가진
파괴적, 충동조절 및 품행장애 아동 · 청소년과 쉽게 라포를 형성하고 치료 개
방을 하기 위해 음악은 아주 효과적인 다리 역할을 해 줄 수 있다. 이러한 관
계 형성이 완성되면 각각의 행동의 원인에 대해 개별적 접근이 시작될 수 있
다(Mcferran, 2010).

## 4) 음악치료적 지침

파괴적, 충동조절 및 품행장애 아동 · 청소년에 대한 음악치료적 고려사항
은 다음과 같다.

- 관계 형성을 우선적으로 하며, 많은 시간을 할애한다.
- 행동의 문제에 대해 직접적으로 언급할 필요는 없다.
- 치료의 동기를 확보하고 이를 인식하게 한다.
- 치료에서의 규칙을 정한다(예: 치료 시간 엄수, 상호 관계 규칙, 허용되는 행동의 범위 등)
- 공감대를 형성한다.
- 청소년의 음악적 선호도를 반드시 존중한다.

## 5) 사례

다음은 파괴적, 충동조절 및 품행장애 청소년, 집단따돌림 피해자 그리고 학교부적응 청소년의 집단음악치료 프로그램 사례다.

### (1) 파괴적, 충동조절 및 품행장애

지훈이(가명)는 16살, 중3 여름방학이 시작되기 한 달 전 치료실에 내원하였다. 심리검사결과 파괴적, 충동조절 및 품행장애 진단을 받고, 음악치료를 시작해 보기로 했기 때문이다. 지훈이의 첫 인상은 굉장히 강렬하였다. 키가 아주 크고 마른 체형을 가진 지훈이는 중학생의 모습으로는 상당히 튀는 외모를 가지고 있었다. 빨간색으로 염색한 긴 머리, 입술과 눈썹에 피어싱을 하고, 귀걸이 때문에 귓불은 구멍이 난 것처럼 보였다. 그리고 오른팔은 전부 붕대를 감고 있었다. 오른 팔은 아버지와의 언쟁에서 화를 참지 못해 팔로 창문을 깨서 상처를 입어 봉합을 한 상황이었다. 지훈이와의 첫 대면에서 지훈이는 이미 많이 화가 나있는 상황이었다. 병원 진료를 받고 심리검사를 하는 과정에서 반항적 태도가 더 강화되어 있었다. 지훈이는 치료사를 보지 않고 내내 핸드폰만 만지작거렸으며, 대답도 하는 둥 마는 둥 하였다. 지훈이는 치료사를 쳐다보고 있지 않았지만 이미 온몸으로 저항하며 말하고 있었다. "난 당신이 무슨 얘기를 하려고 하는지 다 알고 있어요. 나는 야단맞는 것에 익숙해요. 분명 당신은 '너의 그런 행동은 잘못된 거야. 고쳐야 해.'라고 말할게 분명해요. 하지만 난 당신이 나에게 어떻게 하든 절대 당신 말을 듣지 않을 거예요. 당신은 절대 날 변화시킬 수 없어요!!"라고.

지훈이와의 치료는 라포를 형성하는 데 치료의 많은 시간을 할애하였다. 기본적으로 치료사가 문제행동을 수정하는 데 초점을 맞추는 것이 아니라 한 인간으로서 클라이언트에게 관심을 가지고 공감한다는 것을 보여 주는 것이 지훈이와 같은 파괴적, 충동조절 및 품행장애 청소년의 마음을 여는 것이었다. 치료사는 지훈이의 많은 것에 대해 칭찬하고 강화를 주었으며, 스스로에 대한 인식을 긍정적으로 하도록 도왔다. 많은 시간을 지훈이가 좋아하는 음악을 듣는 데 할애하였으며, 그 음악들이 지훈이에게 어떠한 의미가 있는지 질문하고 경청하였으며, 그것에 대해 함께 공유하여 주는 시간들이 치료적으로 의미가 있었다.

지훈이가 가진 문제행동의 수정은 라포가 깊이 형성된 이후에 지훈이의 내면 안에서 스스로 시작되었다. 부모와의 관계, 미래에 대한 꿈, 외모에 대한 과장된 치장 등은 지훈이가 자신에 대한 인식을 긍정적으로 바꾸고 자존감을 회복하였을 때, 치료사의 지시적 개입 없이도 해결될 수 있었다. 지훈이는 현재 자신의 꿈인 디자인을 공부하기 위해 특성화고등학교에 아주 성실히 다니고 있다.

### (2) 집단따돌림의 피해자

수영이(가명)는 조용하고 수줍음이 많고 꿈이 많은 17세, 고2 여학생이다. 수영이는 고등학교 2학년이 시작되는 3월에 치료사와 만났다. 수영이는 고등학교에 입학하고 1년이 지났지만 친구를 전혀 사귀지 못했고, 다른 학생들과 어울리지 못했다. 학교에서 담임교사가 수영이가 집단따돌림을 받는다는 것을 눈치 채지 못할 정도로 수영이에 대한 집단따돌림이 드러나게 이루어진 것은 아니다. 담임교사에 따르면, 수영이는 '다른 친구들과 어울리기를 좋아하지 않는다' '집단 활동에 잘 참여하지 않는다' '많이 내성적이다' '말수가 적다' 로 평가되었다. 하지만 수영이가 느끼는 학교생활은 달랐다. 수영이는 친구들과 소통되지 않는 것, 친구들이 자신을 마음을 이해해 주지 않는 것, 공통된 관심사가 없는 것, 학교에서의 집단 활동 어느 곳에도 끼어들지 못하는 것 등에 많은 괴로움을 느끼고 있었다. 치료실에서 만난 첫 날, 자신이 가장 좋아하는 음악을 치료사에게 들려주며 수영이가 한 말은 "이야기가 정말 하고 싶었어요. 아무도 내 말에 대꾸해 주지 않아요." 였다. 수영이의 부모는 수영이의 이러한 집단따돌림으로 인한 외로움에 대해서 '누구나 겪는 일이다' '먼저 적극적으로 다가가면 된다' 등의 피상적인 조언밖에는 해 주지 못하여 수영이는 가정에서도 자신의 괴로움에 대한 공감을 받지 못하는 상황이었다. 이러한 소통의 단절로 인해 수영이는 자신만의 이야기 상대를 마음속에 만들어 두고, 이야기하는 방법을 수영이는 음악치료에서 가사를 만드는 노래 만들기 활동을 주로 하였다. 수영이가 만든 가사들은 그동안 자신이 얘기하지 못하고 마음속의 작은 아이와 나누던 이야기들이기도 하였다. 수영이는 자신이 만든 가사를 치료사와 함께 노래하고 연주하여 녹음한 뒤 자신만의 앨범을 만들어 가졌다.

다음은 집단따돌림 피해자인 고등학교 1학년 수영이가 실제 세션에서 작사한 가사다.

갇힌 작은 새 이야기

작사: 김수영(가명)

갇혀 버린 작은 ○○이
사람들이 무섭고 친구들은 더 무서워

맨날 당하기만 해 하고픈 말도 많은데
겁쟁이고 자신 없는데 마음속은 끓고 있는데
**괴롭긴 해도 나는 행복해 나와 같은 사람 맘 헤아릴 수 있으니까**

(나만의 주문)
다친 날개로 날아올라, 한 번만 더 힘을 내 줘
나는 날 수 있는 새이니까.


나는 …

작사: 김수영(가명)


나는 흔들려요 가끔 우울해요 나는 자신이 없어요
가끔 무시당해요 만만하게 보여요
나는 조금은 불-안해져요


나는 소신 있어요 흔들리지 않아요 나는 긍정적이에요
나는 당당해요 무시당하지 않아요
나는 인정을 받고 싶어요


나는 존중받아요 만만하지 않아요 나는 참을 수 있어요
포기하지 않아요 항상 웃어요
나는 꿈-을 찾아 갈 거예요


나는 나를 믿어요 나는 노력할래요
지금은 힘들지만…

언젠간 이뤄요 기대하고 있어요

나는 정-말 할 수 있어요


나는 나를 믿어요 나는 노력할래요

지금은 힘들지만…


언젠간 이룰 거예요 기대하고 있어요

조금씩 나는 나아갈게요

나는 정말로 할 수 있어요


### (3) 학교부적응 청소년의 집단음악치료 프로그램

다음은 품행에 문제를 보이는 청소년 집단에게 실제 시행한 집단음악치료 프로그램의 예시다. 프로그램 적용과정은 회복 탄력성의 구성요소인 자기조절 능력, 긍정성, 대인 관계에 따라 구분하였으며, 청소년 클라이언트의 치료지속 및 치료의 안정성 확보를 위해 6세션의 단기프로그램으로 계획되었다.

- 목적: 회복탄력성 증진
- 기간: 주 1회 60분, 총 6세션 총 360분

| 세션 | 적용 영역 | 치료 목표 | 방법 | 내용 |
|------|-----------|-----------|------|------|
| 1 | 자기조절 능력 | 나의 감정 인식하기 | 타악 즉흥연주 무브먼트 | 두드림을 통한 분노 표출: 나의 분노 알기 |
| 2 | 자기조절 능력 | 부정적 감정 표현하기 | 타악 즉흥연주 | 타악 연주를 통한 건강한 분노 조절 |
| 3 | 긍정성 | 긍정적인 자아 인식 | 노래 만들기 | 현재의 나: 〈나의 노래〉 만들기 |
| 4 | 긍정성 | 긍정적인 미래 인식 | 노래 만들기 | 미래의 나: 〈나의 버킷 리스트〉 |
| 5 | 대인 관계 능력 | 타인 인식 | 악기연주 노래 만들기 | 타악 앙상블을 통한 타인 인식 인터넷 중독 관련 노래 만들기 |
| 6 | 통합 영역 | 통합의 시간 | 음악극 | 변화된 자신과 미래의 꿈을 상징화한 악기로 역할극을 함 |

다음은 청소년 클라이언트들이 치료과정에서 만든 노래의 가사와 멜로디다.

## 16살의 꿈

청소년 클라이언트: 김○○, 박○○, 이○○, 차○○
음악치료사

# 4. 틱장애

## 1) 정의와 진단적 특징

틱이란 갑작스러운, 빠른, 반복적인, 리듬을 갖지 않는, 상동적인 근육의 움직임 또는 소리냄이다. 틱장애(Tic Disorder)는 이러한 틱 증상이 일정 기간 지속적으로 나타나는 것이다. 틱장애는 1985년 프랑스의 질 드라 투렛(Gilles de la Tourette)에 의해 보고되었다. 틱장애는 뚜렛장애, 지속성(만성) 운동 또는 음성 틱장애, 잠정적 틱장애 그리고 명시된 혹은 명시되지 않은 틱장애 등 네 가지 범주로 나눌 수가 있다. 틱장애에는 운동틱, 음성틱의 존재 여부, 틱이 나타난 시점부터 지속된 기간, 발병 연령이 중요한 진단기준이다. 뚜렛장애와 지속성(만성) 운동 또는 음성 틱장애는 틱이 나타난 시점으로부터 1년 이상 틱이 지속되며, 잠정적 틱장애는 1년 미만 틱이 지속되는 것으로 구분된다. 뚜렛장애는 운동틱과 음성틱이 모두 지속 기간 동안 나타나지만 반드시 동시에 나타나는 것은 아니며, 지속성(만성) 운동 또는 음성틱장애는 운동틱과 음성틱 중에서 한 가지만 나타난다. 틱의 발병 연령 또한 중요한데, 틱은 18세 이전에 발병하며, 대개 7세 전후하여 가장 많이 발병된다. 틱장애의 진단에서 중요한 것은 이러한 틱증상이 다른 의학적 상태나 다른 알려진 원인이 없다는 것이 반드시 전제되어야 한다는 것이다(조수철, 2002).

대개 틱 증상은 한 가지 부위에서 한 가지 증상만이 나타나는 것이 아니라, 시간이나 상황에 따라 다양한 틱 증상이 나타나게 된다. 운동틱은 눈깜빡임, 얼굴 찡그림, 이마에 주름 만들기, 눈썹 위로 올리기, 윙크하기, 코 찡긋하기, 치아 드러내기, 입술 깨밀기, 혀 내밀기, 머리 흔들기, 머리 돌리기 등 다양한 모습으로 나타난다. 손이나 팔에서 관찰되는 운동틱은 팔이나 손을 흔들기, 손가락 비틀기, 주먹 쥐기, 손가락 뜯기 등이며, 몸통이나 하지에서 관찰되는 운동틱은 발이나 다리 흔들기, 걸음걸이의 이상, 몸 비틀기, 뛰어오르기 등이다. 이러한 것들은 짧은 시간 동안 지속되는 단순 운동틱이며, 복합 운동틱은 긴 시간 동안(몇 초) 지속되며 동시에 두 가지 이상의 동작이 나타나므로 의도가 있는 행동처럼 보이기 때문에 오해를 사기도 한다(예: 외설행동, 타인의 행동 모방, 모욕적인 행동 등). 이에 비해 음성틱은 소리로 나타내는 모든 틱 증상이 해당된다. 헛기침, 혀 차는 소리, 가래 뱉는 소리, 콩콩거리는 소리, 쉬소리, 빠는 소리 등의 단순한 형태부터 단어, 구 절, 문장 등의 복합 형태까지 나타날 수 있다. 예를 들어, "옳아." "그만해." "응."부터 욕설을 문장으로 내뱉는 경우도 있다. 이때 사용하는 언어에는 본인의 인식과 의도가 담겨져 있지가 않으나 어법에 들어맞는 문장이나 어구들 때문에 오해를 불러일으켜 사회적 활동에 현저히 제약을 주게 된다.

투렛장애는 4세부터 발병되기 시작하여 10~12세에 가장 심한 증상을 나타내며, 청소년기에 들어서면서 점차 증상의 경감을 경험하게 된다. 성인기에 처음 발병되는 경우는 약물중독이나 중추신경계손상 외에는 없고, 아동기에 증상이 있었던 것을 간과하고 성인기에 와서 발견한 경우에 해당한다.

최근 우리나라에서도 틱장애에 대한 많은 관심과 주의가 기울어지고 있는 추세다. 틱장애는 호르몬 이상이 발병 원인이지만 스트레스 등이 악화의 원인이 되기도 하는 만큼, 아동기의 지나친 학업 스트레스, 양육환경의 불안, 사회문화적 환경의 변화 등이 틱장애의 증가를 가져오기도 한다. 그리고 과거에 비해 아동기에 나타나는 정신질환에 대해 보편적인 관심이 증가하였고 틱 증상의 진단과 치료에 대한 적극적 태도 변화로 인하여 자연스럽게 틱장애에 대한 체감률이 높아졌다.

## 2) 원인과 공존질환

틱장애는 그 원인에 대해 잘 알려져 있지 않으며, 여러 가지 원인이 이유로 제시되고 있다(대한소아청소년정신의학회, 2012). 스트레스나 긴장, 신경전달물질 이상이 가장 많이 언급되고 있다. 그리고 유전적인 이유도 제시되고 있는데, 부모가 어릴 때 틱 증상을 보인 경우 유전되는 경우도 있다. 환경적 요인으로는 출산 과정에서 뇌의 손상이나 산모의 스트레스, 출생 시 체중 등이 틱장애와 연관될 수도 있다. 틱장애의 경우 심리적 영향으로 인하여 그 증상이 악화되기도 하므로 양육자나 주변 사람이 틱 증상에 대해 지적하지 않는 것이 좋다.

틱장애나 뚜렛증후군을 가진 아동 · 청소년은 공존질환으로 인해 더욱 힘든 생활을 한다. 틱 증상은 행동이나 소리로 그 증상을 주변에서 쉽게 알아챌 수 있기 때문에 다른 사람들의 주목을 끌게 되는 경우가 많다. 따라서 틱장애로 인한 심리적 · 정서적 문제가 공존하게 된다. 이들은 주변의 놀림으로 자존감에 상처를 받고, 사회 기술이 위축된다. 또한 틱 증상으로 인해 주의집중력에도 제한을 받는데, 특히 초등학교 입학 이후 학령기에는 학습적으로 문제를 보이는 학습장애를 동반할 수 있다.

## 3) 음악치료 개입

틱장애는 기본적으로 약물치료를 필수적으로 받게 된다. 음악치료는 약물치료 기간 또는 약물치료 이후에도 틱 증상이 완화되도록 도우며, 틱 증상으로 인한 동반되는 이차적 문제점들을 치료하는 데 치료의 초점이 맞춰진다. 음악을 통한 긴장 이완은 음악치료가 틱 증상에 대한 완화를 돕는 주요한 접근이 된다. 틱 증상을 가진 클라이언트는 음악치료에서 음악을 통한 긴장 이완을 경험하며 현재 자신에 좀더 집중할 있게 되며, 이는 스스로 자기조절을 할 있도록 돕는다. 틱장애는 증상에 대해 지적하면 악화되어 틱 증상에 대해 무관심하게 대응하도록 하는 것을 권장하나, 학령기에 들어서면 학교에서의 집단생활에 직접적으로 영향을 미치므로 자신의 증상에 대해 자각하고 스트레스를 받지 않는 범위 안에서 스스로 조절할 수 있도록 하는 동기부여도 중요하다. 일반적으로 긴장 이완을 위한 음악의 특징은 다음과 같다(최병철, 2001).

- 템포가 느리다.
- 템포가 일관성 있고 안정적이다.
- 박의 일관성이 유지된다.
- 선율이 예측 가능하다.
- 음정의 범위가 좁다.
- 프레이즈가 호흡의 패턴에 맞추어져 있다.
- 화성의 구조는 조성적이며 협화음을 이룬다.
- 음은 부드럽게 이어지는 레가토다.
- 셈여림의 변화가 적다.
- 반복적이다.

틱장애를 위한 음악치료에서 연주 활동이나 노래 부르기는 틱 증상 자체를 조절하는 데 도움을 줄 수 있다. 연주 활동에서 악기 연주의 대부분 활동은 손이나 발의 대근육을 사용하는 활동이다. 따라서 근육틱의 경우, 음악을 성공적으로 연주하는 동안에 클라이언트는 틱 증상을 멈추는 효과를 경험하게 된다. 예를 들어, 무의식적으로 손을 올리는 틱 증상을 가지고 있는 클라이언트에게 정해진 박에 패들드럼을 연주하도록 하였을 때, 정확한 연주를 제시된 박에 연주하는 동안에 틱 증상이 조절될 수 있다. 또한 노래 부르기는 음성틱을 완화하는 데 도움이 된다. 노래 부르기를 위한 호흡 연습과 발성, 그리고 노래 부르기까지 호흡을 조절하고 발성을 하고 정확한 가사로 노래를 부르는 동안 음성틱은 자연스럽게 소거될 수 있다.

## 4) 사례

민수(가명, 남 10세)는 틱장애 진단을 받은 형을 따라 오면서 틱장애가 발견되어 진단을 받고 치료를 시작하게 되었다. 민수는 근육틱과 음성틱을 모두 가진 복합틱 증상을 보였다. 민수에게 나타난 틱 증상은 처음에는 '음음' 하는 헛기침 소리를 내는 음성틱과 얼굴을 찡긋찡긋하는 근육틱이 나타났다. 이후 목을 까닥거리거나 어깨를 으쓱거리는 등의 다양한 근육틱이 나타났다. 민수의 치료과정에서 가장 심각한 틱 증상은 팔을 위로 올리는 근육틱이었다. 당시 민수의 이러한 틱 증상이 나타나는 시기는 여름방학이 한 달도 채 남지 않은 시기였다. 두 팔을 올려 만세를 하는 틱 증상은 학교에서 수업을 받을 때, 친구들이나 교사의 주목을 두드러지게 이끄는 행동이어서 민수는 정상적으로 학교 수업을 받기가 힘들었다. 이 시기는 민수에게 정서적으로 상당히 불안한 상황이었다. 왜냐하면 오랫동안 불화를 겪던 부모가 별거를 결정하고 어머니가 민수의 형과 민수를 맡아 생활하기 시작했기 때문이다. 사실상 틱장애는 불안이나 스트레스가 발병 원인은 아니지만 증상이 악화되는 데 영향을 미치기도 하는데, 민수의 경우에도 부모가 별거하던 시기에 증상이 심각히 악화되었다. 초기에는 행동 조절을 위한 음악치료가 시작되었지만, 증상이 악화된 이 시기에 민수와의 음악치료는 민수가 가진 불안을 경감시키고 자아를 강화하는 데 초점을 두었다.

〈활동 1〉
- 진행시간: 40분
- 진행과정
  ① 반기는 노래으로 시작을 알리고 자신의 상태에 대한 점검하는 시간을 갖는다(5분).
  ② 호흡 조절 및 긴장 완화를 위한 음악 감상을 한다(10분).

 – 음악은 협주곡이 아닌 관현악 곡으로 느린 템포의 멜로디 변화가 크지
  않으며 안정된 박을 가진 음악을 선곡한다.
 – 음악 감상 시에 이미지를 연상하는 작업을 할 수도 있다.
③ 노래 부르기를 위해 토닝 또는 발성연습을 한다(5분).
④ 음성틱 증상 조절을 위하여 정해진 박의 정해진 길이의 곡을 노래한다
 (10분).
⑤ 세션의 정리를 위해 다시 호흡 조절 및 긴장 완화를 위한 음악 감상을 한
 다(5분)
⑥ 다음 시간까지의 다짐에 대해 듣고 헤어지는 노래로 활동을 정리한다(5
 분).


〈활동 2〉
• 진행시간: 40분
• 진행과정
① 음악 감상과 호흡을 함께 하며 몸을 이완상태로 만든다(5분).
② 호흡 후 치료사와 함께 토닝을 하며 자기조절의 시간을 갖는다(10분).
③ 제시되는 박과 리듬, 연주과제에 따라 주어진 리듬악기를 정확한 타이
 밍에 연주한다(10분).
 * 이때 모든 악기에는 타점을 표시하고, 클라이언트가 박을 셀 수 있는 메
  트로놈 또는 치료사의 구령이나 악기 소리(예: 리듬스틱, 아고고벨 등) 등
  으로 박자를 제시한다.
④ 악기의 종류나 노래를 바꾸어서 ③의 과제를 반복한다(10분).
⑤ 제시되는 감상 음악에 맞춰 호흡을 한 뒤 마친다(5분).

# 5. 학습장애

## 1) 정의와 진단적 특징

학습장애(Learning Disabilities: LD)는 학습과 일상 기능에 필요한 읽기, 쓰기, 산수 등 특정 기능에 문제를 보이는 것으로, 지능지수와는 연관성이 없다. 학습장애는 난독증(dyslexia), 난서증(dysgraphia), 난수증(dyscalculia) 등으로 알려져 왔다. DSM-5에서는 학습장애를 특정 학습장애로 지칭하고, 6개월 이상 지속되는 학습 및 학업 기술상의 어려움을 가지는 것으로 정의한다(APA, 2013). 우리나라 「장애인 등에 대한 특수교육법」에 따르면 학습장애란 개인의 내적 요인으로 인하여 듣기, 말하기, 주의집중, 지각, 기억, 문제 해결 등의 학습 기능이나 읽기, 쓰기, 수학 등 학업 성취 영역에서 현저하게 어려움이 있는 사람이다. 학습장애의 문제가 드러나는 것은 대개 학령기에 시작된다.

학습장애는 전체 지능지수는 정상 범위이나 특정한 학습 능력에 있어서 손상을 보이는 것으로 생물학적 근원을 가진 신경발달장애에 속한다. 학습장애는 특정한 학습 능력의 저하로 학업 성취에 있어서 뚜렷한 저하를 보인다. 학습장애가 있는 경우, 학습장애의 범주에는 읽기장애, 쓰기장애, 산수학습장애, 학업 능률 관련 장애가 있다.

학습장애는 특정 핵심 학습 기술을 학습하는 데 지속적인 어려움을 가지며, 이러한 어려움은 학교교육 기간에 시작된다. 핵심 학습 기술이란 단어를 정확하고 유창하게 읽기, 독해력, 쓰기와 철자, 산술적 계산, 수학적 추론을 말한다. 일반적으로 걷거나 말하거나 하는 기술은 발달과정에 적정한 연령에서 습득하게 되지만, 학습 기술은 반드시 교육을 통해서 가능하며 정확하게 습득해야 하는데, 학습장애는 이러한 정상적인 학습 기술의 습득에 제한을 받게 된다. 학습장애는 학교교육 기간 내에 발생하기 때문에 학교생활에도 직접적 영향을 미치게 되는데, 자존감 저하, 학습 동기 저하, 사회 교류 기술 저하 등으로 인하여 학업 중단의 결과를 초래하게 되기도 한다. 또한 등교 거부, 학교생활 부적응 등의 이차적 문제를 일으키므로 적절한 치료교육이 필요한 장애 영역이다(신민섭, 2005).

학습장애는 특정 학습장애별로 각각 〈표 9-10〉과 같은 특징을 가질 수 있다.

학습장애에 대한 다음과 같은 몇 가지 오해가 있는데, 이러한 편견을 버리고 학습장애인에 대한 정확하게 이해하는 것이 중요하다(국립특수교육원, 2009).

### 〈표 9-10〉 학습장애 영역별 특징

- 읽기장애
  - 단어나 단어의 일부를 생략, 대치, 왜곡 또는 추가
  - 읽는 속도가 느림
  - 잘못된 시작, 긴 망설임 또는 위치를 놓침
  - 문장 중 단어의 앞뒤를 바꾸거나 단어 철자의 앞뒤를 바꿈
  - 읽은 사실을 기억하지 못함
  - 읽은 자료에서 결론이나 추론을 하지 못함
  - 읽은 자료에서 정보를 추출해 내지 못함

- 쓰기장애
  - 철자에 오류가 많음
  - 자신의 생각을 글로 표현하는 데 문법적 오류를 빈번히 행함
  - 구두점 사용에 오류가 있음
  - 문장의 구성체계가 잡히지 않음

- 수학학습장애
  - 특별한 산술 과정의 기본 개념을 이해하지 못함
  - 수학적 용어나 기호에 대한 이해의 결핍
  - 숫자의 상징을 인지하지 못함
  - 산술적 조작을 수행하지 못함
  - 계산 중 숫자 정렬이나 기호 정렬을 하지 못함
  - 산술적 계산의 공간적 조직능력이 떨어짐
  - 구구단을 외우지 못함

• 공부를 못한다고 모두 학습장애인이 아니다. 공부를 못하는 것이 모두 학습장애를 의미하지는 않는다.
• 학습장애인은 지능지수가 낮지 않다.
• 학습장애는 유전적 원인이 아니다.

## 2) 음악치료 개입

특정 학습 기능에 문제를 보이는 학습장애는 음악치료 적용이 학교체계나 교육적 환경에서 대부분 이루어지게 된다. 교육적인 영역의 재활은 특수교사나 각 분야의 교육전문가와 더 밀접하게 관련된 영역이다. 음악치료는 각 학습 기술을 습득하는 데 초점을 두기보다 학습을 위한 보조수단으로 활용되거나 학습 동기와 효과를 위한 긍정적인 강화재로 사용된다. 오히려 음악치료가 학습장애인을 위해 효과적인 치료접근은 학습장애로 인한 낮은 자존감, 자기비하, 자신감 결여, 낮은 사회성 기술 등의 사회-정서적인 영역에 있어서 치료의 목적을 두는 것이다. 음악치료 프로그램은 학습장애인의 문제점을 개선하기 위해서 다음의 영역에 적용할 수 있다(Gfeller, 1984).

• 음악치료는 학습장애인의 행동조절을 돕는다.
• 음악치료는 학습장애인의 학습 과제 수행에 대한 보상이나 강화재로 사용된다.
• 음악치료는 학습장애인의 어떤 특정한 학습 개념이나 과정을 이해하기 위한 방법이나 도구로 사용된다.
• 음악치료는 학습장애인의 사회정서적 성장과 계발을 시도하기 위해 사용된다.

학습장애인의 학습적 기술을 발달시키기 위해서는 획득, 능숙도, 유지, 일반화를 위한 단계적 전략을 사용하여 새로운 기술에 대한 습득을 점진적으로 이루도록 해야 한다. 대상자의 다양한 흥미와 관심을 바탕으로 설정된 음악치료 세션은 학습장애인이 나타내기 쉬운 행동 표현을 조절하는 데 도움이 된다. 음악치료활동은 단계적으로 새로운 기술을 습득하는 데 활동을 계획하여 적용한다.

　다양하게 계획된 음악활동은 학습장애인의 행동조절에 도움을 준다. 음악감상은 학습장애인이 주의를 집중하고 자신이 들은 것을 순서적으로 기억하게 함으로써 과제에 집중하고 조직화하는 능력을 발달시키는 데 도움을 준다. 처음에는 학습장애인의 주의집중력에 맞추어 짧은 시간을 할애하지만, 집단의 진행에 따라 점점 긴 시간을 할애한다.

　리듬과 음악의 진행 순서는 학습장애인의 공간 개념에 대한 지각 발달을 돕는다. 동작을 활용한 음악 활동은 자신의 신체에 대한 지각을 돕고, 신체의 움직이는 범위와 영역에 대한 지각을 도우며, 조화롭게 움직이는 방법에 대해 습득하도록 한다.

　노래 부르기는 학습장애인이 언어 기술을 향상시키는 데 도움이 된다. 노래의 가사는 읽기와 쓰기, 문장의 구조화와 간결화, 유창성 등에 도움이 된다. 노래의 리듬과 멜로디가 결합한 가사는 어휘력을 증가시키는 데 도움을 준다. 또한 노래의 가사를 기억하는 활동은 학습적으로 암기해야하는 정보에 대해 쉽게 기억하도록 돕기도 한다.

# 6. 인터넷 · 스마트폰 중독

## 1) 정의와 진단적 특징

　현대 사회는 고도의 첨단 · 정보화 사회로 인터넷 환경과 스마트 기기의 광범위한 보급 및 정보 시스템의 변화가 사람들에게 편리함을 제공하고 있으나,

동시에 그 이면에는 많은 새로운 문제가 양산되고 있다. 2014년 우리나라의 가구당 인터넷 보급률은 81.9%이며, 스마트폰 보급률은 78.6%로 광범위하게 언제 어디서나 인터넷을 사용할 수 있는 환경이 되었다(한국정보화진흥원, 2014). 2014 청소년 통계의 청소년 매체 이용 실태조사를 보면, 우리나라 초 · 중 · 고등학생의 10명 중 8명(81%)이 스마트폰을 소유하고 있는 것으로 나타났다(통계청, 여성가족부, 2014). 그러므로 청소년의 올바른 인터넷 및 스마트폰 사용에 대한 교육과 중독예방이 시급히 해결해야 할 사회적 과제가 되고 있다. 이는 비단 청소년에 국한되는 문제만은 아닌데, 지나친 온라인 매체의 사용으로 인하여 사회적 범죄도 급격히 증가하고 있다. 특히 아직 성장 단계에 있는 청소년의 경우, 이러한 중독에 쉽게 빠지게 되어 청소년의 심리적 · 행동적 문제가 야기되고 있다. 유해환경에 취약한 청소년은 인터넷을 이용하여 온라인 게임, 사이버 섹스, 도박, 지나친 정보 검색, 채팅, 사이버 불링 등에 빠져들 수가 있으며, 이것이 정도가 지나칠 경우 중독이 될 수가 있다.

인터넷 중독에 대해서는 골드버그(Goldberg, 1996)와 영(Young, 1998a)의 초기 연구 이후에 인터넷 중독에 대한 연구가 활발하게 이루어지고 있다. 일반적으로 인터넷 중독(internet addiction)이란 임상적으로 심각한 손상이나 고통을 일으키는 부적응적인 패턴의 인터넷 사용(Goldberg, 1996)으로서 인터넷 사용자가 약물, 알코올 또는 도박에 중독되는 것과 유사한 방식으로 인터넷에

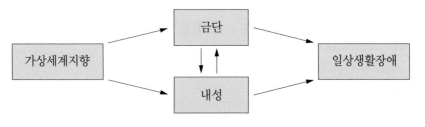

[그림 9-1] 인터넷 중독(스마트폰 중독) 구조모형

출처: American Psychiatric Association (2013).

중독되는 심리적 장애를 의미한다(Young, 1998b). 또한 인터넷 중독 및 스마트폰 중독은 인터넷 혹은 스마트폰을 과다 사용하여 인터넷 혹은 스마트폰 사용에 대한 금단과 내성을 지니고 있으며, 이로 인해 일상생활의 장애가 유발되는 상태를 말한다(미래창조과학부, 한국정보화진흥원, 2015).

인터넷 및 스마트폰 사용에 있어서 청소년의 경우, 학업을 등한시하고 지나치게 인터넷 및 스마트폰에 몰입하여 등교거부, 우울, 대인기피, 충동성, 폭력 등의 문제행동으로 병원 및 치료기관에 내원하는 경우가 빈번해지고 있다. 최근 한국정보화진흥원에서 발표한 '2014년 인터넷 중독 실태조사'를 보면, 잠재적 위험군과 고위험군을 포함한 인터넷 중독 위험군은 2014년 12.5%(768천 명)이며, 고위험군은 2.9%, 잠재적위험군은 9.6%로 청소년 인터넷 중독 위험군이 가장 높게 나타났다(한국정보화진흥원, 2015). 특히 2011년 이후에 청소년 인터넷 중독 위험군은 유·아동 및 성인의 인터넷 중독 위험군이 감소세를 보이는 것과는 반대로 매년 증가하는 추세를 보이고 있다(미래창조과학부, 한국정보화진흥원, 2015).

스마트폰 중독에 있어서는 2011년 한국정보화진흥원이 스마트폰 중독 척도인 S-척도를 개발한 이후, 스마트폰 중독 위험군이 매년 꾸준히 증가하고 있는 추세다. 특히 청소년의 경우, 스마트폰 중독 위험군(29.2%)이 성인(11.3%)의 약 2.6배에 달하여 청소년에게 스마트폰 중독이 심각한 문제로 대두되고 있음을 알 수 있다(미래창조과학부, 한국정보화진흥원, 2015).

인터넷 중독과 스마트폰 중독을 진단하기 위해서는 진단척도를 활용하는데, 현재 한국정보화진흥원에서 2002년 개발한 인터넷 중독 진단척도(K-척도)를 2011년 수정한 한국형 인터넷 중독 진단척도(K-척도)를 사용하여 중독의 정도를 측정한다. 여기서 청소년용은 15문항으로 구성되어 있다. 또한 스마트폰 중독 진단에는 2011년 한국정보화진흥원에서 개발한 스마트폰 중독 진단척도(S-척도)를 사용한다(한국정보화진흥원, 2011).

APA에서는 DSM-5에 새로운 중독의 유형으로 인터넷 중독을 게재할 것인지 여부를 논의하였지만, 진단명으로 게재하지는 않았다. 하지만 인터넷 중독의 진단기준에 대해서는 〈표 9-11〉과 같이 제시하였다(APA, 2013).

　인터넷 중독 유형은 대개 인터넷 중독을 유발하는 콘텐츠에 따라 구분한다. 즉, 인터넷 중독 유형으로는 포르노, 게임 중독, SNS, 인터넷 도박, 웹서핑 등 다양한 유형이 있다(최태현, 한덕현, 2015). 따라서 앞으로 미디어 환경과 콘텐츠의 변화에 따라 새로운 인터넷 중독 유형이 계속 나타날 것이다. 최근에 인터넷 중독보다 더 심각하게 대두되는 스마트폰 중독도 새로운 미디어 환경과 콘텐츠의 변화에 따라 새롭게 나타난 중독 유형이다.

〈표 9-11〉 **인터넷 게임 중독의 DSM-5 진단기준**

지속적이고 반복적인 인터넷 게임의 사용(종종 다른 사용자와 함께)이 다음에 열거한 진단 항목 중 5가지 이상 지난 12개월 동안에 나타난다.

1. 인터넷 게임의 몰두(지속적으로 이전 게임이나 다음 게임에 대해 생각한다. 인터넷 개임이 일상에 중요한 활동이 된다).
   * 병적 도박에 해당되는 인터넷 도박과 구분됨.
2. 인터넷 게임을 중단할 경우 금단증상을 보이게 된다(예: 약물로 인한 증상이 아닌 과민함, 불안감, 슬픔과 같은 증상).
3. 내성: 인터넷 게임을 하는 데 더 많은 시간이 필요하다.
4. 인터넷 게임 이용 시간을 스스로 조절하기 힘들다.
5. 인터넷 게임을 제외한 이전의 다른 취미나 흥밋거리에 관심을 잃는다.
6. 정신과적인 문제에 대해 스스로 인지함에도 지나치게 인터넷 게임을 이용한다.
7. 가족 구성원, 치료자 또는 다른 사람에게 본인의 인터넷 게임의 사용 정도에 대해 거짓으로 설명한다.
8. 부정적인 기분을 벗어나거나 완화하기 위해서 인터넷 게임을 이용한다(예: 무력감, 죄책감, 걱정거리 등).
9. 인터넷 게임을 이용함으로써 중요한 대인관계, 직업 및 교육이나 직업적 기회를 위태롭게 하거나 잃은 적이 있다.

**현재의 심각도 명시**
인터넷 게임장애는 일상생활에 영향을 미치는 정도에 따라 경도, 중등도, 고도로 나눈다.

출처: American Psychiatric Association (2013).

영(Young, 1998)이 제시한 인터넷 중독 유형은 〈표 9-12〉와 같다.

〈표 9-12〉　인터넷 중독 유형

| 유형 | 주요 특징 |
|---|---|
| 사이버 섹스 중독<br>(cyber sexual addiction) | 섹스나 포르노 등의 내용물을 담고 있는 인터넷 사이트(음란채팅, 음란물 공유, 성인방송 등)를 강박적으로 드나드는 경우 |
| 사이버 관계 중독<br>(cyber-relationship addiction) | 온라인을 통한 인간관계에 과도하게 몰입해 실제 인간관계에 장애가 있고 이를 등한시하는 경우 |
| 네트워크 강박증<br>(net compulsion) | 강박적으로 온라인 게임, 쇼핑, 주식매매 등을 하는 경우 |
| 정보 과부하<br>(information overload) | 강박적으로 웹사이트나 자료를 검색하는 것으로 자신에게 필요한 것보다는 정보 수집 자체에 집착하는 경우 |
| 컴퓨터 게임 중독<br>(computer addiction) | 강박적으로 온라인 게임에 몰두하는 경우 |

출처: Young (1998b).

　인터넷 중독은 다양한 문제행동을 야기하며, 일상생활에 부정적인 영향을 미치게 된다. 인터넷 중독자의 심리적인 특성은 금단, 내성, 일상생활장애 등 중독의 일반적인 특성을 가지고 있으며, 가상공간에 대한 높은 기대감, 현실 감각의 상실, 충동성, 자존감 저하, 폭력성이나 공격성, 우울감 등을 들 수가 있다. 특히 청소년의 경우에는 자기효능감 저하, 학교생활 부적응, 역기능적 가족관계, 불량한 또래관계 문제, ADHD, 수면부족, 자살충동 등이 문제행동으로 추가된다(보건복지부, 2007). 영(Young, 1998b)은 인터넷 중독 치료에서 인터넷 중독과 함께 인터넷에 빠져들게 된 유발요인 및 다른 정신질환의 동반 여부를 반드시 평가해야 한다고 권고하였다. 그러한 유발요인으로는 우울감, 절망감, 비관, 좌절감 등의 감정을 잊기 위해서 일시적인 현실도피의 수단으로 인터넷을 사용하게 되는 것이 있다. 또한 부정적 사고방식, 가정불화, 성적 저하, 실직 등의 이유 역시 인터넷 중독의 유발요인이 된다. 따라서 인터넷 중독을 위한 진단척도의 사용 이외에도 면담을 통해 유발인자 및 공존질환 여부를 평가하여야 한다.

한국정보화진흥원에서 매년 시행하는 인터넷 중독 실태조사에 따르면, 청소년이 다른 연령대에 비해 인터넷 중독률 및 스마트폰 중독률이 높은 것으로 나타나고 있는데, 그 원인 중 하나로 학업 스트레스를 들 수가 있다. 청소년의 스트레스 요인을 다룬 연구들을 보면, 학업문제에 대한 고민이 가장 많은 것을 알 수가 있다(한국청소년 상담원, 2003). 그러나 현실적으로 이러한 스트레스를 해소하는 데 시간적·물리적 여유가 부족하므로 가장 쉽게 스트레스를 해결하는 방법으로 스마트폰을 선택하게 되는 것으로 볼 수 있다. 스마트폰 중독이 야기하는 병리적 문제는 많지만, 특히 청소년의 경우에는 인터넷 중독의 경우와 마찬가지로 자기효능감 저하, 학교생활 부적응, 역기능적 가족관계, 불량한 또래관계 문제, ADHD, 수면부족, 자살충동 등이 나타날 수 있다(보건복지부, 2007).

## 2) 원인

인터넷 및 스마트폰 중독의 원인에는 다양한 이론적 가설이 제시되고 있는데, 각각의 변인이 중독 유발 원인이 되기도 하고, 복합적 변인이 중독 유발 원인이 되기도 한다(〈표 9-13〉 참조).

〈표 9-13〉 **인터넷 및 스마트폰 중독 관련 변인**

| 변인 | 관련 특성 | 내용 |
|------|-----------|------|
| 자기관련 | 자기통제력, 자기 효능감, 자존감, 자신감 | 금단, 내성, 일상생활장애, 자존감 저하, 자기 효능감 저하, 수면 부족, 현실감각 상실 |
| 또래 | 친구관계, 친구의 사회적 지지, 친구 영향력, 친구 지지 | 불량한 또래관계 문제, 집단따돌림, 은둔형 외톨이 |

| 정서 | 우울, 불안, 충동성, 공격성 | 가상 공간에 대한 높은 기대감, 충동성, 폭력성, 공격성, 우울감, ADHD, 자살 충동 |
| 학교 | 학교 문제, 학업 문제, 교사 관계, 교사 지지, 학교생활 만족도 | 학교생활 부적응, 등교 거부, 학업 능력 저하, 학업 태만, 교사에 대한 반항, 교칙에 대한 불이행 |
| 가족 | 가족 지지, 부부관계, 부모 통제, 과잉보호, 부모의 양육태도 | 역기능적 가족관계, 부모의 불화, 가정 폭력, 방임, 강압적 양육태도 |
| 인터넷 특성 | 인터넷 관여, 인터넷 정체성, 인터넷 이용 시간, 컴퓨터 접근성 | 학교생활 부적응, 등교 거부, 학업 능력 저하, 학업 태만, 교사에 대한 반항, 교칙에 대한 불이행 |

## 3) 음악치료 개입

음악은 현재 시간에 의존하는 예술이며, 지금 이 시간에 이 장소에 일어나는, 추상적이 아닌 구체적이며 현실적인 현상이다. 이러한 시간에 입각한 행동은 현실을 망각하고 학업이나 학교생활 등 현실에서 일어나는 문제들을 회피하는 인터넷 중독 아동 · 청소년에게 현실감각을 일깨워 주며 지금-여기에 적합한 행동을 할 수 있도록 도와준다. 또한 여러 가지 음악적인 과제를 수행하는 과정을 통해서 문제해결 능력과 음악에의 몰입 등을 통해 주의집중력을 향상시켜 줄 수 있다.

음악의 리듬은 인터넷 중독 아동 · 청소년의 동작이나 활동을 조절해 줄 수 있다. 리듬은 인간의 내재된 신체리듬과 동조화(entrainment) 경향을 바탕으로 신체의 움직임을 조절하는 역할을 한다. 음악의 리듬은 행동 조절뿐만 아니라, 이를 통한 감정조절까지 영향을 줄 수가 있게 된다.

소센스키(Soshensky, 2001)는 3인의 중독자에게 즉흥연주를 시도하였는데, 즉흥연주는 치료사와 다른 동료와의 관계에서 오는 경계를 허물고, 감정적인 지지 속에서 자신들의 내면에 숨겨져 왔던 건강한 성격이 즉흥연주로 나타날 수 있다고 하였다. 즉흥연주는 치료사와 다른 동료와의 관계에서 오는 경계를 허물고, 감정적인 지지 속에서 자신들의 내면에 숨겨 왔던 건강한 성격이 즉흥연주로 나타날 수 있다.

또한 음악은 자아를 강화시키는 역할을 해 줄 수 있으며(Smeister, 1999), 인지적 왜곡으로 인한 부정적 생각을 긍정적 생각으로 바꾸어 주기도 하는데, 왜곡된 인지적 신념을 학습으로 변화시키는 데 음악이 자극과 강화의 역할을 제공하여 준다(Maultsby, 1977). 인터넷 중독 청소년은 인터넷이라는 폐쇄된 공간에서만 커뮤니케이션을 이루려 하기 때문에, 현실 속에서는 낮은 자존감, 왜곡된 인지적 신념, 반사회적 사고 등의 문제를 드러낸다. 그러므로 음악치료는 인터넷 중독 청소년의 자아존중감을 비롯한 자기 효능감 등의 자아를 강화시키는 역할을 해 줄 수 있다.

## 4) 사례

### (1) 개별치료

현우(가명)는 음악치료에 의뢰되었을 당시, 14세의 중학교 1학년 남학생으로 1남1녀의 장남이며, 초등학교 5학년인 여동생이 있었다. 현우는 7세 때 사회성의 문제로 약 8개월간의 놀이치료를 받은 경험이 있었다. 현우는 초등학교 5학년 때부터 인터넷 사용이 급격하게 많아지면서 1일 평균 5시간씩 인터넷 사용을 하며, 친구관계가 단절되고 가족에게 욕설 및 감정 폭발을 자주 일으켜 왔다. 특히 자신의 분노를 참지 못하고 여동생과 어머니에게 잦은 욕설과 물리적 폭력을 가해 왔으며, 인터넷 사용을 금지할 경우 급격한 우울감과 불안감을 드러냈다. 친구관계의 단절로 인하여 학교생활에 부적응을 보이고, 수업시간에도 수업을 듣지 않고 나가 버리거나 잠을 자는 등의 행동을 보였으며, 스스로 죽고 싶다거나 우울하다고 하는 등, 우울감을 호소하기도 하였다. 병원 내원 당시 하루 인터넷 사용 시간이 5시간 이상이 되었으며, 학교에 등교하지 않는 주말에는 평균 인터넷 사용 시간이 10시간을 넘는 등 심각한 인터넷 사용 행태를 보여 주었다.

현우에게는 심리진단과 함께 음악치료 내에서의 진단평가가 함께 이루어졌다. 내원 당시 인터넷 사용 시간이 5시간 이상으로 지나치게 많았으므로 인터넷 중독 여부를 판단하기 위해 K-척도 검사도 함께 진행되었다. 심리진단 결과 사회성 결핍으로 진단받았으며, K-척도 검사결과 총점이 116점으로 인터넷 고위험군으로 진단되었다. 이에 인터넷 중독 치료와 함께 인터넷 중독으로 인하여 수반된 문제적 행동이 치료적 목적으로 제시되었다.

현우의 문제적 행동은 지나친 욕설 사용 및 자기비하, 자신감 저하, 자기인식의 결여, 타인에 대한 인식 결여, 낮은 대인 관계 기술, 감정 조절의 실패, 불안감, 피해의식 등이었다.

음악치료 진단세션은 모두 2세션으로 이루어졌다. 현우는 음악치료세션에 의뢰되기 전 심리진단이 이루어졌으므로, 이 진단세션 동안에는 심리진단에서 이루어진 진단 내용에 대한 재확인 절차가 포함되었고, 또한 현우의 음악치료에서의 치료적 목적 설정 및 그 목적에 따른 음악치료 프로그램이 계획되었다. 진단세션에서 현우는 언어 사용의 80% 이상을 욕설 및 비속어로 사용하였으며, 행동적 특성에 있어서는 시선 회피, 손을 가만히 두지 않거나 다리를 떠는 등 불안을 나타내는 행동을 의자에 착석해 있는 내내 보였다. 진단세션 음악 활동에 대해 거부하지는 않았으나, 제시된 과제와 무관한 수행을 하고 난 뒤 바로 이어서 인터넷 게임의 캐릭터를 치료사에게 끊임없이 설명하거나 놓인 종이와 펜을 가져다가 캐릭터를 그리며 낙서를 하는 행동을 보였다.

진단평가 후 설정된 현우의 치료적 목적은 다음과 같다.

① 현실인식 능력 향상: 현실감 회복, 자아정체감 확립, 적절한 타인 인식
② 자기조절력 향상 적절한 방법으로 분노 표현하기, 부적합한 행동 및 욕구 지연하기

③ 자아존중감 향상

④ 사회기술 향상: 사회공포증의 극복

현우의 음악치료 방법은 즉흥연주와 노래 만들기, 노래 토론(song discussion) 등의 음악심리치료 방법이 사용되었다. 또한 현우의 매 세션의 시작은 음악 감상이 배치되었다. 음악치료 적용은 인터넷 중독으로 인한 문제행동 개선과 현우가 가진 공존질환인 사회공포증을 치료하는 것이 치료 목적으로 설정되었다. 치료 방법은 국가청소년위원회와 대한청소년정신의학회 인터넷 중독 청소년 치료/재활사업단(2007)에서 만든 인터넷 중독 치료 매뉴얼에서 제시된 치료적 방법을 참조하였으며, 이를 음악치료 과정에 적합하게 변형시켰다. 매 세션은 비디오 녹화를 하였으며, 현우는 매 세션의 시작과 끝에 감정 그래프를 작성하였으며, 매 치료에 오기 전 일주일간 작성한 행동관찰 기록표를 치료사에게 제출하도록 하였다.

음악치료의 과정은 14개월 동안 총 52회 진행되었으며, 중간고사와 기말고사 혹은 개인적인 사정 등 특별한 사항이 있는 경우를 제외하고 주 1회씩 치료가 진행되었다.

현우의 치료적인 과정에서 치료의 주제는 세 가지로 나누어질 수가 있다. ① 자기인식의 과정, ② 자기조절 및 통합의 과정, 그리고 ③ 대인 관계 극복의 과정이다. 각 단계는 독립적인 듯 보이나 실은 독립적이지 않았으며, 자기인식의 과정이 일어난 후에 자기조절의 과정이 일어났듯이 한 단계의 바탕 위에 다음 단계가 진행되기도 하였고, 대인 관계 어려움 극복의 과정처럼 치료의 모든 세션에 걸쳐서 진행된 것도 있었다.

음악치료활동을 통하여 현우는 자기인식과 타인 인식에 있어서 현실감을 회복하였으며, 부정적인 자아인식을 긍정적으로 변화시킬 수 있었다. 또한, 감정조절을 비롯한 자기조절 능력이 변화되었는데, 현우는 이제 더 이상 혼잣말로 쉴 틈 없이 이야기하지도 않으며, 침묵을 두려워하지도 않고, 쉴 새 없이 손을 움직이지 않고도 편안함을 느낄 수가 있다. 스스로 인터넷 사용 시간을 체크하며 정해진 시간이 되면 누군가가 와서 컴퓨터를 끄지 않아도 스스로 컴퓨터를 끄게 되었으며, 더 이상 친구들을 이유 없이 욕하지도 않고, 누군가 자신을 욕하고 비웃을 것이라고 생각하지도 않게 되었다.

치료사는 현우의 변화를 관찰하기 위해 현우에게 매주 행동관찰 기록표와 감정 그래프를 통하여 '자기보고'를 하도록 하였다. 현우와 같은 인터넷 중독 청소년에게 있어서 '자기보고'는 자신의 시간을 기록하고, 또한 자신의 감정을 나타내는 단어를 선택하는 그 행위를 통하여 현실 인식을 강화하고, 자기조절을 통한 자기통제를 가능하게 하는 의미가 있다.

현우의 이러한 변화를 가능하게 한 것은 음악이었으며, 그중 가장 큰 역할을 한 것은 악기 연주였다. 현우는 은유적 악기 사용의 과정을 통해 음악과 자신을 동일시하는 방법을 탐색할 수 있었으며, 이는 현우가 자신의 내면을 음악으로 재연하는 데 도움이 되었다. 세션에서 자주 사용되었던 드럼즉흥연주와 선율이 없는 랩은 현우의 자기인식 및 자기조절과 통합의 과정에서 두드러진 변화를 이끌어냈다. 현우는 자기인식 과정에서 자신의 감정과 경험이 투사된 악기를 통한 즉흥연주를 함으로써 자신의 현실을 인식할 수 있었으며, 부정적으로 인식하여 부끄러워만 하던 자신의 목소리에 선율과 리듬을 입혀 줌으로써 긍정적인 자아를 인식할 수 있었다. 그리고 현우의 자기조절 및 통합의 과정에서 드럼 즉흥연주는 현우가 악기에 인물 또는 감정을 투사하여 재연하게 함으로써 현우를 상황에 대한 재경험 및 재인식의 과정으로 인도할 수가 있었으며, 긍정적인 변화를 가능하게 하였다.

### (2) 집단치료

이 사례는 인터넷 중독 청소년을 대상으로 시행한 프로그램이다. 치료 목적은 자기조절 및 인터넷 중독 극복이었다. 총 세션 수는 6세션이었으며, 6세션 전 1세션의 사전면담 시간을 가졌다. 집단치료로 시행되었으며, 한 집단의 구성원은 6~10명이다. 프로그램 내용은 〈표 9-14〉와 같다.

**〈표 9-14〉 인터넷 중독 음악치료 프로그램(6세션 프로그램)**

| 단계 | 목적 | 세션 | 내용 |
|---|---|---|---|
| 1단계 | 자기조절 | 1회기: 자기 자신을 조절하기 | 음악에 따른 호흡, 신체 동작을 통한 몸, 마음, 정신의 조절 |
| | | 2회기: 분노를 다스리기 | 타악 연주를 통한 건강한 분노 조절 |
| 2단계 | 자기표현 | 3회기: 자아인식 | 현재의 나: 〈나의 하루〉 나의 인터넷 생활과 연관된 가사 만들기 |
| | | 4회기: 인식 | 미래의 나: 〈나의 응원가〉 자신의 희망을 담고 격려의 메시지를 담은 가사 만들기 |
| 3단계 | 교류와 통합 | 5회기: 타인 인식 | 보컬 홀딩과 노래 부르기를 통한 타인 인식 |
| | | 6회기: 통합의 시간 | 음악극 만들기: 인터넷 중독을 벗어나는 과정을 담은 음악 역할극 |

## 참·고·문·헌

국가청소년위원회, 대한청소년정신의학회 인터넷 중독청소년 치료/재활사업단 (2007). 심각한 인터넷 중독 청소년의 치료/재활사업 보고서. 서울: 보건복지부.

국립특수교육원(2009). 특수교육학 용어사전. 서울: 하우.

국립특수교육원(2015). 2014 특수교육실태조사. 충남: 국립특수교육원.

노성덕, 김호정, 이윤희, 윤은희 역(2010). DSM-IV-TR 진단에 따른 아동·청소년 상담 및 심리치료(제2판)[*Counseling Treatment for Children and Adolescent with DSM IV Disorder*]. R. R. Erk 저. (원저는 2008년에 출판).

대한소아청소년정신의학회(2012). 청소년정신의학. 서울: 시네마프레스.

미래창조과학부, 한국정보화진흥원(2015). 2014년 인터넷 중독 실태조사. 서울: 미래창조과학부, 한국정보화진흥원.

방명애, 이효신 역(2005). 정서 및 행동장애: 이론과 실제[*Emotional and behavioral disorders: theory and practice*(4th ed.)]. M. C. Coleman & J. Webber 저. 서울: 시그마프레스. (원저는 2002년에 출판).

신민섭(2005). 학습장애. 한광호(편). 소아정신의학(pp. 249-267). 서울: 중앙문화사.

안동현, 김붕년(2015). 주의력결핍 과잉행동장애. 홍강의(편). 소아정신의학(pp. 131-144). 서울: 학지사.

정명숙, 박영신, 정현희 역(2015). 아동 · 청소년 이상심리학(제8판)[*Abnormal Child and Adolescent Psychology* (8th ed.)]. R. Wicks-Nelson & A. C. Israel 저. 서울: 시그마프레스(원저는 2013년에 출판).

정철호, 하지혜(2015). 지적장애(지적발달장애). 홍강의(편). 소아정신의학(pp. 131-144). 서울: 학지사.

조수철(1999). 소아정신질환의 개념. 서울: 서울대학교출판부.

최병철, 방금주 역(2001). 음악심리학[*Psychological Foundations of Musical Behavior*]. R. E. Radocy & J. D. Boyle 저. 서울: 학지사. (원저는 1997년에 출판).

최병철(2006). 음악치료학(2판). 서울: 학지사.

최태현, 한덕현(2015). 인터넷 게임장애. 홍강의(편). 소아정신의학(pp. 471-480). 서울: 학지사.

통계청, 여성가족부(2014). 2014 청소년 통계. 서울: 통계청, 여성가족부.

한국정보화진흥원(2011). 스마트폰중독 진단척도 개발 연구. 서울: 한국정보화진흥원.

한국정보화진흥원(2014). 2014 인터넷 이용 실태조사. 서울: 한국정보화진흥원.

한국청소년상담원 편(2003). 우리청소년, 어디로 가고 있는가? 청소년의 삶과 고민: 10년의 변화. 서울: 한국청소년상담원.


Achenbach, T. M., & Rescorla, L. A. (2001). *The manual for the ASEBA school-age forms & profiles. Burlington*, Burlington, VT: University of Vermont, Research Center for Children, Youth, and Families.

American Association on Intellectual and Developmental Disabilities. Diagnostic Adaptive Behavior Scale. http://www.aamr.org/content_106/cfm?navID=23 에서 2015년 6월 22일 검색.

American Psychiatric Association. (2013). *Diagnostic and statistical manual of mental disorders* (5th ed.). Washington, DC: American Psychiatric

Association.

Burns, D. S. (2001). The effect of bonny method of guided imagery and music on the mood and life quality of cancer patients. *Journal of Music Therapy, 38,* 51-65.

Children and Adults with Attention-Deficit/Hyperactivity Disorder. Symptoms and Diagnostic Criteria. http://www.chadd.org/Understanding-ADHD/Parents-Caregivers-of-Children-with-ADHD/Symptoms-and-Causes/Symptoms-and-Diagnostic-Criteria.aspx에서 2015년 7월 4일 검색.

Davis, W. B., Gfeller, K. E., & Thaut, M. H. (2008). *An introduction to music therapy: Theory and practice* (3rd ed.). Silver Spring, MD: The american Music Therapy Association.

Erk, R. R. (Ed.). (2004). *Counseling treatment for children and adolescents with DSM-IV-TR disorders.* Upper Saddle River, NJ: Merrill Prentice Hall.

Gaston, E. T. (1951). Dynamic music factors in mood change. *Music Educators Journal, 37,* 42-44.

Goldberg, I. (1996). Internet addiction. Electronic message posted to research discussion list. Retrieved from http://www.emhc.com/mlists/research.html

Jarrett, M. A., & Ollendick, T. H. (2008). A conceptual review of the comorbidity of attention-deficit/hyperactivity disorder and anxiety: Implications for future research and practice. *Clinical Psychology Review, 28,* 1266-1280.

Kazdin, A. E. (1980). *Research design in clinical psychology.* New York: Harper & Row.

Lathom, W. B. (1980). *The role of music therapy in the education of handicapped children and youth.* Lawrence, KS: National Association for Music Therapy.

Macferran, K. (2012). *Adolescents, music and music therapy: Methods and techniques for clinicians, educators and students.* London: Jessica Kingsley Publishers.

Maultsby, M. (1977). Combining music therapy and rational behavior therapy. *Journal of Music Therapy, 14,* 89-97.

Mayer, G. R. (1995). Preventing antisocial behavior in the schools. *Journal of*

*Applied Behavior Analysis, 28,* 467-478.

Smeister, H. (1999). Music therapy helping to work through grief and finding a personal identity. *Journal of Music Therapy, 36,* 222-252.

Soshensky, R. (2001). Music therapy and addiction. *Music Therapy Perspectives, 19,* 45-52.

Volkow, N. D., Wang, G-J., Kollins, S. H., Wigal, T. L., Newcorn, J. H., Telang, F., Fowler, J. S., Zhu, W., Logan, J., Ma, Y., Pradhan, K., Wong, C., & Swanson, J. M. (2009). Evaluating dopamine reward pathway in ADHD: Clinical implications. *Journal of the American Medical Association, 302,* 1084-1091.

Wheeler. B. (Ed.). (2015). *Music therapy handbook.* New York: The Guilford Press.

World Health Organization(2015). ICD-10. http://www.who.int/classications.icd/en/에서 2015년 4월 20일 검색.

Young, K. S. (1998a). Internet addiction: The emergence of a new clinical disorder. *Cyberpsychology and behavior, 1*(3), 237-244.

Young, K. S. (1998b). *What is internet addiction?* Retrieved from http://www.netaddiction.com

Young, K. S. (2011). *Internet addiction: A handbook and guide to evaluation and treatment.* Hoboken, NJ: John Wiley & Sons.

## 참고 사이트
미국 지적발달장애협회(AAIDD) http://www.aaidd.org
미국주의력결핍협회(ADDA) www.add.org
미국정신의학회(APA) www.apa.org
질병관리본부(WHO) www.who.int
Young의 인터넷 중독 www.netaddiction.com
국립특수교육원 www.knise.kr
한국정보화진흥원 www.nia.or.kr
한국인터넷중독상담센터 www.iapc.or.kr

# 제10장 신체장애인을 위한 음악치료

# 제10장 | 신체장애인을 위한 음악치료

신경과학 분야는 뇌파검사(EEG), 자기공명영상(MRI), 양전자방출단층촬영(PET-CT), 컴퓨터단층촬영(CT)과 같은 진단기술의 개발로 도약적인 발전을 하였다. 이를 통해 인간 뇌의 여러 영역은 인간기능의 서로 다른 부분을 담당하고, 각 영역의 손상은 인간의 신체장애와 관련되어 있음을 알게 되었다. 신체장애는 장애의 요인이나 장애 정도에 따라 다양한 증상을 가지며 원인에 따라 선천적 장애와 후천적 장애로 나눌 수 있다. 태어날 때부터 신체의 기능이나 일부분이 불완전한 상태이거나 출생 후 유전적인 영향 때문에 장애요인이 일어난 선천성장애로는 뇌성마비가 대표적이고, 출생 이후에 발생한 뇌 손상을 설명하는 집합적인 용어인 후천성 뇌손상으로는 뇌혈관 사고, 외상성 뇌손상, 저산소성 뇌손상이 있다.

1990년 이후로 생물의학적 과학 연구의 발전이 이뤄지면서 음악의 신경동물학적 근거는 뇌 기능에 대한 음악의 영향과 연계되고 음악과 뇌 기능의 호혜적 관계는 음악치료의 새로운 가능성을 제시하였다. 이러한 발견들은 음악이 뇌의 복잡한 인식(Samson & zatorre, 1991), 감정(Blood et al., 1999), 감각운동과정(Thaut et al., 1997)을 촉진하고, 일반화되어 음악이 아닌 치료 목적으로 이용될 수 있음을 시사한다.

대표적인 뇌혈관질환의 종류는 다음과 같다.

① 뇌졸중(stroke)

세계보건기구(WHO)에서는 뇌졸중을 "뇌혈관 장애로 인하여 갑자기 국소 신경학적 장애나 의식장애가 발생하여 24시간 이상 지속하는 경우"라고 정의 한다. 뇌졸중은 중요한 사망 원인의 하나로 발생 후 18%가 사망, 9%는 완전 회복, 73%는 심한 장애를 입게 된다. 따라서 뇌졸중 발병 후 후유 장애를 최소 화하고 기능을 회복하여 삶의 질을 높이고 사회에 복귀하기 위해서는 적극적 인 재활치료가 필요하다.

뇌졸중 환자는 급성기가 지나고 나면 보통 재활치료를 시작하는데, 이동 및 보행, 상지기능 회복, 일상생활 동작훈련, 인지 및 지각 장애 치료, 언어장애, 연하장애, 경직에 대한 다양한 치료를 받게 된다. 따라서 환자에 대한 재활의 학적 평가는 여러 분야의 협동이 필요한 팀 접근 방식으로 이뤄진다.

② 외상성 뇌손상(traumatic brain injury)

외상성 뇌손상의 주요 요인은 교통사고, 폭력, 추락, 총상 등의 외상에 의해 발생된다. 외상성 뇌손상의 일차적인 기제는 뇌좌상, 미만성 축삭손상이며, 합병증으로 두개내혈종, 뇌 팽창, 뇌압 상승, 호흡 부전, 저혈압, 허혈성 뇌손 상 등이 있고, 이차적인 손상으로 두개내압의 상승, 뇌부종, 저산소증, 수두증 혹은 감염 등이 있다. 각각 다른 상해 유형은 기능장애의 범위를 다양하게 만 들고 CT나 MRI에서 확인하기 어려운 병변을 가지는 경우가 종종 있기 때문에 임상 증상과 예후를 예측하기 어려울 수 있다.

③ 저산소증(hypoxia), 허혈(ischemia), 경색(infarction)

저산소증은 산소 공급장애이며, 허혈은 혈류장애에 의해 혈액공급이 불완 전하게 된 경우다. 허혈에서는 혈류장애에 의해 뇌로 당분과 산소의 공급이 중단되고, 그에 비해 저산소증은 오직 산소 공급이 감소된 상태다. 경색은 혈 류의 감소에 의해 세포와 혈관 그리고 신경섬유를 포함한 조직에서 비관류성

괴사가 일어난 것을 말한다.

◎ 재활

　재활은 다시 활동하는 것, 특히 신체장애인이 장애를 극복하고 생활하는 것을 뜻한다. 재활의학의 목표는 재활의 대상이 육체적·심리적·사회적으로 자신의 최대 기능이 가능하도록 하여 삶의 질을 향상하는 것이다. 재활의학과는 기능적인 면을 중시하고 일상생활을 혼자서 가능하게 도우며 이를 위해 포괄적 접근으로 팀을 구성해서 치료한다(Jeffery & Good, 1995). 음악치료사는 재활 팀의 일원으로 환자의 언어, 인지, 정서, 감각운동 재활을 목적으로 하는 치료에 참여하게 되는데, 이를 위해 임상증상과 음악치료 방법에 대한 지식을 갖추고 각 영역 전문가들의 견해와 역할을 존중하는 태도를 지녀야 한다.

◎ 신경재활에서의 음악치료

　음악은 음악적 진행에 수반되는 신경학적 메커니즘 활동의 작용으로 행동 강화의 효과적인 형태다. 재활이 필요한 환자에게 음악은 신경학적 관점과 인지행동학적 관점에서 영향을 미치고 뇌의 가소성과 기능적인 재훈련, 행동 보상의 방법으로 학습을 돕는다. 신경재활 임상에서 일하는 음악치료사는 예술 외적 치료 목표를 달성하기 위해 음악을 통한 재활 치료를 제공한다.

• 신경학적 음악치료
　1990년경 음악의 생물학적 근거를 확인하면서 음악치료, 신경학, 뇌과학을 연구하는 연구자들과 임상의들에 의한 노력으로 신경학적 음악치료(NMT) 기법이 체계화 되었다. NMT의 임상적용은 3개의 영역으로 하위 분할되는데, ① 감각 운동기능 회복 훈련, ② 말하기와 언어 기능 회복 훈련, 그리고 ③ 인식기능 회복 훈련이다.

• 타우트와 데이비드 모델

음악치료를 신경학과 접목하여 '재문맥화 음악치료 모델'을 제안·발전시킨 사람으로 마이클 타우트(Michael Thaut)와 윌리엄 데이비드(William David)가 있다. 음악치료사는 신체재활에서 운동의 생리학적 활동을 더 쉽게 만들어 동기·목적·구조를 제공하고 적절한 악기를 선택하여 치료에 적용하게 되는데 여기에는 두 가지의 개념이 있다. 음악에 '의한' 움직임과 음악을 '통한' 움직임이 그것이다.

• 음악에 의한 움직임
 – 운동패턴의 감각자극
 – 리듬의 동기화
 – 척추를 통한 청각시스템

• 음악을 통한 움직임
 – 청각의 환원과 의도된 움직임
 – 동기를 부여하는 정서적 자극
 – 운동근육의 기억

◎ 음악치료의 목적

신체장애인을 위한 음악치료는 사회적·정서적·신체적 기술의 발달을 포함하는 교육적인 목적과 신체의 결함을 치료하거나 보충하는 재활의 목적 그리고 정서적·사회적·감각 운동기능 면에서 정상 발달해 나갈 수 있도록 돕는 발달의 목적으로 시행할 수 있다.

신체장애인을 위해 일하는 음악치료사는 전문적이고 체계적인 치료를 위해 다양한 신경계 질환으로 야기되는 장애의 임상 증상과 음악의 역할을 이해할 수 있어야 한다. 다음에서는 각 장애별로 임상증상, 음악의 적용, 음악치료의 목적, 음악치료 방법을 살펴보고자 한다.

# 1. 인지기능장애

행동은 '정보를 다루는 인지(cognition)' '감정이나 동기와 관련된 정서(emotionality)' '행동을 수행하는 방식과 관련된 실행기능(executive function)'의 세 가지 기능 체계의 측면에서 생각해 볼 수 있다. 뇌손상이 이들 체계 중 어느 하나에만 영향을 미치는 경우는 거의 없으나 뇌손상 환자에게 가장 흔히 발견되고 신경해부학적으로 확인 가능한 체계와 관련 지어 개념화하고 측정할 수 있다는 점에서 정서나 실행 기능보다 인지기능에 더 많은 관심을 가져왔다.

인지기능의 중요한 범주로는 입력-저장-처리-출력 과정이 있다. 첫 번째 수용 기능(receptive function)은 정보의 선택, 획득, 분류 및 통합, 두 번째 기억 및 학습(memory & learning)은 정보의 저장과 인출, 세 번째 사고(thinking)는 정보의 조직화 및 재조직, 네 번째 표현기능(expressive function)은 정보를 말로 전달하거나 동작으로 표현하는 수단이다. 각 인지 기능들이 개개의 행동범주를 구성하긴 하지만 보통은 매우 가깝게 상호작용하고 각각의 인지 기능이 개념상으로 쉽게 분류되는 것처럼 보이더라도 서로 의존적인 차원을 넘어 밀접하게 관련되어 있다.

음악치료는 기능적인 재훈련과 행동 보상의 방법으로 학습을 이끌어 환자에게 나타나는 인지장애를 폭넓게 다룰 수 있고 다양한 목표를 위해 적용할 수 있다(Baker & Roth, 2004). 음악치료사는 인지재활을 목적으로 하는 타 영역의 전문가들과 치료 목표를 공유하고 협업하기 위해 인지장애 환자의 임상증상과 행동 패턴에 대한 이해를 가지고 기본 의학 용어를 숙지할 필요가 있다.

## 1) 인지기능장애

인지(cognition)란 기억력, 학습력, 언어력, 이해력 등을 포함한다. 인지 기능(cognitive function)은 인간 개인의 사고능력을 의미하고 인지장애(cognitive impairment)는 뇌손상으로 인해 정보처리 과정에 장애가 발생하고 그 결과 자극을 경험하고 반응하는 것에 변화를 가져와 일상생활에 지장을 초래하는 것을 뜻한다. 기본적으로 주의력, 기억력, 지각력, 실행 능력, 언어능력과 정서적 측면을 포함하고 상위 인지 개념으로는 지식의 사용과 추상적 개념, 사회의식, 사고, 판단력이 있다. 다음은 인지기능장애의 기본 개념 중 주의력과 기억력에 대한 설명이다.

## 2) 주의력

주의력(attention)은 특정 자극에 집중할 수 있는 능력으로 보다 복잡한 능력을 평가하기 전에 정확한 평가를 필요로 한다. 만약 환자가 집중할 수 없고 산만하다면, 평가 시 주어지는 정보를 적절하게 받아들일 수 없기 때문이다. 주의력의 주요 요인으로 각성은 외부와 내부의 부적절한 자극을 여과할 수 있을 때 최적의 상태로 발생한다(Perkins et al., 2001). 주의력은 인간 기능에서 가장 중요한 인지 능력이라 할 수 있는데, 가장 손상받기 쉬운 영역이기도 하다. 뇌손상 환자들의 주의력은 평가할 때마다 달라질 수 있는데, 이는 과제의 난이도, 피로, 분노 등의 결과일 수 있다. 따라서 평가는 일회기 세션에 이루어져서는 안 되며 여러 세션을 통해 반응을 살펴보아야 한다.

주의력의 여러 유형을 설명하는 주의력 모델은 집중주의력, 지속적 주의력, 선택적 주의력, 교대주의력, 분리주의력을 포함하고 있으며 주의력장애 환자는 각성 상태 유지의 문제, 지속적 주의력 저하, 선택적 주의력 저하, 교대주의력 저하, 분리주의력 저하의 임상적 양상을 보일 수 있다. 주의력 증진

을 위한 음악치료 활동은 참여도의 증가와 주의력 과제 난이도 조절을 목표로
설정하여 진행할 수 있다.

## 3) 기억력

기억(memory)이란 정보를 받아들이고 저장하고 인출하는 것을 말한다. 기
억은 어떤 정보를 받아들이느냐, 저장하고 있는 시간의 길이 및 저장 용량은
어떠한가, 인출 방법은 어떠한가에 따라 분류될 수 있다. 저장하는 시간에 따
라 기억의 첫 단계를 감각기억, 감각기억으로부터 받은 정보를 잠시 유지하는
것으로 1분 이내 약 20~40초 정도 저장되는 단계를 단기기억, 1분에서 수년
동안 또는 영구적으로 저장되는 기억을 장기기억이라 한다.

기억장애는 기억 각 단계에 적절한 정보와 처리를 이루지 못하는 문제 혹은
기억을 유지하기 위한 효과적 방법을 적절히 사용하지 못하는 것으로 야기되
고, 훈련 과정에서 자신의 기억능력 수준이나 기억해야 할 과제에 대한 난이
도를 제대로 파악하지 못하는 것도 증상이라 할 수 있다. 따라서 기억력 재활
치료의 목표는 손상된 기억력 향상뿐 아니라 주변 환경 수정을 통하여 문제가
되는 행동을 조절하고 가족 교육이나 환자의 심리적 지지를 통해 일반화하는
노력이 함께 진행되어야 한다.

### (1) 음악치료의 적용

여러 가지 정보의 묶음을 청크(chunk)라고 하고 이러한 과정을 청킹(chunk-
ing)으로 표현한다. 기억을 용이하게 하는 것으로 정보를 덩어리로 묶어 정보
의 양은 줄어든 것처럼 부호화 할 수 있는데, 예를 들어 한 언어에 익숙한 사
람은 글자의 연속을 단어로 덩어리화하고 특정한 음악 양식에 익숙한 사람은
개별적인 음을 덩어리로 음악을 부호화할 수 있다. 이렇게 정보의 대상이 주
체에게 친숙할 때 정보의 양을 축소할 수 있다(Hitch, 1996).

음악은 학습과 기억을 돕는 장치로 음악 패턴의 구조와 배치 그리고 계층적 원칙에 따라 여러 정보를 하나의 단위처럼 배울 수 있는 기억 형성의 시간적 응집(chunking) 원칙과 유사하다(이석원, 2013). 예를 들어, 〈나비야〉라는 노래를 부를 때 우리는 선율과 리듬 악구를 가사와 구별하지 않고 한번에 기억하는데, 이는 노래를 선율, 화성, 리듬의 한 덩어리로 인식해서 부호화(encoding)했다고 설명할 수 있다. 이는 리듬이 지각과 학습을 위해 시간을 구조화하는 과정에 관여하여 음악을 통해 정보를 쉽게 기억하도록 하는 것이다. 그러므로 음악은 기억을 돕는 장치로 효과적이고 기억장애 환자나 학습장애 환자들의 기억을 도울 수 있다.

기억을 돕기 위해 음악은 기억의 원형으로 기능할 수 있다. 알츠하이머병 환자와 같이 인지장애 환자에게서 향상된 단기 기억은 변연계에 속한 편도체 신경망 활성화에서 비롯된 것을 확인할 수 있는데, 이는 정상인이 변연계의 해마를 활성화한다는 점에서 차이가 있다. 편도체는 감정적 기억과 관련하여 알츠하이머병의 잔존 기억에 접근하고 음악은 더 감정적 자극으로 치매 환자의 단기기억을 도울 수 있다. 이러한 감정적 자극은 학습을 향상시키고 강한 연상 학습에 기반을 두어 음악이 아닌 자전적 기억에 접근하고 조건 자극으로 기억 기능의 복원을 돕는다.

음악은 청각 자극을 구조화하여 각성에 근거한 주의력 훈련의 도구로서 사용될 수 있다. 리듬은 음악에서의 주의를 조율·조절하고 인식 기능에 접근하도록 하는 중요한 요소로서 시간에 따라 주의 기능을 제어하고 이끈다(Janata et al., 2002). 또한 음악 감상을 통한 각성은 긍정적 기분과 함께 기억력에 영향을 미치고 음악에 대한 긍정적 정서반응은 인지 능력을 향상시킨다(Baker & Roth, 2004).

음악으로 유도된 감정적 반응은 병의 외상을 다루는 동안 내부의 자기에게로 도달하도록 하고 감정적인 지지의 근원으로 기능할 수 있으며 인지장애 환자가 경험할 수 있는 붕괴된 개인 정체성에 상호작용하는 비언어적 커뮤니케이선을 촉진하고 인식과 행동을 변화시켜 환자의 삶의 질을 향상시킨다. 또한 발병 이후 고립감을 느끼는 환자에게 사회화를 조장하고 감정 이입과 교류의 경험을 제공할 수 있다. 한 예로, 지속적 주의를 위한 리듬치기 훈련은 기억, 행정능력뿐 아니라 심리사회적 기능과 다른 인지기능과도 상당히 관련되어 있는 것으로 나타났다(Hasan & Thaut, 2004).

### (2) 음악치료의 목적

뇌손상 환자의 재활치료에서 인지능력은 전반적 재활 치료 효과에 크게 영향을 미친다. 물리치료나 작업치료 등 다른 치료에 참여 할 때도 환자의 주의력과 작업기억 등은 치료사의 지시를 이해하고 기억하고 따르도록 참여를 돕고 신체 인식과 판단을 도와 기능을 수행하도록 한다. 따라서 인지치료는 기본적이고 필수적인 것이다. 음악치료사는 주의력, 기억력 증진, 학습 능력, 지남력, 추상적 사고 및 문제해결능력, 자기통제, 손상된 자기 인식 회복을 목적으로 치료할 수 있다.

### (3) 음악치료 방법

#### ① 주의력 증진을 위한 악기 연주

연속적으로 반복되는 활동에 지속적으로, 특정한 자극에 선택적으로, 여러 자극을 번갈아가며 교대로 주의를 기울이도록 하는 구조적 악기 연주를 제공할 수 있다. 녹음 음악이나 작곡된 곡에 능동적 · 수동적으로 참여하도록 하며 음악적 요소가 적은 곡에서 다양한 음악적 요소를 더하거나 다른 청각적 자극을 동시에 제공함으로 활동을 변형할 수 있다(Gregory, 2002).

주의력 증진을 위한 능동적 참여로 즉흥연주를 할 수 있는데, 환자의 피로도와 인지 능력에 따라 지속시간을 달리하고 신체적 능력을 고려하여 개인 혹은 집단으로 제공한다. 간단한 리듬이나 멜로디 패턴을 알려 주고 이를 유지할 수 있도록 하며, 집단에서는 리더 혹은 방해 자극으로의 역할을 하도록 한다. 즉흥연주는 주의력뿐 아니라 신체장애로 인한 환자의 문제에 대해 스스로 통찰력을 가지도록 촉진할 수 있다.

### ② 기억력 증진과 학습을 위한 음악치료 활동

정보를 저장하고 유지하기 위한 재교육을 목적으로 환자의 장기기억에 깊이 관여하고 자발적인 회상을 도울 수 있는 잘 알려진 '노래 부르기'가 있다. 기억력 재활을 위해서 장기기억을 촉진하는 것과 환자가 오류 없이 정반응할 수 있는 기회를 제공하는 것으로 익숙한 노래를 부르는 것은 의미 있는 활동이다. 하지만 환자의 향상을 평가하기에는 부적절하다(Cross et al., 1984).

환자의 단기기억 증진을 위한 활동은 음악을 들려주고 노래 가사 안에 포함된 정보를 회상하는 것으로 환자에게 익숙하지 않은 곡을 선곡하여 제공한다. 시간·장소·사람에 대한 객관적인 정보가 들어 있는 곡을 사용할 수 있고, 환자에게 완전히 생소한 곡을 사용하기보다는 익숙한 곡의 2절이나 후렴은 알고 있으나 절은 익숙하지 않은 곡으로 선택하여 제공할 수도 있다. 환자의 인지기능을 고려하고 노래의 길이나 가사 회상 질문의 수준을 조절하여 제공한다. 단기기억 증진을 위한 활동으로 악기 연주를 할 수 있는데 치료사는 리듬이나 멜로디를 제공하고 환자는 치료사의 연주를 기억하여 따라 연주하는 방법으로 단순한 패턴의 리듬에서부터 리듬 패턴의 길이나 횟수를 다양하게 조절하여 제공할 수 있다. 실제 삶에서 청각적 자극은 언어뿐 아니라 다양한 소리로 이뤄져 있는데, 음악치료는 다양한 악기를 통해 여러 청각적 자극을 제공하고 훈련할 수 있다는 점에서 강점을 가지고 있다.

과제 수행과 관련하여 필수적 절차를 학습하기 위해 노래 부르기를 할 수 있다. 일상생활 능력 증진의 방법으로 특정한 과제 수행을 가사로 새롭게 만든 노래는 반복하여 부르는 동안 빠르게 기억되고 연속적인 동작이나 서열 정보 등의 학습을 돕는다(Panter et al., 2003). 또한 중증의 기억력 장애 환자의 지남력 증진을 위해 노래 부르기를 할 수 있는데, 이는 환자에게 현실감을 제공하여 혼란을 줄여 줄 수 있다.

### ③ 행정능력 및 상위 인지를 위한 음악 활동

과제를 조직화하고 실행을 구현하여 환자의 행정 능력을 도울 수 있는 활동으로 '노래 만들기'가 있다. 주어진 시간 안에 악기를 편성하거나 맥락에 따라 가사를 변경하는 음악 활동은 환자의 논리적 사고와 의견을 촉진하고 음악 외 활동으로 보상적 전략이 가능하도록 한다. '가사 만들기' 작업은 가사의 부분을 바꾸는 것과 전체를 새롭게 작성하는 것 까지 단계를 나눠 시행할 수 있고 정확성과 속도를 검증함으로 평가 할 수 있다.

추상적 사고 개선을 위한 활동으로 노래를 듣고 토론하는 가사 분석을 제공할 수 있다. 이는 숨겨진 의미를 찾거나 주관적 해석의 합리적 피력을 위해 제공하는 것으로 선곡에 특별한 주의가 요구된다.

노래 만들기나 가사 분석 활동이 집단으로 제공될 때 집단과 의견을 나누고 문제를 해결해 나가는 기회를 제공함으로 사회화와 감정 교류를 경험하도록 한다(Elefant et al., 2012; Baker, 2015).

---

### 시각장애와 청각장애

다양한 신경계 질환으로 인해 흔히 일어나는 증상으로 시각장애가 있다. 시각장애는 구심성 시각경로의 병변에 의해 발생하고, 구심성 시각경로는 눈, 시각신경, 시각교차, 시각로, 바깥쪽무릎핵, 시각로부챗살과 줄무늬피질 등 시각정보를 감지하고 처리하는 데 관여하는 일련의 구조물들을 포함한다. 시각정보를 분석하는 과정은 크게 시각-수용과 시각-인지 요소로 나누어 볼 수 있다. 시각-수용 요소로는 시각 고정, 시각 추적, 순간적인 눈의 움직임, 시력, 안구 조절, 양안융상, 수렴 및 이탈이 있고 시각-인지 요소에는 시각 집중, 시각 기억, 시각 구별(물체 지각, 공간 지각), 시각적 이미지가 있다. 임상에서 음악치료사는 이러한 요소를 참고로 시각장애 환자의 다양한 임상적 증상을 확인하고 치료 목표를 설정하여 체계적으로 치료를 제공해야 한다.

시각장애는 시자극을 조작하여 의미 있게 재해석하는 시지각과 관련되어 시지각 장애를 유발하고, 시지각 장애는 운동기능과 인지기능의 장애와 더불어 환자의 재활에 가장 문제가 되는 장애로, 직립, 공간 지남력 등 일상생활동작의 독립적 수행과 새로운 운동 습득에 지장을 초래하여 재활치료 과정의 저해 요인으로 작용하게 된다.

중추성 청각장애는 귀의 기능만을 의미하는 것이 아니고 대뇌의 기능도 반드시 포함되어야 한다. 8번 신경 또는 청각신경이 끊어지거나 피질의 청각 영역이 손상되면 소리를 듣거나 해석할 능력을 상실하게 된다. 소리의 지각, 식별, 확인은 이해보다 먼저 되어야 하는데(zatorre, 2001), 청각 중추가 손상을 받으면 듣기는 가능하더라도 소리를 정확하게 해석할 수가 없다.

### 음악치료의 적용 및 방법

신경학적, 기능적 발달 그리고 감각, 운동, 지각에 대한 설명으로 최근 신경과학의 인지 분야는 각각의 감각인 단감각(unisensory)보다 여러 감각의 연합 즉, 다감각(multisensory)의 결과로 보고 있다. 예전의 연구들이 각 감각의 양상과 조작을 조사하고 강조하였다면, 최근에는 다감각의 통합과 가소성에 대하여 강조하고 있다(Johansson, 2012). 일련의 사건은 다중의 양식으로 감지되고 동시 발생의 시각적 · 청각적 사건은 결속되어 있는 다감각 지각에 따라 인과관계로 감지 혹은 학습된 상관관계로 평가된다.

다감각적인 음악 활동은 악보를 읽고 정해진 규칙에 따라 악기를 치거나 두드리며 그 결과 소리로 들려지는 것을 총칭한다. 음악 표기법을 읽는 것은 경험으로 유도되어 형성된 모델에서 시각, 청각, 운동의 통합된 과정으로 다감각 학습에 이상적이다. 또한 악기 연주 과정에 포함되어 있는 악보 읽기는 언어적 학습과 관련되어(김진애, 최애나, 2007) 시각적인 정보를 이해하거나 청각적 지시에 따른 과제수행능력을 증진시킨다(곽현정, 2003).

음악치료는 시각 및 청각 장애 환자에게 청각적 주의력, 청각적 기억력, 시각적 주의력, 시각적 기억력, 시지각 협응 등을 목표로 치료를 진행할 수 있다. 청각장애를 위한 음악치료는 소리를 듣고 구별하고 해석하는 것을 목표로 질서 있고 조화로운 진동을 사용하여 주의 집중을 돕는다. 음악의 리듬과 음정의 형태를 통해 정상적인 구어 사용 기술을 발달시키는 활동을 제공할 수 있고 리듬밴드 활동이나 춤추는 활동은 청각장애인의 운동력과 사회기술을 향상하는 데 크게 기여한다.

뇌손상의 결과로 인한 편측 무시(Neglect)의 회복을 위한 방법으로 음악 자극은 효과적이다. 청각 자극은 무시 상태에서 시각적 지각을 향상 할 수 있고 시각 무시 병변이 있는 우뇌에 대한 음악적 각성이 언어나 신호 같은 감각적 · 인지적 신호에 비해 효율적으로 보인다. 음악치료 활동으로는 주시되지 않는 시야에 집중하도록 하는 시간, 빠르기, 리듬을 구조화한 능동적인 악기 연주 방법과 뇌 반구의 각성을 촉진하는 수동적 음악 감상이 있다(Tsai et al., 2013). 또한 기호 혹은 그림 악보 읽기, 촉각의 소리 전달과 움직임 통합을 위한 능동적인 악기 연습을 시행할 수 있다.

[그림 10-1] 시지각 협응을 위해 구조적 악기연주를 하는 모습

〈사례 1〉　　　　　　　**인지장애를 위한 음악치료**

환자 B는 2012년 5월 48세 나이로 서점에서 쓰러진 후 저산소성 허혈성 뇌병증 (hypoxic ischemic encephalopathy)을 진단받았다. 일상생활이 불가능하고 지속적인 발작으로 약물 조절 중에 있다. 환자의 기본 정보와 인지평가 결과는 다음과 같다.

| 이름<br>(name) | B○○ | 출생년<br>(birth) | 1965 | 진단명<br>(DX) | 저산소증<br>(hypoxic) | 발병일<br>(on set) | 2012.<br>5. 5. | 치료<br>(TX) | 음악 |
|---|---|---|---|---|---|---|---|---|---|
| 치료사<br>(TP) | Kim | 시간<br>(time) | 화, 목<br>11: 30 | 전화<br>(phone) | 1102 | 수납<br>(pay-<br>ment) | – | 그 외<br>(add) | – |

교육 정도: 대졸 / 직업: 영어교사 / 결혼 상태: 기혼 / 이동 방법: 의자차

**전산화 인지 평가 (CNT)**

• 주의력: 시각, 청각(Attention: Visual, Auditory)

　정반응과 오류 경보가 하한 수준에 해당하고 반응 시간이 경계선 수준에 해당하고 있다. 현저한 부주의 증상과 충동성, 억제 및 조절 능력의 저하를 경험하고 있을 것으로 보인다. 정신운동 지체를 동반하는 정서적 불편함(우울감 등)이 있을 수 있으며, 간혹 감각 경로의 변별력(시각적 · 청각적 예민성)이 부족한 경우에도 발견될 수 있다.

• 학습(Learning): 시각(Visual), 언어(Verbal)

　기억장애 및 학습장애의 문제가 시사된다.

환자는 최소 의식 상태에서 회복하는 단계로 감각경로의 변별력이 현저히 부족하게 나타났다. 따라서 음악치료에서는 초점주의력 및 지속적주의력, 그리고 적은 단위의 기억력을 목표로 치료를 진행하였고 1세션 내용은 다음과 같다.

- 동기유발(Motivation): 〈You raise me up〉
- 초점 주의력(Attention-Foc): 비틀즈〈Let it be〉주의력 3분 49초 동안 치료사의 지도감독(Supervision or set up) 수준에서 진행
- 기억력(Memory): 〈하늘천따지〉노래에 따라 부호화(encoding), 즉각적 기억 (immediate) 4단어

정신운동지체와 감각경로 변별력이 저하되었다는 것이 기존의 인지 능력을 모두 상실하는 것을 의미하는 것은 아니다. 이 환자는 2015년 6월 현재 감각 출력과 반응 시간에 여전히 문제를 보이고 있으나 아주 느리게나마 〈You raise me up〉 가사를 해석할 수 있고 비틀즈 멤버의 개인사를 설명하기도 한다. 치료사는 환자가 인지 능력을 최대로 발휘하도록 발병 전 직업(영어교사)을 고려하여 제공함으로써 치료의 효율을 높일 수 있었다.

# 2. 언어장애

　신경질환에 의해 야기되는 중요한 임상 증세로 말하기(speech) 또는 언어장애(disorders of speech and language)가 있다. 말하기 장애는 언어중추에 장애가 없어도 혀, 입술, 인두영역 (설하신경, 안면신경, 설인/미주신경)의 중추성·말초성 마비, 근장애 등으로 언어장애를 일으키는 경우이고, 언어장애는 언어중추 및 거기에 직결하는 전후의 감각, 운동의 기능장애인 우위반구의 언어중추를 포함한 뇌의 기질적 장애로 나타나는 경우다.

　음악치료사가 재활팀의 일원으로 언어장애 환자를 치료할 경우 언어치료사 혹은 타 영역의 전문가와 공동의 목표로 치료를 시행할 수 있기 때문에 음성 생성의 개요와 필수적인 의학 용어, 신경학적 언어장애를 이해하기 위한 이론적 토대, 음악치료 중재를 위한 음악치료 실행 기술을 필요로 한다.

## 1) 마비말장애

　마비말장애(dysarthria)는 언어에는 이상이 없으면서 발음상 장애를 나타내는 경우, 즉 말소리 장애다. 신경학적 손상에 의해 발생하는 장애 중 마비말장애는 중추적으로 말산출을 계획, 체계화 그리고 집행하는 중추신경계의 뇌 손상과 관련되며, 말초적으로 말 산출 명령을 전달하고 수행하는 일련의 과정에 관여하는 신경세포, 축삭, 신경근육 연접 및 근육 등의 문제로 인한 부정확한 말의 표출 이상으로 나타난다.

말을 산출하기 위한 구어 호흡이 약화되고 대개 낮은 음도나 지나치게 높은 음도로 말하며, 말을 산출할 때 세기 조절이 되지 않아 강도가 매우 낮거나 부적절한 변화를 보인다. 부적절한 강세는 운율과도 밀접하게 관련되어 있으며 마비말장애 환자의 말 속도는 알아듣기 어려울 정도로 느리거나 매우 빠른 모습을 보인다. 인두강, 비강, 구강에 걸친 공명대의 조절이 잘 되지 않아 과대비음이 관찰되며, 말 운동 협응이 적절히 이루어지지 않아 부정확한 발음이 특징적으로 나타난다.

마비말장애는 병변에 따라 여섯 가지 유형으로 분류되고 많은 질환에서 여러 위치에 병변이 발생되므로 혼합형 마비말장애(mixed dysarthria)가 자주 나타난다.

### (1) 음악치료의 적용

음성 생산에 관한 과학적 발달은 목소리와 호흡 조절 체계의 생리학적 기전을 이해하는 것에서 발전되었다. 1990년대 중반 이래로 발성관을 연구하고 촬영하는 기술은 상당히 진보를 보였는데, 이러한 의학적 식견은 음악이 음성 조절 및 목소리와 호흡계의 건강을 개선하는 기법이 될 수 있도록 하였다.

치료적 노래 부르기는 말소리보다 많은 호흡 수용량을 활용하기 때문에 목소리의 강도와 호흡 조절을 증가시키는 데 사용할 수 있으며, 노래를 부르는 동안 기관 내 압력은 정상적인 대화를 할 때보다 대략 4배 이상 증가하고, 날숨을 위한 폐와 근육은 흉부와 복벽에 압력을 제공한다. 또한 노래 부르기는 말을 위한 목표 움직임과 일치하는 방향, 힘, 범위와 속도에 밀접하게 포함된 움직임으로 신경계의 적용을 통해 근육의 힘을 증가시키기 위한 방법으로 사용될 수 있다(Haneishi, 2001).

찬트나 강한 리듬 형태의 훈련은 리듬적 자극을 통해 조음 정확도를 향상시키고, 멜로디 찬트에 악센트를 적용하는 것은 경직된 후두 근육의 이완을 도와 성대 점막이 유연하게 움직일 수 있도록 하며, 긴장되어야 할 후두 근육이 이완되어 있는 경우 힘을 유지할 수 있도록 도움을 준다.

### (2) 음악치료의 목적

치료의 목적은 정상적인 말이 아니라 손상된 명료도를 보상하는 것으로 음악치료사는 호흡, 발성, 조음, 공명, 운율과 같은 특정한 영역에서의 치료를 시행한다. 언어치료사와 협의하여 치료를 진행하는 경우 목표를 같이 할 수도 있고 각각 다른 영역의 목표를 선택할 수도 있다.

### (3) 음악치료 방법

#### ① 간접적 방법

마비로 인하여 이완이 필요한 근육이 긴장되거나 긴장이 필요한 근육이 이완되는 경우가 있기 때문에 직접적인 훈련에 앞서 상체에 긴장을 주거나 이완을 하는 연습이 필요하고 준비운동과 호흡훈련이 이에 해당한다.

#### • 준비운동

횡경막과 외 늑간근 및 내 늑간근 등 호흡과 관련된 상체 근육과 어깨 그리고 목의 움직임을 유도하고 발성을 위해 자세를 교정하고 상체 근육을 유연하게 한다. 이때 음악적 요소 중 템포는 움직임에 시간적 구조를 제공하고 환자가 호흡을 일정하게 유지하도록 돕는다. 이러한 활동은 말초신경계와 연관되어 있는 근육 조직에 산소를 공급하도록 하여 말 산출과 관련된 근육의 긴장감을 이완시키는 역할을 한다(Antall, 2004).

• 호흡훈련

호흡은 음성을 만드는 데 중요한 에너지 공급원이다. 공기를 흡입하는 흡기와 밖으로 배출하는 호기의 두 가지 운동으로 이루어져 있고, 생명을 유지하기 위한 생명호흡과 말을 산출하기 위한 구어호흡으로 나뉜다.

마비말장애 환자는 호기 조절을 못하거나 근육의 협응에 어려움이 있을 수 있고 공기를 균등하게 방출하여 일관성 있는 음향과 지속된 소리를 생성하는 것에 어려움이 있을 수 있으며, 호흡적 지지가 부족하여 말을 하는 데 필요한 구어호흡이 원활하게 이뤄지지 않을 수 있다. 복식 횡격막 호흡은 횡격막의 수축을 통해 이뤄지므로 횡격막의 상하 거리를 증진시키고 가스 교환과 산소화를 증진시키는 데 도움을 주므로 환자의 호흡 및 효율성을 향상시킨다.

노래 부르기는 호기를 위한 근육과 폐의 속도를 조절하여 안정되게 비우고 빠르게 채울 수 있어야 한다. 이러한 호기 조절과 횡격막 호흡을 지지하는 호흡 운동은 치료적 노래 부르기를 통해 훈련할 수 있고 폐 수용력을 확장하고 호흡과 발성을 적극적으로 이끌어 회복을 도울 수 있다.

관악기 연주는 말하기에 사용되는 근육을 강화하고 자각시키고 호흡 조절과 심폐기능 증진을 도울 수 있다.

② 직접적 방법

마비말장애 환자의 주요 임상 양상은 명료도로 음악치료사는 조음 명료도 증진을 위해 치료를 진행할 수 있다. 먼저 환자의 말소리를 들으며 마비말장애의 형태를 추측한 후 특수 발음에 대한 시범을 보이면서 구체적 형태를 평가한다. 예를 들어 "타, 타, 타 (ta,ta,ta)", "맘, 맘, 맘 (mm, mm, mm)", "가, 가, 가 (ga, ga, ga)" 발음을 시켜봄으로써 혀(tongue), 입술(lips), 인두(pharynx) 중 어디에 이상이 있는지 평가한다. 조음명료도 증진과 말소리 속도 조절을 위해서 음악치료사는 목표 소리 노래 부르기, 관악기 연주, 리듬/악센트를 적용한 멜로디 찬트의 방법을 사용할 수 있다.

• 조음 명료도 향상을 위한 노래 부르기

진단평가를 통해 환자가 어려워하는 목표 소리의 빈도에 근거하여 선곡한다. 환자에게 익숙한 곡을 선택할 수도 있고, 필요에 따라 치료사가 작곡을 할 수도 있다. 중요한 점은 환자가 목표로 하는 소리를 명확하게 발음하도록 제공되어야 한다는 것과 일반적인 조음 패턴의 계층 구조에 따라 난이도를 고려해야 한다는 것이다.

• 신호로서의 리듬

마비말장애 환자의 명료도를 증가시키기 위한 것으로 효과적인 방법 중 하나가 말소리의 속도를 조절하는 것이다. 마비말장애 환자는 협응의 손실과 경직 또는 근육 약화로 말할 때 느린 속도로 말을 하는데, 리듬 사이의 동기화를 통해 단어들 사이에 중단되는 시간을 만들어서 음고의 명료한 발음을 준비하고 시작할 수 있게 도울 수 있다. 환자의 병변에 따라 완전한 음악적 자극보다 단순한 메트로놈 신호가 효과적일 수 있다(Thaut et al., 2001).

• 악센트를 활용한 멜로디 찬트

악센트를 발성이나 멜로디 찬트에 사용함으로써 정확하게 말을 산출하도록 훈련한다. 구문론이나 의미론적으로 경계가 되는 부분에 악센트를 주는 훈련을 통해 조음 명료도를 증진할 수 있고 대조적인 악센트로 말하는 훈련을 통해 음성 강도와 운율에 변화를 줄 수 있다(Kim & Jo, 2013). 또한 지속적으로 제공되는 멜로디 찬트에서의 악센트를 포함한 리듬과 박자는 환자에게 반복적인 연습을 요구하기 때문에 훈련의 효율성을 높일 수 있다.

• 관악기 연주

관악기 연주는 호흡의 강도나 조절뿐 아니라 발음 조절을 위해서도 적용될 수 있다. 말하기에 사용되는 근육을 강화하여 호흡 조절과 심폐 기능을 증진하고 음소, 모음, 자음의 소리 생산을 위한 훈련으로 제공할 수 있다.

tip: 조음 명료도 훈련의 주요 목표는 소리 생산보다 명료도에 초점을 둔다는 것을 기억하자.

음악치료 적용 계획서 작성 시 자세, 호흡, 발성에 대한 자각을 돕는 것을 기본으로 하되, 전체 치료 시간의 활용은 조음 명료도 증진에 비중을 두어야 한다.

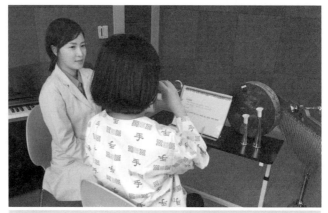

[그림 10-2] 심폐기능과 호흡 강도 조절을 위해 환자가
콰이어 혼을 연주하는 모습

## 2) 실어증

실어증(aphasia)은 입, 발성기관, 귀의 병변 없이 뇌의 손상이나 병변으로 인하여 말의 상징을 사용하거나 해석하는 능력에 발생한 장애를 말하며, 세부적으로 말하기, 읽기, 쓰기 구어의 이해를 모두 포함한다. 실어증은 장애의 심각 정도와 신경 손상의 범위에 따라 커뮤니케이션에 다르게 영향을 미치며 유창성과 비유창성으로 구분된다. 유창성은 명칭 그대로 말소리는 유창하지만 의미 없는 말소리로 일반적으로 베르니케 실어증(wernicke's aphasia)이 언급

되고, 비유창성은 부자연스럽고, 느린, 비문법적인 말소리로 일반적으로 브로카 실어증(broca's aphasia)이 언급된다. 실어증은 혈관장애(vascular), 종양성(neoplastic), 외상 감염성(traumatic infective), 퇴행성(degenerative) 질환 등에 의해 초래될 수 있다.

### 𝄞 브로카 실어증

신경학자들은 보통 '언어 부위'가 좌반구 전두엽의 전운동 영역에 있다고 하는데, 이곳이 퇴행성 질환이나 뇌졸중 또는 외상으로 손상되면 말하기 능력을 상실하는 '브로카' 실어증이 유발된다. 브로카 실어증 환자는 이름 대기 기능에 장애가 있고 이해보다는 말소리 생성을 더 힘들어한다. 단지 몇 마디 정도만 중얼거리거나 제한된 단어만 산출하고 덜 심한 경우 말의 어구 등을 생략한다. 말소리가 부자연스럽고 느리고 고르지 못하며, 명료하게 발음하지 못하거나 왜곡된 소리로 말한다. 또한 어휘와 문법에만 손상을 입는 것이 아니라 언어가 갖는 리듬과 억양도 잊거나 잃어버린다. 환자는 보통 정보를 보내듯 제한된 단어로 뚝뚝 끊어서 비음악적으로 말하는데 그럴 때 음악치료의 방법이 효과적이다.

#### ① 음악치료의 적용

말은 그저 단어를 적절히 연결해 놓은 것이 아니라 어형 변화, 억양, 템포 그리고 선율을 가지고 있다. 말과 음악은 강도와 리듬, 멜로디의 구조화된 패턴을 사용하며 멜로디 모양과 윤곽에서의 유사성은 악절과 어절로서 존재한다. 또한 말하기와 음악은 청각에 기초한 커뮤니케이션의 형태로 같은 음향적, 청각적 매개변수를 공유하고 상당히 겹치는 것, 대응하는 것, 유사한 것을 가지고 있으며 신경 네트워크를 공유하거나 인접한 네트워크로 처리 된다.

"S. 새뮤얼은 육십 대 후반에 뇌졸중을 앓고 나서 심한 표현성 실어증을

보였다. 2년 뒤 언어치료를 열심히 받았지만 단 한마디도 되찾지 못했다. 그
런 그에게 다른 기회가 찾아왔다. 내가 근무하는 병원의 음악치료사인 콘체
다 토메이노가 어느 날 병원 밖에서 그가 노래하는 것을 들었다. 그는 〈올
맨 리버〉를 감정을 실어 아주 정확하게 불렀는데 가사는 고작 두세 단어밖
에 따라하지 못했다. 콘체타는 비록 언어치료로는 새뮤얼을 "어찌해 볼 도
리가 없다"며 포기한 상태였지만 음악치료라면 도움이 될지도 모르겠다고
생각했다. … 중략 … 치료를 시작한 지 두 달이 채 되지 않아 그는 질문을
받으면 짧지만 적절한 대답을 할 수 있게 되었다." [뇌와 음악에 관한 이야기
뮤지코필리아 中]

② 음악치료의 목적

음악치료사는 커뮤니케이션 장애의 기능 회복과 말하기 촉발을 목표로 한
다. 언어치료사와 협업할 경우 음악치료사는 음악적 운율과 자발적 산출에 초
점을 두어 치료를 진행하고 언어치료사는 음악치료에서 훈련되어진 것을 독
립적인 산출로 일반화하도록 치료를 진행할 수 있다.

③ 음악치료 방법

• 선율 억양 치료(MIT)

보스턴 대학교의 마틴 앨버트와 그의 동료들은(Sparks, Helm, & Albert,
1974; Sparks & Holland, 1976) 선율 억양 치료(melodic intonation therapy)라는
음악치료 방법을 소개했다. 이는 짧은 구절을 멜로디나 억양을 넣어 부르도록
한 후 점차로 음악적 요소를 제거하여 말할 수 있도록 한다.

처음 앨버트는 음악치료가 좌반구 브로카 영역에 대응하는 우반구 영역의
활성화를 돕는다고 생각을 했다. 이후 좌반구 전체가 제거된 아동이 언어를
되찾거나 회복하는 것을 보고 좌반구뿐 아니라 우반구에도 언어 잠재력이 있

는 것으로 추론하였고 선율 억양 치료가 우반구의 음악 능력을 활성화하여 이런 잠재력 개발에 도움을 줄 수 있을 것이라고 생각했다. 1990년 대 뇌영상 기술의 발전으로 양전자단층촬영(PET)을 통해 선율 억양 치료 과제가 브로카 영역 뿐 아니라 '우반구 브로카영역'의 과잉 활성화를 늦춘다는 것을 알게 되었다.

선율억양치료는 브로카 실어증의 치료로 아주 적합한 방법이다. 반면에 베르니케 실어증, 전반적 실어증, 전도성 실어증 환자에게는 부적합하다. 때때로 임상가는 이 방법으로 실어증 치료 중 조음이나 음소 오류를 개선하기도 하는데 선율 억양 치료의 주요 목적은 언어 생산 기능이라는 것을 꼭 염두에 두어야 한다.

선율 억양 치료는 말하기의 억양 패턴을 음악의 운율로 변환시킴으로 노래가 되는데 엄밀히 말하면 노래가 아니라 선율적 억양이라 부르는 것이 더 정확하다(Norton, 2009). 아카펠라 혹은 반주 없이 시행될 수도 있지만 건반 연주를 통한 치료사의 예술적 접근이 치료에 도움이 될 수도 있다. 환자들 중 음악적 소질이 없는 것을 염려하여 거부하는 경우도 있는데 개인의 음악적 기능과는 무관하며 뇌의 경로에 접근하는 것을 통해 치료하는 과정으로 노래의 질은 중요치 않다는 것을 안내하여 치료하도록 한다(Krauss & Galloway, 1982).

▶ MIT가 효과적인 환자
- 음성적 표현력보다 청각 이해력이 좋은 환자
- 정서적 안정과 주의 집중 시간이 부족한 환자
- 심하게 음성적 표현이 장애인 환자
- 반복하기 능력이 부족한 환자

**변형된 선율 억양 치료(MMIT)**

　베이커(Baker, 2000)는 중증의 비유창성 실어증 환자들을 치료하면서 선율 억양 치료의 변형된 형태 MMIT(Modified Melodic Intonation Therapy)를 발달시켰다. MMIT는 MIT와 마찬가지로 음악 구조에 어구를 반복하는 것을 기본으로 한다. 그러나 말과 유사한 스타일의 억양을 사용하지 않고 더욱 멜로디를 강조함으로 기억을 돕는다. 따라서 MIT보다 더 넓은 음역이 사용된다. 또한 환자의 수준을 고려하여 문장 보다는 중요한 단어를 말할 수 있도록 한다.

　• 3단계로 진행
　　① 환자에게 친숙한 노래를 부르도록 격려
　　② 간단한 멜로디에 중요한 단어를 넣어 노래 부르기
　　③ 일반적인 대화에서 적용하도록 함

　MIT 기법의 적용에 효과가 없는 중증 환자들에게 수정된 방법으로 음악치료의 효과를 기대할 수 있다.

**• 자발적 말하기를 위한 노래 부르기**

　음악치료사는 반사적 말하기를 촉진하기 위한 목적으로 익숙한 노래 부르기를 할 수 있다. 익숙한 노래는 기억의 회고를 통하여 자동적인 발언을 이끌어 내고 치료사는 더 자동적이고 자극적인 반응을 촉발하도록 한다. 세션의 진행에 따라 자동 반사적 말하기에서 점차 자극을 제거하고 더 수의적이고 의도적으로 말할 수 있도록 한다. 이러한 방법은 말하기 신경회로에 일부 접근하는 것으로 보여 진다.

　표현성 실어증 환자의 경우 발병 이후 자연스럽게 말하지 못한다는 좌절감에 실망하고 낙담하여 치료 의지를 상실할 수 있다. 이때 자발적 말하기를 위한 노래 부르기는 환자에게 동기를 회복하고 치료에 대한 기대와 즐거움을 유발할 수 있는 좋은 접근이 될 수 있다(Baker et al., 2005).

tip: 실어증 환자를 대상으로 음악치료를 시행할 때 중요한 것은 치료사와 환자의 친밀한 관계라는 것을 기억하자.

친밀한 관계가 제대로 작동되려면 뇌 전반에 걸친 거울 뉴런(mirror neuron)의 역할이 중요하고 이러한 거울 뉴런은 다른 사람의 행동, 능력을 모방하는 것은 물론 통합할 수 있게 해 준다. 음악치료는 음악과 목소리를 나눌 뿐 아니라 신체 접촉과 몸짓, 동작 모방, 운율 모방을 동반하는 관계가 치료의 핵심을 이루기 때문에 말을 배우기 위해서는 관련 신경만 있어서 되는 것이 아니라 치료사와 환자의 상호 작용 또한 아주 중요하다.

〈사례 2〉         **브로카 실어증을 위한 음악치료**

   환자 A씨는 2012년 36세의 나이로 출근 중 쓰러져 지주막하출혈(SAH), 우측 편마비(Rt. hemiplegia)/ 전체성 실어증(Global aphasia) 진단받았다.

   2015년 2월 음악치료실에 의뢰 될 당시 언어치료를 진행하고 있었고 환자는 오랜 병원 생활로 전반적 재활 의지가 저하되고 따라서 언어재활을 위한 음악치료실에서도 본인의 언어적 기능에 비해 낮은 언어표현을 보였다.

| 이름<br>(name) | A○○ | 출생년<br>(birth) | 1965년 | 진단명<br>(DX) | 우측 편마비<br>(Rt. hemi) | 발병일<br>(on set) | 2012.<br>1. 31. | 치료<br>(TX) | 언어/<br>음악 |
|---|---|---|---|---|---|---|---|---|---|
| 치료사<br>(TP) | Choi/<br>Park | 시간<br>(time) | 금/화, 목 | 전화<br>(phone) | 901 | 수납<br>(pay-<br>ment) | – | 그 외<br>(add) | – |

| 목표<br>(goal) | 1. 단어 및 2어절 구 따라 말하기 능력 증진<br>2. 시청각적 단서를 통해 친숙한 명사 및 동작어 표현<br>3. 단어 및 간단한 문장수준의 청각적 이해력 향상 |
|---|---|

교육 정도: 대졸 / 직업: 회사원 / 결혼상태: 기혼 / 이동방법: 의자차

### 웨스턴실어증검사(WAB)

2014. 9. 17.

| 실어증 지수(AQ) | 25.5 |
|---|---|
| 유형(Type) | 브로카 실어증(Broca's aphasia) |
| 스스로 말하기(20) | 4.5 |
| 알아듣기(200) | 119 |
| 따라말하기(100) | 10 |
| 이름대기(100) | 13 |

　　언어재활을 목적으로 음악치료를 진행하기 위해 다음과 같은 순서로 진행하였다.
☞ 언어치료실 한국판 웨스턴 실어증 검사(K-WAB) 시행 & 음악치료실 관찰(observation)

### 언어재활을 위한 음악치료 평가(Music Therapy Assessment)

| 성 명: A○○ | 성 별: M | 나 이: 40 | 평가일: 2014. 9. 1. |
|---|---|---|---|
| onset: 2012. 11. 2. | 진단명: Broca's aphasia | WAB: 25.5 | 평가자: Park |
| 마비말장애: Y N | 치료경험: Y N | | |

| 발성<br>(Phonation) | MPT: 12초 |
|---|---|
| 노래부르기<br>(Singing) | 아리랑: 수동적 참여와 음악 선호도 중하<br><br>• 조음 명료도 및 말하기 속도 관찰<br>　– 두껍아 두껍아: 명료도 저해 및 말소리 흐려지고 빨라짐 |
| 호흡<br>(Breath) | • 4곡 중 1곡 tempo 76 부른 후, 호흡(비강호기, 구강호기 가능여부), 노래 강도, AOS 관찰<br>　– 섬집아기: 엄마가 섬그늘에 굴 따러 가면 아기가 혼자 남아 집을 보다가<br>　– 애국가: 동해물과 백두산이 마르고 닳도록 하나님이 보우하사 우리 나 라 만세<br>　– 클레멘타인: 넓고 넓은 바닷가에 오막살이 집 한 채<br>　– 타향살이: 타향살이 몇해던가 손꼽아 헤어보니 고향 떠난 십여년만에 청춘만 늙어 |
| 명명하기<br>(Naming) | • 일상생활범주: 밥, 옷, 칫솔, 김치, 물, 휴지<br>　– 그림: X<br>　– 문자: X<br>　– 선화: X<br>　– pointing: 3/5<br>　– 필요한 단어/말: |
| 기타 | |
| 준비물 | 가사지 및 악보(섬집아기, 애국가, 클레멘타인, 타향살이), 범주(그림, 문자, 선화) |

---

### 음악치료

– 노래 부르기(singing) 통한 따라 말하기 능력증진
– 익숙한 노래 부르기를 통해 기억의 회고를 돕고 자동적 발언 증진
– MIT를 통해 명명하기(naming) 능력 향상
– 다양한 시청각 매체를 이용한 음악 활동 참여를 통해 동기(motivation) 증진

- 언어치료실-음악치료실 각각의 목표 설정
- 음악치료 계획 수립
- 치료 진행 및 경과 기록

브로카 실어증에 따른 이름 대기 능력 증진을 위한 MIT를 적극 활용하여 치료를 진행하였다. MIT는 이름 대기에 확실히 효과적이기는 하지만 집중하고 반복하는 훈련방법에 환자는 흥미를 느끼지 못하고 수동적인 참여를 보였다. 음악치료사는 의미 있는 커뮤니케이션의 경험에 관심을 두었고 부인의 생일이 곧 다가온다는 것을 확인하고, 자동적 발언 증진을 목표로 〈생일 축하합니다〉 노래를 이용하고 충분한 노래 부르기 후에 목표 단어를 언어로 연습하고, 생일과 관련된 다양한 기억 회상을 진행하였다. 치료실에서 연습했던 노래와 문장은 실제 부인의 생일에 전달되었다. 이후 환자는 점차로 치료에 적극성을 가지고 참여하였고 현재 가족 이름 대기, 가족과 대화하기, 안부 묻기 등 환자의 실생활과 관련된 상황에서의 어휘를 목표로 진행하고 있다.

☞ 오랜 병원 생활은 환자의 재활 의지에 부정적인 영향을 미친다. A는 발병 이후 본인의 의지와 달리 회복이 더디게 진행되자 치료 의지가 저하된 상태였다. 환자에게 중요한 것은 의미 있는 사람과의 커뮤니케이션과 감정적 교류다. 음악치료사는 환자에게 가족과 연결되고 마음을 전할 수 있는 수단으로 치료적 목표를 설정하여 제공하였고, 이러한 경험은 환자의 치료 동기에 긍정적인 영향을 미쳤다. 현재 환자는 음악을 이용한 다양한 매체와 의미 있는 커뮤니케이션의 경험을 통해 언어 표현의 중요성을 느끼고 적극적으로 음악치료에 참여하고 있다.

## 3) 실행증

실행증(apraxia of speech)은 신경손상으로 인해 말소리 운동 프로그래밍이 손상된 것으로 음소 또는 말소리 결합이 의지적으로 생성되는 동안에 조음기관의 위치를 선택하고 프로그램을 만들고 실행하는 것과 근육의 움직임을 배열하는 능력에 손상을 입는 장애다. 브로카 실어증의 병변과 관련이 있으며, 자음이 다른 위치에서보다 처음 위치에서 명료하지 못하다는 것이 마비말장애와 대조적이다. 음악치료사는 환자의 언어장애를 교정하고, 말 실행증을 다루는 치료 활동을 실시하는 것이 실질적이다.

### ♪ 음악치료의 적용 및 방법

노래 부르기 세션으로 시작하고 환자가 명확하게 노래 부르기 어려워하는 단어/악절을 기록하여 적당한 조음 위치와 조음 방법의 연속적인 재학습을 강조해야 한다. 환자에게 자기단서(self-cueing)와 자기교정(self-correction) 등의 방법으로 제스처를 사용하도록 한다. MIT가 효과적이고 환자와 관련 있는 기능적 악절의 실행을 촉진할 수 있다.

노래 부르기-리듬적 강세를 가진 찬트 부르기-악절 말하기-새로운 문장에 삽입하기 순서로 제공하며, 시각적 단서를 줄 때 과장된 움직임을 사용하도록 한다.

## 4) 발성장애

소리(sound)는 공기가 성대(vocal)를 통과함으로써 만들어지는데, 폐질환이 있거나 성대가 마비된 경우 문제가 발생하고 이때 발성장애(dysphonia) 또는 실성증(aphonic)이 될 수 있다. 긴장된 성대가 외전되면 실성증이고, 내전되면 발성장애(dysphonia)다.

### ♪ 음악치료의 적용 및 방법

치료의 목표는 대화 시 좁은 음조 범위를 개선하는 것으로 음조 범위 전체에 걸쳐서 노래 부르기를 할 수 있고 소리 조절 향상을 위해 음조 생산에서 소리를 동적으로 조절하는 방법을 사용할 수 있다. 또한 호흡 조절과 횡경막 호흡을 개선하기 위한 호흡하기와 읊는 연습 혹은 음색을 조절하기 위한 음성억양 연습을 시행할 수 있고, 이때 음악치료사는 보컬 트레이너나 합창단의 지휘자와 같은 역할을 하게 된다.

발성장애는 음성기관의 근육 제어를 담당하는 뇌 중추에 직접적으로 영향을 줄 수도 있는데, 인후암이나 성대결절, 사회문화적·심리적 이유로 발생될 수도 있다. 따라서 음악치료사는 원인과 증상에 따라 적절한 치료를 적용해야 한다.

치료는 다양한 접근으로 방법을 섞어서 사용할 수 있는데 (증상에 따라) 하품/한숨 기법, 노래조로 말하기, (원인에 따라) 성대 오용 감소, 성대 위생 (근긴장 감소) 후두 마사지 및 이완, (생리적으로) 공명 음성 치료 및 성대 기능훈련을 할 수 있다.

# 3. 보행장애

뇌손상 환자 대부분에게 나타나는 신체장애는 경미하게 균형감이나 지구력 부족으로 나타나기도 하지만, 환자의 움직임 전체를 의존적으로 만들기도 한다. 흔하게는 편마비(hemiplegia) 증상을 보이는데 손상된 뇌반구 반대쪽 신체에 마비가 오는 증상이다. 이러한 편마비는 이완 또는 경직이 나타나고 근육에 힘이 없거나 약화되는 것으로 근육 긴장도 감소가 특징적이다.

대표적인 장애로 보행장애(disorders of gait)는 적당한 보폭으로 경골 내측과 일직선을 이루는 정상 걸음걸이와 달리 불안정하고 율동적이며, 양다리를 넓게 벌리고 앞쪽으로 쏠리고 양쪽으로 쓰러지려는 경향의 실조성 보행(ataxia gait), 다리가 신전되고 순환되는 편마비 보행(hemiplegic gait), 몸을 앞으로 구부리고 고개를 숙인 자세를 취하는 파킨슨 보행(Parkinsonian gait) 등이 있다.

임상에서 음악치료사는 어떤 치료적 중재가 환자의 임상적 요구를 충족시킬 수 있는지 결정해야 하는데, 이를 위해 신경 네크워크 손상으로 인한 신체 기능의 여러 장애에 기본적 이해가 필요하다.

## 1) 음악치료의 적용

음악은 단순한 것에서 복잡한 동작에 이르기까지 여러가지 기능적 역할을 한다. 음악이 가지는 시간적 측면은 운동의 시간적 조절에 영향을 미치고, 이러한 시간의 개념은 동작을 예측하게 한다. 음악이 시간을 통해 드러난다는 것은 음악이 인간의 청각기관과 청각계의 신경중계를 통해 뇌에 이르는 물리적 진동의 시간 패턴에 있다는 것이다. 따라서 음악은 두 가지 성격, 순차성과 동시성을 한꺼번에 표현할 수 있으며, 시간적으로 통합된 과정으로의 인식과 행동을 조장한다.

음악의 다양한 요소 중 리듬은 오래전부터 사람의 움직임과 관련되어 있으며, 동작을 멈추고 시작하게 하는 자극과 힘으로의 역할을 해왔고, 음악의 동기유발 특성에 의해 운동의 최초 반응을 촉진하고 기능적인 목표로 발전을 돕는다. 리듬은 예술 작품의 기초적 단위로 물리적 요소가 형태를 구축하고 사건 편성의 구별을 가능하도록 하는 중요한 요소다. 리듬으로 이끄는 감각 운동은 학습의 결과가 아닌 직접적이고 동적인 감각 운동의 결합에 기초하고 리듬과 멜로디는 커뮤니케이션, 지시, 조직화에 비언어적인 수단을 제공하여 손발의 협응, 민첩성, 이동 기술과 같은 대근육 운동에 영향을 미친다(Tecchio et al., 2000).

신경학적 음악치료에서 감각 운동 과정의 모형은 음악이 운동제어 기전의 운동 기능에 미치는 영향에 초점을 두고 생리학적 반응과 운동 학습에 관여하여 청각 및 운동 체계의 상호작용을 기반으로 한다(Thaut et al., 1997; Robert, Eykholt & Thaut, 2000). 이는 리듬 동기화와 이끌기에 의한 운동 학습 및 촉진과 관련한다. 운동 학습과 관련하여 음악적 자극 속성의 도움을 받은 학습은 비음악적 운동으로 이전되고 패턴 및 리듬의 신호를 받는 기능적 운동의 반복은 신체적 기능 회복에 유용하다(Thaut, 2003). 그러므로 음악을 기반으로 한 운동 학습은 운동 기능 회복을 돕는다.

## 2) 음악치료의 목적

운동기능은 발병 후 3개월 이내에 대부분 회복되고, 6개월까지는 부수적인 회복이 이뤄지며, 일정한 단계로 근긴장의 증가 여부, 공력 패턴(synergy pattern), 근육의 선택적 조절 능력에 따라 운동신경기능의 회복이 구분된다.

음악치료사는 뇌손상 환자의 이동 및 보행, 상지기능(팔과 손의 관절 가동력), 일상생활 동작 훈련(흔들기, 문지르기, 칠하기, 지우기, 노크하기, 쥐기), 소근육 조절(손가락의 민첩성, 글쓰기, 식사), 근력과 지구력, 몸통 조절과 균형, 근육 이완을 목적으로 치료를 진행한다.

## 3) 음악치료 방법

### (1) 리듬 청각 자극

주로 보행 장애 클라이언트, 즉 뇌손상 환자를 대상으로 하며 가장 중요한 움직임 보행(gait)을 목적으로 한다. 리듬 청각 자극(Rhythmic Auditory Stimulus: RAS)은 내면적이고 생리학적인 리듬을 이용하여 움직임을 돕는 기법으로 청각 경악 반사 경로를 바탕으로 청각 리듬 신호를 사용한다. 경악 반사(startle reflex)는 누군가가 갑자기 큰 소리를 낼 때 눈을 깜박거리게 되는 반응으로, 소리가 귀를 통해 대뇌피질로 가서 눈의 움직임을 명령하는 것이 아니라 소리가 청각 통로를 통해 척수로 내려가는 동시에 척수상의 청각 체계를 통해 대뇌피질로 가기 때문에 일어나는 반응이다. 청각 리듬 신호는 측두엽의 일차 청각피질(primary auditory cortex)로 이동하는 동시에 망상 척수로(reticulospinal tracts)를 통해 하위 운동 신경원(low motor neurons)으로 이동한다. 망상척수로는 수의운동(voluntary movement)을 중재하는 경로로 청각 경악 반사는 청각피질과 수의운동의 활동을 동시에 하도록 한다(Thaut, 1997).

외부에서 들어오는 청각 자극은 뇌간과 척수에 분포되어 있는 망상척수로

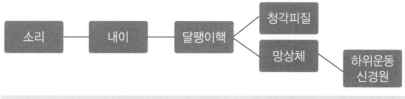

[그림 10-3] 청각 운동 경로(Auditory Motor Pathway)

에 영향을 주어 규칙적인 청각 자극과 근육의 움직임에 동조화(entrainment)를 유도하고, 이는 순차적인 움직임을 보조하고 결과적으로 효율적인 보행을 수행하게 한다.

RAS의 목적은 보행 속도, 균형, 보폭, 걸음걸이 보조를 향상시키는 것으로 진단-공명된 빈도 반출-빈도 조정-향상(적응된 보행)-소멸-재평가의 여섯 단계로 진행된다. 1990년대부터 진행된 RAS 연구는 파킨슨병이나 뇌졸중 환자에 이어 최근 뇌성마비 아동(Kwak, 2007)과 소뇌 별아세포종 환아의 보행에 적용(김수지 외, 2010)하는 등 대상을 확대하고 있다.

tip: Internal Timekeeper?

인간의 운동수행 시 리드미컬한 움직임에는 대뇌 안에 타임키퍼(timekeeper)가 존재한다는 이론으로(Turvey et al., 1989), 대뇌손상 환자는 안정된 박을 유지할 수 없는데, 이를 대신해서 음악은 외부 타임키퍼의 역할을 할 수 있다.

## (2) 건반악기 연주 재활 기법

건반악기는 일반적으로 개별적인 손가락의 움직임과 조직적이고 순차적인 양손 협응력을 필요로 하고, 인지적으로 음악적 상징의 이해와 눈과 손의 협응력을 구사할 수 있어야 한다. 음악적인 측면에서 리듬적 요소와 표현적 요소를 보유하는데, 각각 손의 자세, 손가락의 동작과 청각적 피드백에 의한 질서 정연한 전개를 하는 동시에 다양한 연주 기법을 통해 손가락을 훈련하고

[그림 10-4] 건반악기로 손가락 훈련을 진행하는 모습

특정한 기능을 강화할 수 있다(Moon, 2000).

건반악기 연습은 선행연구에서 뇌성마비 환자의 손가락 근력 강화, 뇌졸중 환자의 손 악력과 기능적 임무 수행에 효과적인 것으로 나타났다. 치료 목표는 각 손가락을 목적에 의한 협응력 증진, 손가락의 민첩성 및 독립적 움직임 증진, 손가락의 유연성 증진을 통한 운동 범위 확장, 손과 손가락의 근력 향상, 손과 손가락의 악력 향상으로 환자의 수준과 경과 등 많은 요인에 따라 개별적인 치료 목표를 설정하도록 한다.

**요약**

　재활의 목표는 재활의 대상이 육체적·심리적·사회적으로 자신의 최대 기능이 가능하도록 하여 삶의 질을 향상하는 것이다. 신경재활 음악치료의 대상은 대표적으로 세 가지 임상증상, 즉 인지장애, 언어장애, 보행장애 환자다.

　음악은 청각 자극의 구조화와 기억의 원형으로, 음성 생산의 기능적 측면으로, 여러 동작 기능에 영향을 미치는 것으로 신체장애환자를 도울 수 있다. 또한 오랜 병원 생활로 치료 의지가 저하된 환자에게 음악치료는 기능적인 도움을 제공함과 동시에 정서적 지원이 가능하다는 점에서 상당히 효과적이고 효율적인 치료 방법이다.

　재활병원에서 일하는 음악치료사는 타 영역의 전문가들과 팀으로 치료를 시행하기 때문에 신체장애에 대한 기초적 지식과 임상증상에 따른 치료적 방법을 숙지하고 각 전문가들의 견해와 역할을 존중하는 태도를 지녀야 한다.

 **참·고·문·헌**

곽현정(2003). 음악 활동이 노인의 시지각 기능에 미치는 영향. 한국음악치료학회지, 5(1), 19-34.

김수진, 조성래, 오수진, 곽은미(2010). 리듬청각자극(RAS)을 사용한 소뇌 별아세포종(CA) 환아의 보행 훈련 사례연구. 한국음악치료교육학회, 7(2), 65-81.

김진애, 최애나(2007). 음악치료가 학습장애아동의 자기표현 및 사회성에 미치는 영향. 예술심리치료연구, 3(2), 63-78.

서울대학교의과대학(2014). 신경학. 서울: 서울대학교출판문화원.

이광우 역(2013). 임상신경학(5판)[*Neurolgy and neurosurgery illustrated*]. W. L. P. Kenneth, B. F. Ian, & F. M. Geraint 공저. 서울: 범문에듀케이션 (원저는 2010년에 출판).

46 제10장 신체장애인을 위한 음악치료

이석원(2013). 음악인지과학. 서울: 심설당.

장호연 역(2012). 뮤지코필리아: 뇌와 음악에 관한 이야기[*Musicophilia*]. O. Sacks
  저. 서울: 알마. (원저는 2008년에 출판).

정현주, 김영신, 최미환, 조혜진, 노주희, 김동민, 김진아, 문소영, 곽은미, 배민정,
  이승희, 김승아, 김신희, 이수연, Summer, L., Scheiby, B., & Austin, D.
  (2006). 음악치료 기법과 모델. 서울: 학지사, 171-210.

차영아 역(2009). 리듬, 음악 그리고 뇌: 과학적 근거와 임상 적용[*Rhythm, music, and
  the brain: Scientific foundations and clinical applications*]. M. H. Thaut 저.
  서울: 학지사. (원저는 2005년에 출판).

최병철, 김은주, 김지연 공역(2011). 임상가를 위한 매뉴얼 신경재활 음악치료[*Music
  therapy methods in neurorehabilitation: a clinician's manual*]. F.
  Baker, J. Tamplin, & J. Kennelly 공저. 서울: 하나의학사. (원저는 2006년
  에 출판).


Antall, G. F., & Kresevic, D. (2004). The use of guided imagery to manage
  pain in an elderly orthopaedic population. *Orthopedic Nursing, 23*(5),
  335-340.

Baker, F. A. (2000). Modifying the melodic intonation therapy program for
  adults with severe non-fluent aphasia. *Music Therapy Perspectives,
  18*(2), 110-114.

Baker, F. A., Rickard, N., Tamplin, J., & Roddy, C. (2015). Flow and mean-
  ingfulness as mechanisms of change in self-concept and well-being
  following a songwriting intervention for people in the early phase of
  neurorehabilitation. *Frontiers in Human Neuroscience, 9,* 299.

Baker, F., & Roth, E. A. (2004). Neuroplasticity and functional recovery: Training
  models and compensatory strategies in music therapy. *Nordic Journal of
  Music Therapy, 13*(1), 20-32.

Baker, F., Wigram, T., & Gold, C. (2005). The effects of a song-singing pro-
  gramme on the affective speaking intonation of people with traumatic
  brain injury. *Brain Injury, 19*(7), 519-528.

Blood, A. J., Zatorre, R. J., Bermudez, P., & Evans, A. C. (1999). Emotional respons-
  es to pleasant and unpleasant music correlate with activity in paralimbic brain

regions. *Nature Neuroscience, 2*(4), 382–387.

Cross, P., McLellan, M., Vomberg, E., Monga, M., & Monga, T. N. (1984). Observations on the use of music in rehabilitation of stroke patients. *Physiotherapy Canada, 36*(4), 197–201.

Elefant, C., Baker, F. A., Lotan, M., Lagesen, S. K., & Skeie, G. O. (2012). The effect of group music therapy on mood, speech, and singing in individuals with Parkinson's disease a feasibility study. *Journal of Music Therapy, 49*(3), 278–302.

Gregory, D. (2002). Music listening for maintaining attention of older adults with cognitive impairments. *Journal of Music Therapy, 39*(4), 244–264.

Haneishi, E. (2001). Effects of a music therapy voice protocol on speech intelligibility, vocal acoustic measures, and mood of individuals with Parkinson's disease. *Journal of Music Therapy, 38*(4), 273–290.

Hasan, M. A., & Thaut, M. H. (2004). Statistical analysis for finger tapping with a periodic external stimulus. *Perceptual and Motor Skills, 99*(2), 643–661.

Henson, R., Hartley, T., Burgess, N., Hitch, G., & Flude, B. (2003). Selective interference with verbal short-term memory for serial order information: a new paradigm and tests of a timing-signal hypothesis. *The Quarterly Journal of Experimental Psychology. A, Human experimental psychology, 56*(8), 1307–1334.

Hitch, G. J. (1996). Temporal grouping effects in immediate recall: A working memory analysis. *The Quarterly Journal of Experimental Psychology: Section A, 49*(1), 116–139.

Ivry, R. B., & Keele, S. W. (1989). Timing functions of the cerebellum. *Journal of Cognitive Neuroscience, 1*(2), 136–152. http://doi.org/10.1162/jocn.1989.1.2.136

Janata, P., Tillmann, B., & Bharucha, J. J. (2002). Listening to polyphonic music recruits domain-general attention and working memory circuits. *Cognitive, Affective &Behavioral Neuroscience, 2*(2), 121–140.

Jeffery, D. R., & Good, D. C. (1995). Rehabilitation of the stroke patient. *Current Opinion in Neurology, 8*(1), 62–68.

Johansson, B. B. (2012). Multisensory stimulation in stroke rehabilitation. *Frontiers in Human Neuroscience, 6,* 60.

Kim, S. J., & Jo, U. (2013). Study of accent-based music speech protocol development for improving voice problems in stroke patients with mixed dysarthria. *NeuroRehabilitation, 32*(1), 85–190.

Krauss, T., & Galloway, H. (1982). Melodic intonation therapy with language delayed apraxic children. *Journal of Music Therapy, 19*(2), 102–113.

Kwak, E. E. (2007). Effect of rhythmic auditory stimulation on gait performance in children with spastic cerebral palsy. *Journal of Music Therapy, 44*(3), 198–216.

Moon, S.-Y. (2000). The rehabilitative effects of piano-playing music therapy on unilateral and bilateral motor coordination of chronic stroke patients: A MIDI analysis. Ph.D. thesis, faculty of music, The University of Melbourne.

Norton, A., Zipse, L., Marchina, S., & Schlaug, G. (2009). Melodic intonation therapy: Shared insights on how it is done and why it might help. *Annals of the New York Academy of Sciences, 1169,* 431–436.

Pantev, C., Ross, B., Fujioka, T., Trainor, L. J., Schulte, M., & Schulz, M. (2003). Music and learning-induced cortical plasticity. *Annals of the New York Academy of Sciences, 999,* 438–450.

Perkins, D., Wilson, G. V., & Kerr, J. H. (2001). The effects of elevated arousal and mood on maximal strength performance in athletes. *Journal of Applied Sport Psychology, 13*(3), 239–259.

Roberts, S., Eykholt, R., & Thaut, M. H. (2000). Analysis of correlations and search for evidence of deterministic chaos in rhythmic motor control by the human brain. *Physical Review. E, Statistical physics, plasmas, fluids, and related interdisciplinary topics, 62*(2 Pt B), 2597–2607.

Samson, S., & Zatorre, R. J. (1991). Recognition memory for text and melody of songs after unilateral temporal lobe lesion: Evidence for dual encoding. *Journal of Experimental Psychology: Learning, Memory, and Cognition, 17*(4), 793–804.

Sparks, R., Helm, N., & Albert, M. (1974). Aphasia rehabilitation resulting from melodic intonation therapy. *Cortex: A Journal Devoted to the Study of the Nervous System and Behavior, 10*(4), 303–316.

Sparks, R. W., & Holland, A. L. (1976). Method: Melodic Intonation Therapy for Aphasia. *Journal of Speech and Hearing Disorders, 41*(3), 287–297.

Tsai, P.-L., Chen, M.-C., Huang, Y.-T., Lin, K.-C., Chen, K.-L., & Hsu, Y.-W. (2013). Listening to classical music ameliorates unilateral neglect after stroke. *The American Journal of Occupational Therapy: Official Publication of the American Occupational Therapy Association, 67*(3), 328–335.

Tecchio, F., Salustri, C., Thaut, M. H., Pasqualetti, P., & Rossini, P. M. (2000). Conscious and preconscious adaptation to rhythmic auditory stimuli: A magnetoencephalographic study of human brain responses. *Experimental Brain Research, 135*(2), 222–230.

Thaut, M. H. (2003). Neural basis of rhythmic timing networks in the human brain. *Annals of the New York Academy of Sciences, 999*, 364–373.

Thaut, M. H., McIntosh, G. C., & Rice, R. R. (1997). Rhythmic facilitation of gait training in hemiparetic stroke rehabilitation. *Journal of the Neurological Sciences, 151*(2), 207–212.

Thaut, M. H., McIntosh, K. W., McIntosh, G. C., & Hoemberg, V. (2001). Auditory rhythmicity enhances movement and speech motor control in patients with Parkinson's disease. *Functional Neurology, 16*(2), 163–172.

Turvey, M. T., Schmidt, R. C., & Rosenblum, L. D. (1989). "Clock" and "motor" components in absolute coordination of rhythmic movements. *Neuroscience, 33*(1), 1–10.

Zatorre, R. J., & Belin, P. (2001). Spectral and temporal processing in human auditory cortex. *Cerebral Cortex, 11*(10), 946–953.

# 제11장 스트레스 조절 및 병원에서의 음악치료

1. 스트레스 대처를 위한 음악 활동

2. 일반 병원에서의 음악치료

# 제11장 | 스트레스 조절 및 병원에서의 음악치료

　현대 질병의 근원을 스트레스라고 부를 수 있을 만큼 스트레스는 이 시대를 살아가는 현대인에게 피할 수 없는 건강의 적이 되고 있다. 의사들은 현대 질병의 80%가 스트레스와 연관되어 있으며, 미국인의 25%가 스트레스 때문에 심각한 심리적 · 생리적 고통을 당하고 있다고 한다.

　사실 스트레스는 우리 인간이 환경에 적응하고 이겨내기 위해 자연이 허락한 방어 시스템 중 하나다. 인류의 역사 이래로 외부의 도전과 위험을 극복하면서 식량을 자급하고 부족의 안전을 지킬 수 있었던 것은 위험에 대처할 수 있는 이러한 능력을 가지고 있었기 때문이었다. 스트레스는 다양한 생리적 반응을 가져온다. 예를 들어, 심장박동이 빨라지고 호흡이 증가하며 뼈근육에 혈액이 모이게 하면서 경보 시스템을 작동시키는 것이다. 이러한 급격한 몸의 변화는 사람에게 위험을 막아 내고 환경의 변화에 능동적으로 대처하도록 해 준다. 이런 갑작스러운 상황에 따라 겪게 되는 스트레스는 대개 잠시 후 위험한 상황이 종결되면서 자연히 사라진다. 우리가 건강에 해가 된다고 하는 스트레스란 긴장이 해소되지 않고 오래 지속되는 상태를 말하는데, 문제는 사람에게 장기적인 스트레스의 상황을 감당할 능력이 결여되어 있다는 것이다.

　오늘날 현대인은 옛날처럼 순간적인 신체적 위험에 대항하는 생리적인 반응으로 스트레스를 겪기보다는 오랜 시간에 걸쳐 지속적으로 심리적 긴장을 겪는 경우를 더 많이 갖게 되었다. 이러한 장기적인 스트레스는 암, 심장병, 위장장애, 면역체계 약화 등의 생리적인 문제를 야기한다. 다행하게도 스트레스를 이겨 내기 위한 인간의 지혜도 오늘날 크게 발달해 왔다. 그 가운데는 스트레스 상황을 다른 방법을 통해 해소하는 인지 방법, 운동 프로그램 그리고 다양한 이완 방법이 있다. 몇몇 연구는 적극적인 음악 감상이나 음악 활동이 고질적인 스트레스를 해소하여 건강을 보호하는 데 도움이 됨을 밝히고 있다.

젤리슨(Jellison, 1975)은 배경음악이 스트레스에 대한 반응을 감소시키고 스트레스 상태에서 긴장을 이완시키도록 돕는다는 사실을 발견하였다. 스트라튼과 잘라노브스키(Stratton & Zalanowski, 1984)는 다섯 가지 다른 종류의 음악을 녹음한 것과 음악 없이 긴장이완을 가져오는 것을 비교 실험한 결과 음악이 긴장 이완에 도움이 됨을 증명하였다. 또한 특별히 어떤 특정한 한 가지의 음악이 이완에 효과적이라기보다는 이완 효과는 대상자가 그 음악을 얼마나 좋아하는가에 달려 있음을 발견하였다.

한서(Hanser, 1985)는 스트레스 감소를 위한 음악치료의 문헌을 정리하면서 음악이 크게 네 가지 스트레스 감소훈련에 효과적이었음을 보고하였다. 즉, 제이콥슨(Jacobson)의 점진적 긴장 이완법, 슐츠(Schultz)의 자율 이완법, 명상 이완, 그리고 바이오/뉴로 피드백의 훈련 등에 음악이 유용하게 사용되었다고 한다. 일반적으로 음악은 스트레스로 인한 신체적·심리적·행동적 증상을 감소시키는데 도움을 주는 것으로 알려져 있다. 여러 연구들(Light et al., 1995; Schuster, 1985)에서 음악은 스트레스를 조절하는 자율신경계에 영향을 미쳐 호흡, 맥박, 심박을 조절하며 신진대사나 호르몬 분비에 영향을 미친다고 밝히고 있다. 간단히 음악이라 하지만, 사실 음악은 멜로디, 화성, 리듬, 음색, 세기, 형식 등의 복잡한 요소들로 구성된다. 또한 표현되는 양상은 노래하거나 악기를 통한 연주 혹은 작곡이나 감상처럼 다양하다. 다른 예술과는 달리 시간의 흐름 속에서만 존재하는 음악의 특성이 현재의 시점에서 곧 전개될 음악을 기대하게 함으로써 즐거움을 더해 간다. 궁극에는 '아름다움'이라는 또 다른 차원의 미적반응까지 이끌어 내면서 역동적인 변화의 경험을 가능하게 한다. 또 음악은 심리적으로 사람의 기분을 변화시키며 새로운 감정을 유발하기도 한다. 사회적 견지에서 음악은 상징과 커뮤니케이션의 도구로서 사람의 삶의 양식을 반영하고 개인과 집단의 표현과 소통에 사용되고 있다(Abeles, 1980; Haack, 1980). 음악의 효과를 다룬 여러 연구의 결과들은 메타분석을 통해서도 입증되고 있는데, 펠레티에(Pelletier, 2004)는 22개의 연구를 종합한 결과 효과크기 0.67로 음악은 스트레스로 인한 증상들을 감소시키는 매우 효과적인 도구라 하였다. 스트레스와 관련된 행동에 영향을 미치기 위해 음악은 개인의 필요와 요구에 따라 수준을 달리하며 치료로서(music as therapy) 혹은 치료에서(music in therapy) 사용된다(Bruscia, 1998). '치료로서의 음악'은 음악이 치료의 일차적인 중개자로서의 치료 목적을 달성하는 데 직접적인 역할을 감당한 경우이고, '치료에서의 음악'은 치료 전 과정의 한 부분으로 음악이 어떤 역할을 감당한 경우로 구분이 된다. 따라서 다양한 음악적 경험, 즉 감상, 악기 연주, 노래 부르기, 노래 만들기 같은 활동은 문제 중심적인 적극적인 대처와 정서 중심적인 소극적 대처를 모두 포함하는 효과적인 스트레스 대처 전략으로서 스트레스로 인한 여러 가지 증상 완화에 도움을 줄 수 있다.

## 1. 스트레스 대처를 위한 음악 활동

스트레스 대처를 위해 음악을 사용하는 방식은 여러 가지가 있으나 일반적으로 전문적인 음악치료사의 도움이 없이도 할 수 있는 보편적 음악 활동에서부터 전문음악치료사의 개입을 필요로 하는 활동까지 다양하다. 활동의 형태는 음악 감상, 연주 혹은 즉흥연주, 노래 부르기 그리고 가사 만들기 등으로 구분할 수 있다.

## 1) 음악 감상

음악 감상은 수용적 음악 경험의 한 방법으로서 스트레스로 인한 긴장을 이완시키고 긍정적인 정서를 변화시키기 위한 목적으로 가장 많이 적용되어 왔다. 세이어, 뉴먼과 맥클레인(Thayer, Newman, & McClain, 1994)은 음악을 들으면 에너지 수준을 향상시키고 긴장을 이완시키고 우울을 완화시키는 데 도움이 된다고 하였다.

또한 음악은 스트레스로 인한 생리적인 상태에도 영향을 미치는데, 구체적으로 음악은 면역 시스템과 신경내분비계, 자율신경계 그리고 뇌파에도 영향을 미친다. 면역 시스템과 관련된 호르몬 중에 S-IgA는 침, 눈물, 소화기, 기관지 등의 점액에서 분비되는 것으로 감기, 장염 등을 유발하는 박테리아와 바이러스로부터 보호를 해 주는 것으로 알려져 있다(Goldsby, Kindt, & Osborne, 2000). S-IgA와 관련된 많은 연구를 통해 음악 감상, 즉 장조의 화성적인 음악, 부드러운 재즈음악 등은 정신과 정서 상태의 균형을 유지시켜 주며, 특히 S-IgA의 수준을 의미 있게 증가시킴으로 면역성을 향상시킨다(Brennan & Charnetski, 2000; Hucklebridge et al., 2000).

면역기능 향상과 함께 음악 감상은 내분비 시스템 반응에도 긍정적인 영향을 미치는데, 모켈 등(Mockel et al., 1995)은 명상음악과 고전음악을 들은 이후 스트레스 반응을 일으키는 호르몬인 노르에피네프린(norepinephrine) 수준이 감소되었음을 보고하였으며, 밴더 아크와 일리(Vander Ark & Ely, 1992)도 즐겁고 평화로운 음악을 들은 이후 역시 노르에피네프린 수준이 감소되었음을 보고하였다. 이 외에도 음악을 들은 이후 Nk세포(Natural killer), T-림프구 등 면역과 관련된 수치들이 향상되었다(Hirokawa & Ohira, 2003). 이때 적절한 음악을 선택하는 것이 중요한데, 일반적으로 지속적인 멜로디 라인, 단순한 리듬, 반복이 많고 타악기 적인 요소가 적은 음악들이 주로 이러한 목적에 적합하다 할 것이다(최병철, 2006).

또한 음악 감상은 긴장과 이완을 조절하는 자율신경계에도 영향을 미친다. 즉, 음악을 들을 때 청각적 자극은 시상과 망상신경계 상호작용으로 인해 의미와 기억 등을 연상할 수 있다(Crowe, 2004). 이러한 기억은 정서를 유발하며, 이는 다시 호흡, 맥박 등의 생리적 반응에 영향을 미칠 수 있다. 다시 말하면, 인간은 음악을 들으면서 멜로디, 화음이 주는 각각의 성격에 따라 포근한 느낌, 따뜻한 느낌 등의 정서를 경험하게 된다. 이러한 정서는 다시 신체 리듬을 조절하여 심장을 뛰게 하거나 땀이 나게 하는 등의 생리적인 반응을 유발한다. 따라서 음악을 들으면서 발생하는 정서 역시 스트레스로 인해 무너진 생리적 반응을 조절하는 데 긍정적 영향을 미칠 수 있다.

자극적인 음악은 인간의 교감신경을 자극하여 혈압, 맥박 등을 상승시키며, 진정시키는 음악은 부교감신경을 자극하여 안정되고 편안한 상태로 유도해 준다(Radocy & Boyle, 1997; White, 1999). 스트레스와 관련된 많은 질병들은 이러한 자율신경계의 불균형과 관련이 있는데, 김현정(2009)은 18명을 대상으로 음악 감상을 실시한 결과 혈압완화에 효과적이었으며, 쿡(Cook, 1986)도 평온한 음악은 카테콜아민(catecholamine) 수치를 저하시켜 혈압 완화에 도움을 준다고 하였다.

이러한 변화들은 특별히 리듬과 관련이 있는데, 리듬은 힘과 에너지를 주는 음악의 조직자로서 규칙적인 리듬은 인간의 생리적인 항상성과 많은 관련이 있다. 우리 신체는 호흡, 맥박과 같은 고유의 리듬을 가지고 있다. 스트레스는 이러한 규칙적인 항상성을 깨뜨리게 된다. 그러나 인간의 신체 리듬은 음악과 같은 외부 리듬에 동조(entrainment)될 수 있다(Chopra, 1990; Flatischler, 1992; Rider, 1985). 따라서 규칙적인 리듬을 가진 음악을 듣는 것은 스트레스로 인해 깨진 생리적 항상성을 유지하는 데 도움이 된다.

원치 않는 환경적 소음을 덮어버리는 마스킹(masking)의 효과와 주의 전환을 위한 목적으로 음악을 감상할 수 있다. 예를 들어, 병원에서 들리는 소음들은 환자들의 스트레스를 증가시키고 이완을 방해하는 요인이 될 수 있다. 이때의 배경음악은 환자들에게 불쾌한 소음환경을 마스킹하게 함으로써 스트레스를 감소시키도록 한다. 또한 환자의 통증이나 메스꺼움과 같은 부적 상태에서 음악은 주의를 전환시켜 부적 상태의 지각 정도를 감소시키는 역할도 담당한다(Standley et al., 2005).

또한 음악은 호흡, 긴장, 이완 같은 과정을 효율적으로 지지하는 구조로 제공된다. 이때의 음악은 연구자가 선정한 혹은 클라이언트에게 선호하는 음악을 선택하도록 하여 사용할 수 있는데, 이 모두 유용한 결과를 가져왔다고 한다. 다만 클라이언트가 선호하는 음악을 선택하도록 한 경우에도 연구자가 여러 장르의 음악 가운데 일반적으로 긴장이완의 성격을 갖는 음악을 여러 개 제시한 후 이 중에서 클라이언트가 선정하도록 한 경우다. 따라서 특정한 장르에 제한되지는 않지만 긴장이완 훈련에 유용한 종류의 음악은 분명히 있다.

여러 연구에서는 긴장이완을 가져오는 음악의 특성을 다음과 같이 소개하고 있다.

- 개인의 현재 감정적 상태를 지지할 수 있어야 한다(동질성의 원리)
- 충분히 반복적이어야 하며, 변화는 음악 속에서 예측될 수 있어야 한다.
- 형식이 두드러진 음악이 좋다(ABA, AB, ABACAD 등).
- 작은 실내악 혹은 독주곡이 좋다.
- 느리고 정적인데, 리듬이나 화성보다는 멜로디가 강조된 음악
- 기악곡의 부드러운 음향의 음악
- 저음 음역대의 음악
- 연상되는 기억이 없는 음악
- 감정을 유발하지 않는 음악
- 수용적인 정보의 양을 갖는 음악

음악과 함께 지침을 제시하는 치료사는 다음의 사항을 유념하여 진행하는

것이 좋다.

- 시작할 때에는 평소 빠르기의 말로 시작하나 진행하면서 말의 속도를 조절하라.
- 음악을 먼저 들려주고 지침을 시작하라.
- 몸이 어떤 상태인지를 인식하게 하라.
- 불편한 곳을 조절하여 편한 자세를 취하도록 하라.
- 내면에 주목하게 하라.
- 클라이언트의 긴장/이완 상태를 눈으로 점검하면서 진행하라.
- 예견성 있는 반복을 사용하라.
- 긴장이 이완되면서 음성도 이완하라.
- 음성을 음악에 동조시키라.
- 목소리로 긴장/이완의 상태를 시범적으로 표현하라.
- 간략한 문장으로 말하라.
- 잠시 쉬었다 가는 것을 두려워하지 말라.
- 클라이언트의 호흡 시기에 치료사도 일치시켜라.
- 언제가 끝인지, 어떻게 끝낼 것인가를 말하라.
- 몸을 인식하고 치료사의 목소를 듣고 기지개를 하는 등 외부로 향하게 하라.
- 필요한 만큼 충분히 시간을 가지면서 자세를 찾도록 하라.
- 일상적인 목소리로 돌아오라.

음악 감상은 이렇게 보편적인 사용에서부터 다른 훈련 과정과 혼합하여, 또는 음악치료사가 전문적인 방법으로 사용할 수가 있다. 음악 감상을 통한 전문적인 치료 방법으로는 음악과심상(Guided Imagery and Music: GIM)이 있다. GIM은 음악심리치료의 대표적인 방법인데, 치료사가 음악 감상으로 유도한 심상(imagery)의 경험을 통해 깊은 내적 통찰과 의미 있는 감각적 경험을 토대로 신체와 정신의 통합뿐 아니라 외부 세계와의 균형을 유지하도록 돕는다. 캐시 등(Cathy et al., 1997)은 일반 성인들을 대상으로 GIM을 실시하여 변화된 기분상태와 스트레스 호르몬인 코르티솔(Cortisol)의 변화를 측정하였다. 그 결과 GIM을 받은 집단은 받지 않은 집단에 비해 우울/낙담, 피로/무기력의 기분 점수가 유의하게 감소되었고, 코르티솔 수치도 유의한 감소를 가져온 것으로 보고하고 있다.

## 2) 연주와 즉흥연주

악기를 연주하는 것은 스트레스로 인한 불안, 우울 등의 부정적인 정서와 짜증을 내거나 화를 내는 등의 부정적인 행동을 감소시키는 데 도움을 줄 수 있다. 자신의 감정을 악기에 이입하여 연주할 때 개인과 집단의 부적 감정을 쉽게 표출할 수 있고, 그런 소리 피드백을 듣는 과정은 자신과 타인의 감정과 생각을 쉽게 인지할 수 있게 한다. 또한 악기를 연주하며 몸을 움직이게 되는데, 이는 근육의 이완과 같은 생리적인 작용을 조절할 수 있다. 이러한 연주 행동은 스트레스와 관련된 신체적·심리적 증상 조절에 효과적이다.

특별히 작곡되지 않은 소리나 음악을 만들어 내는 자유즉흥연주는 음악적 능력을 필요로 하지도 않고 그 결과에 대한 평가도 받지 않기 때문에 심리적인 안정감을 제공하여 누구나 쉽게 참여할 수 있다. 이러한 즉흥연주를 통해 자신이 언어로 표현하기 어려운 감정이나 문제들을 음악적으로 표현함으로써 자신의 감정을 지각할 수 있으며, 이로 인해 자신의 내면세계와 커뮤니케이션 할 수 있는 기회를 제공받는다(Summer, 1994). 자신에 대한 내면 성찰의 기회는 자연스럽게 긍정적인 자아상과 자신감을 갖도록 도와주어 스트레스와 관련된 부정적인 감정과 생각을 변화시키는 데에도 도움이 된다.

또한 집단에서 여러 사람들과 함께하는 성공적인 연주의 경험은 스트레스로 인해 발생하는 소외감으로 인한 대인 관계 문제해결에 긍정적인 영향을 미친다. 인간의 음악적 행동은 외부 세계, 곧 사회적인 행동을 반영하는 것인데, 음악적 상호작용에서의 긍정적인 경험은 개인의 사회적 행동에 긍정적인 영향을 돌려주어 타인과의 적절치 못한 행동의 문제까지 감소시키게 한다(Bruscia, 1998).

따라서 악기 연주나 즉흥연주는 무기력한 감정을 감소시키고 자기표현의 기회를 증가시킴으로써 스트레스로 인해 발생하는 행동적 · 심리적인 문제를 감소시켜 주며, 회피적이고 방어적인 대처 전략을 취함으로써 발생하는 외로움을 감소시켜 즐거운 분위기에서 스트레스에 적극적으로 대처할 수 있도록 도와준다.

## 3) 노래 부르기

좋아하는 노래를 맘껏 부를 때 사람은 스트레스를 쉽게 떨쳐 버릴 수 있다고 한다. 자신의 억눌린 감정을 노래로 표현하고 표출하는 것이다. 사람이 외부 환경의 변화에 따라 웃음소리, 울음소리, 비명소리, 한숨소리와 같은 매우 자연스러운 소리반응을 하듯이, 노래는 더욱 표현적인 음악적 양식을 통해, 또한 가사를 통해 주변 환경에 적극적으로 대처하는 매우 강력한 반응 양식이라 할 수 있다. 어떤 경우 구체적인 가사 없는 단순한 '소리' 의 발현이라 하더라도 비언어적인 표현 수단으로서의 음악은 말로 표현할 수 없는 스트레스 상황과 억눌린 감정을 외부로 표현하고 해소할 수 있도록 돕는다. 특히 성폭행과 같은 심각한 외상을 가지고 극심한 스트레스를 겪고 있는 대상에게 음악은 언어로 표현하기 힘든 자신의 경험과 감정을 소리로 표현할 수 있도록 한다. 헤더와 매킨토시(Heather & MacIntosh, 2003)는 목소리야말로 언어적인 접근보다 감각이나 감정들을 담고 있는 외상적인 기억을 이끌 수 있는 보다 이상적인 형태라고 강조한다. 음악치료사는 언어로 현재의 스트레스 상황을 표현하거나 인식하지 못하는 대상에게 목소리를 이용한 토닝(toning)과 찬팅 (chanting), 성악즉흥연주(vocal improvisation) 등의 치료적 방법들을 사용한다. 이러한 방법들은 아직도 해결되지 않은 감정과 그로 인한 극심한 스트레스를 치료적 경험 안에서 해결할 수 있도록 하는데, 치료사는 스트레스를 겪고 있 는 대상이 목소리를 통해 부정적 감정을 표현하고 그 감정과 연관된 기억과 사건을 재인식하고 이를 해결해 가도록 치료 과정을 진행해 간다. 음악 감상 이 외부에서 들리는 음악으로 내면의 변화를 가져오게 하는 것이라면, 목소리 를 통한 연주는 개인의 내면으로부터 나오는 소리를 통한 변화의 경험으로서 보다 능동적인 방식이 될 수 있다. 노래는 가사와 멜로디가 결합된 것으로 인 간의 목소리를 통해 감정을 표출할 수 있는 방법이다. 노래를 부르기 위해서 는 먼저 호흡이 필요한데, 호흡은 목소리를 생성하기 위한 힘의 근원이 된다. 호흡은 그리이스어 '영혼(psyche)'이라는 말과 어원을 같이한다. 즉, 삶의 에 너지인 것이다. 이런 호흡은 인간의 생리적 반응에 많은 영향을 미친다. 노래 를 부르기 위해서는 먼저 안정적인 호흡이 필요한데, 들숨과 날숨의 규칙적인 호흡은 안정감을 유발한다. 이는 또한 평온과 이완을 가져와 스트레스로 인해 발생하는 불안이나 발작을 감소시키는 데 도움이 된다. 목소리를 사용하는 방 법 중 토닝은 모음을 중심으로 특정 음고를 유지하면서 소리를 만들어 내는 활 동이다. 이러한 토닝은 감정을 발산하여 정화된 느낌을 갖게 해 주는 것에서부 터 시작되었다(Newham, 1998). 따라서 토닝의 목적은 신체를 공명하고 긴장된 부위에 진동을 유발하여 이완을 유도하고자 하는 것이다. 이러한 토닝을 통해 스트레스로 인해 유발된 근육 긴장 등 긴장된 부분을 이완시킬 수 있다.

또한 노래에서 중요한 것은 가사의 기능이다. 노래의 가사는 다양한 삶의 이슈와 감정, 추억 등에 대해 다루며 이러한 가사는 인간의 내면 상태를 투사 하는 기능이 있다(Diaz-Chumaciero, 1992). 즉, 특정 가사를 가진 노래를 부른 다는 것은 그 노래에 자신의 모습을 자연스럽게 투사할 수 있으며, 이를 통해 위로가 된다. 더욱이 긍정적인 가사는 문제에 대한 말로 하지 못한 감정을 표현하고 배출할 수 있는 통로의 시각을 갖게 하여 상황에 대한 해결을 제안하기도 하며, 문제를 적극적으로 대처할 수 있는 기회를 제공한다.

한편, 노래는 심리적으로 중간 대상의 기능을 한다. 아기가 엄마의 노래를 들으며 편안함을 느끼는 것처럼, 노래는 인간의 내면의 상처받은 자아를 회복하는 데 중요한 역할을 한다. 따라서 노래를 부르는 것은 심리적으로 상처받은 내면의 마음을 스스로 치유하는 역할을 할 수 있으며, 이를 통해 스트레스로 인한 정서적 문제를 해결하며, 또한 문제에 적극적으로 대처할 수 있는 사고의 전환에도 도움이 된다.

## 4) 노래 만들기

표현적이고 능동적인 경험을 이끄는 또 다른 방법으로 노래 만들기를 들 수 있다. 음악치료에서 종종 사용되는 노래 만들기는 대상자의 생각과 느낌을 표현할 수 있도록 안전하고 구조화되고 유연한 음악적 기회를 제공한다. 치료사는 대상자의 수준을 고려하여 노래 만들기의 아이디어가 안전하게 진행될 수 있도록 음악적 경험들을 촉진시키는 역할을 담당한다. 노래 만들기는 집단치료에 사용하기에 매우 적합한 방식으로서, 스트레스로 인한 부적 감정들을 확인하고 동료들의 인정과 승인을 통해 신뢰적인 환경 안에서 감정들을 표현하고 해결할 수 있는 기회를 제공한다. 또한 개인이 직접 만든 가사를 노래하는 과정을 통해 대상자에게 내적인 힘을 강화시킬 뿐 아니라 카타르시스적인 경험들로 발전시켜 의지적인 행동으로 변화시킬 수 있다.

이러한 노래 만들기는 자신의 내면의 감정이나 이야기를 예술매체를 통해 표현함으로써 만족과 성취를 느낄 수 있도록 하는 것이다. 방법은 간단하게 한 단어를 자신의 말로 바꾸어 부르기, 기존의 노래에 가사를 바꾸기 그리고 멜로디를 창작하는 단계에 이르기까지 자신의 음악적 수준에 따라 소극적인·적극적 방법이 있다.

노래 만들기는 스트레스 상황에서 전략적 · 적극적으로 대처할 수 있는 조직적이며 계획적인 사고를 확장시켜 줄 수 있다(Edgerton, 1990; Kathy, 2005). 또한 자신의 감정이나 이야기를 표현함으로써 자신의 행동에 대한 책임감과 결정력을 가질 수 있으며, 무엇보다 부적절하게 스트레스에 대처하는 자신의 모습에 대한 가사를 만드는 것은 적극적이며 긍정적으로 스트레스에 대처할 수 있도록 도와준다.

# 2. 일반 병원에서의 음악치료

일반 병원에서 음악치료는 대개 두 가지 형태로 나타난다. 하나는 음악치료사가 정기적으로 환자에게 세션을 시행하는 경우이고, 다른 하나는 음악치료사의 능동적인 역할이 없는 가운데 주로 감상을 위주로 한 음악 프로그램을 시행하는 경우다.

음악치료라고 하면 당연히 음악치료사가 특정한 대상 환자를 위해 치료 목적을 설정하고 세션을 단계적으로 해 나가는 것을 말하지만, 많은 병원에서는 치료를 돕는 보조 프로그램으로 음악을 사용하기도 한다.

음악치료사는 암이나 기타 치명적인 질병으로 말미암아 종말기(terminal period)에 있는 환자에게 고통과 죽음에 대한 불안에서 오는 스트레스를 감소시키면서 남아 있는 시간을 의미 있게 보내도록 도와 삶의 질을 높이는 데 초점을 맞추고 있다. 또한 지난 10여 년간은 대뇌 손상 환자와 화상 환자를 대상으로 음악치료를 널리 시행해 왔으며, 마취의와 함께 협력하는 음악치료사의 활동도 두드러지고 있다.

무엇보다 병원에 입원한 환자는 낯선 환경에서 익숙지 못한 음식, 자신의 병에 대한 불안감 등이 복합되어 긴장이 더해 가고 불안이 가중된다. 이들이 받는 스트레스 요인 중에서 가장 심각한 것은 불안과 고통이다. 음악치료사가 직접 개입하든 병원에서 음악 프로그램만을 이용하든 간에 병원에서의 음악 선정에 참고가 될 몇 가지 내용을 소개하면 다음과 같다.

- 음악은 연주 시간과 사용되는 악기, 크기, 연주 양식에 따라 선정되어야 한다. 대개 멜로디나 리듬, 소리의 크기가 너무 극단적인 것은 피하는 것이 좋으며, 성악곡보다는 기악곡을 사용하는 것이 좋다.
- 환자 자신이 좋아하는 음악을 들을 수 있도록 선택권을 준다.
- 음악을 들려주는 기계의 질을 높이며, 되도록 CD를 사용한다.
- 병원에서의 생활리듬이나 매일의 생체리듬에 맞게 음악을 선정한다.

## 1) 종말기 환자를 위한 음악치료

종말기 환자란 생명에 치명적인 질병으로 말미암아 회복의 가망이 없는 경우를 말한다. 사실 이러한 상태를 일반화하기란 쉽지 않다. 어떤 환자는 생명이 불과 며칠밖에 남지 않은 경우도 있을 수 있으며, 어떤 환자는 치명적인 병에 걸렸어도 그 생명이 수년에 걸쳐 남아 있을 수도 있기 때문이다.

대부분의 종말기 환자는 다섯 단계, 즉 부인-분노-흥정-우울-수용의 단계를 거친다. 종말기를 오래 보내게 되는 환자의 경우 대부분 이러한 다섯 단계를 모두 거친다. 그러나 이 과정은 각 단계별로 뚜렷하게 구분되어 한 단계에서 다음 단계로 넘어 간다기보다는 전체적인 반응의 영역에 걸쳐 나타나는 것이라고 이해할 수 있다.

또한 소외되는 것에 대한 두려움, 통증의 증가, 다른 사람에 대한 의존, 사후의 불확실성에 대한 알지 못하는 두려움 등도 죽음을 앞둔 사람이 가지게 되는 것이다. 이러한 상태에 있는 환자와 일하는 치료사의 경우 여러 가지 감정에 초점을 맞추게 된다. 이때 특별히 이러한 감정이 표면상으로는 일반적인 환자가 가질 수 있는 감정이지만 이들의 감정은 그 근원이 죽음과 결부된 것이라는 점이 다르다.

이렇게 종말기 환자는 다양한 문제를 지니고 어려운 시간을 겪게 되는데, 이들에게 필요한 것은 죽는 순간까지 자신의 인생을 생산적으로 유지하며 삶의 질을 파괴하지 않도록 보호해 주는 것이다. 어떤 환자의 경우, 종교 활동을 통해 자신의 남은 시간을 긍정적이며 생산적으로 보내기도 한다. 어떤 경우든 환자는 자신의 삶을 정리하는 과정을 거치는데, 이때 지나간 생애를 돌아보면서 자신의 인생을 회고하고 정리하게 된다. 치료사는 환자나 가족 간에 일어날 수 있는 여러 감정적인 상황을 적절히 표현하게 함으로써 환자의 감정 처리를 도와준다. 이들을 위한 치료의 목표를 퍼틸로(Purtilo, 1978)는 다음과 같이 제시였다.

- 환자의 고통을 줄이고 최대한 편안하게 만들 것
- 신체적인 기능을 유지하게 할 것
- 자신의 상황에서 최선을 다했다는 마음을 갖게 할 것
- 환자를 정서적인 면에서 지원할 것

## ♪ 음악치료의 적용

음악은 치명적인 질병으로 말미암아 죽음을 앞둔 환자에게 대단히 유익한 도움을 주는 도구로 사용할 수 있다. 음악은 죽어 가는 사람이나 그 가족 모두의 신체적 · 심리적 · 감정적 · 사회적 · 정신적 필요를 여러 가지 방법으로 채워 줄 수 있다.

신체적인 필요의 영역에서 다양한 음악 활동은 이완을 유도하는 데 사용되거나 통증에 대한 지각을 줄이고 신체적 활동이나 운동에 참여하도록 격려한다. 좋아하는 음악이나 조용한 곡을 듣거나 GIM과 같은 활동을 할 수도 있다. 음악을 감상하거나 적극적으로 활동에 참여하게 하는 것은 환자가 통증에서 주의를 돌릴 수 있게 하며, 걱정과 불안의 짓눌림에서 벗어나도록 한다. 독일

에서 활동하고 있는 의사 스핀치(Spintge, 1989)는 특별히 통증치료의 도구로 음악의 역할을 소개하고 있다. 그는 병원에서 암 환자에게 음악을 들려주거나 여러 주파수의 음을 집중적으로 듣게 하는 '음악목욕'이라는 방식을 사용함으로써 불안감이나 긴장감을 해결하는 데 큰 성공을 거두는 사례에 대해 언급하였다.

한편, 다양한 음악 활동은 종말기의 환자에게 심리적·감정적·사회적·정신적 필요를 채워 줄 수 있다. 노래는 환자의 자아를 유지하거나 확립시키며, 지난 세월의 중요한 경험을 승화시키며, 아이디어나 감정을 표현하게 하며, 현재의 여러 가지 당면한 일에 대해 자연스럽게 토의하도록 유도한다.

종교적인 음악, 특별히 가사가 있는 노래는 자신의 분노나 두려움 그리고 인생에 대한 의미를 확립시켜 주며, 죽음 후의 세계에 대한 두려움에서 확신을 가질 수 있도록 도와준다.

집단 음악 활동은 노래, 작곡, 즉흥연주 또는 적극적인 음악 감상과 토의를 통해 종말기 환자에게 사회적인 활동의 장소와 지원을 해 준다. 노래하거나 함께 참여하는 활동을 통해 다른 사람을 신뢰하고 나아가 자신도 신뢰받는 긍정적인 경험을 하는 것이다.

음악치료사에게는 이러한 환자와 함께하는 시간이 의미 있는 시간이면서 동시에 고통스러운 경험을 하는 시간일 수도 있다. 곧 죽음의 길을 가는 이를 위해 해 줄 수 있는 능력의 한계와 제한된 시간을 위한 치료 목적을 설정해야 하고, 그러면서도 언제일지 모르는 마지막 세션을 준비하는 마음으로 매번 세션을 갖게 된다. 한편, 이들과 함께 일하는 음악치료사는 자신의 일차적인 역할과 도울 수 있는 영역을 잘 인식하여 환자의 상태에 대해 너무 큰 부담을 느껴서 자칫 감정적으로 너무 깊이 빠지지 않도록 유의할 필요가 있다.

## 2) 수술과 마취

불안과 긴장을 감소시키는 데 사용하는 음악이나 음악적 활동은 병원치료 과정의 한 부분으로서 마취학에 관여할 수 있다. 특별히 수술을 위해 전신마 취나 부분마취를 하게 되는 환자 모두에게 음악은 유용하게 사용할 수 있다. 이 분야에서 활발한 활동을 하고 있는 스핀치는 유럽과 아시아의 개인병원, 공립병원, 대학병원 등에서 무작위 추출한 8,000명의 환자에 대한 임상적 연 구와 환자 5만 6,000명 이상에게 표준 설문조사를 실시하였다. 연구 결과, 수 술 전후를 통해 발생하는 긴장의 내용이 음악을 사용하지 않은 환자는 26%인 데 비해 음악을 사용한 환자는 17%로 감소하였다.

또한 감정적인 긴장 이완에서는 마음을 편안하게 유도하는 음악에 의한 경 우가 안정제를 사용한 경우보다 더 나은 결과를 가져온다는 사실이 담당의사 와 환자 자신의 의견을 통해 밝혀졌다. 불안을 줄이고 마음을 편안하게 하는 목적으로 음악을 사용하였을 때 스트레스 호르몬이라는 코르티솔, 부신피질 자극 호르몬(ACTH), 프롤락틴(뇌하수체 전엽의 성 호르몬), 베타-엔도르핀(내인 성의 모르핀 같은 펩타이드)의 단위가 음악을 사용하지 않은 환자보다 현저히 낮았음을 보고하고 있다. 이에 따르면, 진정제나 신경안정제의 양(dosage)을 약 절반으로 줄일 수 있었으며, 더욱이 음악 사용에 대해 환자의 97%가 호의 적이었다.

부분마취에서도 마찬가지로 마음을 편안하게 하는 목적으로 사용되는 음 악이 대단히 유익한 결과를 가져온다는 사실이 여러 사람에 의해 보고되고 있 다. 이 경우 원치 않는 심장혈관 반응을 피할 수 있는 이점이 있다고 하였다.

이렇게 수술을 앞둔 환자에게 음악을 사용할 경우 일단 입원 시 환자가 어 떤 음악을 선호하고 있는지를 먼저 파악해야 하며, 평소 즐겨 듣는 음악 중 수 술을 앞두고 특별히 듣고 싶은 음악이 무엇인지 직접 물어보아 음악치료사가 일련의 음악 프로그램을 만들게 된다. 때때로 환자는 평소에 자주 듣는 음악

중에서도 지나치게 격정적이어서 생리적인 자극을 유발할 것으로 추측되는 음악을 원하는 경우도 있다. 이 경우 음악치료사는 환자와의 상담을 통해 환자의 선호도를 고려하면서도 적절한 음악을 선별하도록 한다. 대개 수술을 위해 대기하는 병동부터 환자는 자신의 수술대에 설치된 CD나 카세트의 음악을 헤드폰을 통해 들으며 수술실에 들어가게 된다. 물론, 수술이 끝나고 회복기까지 음악은 계속 제공되어야 한다.

응급실의 분위기는 항상 긴장감이 감도는데, 환자는 자신의 문제 이상으로 분위기에서 오는 긴장감 때문에 스트레스를 받게 된다. 이때 편안한 유형의 음악을 들려줌으로써 환자는 물론 병원 직원에게도 도움이 될 수 있다.

다음은 수술 대기 환자의 몇 가지 생리적 변인과 관련된 음악 감상의 효과를 연구(Miluk-Kolasa, Matejek, & Stupnicki, 1996)한 결과다.

---

### 수술 대기 환자의 몇 가지 생리적 변인과 관련된 음악 감상의 효과

수술을 기다리고 있는 상태는 매우 심한 스트레스를 받는 상태이며, 이러한 스트레스는 면역 반응의 억제와 회복 기간까지도 지속되게 할 수 있다. 이 연구의 목적은 예정된 수술을 기다리는 환자 각 사람에게 개별적으로 만들어진 음악 프로그램이 얼마나 환자의 기본적인 생리적 반응에 효과를 주는가를 고찰하는 것이다.

비정형외과적 수술을 받기 위해 기다리고 있는 입원 환자 100명(남자 72명, 여자 28명, 연령은 20~60세)을 무작위로 50명씩 두 집단으로 나누어, 그중 한 집단은 통제집단으로, 다른 한 집단은 음악 감상 집단으로 하였다.

두 집단 모두 수술을 받는 날 아침에 채혈과 혈압, 심박수, 심박출량, 체온, 혈당치 등을 측정한 후 수술 방법에 대해 이야기를 들었다. 그 후부터 20분 간격으로 채혈과 앞에서 행한 측정이 반복되었는데, 이 시간 동안 음악 감상 집단은 각각의 환자를 위해 만든 음악 프로그램을 워크맨을 통해 감상하였다.

실험 결과 수술에 대한 정보는 혈압(수축기 혈압 6.6%, 이완기 혈압 5.7%,

평균혈압 6.2%), 심박수(15.7%), 심박출량(14.0%), 체온(2.3%), 혈당치 (24.2%)가 매우 의미 있는 수준($p < .001$)으로 변화하였다. 즉, 환자가 비록 수술받을 것을 미리 알고 있었더라도 수술하기 전에 환자에게 수술에 대한 정보를 알려 주는 것은 심한 스트레스를 주는 요인으로 밝혀졌다.

그러나 1시간 동안의 측정값 중 가장 나중에 측정한 결과를 보면, 음악을 듣지 않은 통제집단에서는 측정값이 스트레스 유발 수준으로 계속 남아 있는 데 비하여 음악을 들은 집단에서는 초기 측정값 수준으로 떨어졌다.

이러한 결과를 종합해 볼 때, 수술 전에 음악을 듣게 하는 것은 수술 전 스트레스를 감소시키는 데 매우 효과적임을 알 수 있다.

출처: Miluk-Kolasa, Matejek, & Stupnicki (1996).

## 3) 출산과 신생아

지난 1980년대부터 출산을 돕기 위해 음악을 사용하는 데 대한 관심이 점점 깊어지고 있다. 이 영역에서 음악은 다음과 같은 이유 때문에 사용된다.

- 주의를 집중하는 자극
- 고통에서 주의를 돌리는 새로운 자극
- 즐거운 반응을 위한 자극
- 이완을 위한 조건화된 자극
- 호흡에 구조적으로 도움을 주는 수단

클라크, 맥코클과 윌리엄스(Clark, McCorkle, & Williams, 1981)는 음악치료 프로그램에 참여한 산모가 그렇지 않은 산모보다 출산에 대해 훨씬 긍정적인 반응을 보였다고 보고하였다. 산모가 음악치료를 통해 다른 사람에게서 지원을 받으며 더 많은 시간을 라마즈(Lamaze) 연습에 할애한 결과 출산 시 고통과 긴장이 감소하였다. 핸서, 라손과 오코넬(Hanser, Larson, & O' Connell, 1983)은 특별히 준비한 배경음악을 출산 시 들려준 결과 출산의 고통을 훨씬 덜어 준 것을 발견하였는데, 이것은 산모가 느끼는 긴장과 고통의 표현을 측정함으로써 알 수 있었다. 스핀치(1989)는 음악으로 산모의 불안이 덜어질 때 스트레스 반응에 관련된 심장혈관과 내분비물의 변화가 현저히 줄어들면서 근육 이완을 가져와 출산에 유익하였음을 보고하였다.

또한 출산을 앞둔 가정에서 음악(주로 노래)을 적절히 사용할 때 아이들이 곧 태어날 동생에 대해 느끼는 감정을 자연스럽게 표현할 수 있도록 해 주며, 태어날 아기와 긍정적인 유대관계를 형성할 수 있도록 돕는다.

음악은 그 고유한 멜로디와 리듬의 요소가 신생아를 보살피는 데 중요한 역할을 한다. 보고된 여러 연구는 어머니의 심장박동과 유사한 리듬의 자극은 신생아를 안정시키는 데 크게 기여한다고 하였다. 무루카(Murooka, 1975)는 어머니의 정맥과 동맥에서 피가 흐르는 소리를 고전음악과 혼합하여 녹음한 것이 신생아의 울음을 가장 효과적으로 멈추게 할 뿐 아니라 자연스러운 수면 상태로 유도한다고 보고하였다. 채프만(Chapman, 1975)은 음악적 자극은 미숙아가 에너지를 절약하도록 도와 체중을 늘리는 데 더 많은 칼로리를 사용하는 것을 가능하게 한다고 하였다. 반면, 오웬즈(Owens, 1979)는 음악을 들려주는 것과 체중을 증가시키는 것은 아무 상관이 없다고 보고하기도 하였지만, 그래도 음악은 여전히 신생아를 위해 중요하다고 언급하고 있다.

## 🎵 요약

    일반 의료 분야에서 음악치료는 두 가지로 적용된다. 하나는 음악치료사가 직접 관여되는 것이며, 다른 하나는 음악 프로그램을 자체적으로 운영하는 것이다. 친숙한 음악을 감상하는 것은 환자에게 고립과 새로운 환경에 대한 불편 및 불안감을 덜게 해 주며 통증에서 주의를 돌리도록 해 준다. 음악치료는 종말기에 있는 환자가 마지막까지 삶을 포기하지 않고 삶의 질을 유지할 수 있도록 적극적으로 도와준다. 아울러 음악치료는 여러 가지 다양한 형태의 적용을 통해 스트레스에서 벗어나는 데 사용할 수 있다. 특별히 근래에 들어와서 연구되고 있는 음악치료 면역 강화에 대한 내용은 계속 연구될 것인데, 이것은 음악이 오랜 역사를 통해 치료 도구로 사용되어 왔던 것을 과학적으로 뒷받침해 준다.

## 🔍 참·고·문·헌

김현정(2009). 고혈압 환자의 혈압완화에 미치는 음악치료의 효과. 순천향대학교 대학원 석사학위 논문.

최병철(2006). 음악치료학(2판). 서울: 학지사.

최병철 역(2003). 음악치료[*Defining music therapy*]. K. E. Bruscia 저. 서울: 학지사. (원저는 1998년에 출간).

Abeles, H. (1980). Responses to music. In D. A. Hodges (Ed.), *Handbook of music psychology*. Debuque, IA: Kendal-Hunt.

Bartlett, D., Kaufman, D., & Smeltekop, R. (1993) The effects of music listening and perceived sensory experiences on the immune system as measured by interleukin-I and cortison. *Journal of Music Therapy*, *30*(4), 194-209.

Brennan, F. X., & Charnetski, C. J. (2000). Stress and immune system function in a newspaper's newsroom. *Psychological reports, 87,* 218-222.

Bruscia, K. E. (1998). *Defining music therapy* (2nd ed.). Spring City, PA: spring House Books.

Carthy, H. M., Michael, H. A., Mahendra, K., Frederick, C. T., & Philip, M. M. (1997). Effects of guided imagery and music (GIM) therapy on mood and cortisol in healthy adults. *Health Psychology, 16*(4), 390-400.

Chapman, J. S. (1975). The relation between auditory stimulation of short gestation infants and their gross motor limb activity (Doctoral dissertation, New York University, 1974). *Dissertation Abstracts International, 36,* 1654B-1655B. (University Microfilms No. 75-21, 138)

Chopra, D. (1990). *Perfect health.* New York: Harmony Books.

Clark, M. E., McCorkle, R. R., & Williams, S. B. (1981). Music therapy-assisted labor and delivery. *Journal of Music Therapy, 18*(2), 88-100.

Cook, J. D. (1986). Music as an intervnetion in the oncology. *Cancer Nursing, 9*(1), 23-28.

Crowe, B. J. (2004). *Music and soulmaking: Toward a new theory of music therapy.* Lanham, MD: The Scarecrow Press.

Diaz-Chumaciero, C. L. (1992). What song comes to mind: Induced song recall. *The Art in Psychotherapy, 19,* 325-332.

Edgerton, C. (1990). Creative group songwriting. *Music Therapy Perspectives, 8,* 15-19.

Flatischler, R. (1992). The influence of music rhythmicity in internal rhythmical events. In R. Spintge & R. Droh (Eds.), *Music medicine* (pp. 241-248). St. Louis, MO: MMB Music.

Goldsby, R. A., Kindt, T. J., & Osborne, B. A. (2000). *Immunology* (4th ed.). New York: W. H. Freeman.

Haack, P. (1980). The behavior of music listeners. In D. A. Hodgs (Eds.), *Handbook of music psychology.* Debuque, IA: Kendall-Hunt.

Hanser, S. (1985). Music therapy and stress reduction research. *Journal of Music Therapy, 22*(4), 193-206.

Hanser, S. B., Larson, S. C., & O' Connell, A. S. (1983). The effect of music on relaxation of expectant mothers during labor. *Journal of Music Therapy, 20*(2), 50–58.

Heather, B., & MacIntosh, B. A. (2003). Sounds of healing: Music in group work with survivors of sexual abuse. *The Arts in Psychotherapy, 30,* 17–23.

Hirokawa, E., & Ohira, H. (2003). The effects of music listening after stress-ful task on immune functions, neuroendocrine responses, and emo-tional states in college students. *Journal of Music Therapy, 40*(3), 189–211.

Hucklebridge, F., Lambert, S., Clow, A., Awarburton, D., M., Evans, P. D., & Sherwood, N. (2000). Modulation of secretory immunogloblin a in salvia: Response to manipulation of mood. *Biological Psychology, 53,* 25–35.

Jellison, J. A. (1975). The effect of music on autonomic stress responses and verbal reports. In C. K. Madsen, R. D. Greer, & C. H. Madson, Jr. (Eds.), *Research in music behavior: Modifying music behavior in the classroom* (pp. 206–219). New York: Teachers College Press.

Kathy, D. (2005). The effect of composition (art and music) on the self-con-cept of hospitalized children. *Journal of Music Therapy, 42*(1), 49–53.

Light, G. A., Love, D. M., Benson, D., & Morch, E. T. (1954). Music in surgery. *Current researches, Athesia and Analgesia, 33,* 258–264.

Miller, D. M. (1992). The effect of music therapy on the immune and adrenocortical systems of cancer patients. Unpublished Master's Thesis. University of Kansas.

Miluk-Kolasa, B., Matejek, M., & Stupnicki, R. (1996). The effects of music listening on changes in selected physiological parameters in adult pre-surgical patients. *Journal of Music Therapy, 33,* 208–218.

Mökel, M., Störk, T., Vollert, J., Röcker, L., Danne, O., Hochrein, H., Eichstädt, H., & Frei, U. (1995). Stress reduction through listening to music: Effects of stress hormones, hemodynamics and mental state in patients with arterial hypertension and in healthy persons. *Deutsche Medizinische Wochenschrift, 120,* 745–752.

Miluk-Kolasa, B., Matejek, M., & Stupnicki, R. (1996). The effects of music listening on changes in selected physiological parameters in adult pre-surgical patients. *Journal of Music Therapy, 33*(3), 208-218.

Murooka, H. (1975). *Lullaby from the womb*. Hollywood, CA: Capitol Records.

Newham, P. (1998). *Therapeutic voice work. Principles and practice for the use of singing as a therapy*. London: Kingsley.

Owens, L. D. (1979). The effects of music on the weight loss, crying, and physical movement of newborns. *Journal of Music Therapy, 16*(2), 83-90.

Pelletier, C. L. (2004). The effect of music on decreasing arousal due to stress: A meta analysis. *Journal of Music Therapy, 41*(3), 192-214.

Purtilo, R. (1978). *Health professional/patient interaction* (2nd ed.). Philadelphia, PA: W. B. Saunders.

Radocy, R., & Boyle, J. D. (1997). *Psychological foundation of musical behavior*. Springfield, IL: Chales C. Thomas.

Rider, M. (1985). Entertainment mechanism are involve in pain reduction, muscle relaxation, and music mediated imagery. *Journal of Music Therapy, 22*(4), 183-192.

Schuster, B. L. (1985). The effects of music listening on blood pressure fluctuation in adults hemodialysis patients. *Journal of Music Therapy, 22*(4), 146-153.

Spintge, R. K. W. (1989). The anxiolytic effects of music. In M. H. M. Lee. (Ed.), *Rehabilitation, music and human well-being*. St. Louis, MO: MMB Music.

Standley, J. M., Gregory, D., Whipple, J., Walworth, D., Nguyen, J., Jarred, J., Adams, K., Procelli, D., & Cevasco, A. (2005). *Medical music therapy: A model program for clinical practice, education, training, and research*. Silver Spring, MD: American Music Therapy Association.

Stratton, V. N., & Zalanowski, A. H. (1984). The relationship between music, degree of liking, and self-reported relaxation. *Journal of Music Therapy, 21*(4), 184-192.

Summer, L. (1994). Considering classical music for use in psychiatric music therapy. *Music Therapy Perspectives, 12*(2), 130–133.

Thayer, R. E., Newman, J. R., & McClain, T. M. (1994). Self-regulation of mood: Strategies for changing a bad mood, raising energy and reducing tension. *Journal of Personality and Social Psychology, 67*, 910–925.

VanderArk, S. D., & Ely, D. (1992). Biochemical and galvanic skin responses to music stimuli by college students in biology and music. *Perceptual and Motor Skills, 74*, 1079–1090.

White, J. M. (1999). Effects of relaxing music on cardiac autonomic balancing and anxiety after acute myocardial infraction. *American Journal of Critical Care Nursing, 8*(4), 220–230.

부록

부록 1

# 음악치료사 양성을 위한 음악, 임상 기술, 음악치료 교육 내용

## 1. 음악 기술

① 음악 이론과 음악사
- 음악 악보를 보거나 들으면서 음악적 요소, 구조, 작품의 스타일을 분석하는 능력
- 클래식 음악과 대중음악의 문헌을 조사하고 작품적 배경을 이해하는 능력

② 작곡과 편곡
- 반주가 있는 간단한 곡을 작곡하는 능력
- 다양한 장르의 음악을 편곡하는 능력

③ 악기 연주 기술
- 노래 부르면서 반주악기를 능숙하게 연주할 수 있는 능력
- 앙상블의 멤버로서 연주할 수 있는 능력
- 즉흥적인 멜로디를 음악의 내용에 맞게 적절히 구사할 수 있는 능력

④ 건반악기 기술

- 다양한 장르(고전음악, 대중음악, 전통음악)의 음악 작품을 능숙하게 연주하는 능력
- 간단한 작품, 노래의 반주, 4성부 화성 진행을 보고 읽을 수 있는 능력
- 모든 키에서 기본적 화성을 연주할 수 있는 능력
- 멜로디를 화성화하여 연주할 수 있는 능력
- 간단한 노래를 변형하여 연주할 수 있는 능력
- 노래를 부르면서 능숙하게 반주할 수 있는 능력
- 앙상블에서 성악 또는 다양한 악기의 연주 시 반주할 수 있는 능력

⑤ 기타 기술

- 다양한 주법을 사용해 연주할 수 있는 능력
- 멜로디를 화성화할 수 있는 능력
- 간단한 노래를 변형시켜 연주할 수 있는 능력
- 다양한 장르(고전음악, 대중음악, 전통음악)의 음악 작품을 능숙하게 연주하는 능력
- 노래를 부르며 능숙하게 반주할 수 있는 능력
- 모든 조성에서 기본적 화성을 연주할 수 있는 능력

⑥ 성악 기술

- 필요한 음성으로 가락에 맞게 노래를 부를 수 있는 능력
- 기본적 성악기법으로 가사를 명료하게 전달할 수 있는 능력
- 다양한 장르(고전음악, 대중음악, 전통음악)의 음악 작품을 능숙하게 노래하는 능력
- 노래를 부를 때 이끌어 갈 수 있는 능력
- 적절한 목소리의 크기로 의사소통할 수 있는 능력

⑦ 다양한 악기 기술

- 오토하프나 옴니코드를 연주할 수 있는 능력
- 독주 또는 합주에서 리듬악기를 정확하게 연주할 수 있는 능력
- 전자악기의 기능을 적절하게 사용할 수 있는 능력
- 다양한 민속악기에 대한 기본적 이해와 연주에 사용할 수 있는 능력
- 악기를 관리하는 방법에 대한 능력
- 타악기의 기보법을 읽고 연주할 수 있는 능력

⑧ 즉흥연주 기술

- 성악·기악으로 다양한 분위기와 스타일의 음악을 즉흥적으로 창작할 수 있는 능력
- 주어진 멜로디나 반주를 즉흥적으로 변형·발달시킬 수 있는 능력
- 앙상블에서 즉흥연주를 할 수 있는 능력
- 리듬악기로 즉흥연주를 할 수 있는 능력

⑨ 지휘 기술

- 기본적 패턴을 정확하게 지휘할 수 있는 능력
- 성악·기악 앙상블을 지휘할 수 있는 능력

⑩ 신체 동작 표현 기술

- 음악적 구조 내에서 리듬적이고 즉흥적으로 표현할 수 있는 능력
- 구조적이면서 즉흥적인 몸동작의 경험을 지도할 수 있는 능력
- 다양한 무용 스타일에 대해 이해하고 표현할 수 있는 능력
- 리듬적 구조 속에서 표현적으로 움직일 수 있는 능력

## 2. 임상 기술

① 이상심리와 특수아동심리 영역
  • 진단과 분류에 사용하는 기본적 용어의 이해, 주요 질환의 원인과 증상에 대한 지식
  • 특별한 개인의 문제점과 잠재성·한계성에 대한 지식
  • 인간의 신체적·심리적·인지적·사회적 영역에서 정상과 이상 발달에 대한 지식
  • 정신병리학의 주요 이론에 대한 지식
  • 인간의 신체생리 구조와 기능에 대한 지식

② 치료 이론
  • 치료사–클라이언트의 역동성과 과정에 대한 지식
  • 집단의 역동성과 과정에 대한 지식
  • 개인/집단 심리치료의 방법과 기법에 대한 지식

③ 치료적 관계
  • 클라이언트의 관점에서 그들의 세계를 볼 수 있는 능력
  • 치료 과정이 클라이언트의 느낌, 태도, 행동에 미치는 영향을 인식할 수 있는 능력
  • 클라이언트와의 상호 관계를 확립하고 유지할 수 있는 능력
  • 개인/집단 치료에서 치료사의 역할을 효과적으로 사용할 수 있는 능력(적절한 자기 노출, 진실성, 감정이입 등 바람직한 행동 변화에 영향을 미치게 하는 것)
  • 치료 목적을 달성하기 위해 집단의 역동성과 과정을 이용할 수 있는 능력

## 3. 음악치료 기술

① 기초와 원리
- 음악을 치료 도구로 사용하기 위한 철학적 · 생리학적 · 심리학적 · 사회적 기반에 관한 지식
- 음악적 행동과 경험의 심리적 · 생리적 측면에 관한 지식
- 다양한 장애로 인한 음악 발달상의 문제에 대한 지식
- 다양한 클라이언트 집단의 음악적 특성에 대한 지식
- 모든 클라이언트 집단에서 음악치료의 목적, 내용, 기능에 대한 지식
- 음악치료 방법론과 주요 심리학적 이론 간의 관계에 관한 지식
- 현존하는 음악치료 방법, 기술, 도구의 적절한 사용에 관한 지식
- 음악치료 효과의 평가를 위한 원리와 방법에 관한 지식
- 음악치료의 역사와 전문적 건강 관련 학문으로서 발달에 대한 지식

② 클라이언트 진단평가
- 클라이언트의 필요를 규명할 수 있는 능력
- 음악을 통해 클라이언트의 강점과 약점을 평가하기 위한 효과적인 방법을 선택 · 개발 · 적용할 수 있는 능력
- 클라이언트의 음악적 선호도와 음악적 기능의 수준 또는 발달 정도를 평가하기 위한 효과적인 방법을 선택 · 개발 · 적용할 수 있는 능력
- 진단평가에 대한 클라이언트의 반응을 정확히 관찰하고 기록할 수 있는 능력
- 수집된 진단평가 자료에 대한 신뢰도와 타당도를 측정할 수 있는 능력
- 다른 치료 접근법의 진단평가 결과를 해석하고 사용할 수 있는 능력
- 진단평가 결과에 대한 해석과 분석을 통해 클라이언트의 치료적 필요

를 규명할 수 있는 능력

- 음악적 · 음악 외적 조건에서 클라이언트를 관찰하고, 객관적 · 주관적 정보를 수집할 수 있는 능력
- 최근의 클라이언트 상태를 파악하기 위해 가용한 서비스를 통해 정보를 수집할 수 있는 능력
- 클라이언트의 정서적인 상태에 대한 그의 적절한 행동과 부적절한 행동을 규명할 수 있는 능력
- 클라이언트에게 미치는 가족과 기타 인간관계의 영향력을 규명할 수 있는 능력
- 현재 역기능에 관련되는 클라이언트 생활 속에서 스트레스 유발 인자를 규명할 수 있는 능력
- 진단평가의 결과 제안점을 구두나 서면으로 의사소통할 수 있는 능력

③ **치료 계획**

- 음악치료에서 클라이언트의 일차적 치료 필요를 규명하는 능력
- 진단평가 결과에 근거하여 음악치료의 목적과 목표를 설정할 수 있는 능력
- 클라이언트를 집단 혹은 개인 치료 양식에 적절히 배치할 수 있는 능력
- 음악치료의 장기 목적을 설정하고 이를 단기 목표로 분석할 수 있는 능력
- 단기 음악치료 목표를 설정할 수 있는 능력
- 팀 전체의 치료 목적을 규명/설정할 수 있는 능력
- 개인치료 대 집단치료의 적절성을 판단할 수 있는 능력
- 치료의 목적과 목표를 발달/학습시킬 수 있는 능력
- 설정된 목적과 목표에 근거하여 개인 · 집단 대상의 치료 전략을 수립할 수 있는 능력

- 치료 계획 과정에서 지역사회의 자원을 활용하고 확인할 수 있는 능력
- 가능한 경우에 치료 계획 과정에 클라이언트를 참여시킬 수 있는 능력
- 치료 계획 과정에 클라이언트의 가족이나 중요한 인물을 참여시킬 수 있는 능력
- 관련 전문가와 협력하여 치료 계획 과정을 조정해 나갈 수 있는 능력
- 치료 계획 과정에서 관련 문헌과 자료를 참조할 수 있는 능력
- 클라이언트의 치료적 참여를 촉진할 수 있도록 음악치료 환경을 구성할 수 있는 능력
- 클라이언트의 목표를 충족시켜 주는 음악치료 경험을 선택할 수 있고 창조할 수 있는 능력
- 클라이언트의 강점과 필요에 적합한 음악, 악기, 도구를 선택하고 적용할 수 있는 능력
- 음악치료 목적에 적합한 음악 외적 도구를 선택하여 준비할 수 있는 능력
- 음악치료 세션을 계획하고 적용할 수 있는 능력
- 치료 목적을 중요한 순서대로 조직화할 수 있는 능력

## ④ 치료 적용

- 물리적 환경(공간 배치, 가구, 장비, 악기의 배열) 조성 능력
- 클라이언트의 필요와 상황 요인에 따라 세션 속에서 음악 경험을 연계시키고 배치하는 능력
- 치료 세션 중에 발생한 중요한 일을 적절하게 인식하고, 이를 해석 · 대응하는 능력
- 치료 계획에 따라 음악치료 프로그램을 적용하는 능력
- 사회적 상호작용을 유발하는 음악치료 경험을 제공하는 능력
- 클라이언트의 단기 · 장기 기억력과 기억 연계 기술을 돕는 음악치료

경험을 제공하는 능력

- 치료 속에서 음악적 조화를 촉진하고 인도하는 능력
- 집단음악치료를 인도하고 촉진하는 능력
- 집단 소속감과 집단 응집력을 촉진하는 능력
- 집단음악치료 속에서 적절한 사회적 행동에 대한 모델을 제공하는 능력
- 음악 외적 행동을 변화시킬 수 있는 음악치료 경험을 제공하는 능력
- 클라이언트의 충동 조절 능력의 개발을 돕는 음악치료 경험을 제공하는 능력
- 클라이언트의 과제 지속 능력의 증가를 돕는 음악치료 경험을 제공하는 능력
- 클라이언트가 효과적으로 의사소통할 수 있도록 돕는 능력
- 음악치료 적용에 클라이언트의 가족 및 중요한 인물을 포함시키는 능력
- 클라이언트의 사회 기술 발달을 돕는 음악치료 경험을 제공하는 능력
- 클라이언트의 심미적 감수성을 성장시키도록 이끄는 음악치료 경험을 제공하는 능력
- 음악을 사용하여 클라이언트의 정서적 반응을 유발시키는 능력
- 클라이언트의 성공적인 참여를 위해 필요한 언어적 · 비언어적 지시를 제공하는 능력
- 클라이언트의 의사결정 능력을 증진시키는 음악치료 경험을 제공하는 능력
- 클라이언트의 언어적 반응을 유발하는 음악치료 경험을 제공하는 능력
- 음악을 사용하여 클라이언트의 과거 기억을 유발시키는 능력
- 클라이언트의 자신, 공간, 시간에 대한 지남력을 향상시키기 위해 음악을 사용하는 능력

- 클라이언트의 인지적 · 지적 발달을 증강시키기 위해 음악을 사용하는 능력
- 클라이언트의 창의적 반응을 장려하기 위해 음악을 사용하는 능력
- 클라이언트가 시각 · 청각 · 촉각의 기회를 사용할 수 있도록 음악치료 경험을 통해 감각 자극을 제공하는 능력
- 클라이언트의 감각 · 지각 발달을 증강시키는 음악치료 경험을 제공하는 능력
- 클라이언트의 감각 · 운동 발달을 증강시키는 음악치료 경험을 제공하는 능력
- 클라이언트의 운동 반응을 유발하는 음악치료 경험을 제공하는 능력
- 긴장 이완 및 스트레스 감소 기법과 함께 음악을 사용하는 능력
- 통증 감소에 음악을 적용하기 위한 지식
- 클라이언트의 건강한 생리적 변화를 유발하기 위해 음악을 사용하는 능력
- 클라이언트가 치료 과정에서 자신의 책임을 확인할 수 있도록 음악치료 경험을 제공하는 능력
- 클라이언트의 의사소통에 대한 피드백을 주고 반영 · 재진술해 주는 능력
- 치료 과정의 촉진을 위해 작곡, 편곡, 즉흥연주를 할 수 있는 능력
- 클라이언트와 치료사 간의 상호 피드백을 위한 매개체로 음악을 사용할 수 있는 능력
- 클라이언트와 다른 집단원 간의 문제를 조정하는 능력(집단 관리 기술)
- 각기 다른 연령, 문화, 스타일 등에 따라 음악 레퍼토리를 개발하고 보유할 수 있는 능력
- 클라이언트에 대한 약물치료의 효과를 인식하고 이에 적절히 반응할 수 있는 능력

- 음악치료 적용에 필요한 음악 외적 도구와 장비를 사용하는 능력
- 음악치료 세션에서 성악적 기술을 사용하는 능력
- 음악치료 세션에서 치료적 언어 기술을 사용하는 능력
- 음악치료 세션에서 키보드와 비화성적 악기를 사용하는 능력
- 음악치료 세션을 종결하는 능력
- 퇴원 후 치료 프로그램을 계획 · 준비 · 적용하는 능력

⑤ 치료 평가

- 치료에 대한 클라이언트 반응의 중요한 변화와 양상을 인식하는 능력
- 치료 기록을 정확하고 꾸준하게 지속하는 능력
- 치료 전략의 효율성과 클라이언트 진보 상황을 측정하고 평가하기 위한 방법을 고안하고 적용하는 능력
- 사용되는 측정 · 평가의 신뢰도와 타당도를 판단할 수 있는 능력
- 치료의 진행 과정을 결정하기 위한 기반으로 평가 결과를 사용하는 능력
- 가이드라인에 따라 정기적으로 치료 계획을 검토하는 능력
- 필요한 경우 치료 계획을 변경할 수 있는 능력
- 치료에 대한 클라이언트의 반응에 근거하여 치료 접근법을 수정하는 능력
- 서비스의 지속, 변경, 종결 등의 필요성을 판단하기 위해 다른 전문가와 협의하는 능력
- 클라이언트의 필요성에 대한 평가에 근거하여 의뢰할 수 있는 능력
- 클라이언트에게 현재 명백히 위험한 상황이 있을 때 이를 인식하고 대응하는 능력
- 다양한 프로그램 속에서 사용되는 방법과 절차에 적응할 수 있는 능력

⑥ 문서 작성

- 진단평가, 치료평가 등을 포함한 임상과정의 자료를 수집하는 기술을 사용하고 개발하는 능력
- 임상적 자료를 문서에 기록하는 능력
- 진단평가 결과를 문서에 기록하는 능력
- 치료 계획에 대한 변화를 기록하고 치료 계획을 변경하여 기록하는 능력
- 클라이언트의 변화를 정확히 반영하고 내면적·외형적 변화를 기록하는 능력
- 음악치료의 종결 계획을 기록하는 능력
- 음악치료 종결 후 클라이언트에 대한 추후 지도 과정을 기록하는 능력
- 음악치료 프로그램에 대한 클라이언트의 다양한 측면과 진보 상황에 관하여 다른 팀원, 부모, 클라이언트와 서면이나 구두로 의사소통할 수 있는 능력

⑦ 종결/퇴원 계획

- 음악치료 종결에 대한 잠재적 유익 등을 평가하는 능력
- 음악치료 종결을 결정할 수 있는 능력
- 음악치료 종결 계획을 발전시켜 나가는 능력
- 음악치료 종결에 대해 클라이언트에게 정보를 제공하고 준비하는 능력
- 클라이언트의 기관 퇴원 계획과 음악치료 종결 계획을 통합하는 능력
- 퇴원 후의 환경 속에서 클라이언트에게 기대되는 행동에 관해 클라이언트와 가족을 교육하는 능력
- 퇴원 후의 지속적인 치료 효과를 위해 클라이언트와 가족에게 조언하는 능력
- 퇴원 후 클라이언트에게 필요한 내용을 지원할 수 있는 능력

- 음악치료 종결 후에 클라이언트에 대한 추후지도 절차를 수립하는 능력
- 가용한 지원망을 접하고 사용할 수 있도록 클라이언트를 지원하는 능력
- 종결/퇴원 후 적절한 지원에 클라이언트를 의뢰하는 능력

⑧ 전문인으로서 역할과 윤리
- 지속적인 교육 기회에 대한 참여
- 전문인으로서 성장을 위한 목적 설정
- 전문적 논의점에 관하여 다른 직원과 건설적인 상호 의견 교환을 나눌 수 있는 능력
- 전문인으로서 '윤리강령'에 대한 이해
- 연구, 저술, 발표를 통한 전문적 성장에 대한 기여
- 전문가로서 역할과 관련된 법적 책임의 충족
- 클라이언트의 인권에 관한 법률 지식
- 음악치료 전문직의 윤리 기준을 해석하고 적용하는 능력
- 항상 건설적인 방향으로 개인적인 감정과 생각을 표현하는 능력
- 긍정적이고 건설적인 방향으로 갈등을 해결하는 능력
- 비평과 피드백을 기꺼이 받아들이고 생산적인 방향으로 수용하는 능력
- 교육과 전문 훈련에 관련된 모든 과제에 성실하게 따를 수 있는 능력
- 자신의 강점과 약점에 대한 비판적 지각 능력
- 역사적 연구, 기술 연구, 상관 연구, 실험 연구의 목적에 관한 지식
- 전문적 연구 문헌 정보를 이해하는 능력
- 데이터에 근거한 문헌 검색을 수행할 수 있는 능력

⑨ 다른 학문(치료법)과의 협조
- 클라이언트의 치료 프로그램에서 다른 치료법과의 작업 관계를 발달시키고 그 역할을 이해하는 능력
- 전체 치료 프로그램 속에서 음악치료의 역할을 정의 내리는 능력
- 음악치료의 목적 · 방법과 다른 치료법의 목적 · 방법 간의 관계를 규명하고, 음악치료의 진단평가와 다른 치료법의 진단평가의 결과를 통합하는 능력
- 팀 전체의 치료 프로그램을 이해하고 적용하면서 다른 팀원과 협조해 가는 능력

⑩ 수퍼비전과 행정
- 수퍼비전의 유익한 수용
- 다양한 임상 관계자가 행정적으로 어떻게 조직되어 있는지에 관한 이해
- 음악치료가 다양한 행정적 구조에 어떻게 부합되는지에 관한 이해
- 일반적으로 임상가에게 요구되는 행정적인 의무를 수행하는 능력
- 음악치료 프로그램 예산을 마련하고 유지하는 능력
- 음악치료 장비와 공급을 조정하고 유지하는 능력
- 새로운 음악치료 프로그램을 계획하고 수립하기 위한 제안서를 작성하는 능력

부록 2

# 효율적인 음악치료 세션을 위한 점검표

| 문항 | Yes | No |
|---|---|---|
| 환자를 한 사람의 고귀한 인간으로 이해하고 존중한다. | | |
| 환자에게 동정하기보다는 공감한다. | | |
| 좋은 청취자가 된다. | | |
| 환자의 개인적인 사정을 기억함으로써 관계 형성을 확립한다. | | |
| 자신의 시간을 환자에게 효과적으로 만든다. | | |
| 정확한 정보를 제공한다. | | |
| 환자를 위해 결정을 내리지 않는다. 환자 스스로가 결정할 수 있도록 도와준다. | | |
| 환자의 장점과 가능성에 초점을 맞춘다. | | |
| 치료적 목적을 향한 환자의 진보를 주목한다. | | |
| 나쁜 결과에 대한 이유를 파악한다. | | |
| 환자와 현실성 위에 관계를 유지한다. | | |
| 환자의 책임에 대해 분명히 이야기할 수 있다. | | |
| 자신의 치료 세션이 효과적인지를 매번 확인한다. | | |
| 환자 신상의 비밀을 이용하지 않는다. | | |
| 환자의 질문을 정리하여 다시 생각해 본다. | | |
| 자신을 정직하게 공개하고, 그럼으로써 환자도 자신을 숨기지 않고 솔직히 공개하게 한다. | | |
| 환자에게 약속한 것은 꼭 지킨다. | | |
| 환자에게 자신의 철학과 주장을 고집하지 않는다. | | |
| 환자의 과거나 사생활, 도덕성을 판단하지 않는다(환자를 현재 상태 그대로 받아들인다). | | |
| 환자의 필요에 대해 늘 민감하게 반응한다. | | |
| 환자에게 지나치게 희생적으로 대하지 않는다. | | |

부록 3

# 활동 계획 평가 체크리스트

■ 활동 계획에 다음의 요소가 있는가?

_____ 목적

_____ 행동 목표

_____ 사용할 도구

_____ 방법과 진행/변경 계획 및 응용

■ 목적에서

_____ 환자의 입장에서 무엇을 완수할 것인가를 적었는가?

_____ 증가, 향상, 감소 등의 단어가 포함되어 있는가?

_____ 함께 성취할 기술 영역(예: 사회적, 운동 등)이 포함되어 있는가?

■ 행동 목표에서

_____ 목적과 연관이 되는가?

_____ 한 환자가 어떻게 할 것인가를 적고 있는가?

_____ 측정할 수 있고 관찰할 수 있는 한 가지 행동을 포함하고 있는가?

_____ 환자의 예상되는 행동을 얻기 위해 제시되는 조건(주로 음악적 조건)이 있는가?

_____ (환자의 행동에 대한) 기준이 설정되어 있는가?

■ 도구에서

_____ 활동에 필요한 모든 도구가 파악되었는가?

_____ 노래나 CD, 테이프와 악보가 모두 준비되었는가?

_____ 사용되는 도구가 대상 환자의 나이에 적절한가?

_____ 사용되는 도구가 환자의 기능에 적합한가?


■ 방법/진행/응용에 대하여

_____ 방법과 활동의 내용을 분명히 제시하고 있는가?

_____ 분명한 지시와 동기유발을 위해 격려하고 있는가?

_____ 다양한 강화재를 사용하고 있는가?

_____ 활동의 순서가 적절하게 배치되어 있는가?

부록 4

# 음악치료 세션 평가서

학생 _____          평가자 _____

| |
|---|
| 평가: 피아노, 기타에 비중을 두고 사용한 세션을 2회 이상 평가함 |
| 평가 기준: 심각한 문제를 보임          무난함          뛰어남 |
| 0　1　2　3　4　5　6　7　8　9　10 |

▪ **음악치료 세션 준비 상태: (  점)**

_____ 1. 도구가 준비되었다.

_____ 2. 어떤 세션을 진행할 것인지 계획이 서 있다.

_____ 3. 세션에 임하는 태도가 적절하다.

_____ 4. 세션이 진행될 장소의 준비가 적절히 갖추어져 있다.

_____ 5. 세션에 적합한 복장을 하고 있다.


▪ **세션 효율성: (  점)**

_____ 6. 활동이 대상자의 기술과 기능의 수준에 적절하다.

_____ 7. 활동이 대상자의 나이에 적합하다.

_____ 8. 음악의 선곡이나 사용이 적절하다.

_____ 9. 자연스럽게 연결되면서 잘 진행된다.

_____ 10. 대상자에게 반응할 수 있는 적절한 시간을 준다.

_____ 11. 대상자의 기능에 맞게 적용되었다.

_____ 12. 활동이 치료적 목적을 성취하도록 한다.

_____ 13. 대상자의 존엄성이 지켜지고 있다.

_____ 14. 세션의 시간 배정이 합리적으로 운영되었다.

▪ 강화재의 효율적인 사용: ( 점)

_____ 15. 강화재를 사용한다.

_____ 16. 강화가 즉각적으로 주어진다.

_____ 17. 강화가 특정한 행동에 맞추어 주어진다.

_____ 18. 세션 전체를 통해 강화가 지속적으로 시행되었다.

_____ 19. 다양한 강화재의 사용을 이해하고 적용하고 있다.

▪ 커뮤니케이션의 사용: ( 점)

_____ 20. 적절히 눈을 마주친다.

_____ 21. 말의 톤의 강도, 음역이 적절하다.

_____ 22. 얼굴 표정이 적절하다.

_____ 23. 몸의 제스처가 적절하다.

_____ 24. 방향을 분명하게 지시한다.

_____ 25. 대상자의 반응을 잘 받아들인다.

▪ 음악 기술: (음악 기술의 배점은 ×3을 하여 합산한다) ( 점)

_____ 26. 기타 코드 또는 키보드 반주법의 사용이 적절하다.

_____ 27. 선정된 곡의 키(key)가 세션 활동에 적절하다.

_____ 28. 전주가 적절하게 사용되었다.

_____ 29. 상황에 적합한 연주 형태가 사용되었다.

_____ 30. 기타 또는 키보드의 연주가 활동에 지장을 주지 않는다.

_____ 31. 성악적 기술

_____ 32. 다른 반주악기 기술

_____ 33. 노래를 만들고 편곡하여 사용하는 기술

_____ 34. 대상자의 상태에 맞게 적절한 곡을 선택하여 사용하는 기술

_____ 35. 적절한 치료 목적을 위해 즉흥적으로 음악을 사용하는 기술

| 최종 평가 | 점 |
| --- | --- |

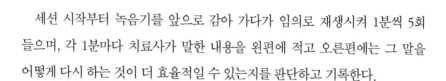

# 녹음 평가서(Audio Critiques)

세션 시작부터 녹음기를 앞으로 감아 가다가 임의로 재생시켜 1분씩 5회 들으며, 각 1분마다 치료사가 말한 내용을 왼편에 적고 오른편에는 그 말을 어떻게 다시 하는 것이 더 효율적일 수 있는지를 판단하고 기록한다.

NO. _____

| 녹음된 말 | 비 평 | 새로이 수정된 말 |
|---|---|---|
| | | |

## 부록 6

# 노래 가사를 통해 토의할 수 있는 주제

수용(acceptance)

죄책감(guilt)

절망/의존(helplessness/dependence)

외로움(lonliness)

이별, 죽음, 애통(loss, death, grief)

알코올(alchohol)

양가감정(ambivalence)

화냄(anger)

부모-자녀관계(parent-child relationships)

자기 존재(being oneself)

변화(changes)

자신감(confidence)

순응(conformity)

미해결 과제(unfinished business)

불만족/불평(dissatisfaction/discontent)

이혼/별거(divorce/separation)

마약(drugs)

취미(recreational hobby)

목적(goals)

성장(growing up)

행복(happiness)

확인(identify)

찬탄(admiration)

추억(memories)

새출발(new biginnings)

낙천주의(optimism)

감사(appreciation)

인내(perseverance)

책임감(responsibility)

성공(success)

단결(togetherness)

속임(deception)

가치(values)

위축됨(withdrawal)

느낌(feelings)

우정(friendship)

출처: Plach(1980); Wolfe, Burns, Stoll, & Wichmann(1975).

## 찾아보기

## ‖ 저자 소개 ‖

◆ 최병철(Choi, Byungchuel)

Southern Illinois University, B.M., M.M.

Illinois State University, Music Therapy Equivalency

University of Kansas, Ph.D.

전 Music Therapist, Metropolitan State Hospital(CA)

현 숙명여자대학교 음악치료대학원 교수

(사)한국음악치료학회장


◆ 문지영(Moon, Jiyoung)

서울대학교 음악 학사

숙명여자대학교 음악치료학 석사, 박사

전 서울특별시 은평병원 음악치료사

현 숙명여자대학교 음악치료대학원 교수

숙명여자대학교 원격대학원 음악치료전공 주임교수

(사)한국음악치료학회 부회장, 자격위원장

한국성악심리치료사협회 회장


◆ 문서란(Moon, Seoran)

전남대학교 음악교육 학사

전남대학교 음악교육 석사

숙명여자대학교 음악치료학 석사, 박사

현 삼성노블카운티, 효자병원 음악치료사

숙명여자대학교 음악치료대학원 강사

◈ 양은아(Yang, Eun-Ah)

　경희대학교 음악 학사

　숙명여자대학교 음악치료학 석사, 박사

　전 수도사랑의학교 음악치료사

　현 숙명여자대학교 음악치료대학원 초빙교수


◈ 여정윤(Yeo, Jungyoon)

　숙명여자대학교 음악치료학 석사, 박사

　현 표진인정신과 부설 뮤직앤마인드랩 소장

　　숙명여자대학교 음악치료대학원 겸임교수

　　한국음악치료학회 사업단 '음악으로 행복한' 대표


◈ 김성애(Kim, Seong-Ae)

　숙명여자대학교 음악치료학 석사

　숙명여자대학교 음악치료학 박사 수료

　현 고려수재활병원 부설 고려수치료연구소장

　　명지대학교 사회교육대학원 객원교수

　　숙명여자대학교 음악치료대학원 강사

`3판`

# 음악치료학
## Music Therapy

| | | |
|---|---|---|
| 1994년 4월 10일 | 1판 1쇄 발행 |
| 2006년 4월 20일 | 1판 14쇄 발행 |
| 2006년 2월 15일 | 2판 1쇄 발행 |
| 2014년 8월 20일 | 2판 13쇄 발행 |
| 2015년 9월 15일 | 3판 1쇄 발행 |
| 2023년 1월 20일 | 3판 8쇄 발행 |

지은이 • 최병철 · 문지영 · 문서란 · 양은아 · 여정윤 · 김성애
펴낸이 • 김진환
펴낸곳 • (주) **학지사**

　　　　04031 서울특별시 마포구 양화로 15길 20 마인드월드빌딩 5층

대표전화 • 02) 330-5114　　　팩스 • 02) 324-2345

등록번호 • 제313-2006-000265호

홈페이지 • http://www.hakjisa.co.kr
페이스북 • https://www.facebook.com/hakjisabook

ISBN 978-89-997-0804-6 93180

정가 **20,000원**

출판미디어기업 **학지사**

간호보건의학출판 **학지사메디컬** www.hakjisamd.co.kr
심리검사연구소 **인싸이트** www.inpsyt.co.kr
학술논문서비스 **뉴논문** www.newnonmun.com
원격교육연수원 **카운피아** www.counpia.com